少微通鑑節要(소미통감절요)

현토 通鑑 통감

정민호 懸吐 및 讀音

明文堂

현토자(懸吐者)의 변

통감을 현토하였다. 정말 우연찮게 일을 시작하여 일을 끝내고 보니 욕심이 생겨 이렇게 「현토자의 변」까지 쓰게 되었다.

어린 시절 조부 학강(鶴岡)으로부터 한문 공부를 시작하여 '통감(通鑑)'을 읽게 되었는데, 그때는 상당히 어려운 한문을 공부하게 되었다고 생각했는데, 지금 생각하니 그것이 「통감」이고 사략(史略)이었는데, 모두 현토하지 않는 원문을 읽었기 때문에 무척 어려웠던 것 같았다. 스스로 문맥을 깨닫고 토(吐)을 붙여가면서 읽어야 하기 때문에 그렇게 어려웠던 것으로 느껴졌던 것 같았다.

통감은 사마광(司馬光)의 원저로 되어 있고, 이것을 송나라 휘종(徽宗) 때 강지(江贄)가 축약해서 재편하였기 때문에 「少微通鑑節要」란 말이 생겨났다. 그러나 옛날 읽었던 이 책은 모두 〈通鑑〉이란 이름으로 널리 알려져 있었다. 한문 공부를 하는 사람이라면 모두 이 통감을 읽었으니, 당시는 이 책이 필수과목이었던 것이다.

우연한 기회에 「통감절요(通鑑節要)」의 원문을 구해서 옛날을 생각하면서 현토를 해보았다. 현토는 내용을 완전히 알아야 되기 때문에 무척 힘이 들었다. 그리고 독음을 붙이는 일 또한 쉽지는 않았다. 모두 19권

까지 내용을 읽고 현토하려니 시간도 시간이지만 어려운 한자가 너무 많아 독음(讀音)을 하는데도 고통스러움을 느꼈다.

이 내용에 나오는 소위 사마온공(司馬溫公 : 1029~1086)의 주해(註解)는 생략하고 전체적인 역사적 스토리만을 일관해서 연결시켰다. 이런 작업을 나무라는 사람도 있겠지만 소년 시절에 읽었던 통감에도 그것을 생략하고 읽었던 기억이 나기도 한다.

이 책의 교정을 도와준 최이락 선생께 고마움을 표한다.

2022년 초파일에 丁巴 鄭旼浩가 글을 쓰다.

목차
(目次)

● **현토자(懸吐者)의 변** 3

통감절요 제1권 / 周紀 : 威烈王, 在位二十四年 7
주 기 위 열 왕 재 위 이 십 사 년

통감절요 제2권 / 周紀 : 赧王下 63
주 기 난 왕 하

통감절요 제3권 / 後秦紀 始皇帝下 85
후 진 기 시 황 제 하

통감절요 제4권 / 漢紀 : 太祖高皇帝上, 在位十二年, 壽五十三 117
한 기 태 조 고 황 제 상 재 위 십 이 년 수 오 십 삼

통감절요 제5권 / 漢紀 : 太祖高皇帝下 159
한 기 태 조 고 황 제 하

통감절요 제6권 / 孝惠皇帝, 在位七年, 壽二十四 195
효 혜 황 제 재 위 칠 년 수 이 십 사

통감절요 제7권 / 太宗, 孝文皇帝上, 在位二十三年, 壽, 四十六 205
태 종 효 문 황 제 상 재 위 이 십 삼 년 수 사 십 육

통감절요 제8권 / 漢紀 : 太宗孝文皇帝下 231
한 기 태 종 효 문 황 제 하

통감절요 제9권 / 漢紀 : 世宗. 孝武皇帝, 在位五十四年, 壽七十 257
한 기 세 종 효 무 황 제 재 위 오 십 사 년 수 칠 십

통감절요 제10권 / 漢紀 : 世宗, 孝武皇帝中 281
한 기 세 종 효 무 황 제 중

통감절요 제11권 / 漢紀 : 世宗, 孝武皇帝, 中之下 303
한 기 세 종 효 무 황 제 중 지 하

통감절요 제12권 / 漢紀 : 中宗. 孝宣皇帝. 上, 在位, 二十五年, 壽, 四十二 335
한 기 중 종 효 선 황 제 상 재 위 이 십 오 년 수 사 십 이

통감절요 제13권 / 漢紀 : 中宗. 孝宣皇帝. 下 367
한 기 중 종 효 선 황 제 하

통감절요 제14권 / 漢紀 : 孝元皇帝, 在位十六年, 壽四十三 381
한 기 효 원 황 제 재 위 십 육 년 수 사 십 삼

통감절요 제15권 / 漢紀 : 孺子嬰, 在位三年. 附, 王莽. 僭位十八年, 漢兵殺之라 415
한 기 유 자 영 재 위 삼 년 부 왕 망 참 위 십 팔 년 한 병 살 지

통감절요 제16권 / 東漢紀 : 世祖, 光武皇帝上, 在位三十三年, 壽六十二 443
동 한 기 세 조 광 무 황 제 상 재 위 삼 십 삼 년 수 육 십 이

통감절요 제17권 / 東漢紀 : 世祖, 光武皇帝下 481
동 한 기 세 조 광 무 황 제 하

통감절요 제18권 / 後漢紀 : 顯宗孝明皇帝(明帝), 在位十八年, 壽四十八 519
후 한 기 현 종 효 명 황 제 명 제 재 위 십 팔 년 수 사 십 팔

통감절요 제19권 / 孝和皇帝 : (和帝), 在位十七年, 壽二十七 545
효 화 황 제 화 제 재 위 십 칠 년 수 이 십 칠

통감절요 제1권

通鑑節要

周紀:威烈王,在位二十四年
주 기 위 열 왕 재 위 이 십 사 년

○戊寅二十三年(B.C. 403년)이라. 初命晉大夫,魏
무 인 이 십 삼 년 초 명 진 대 부 위

斯,趙籍,韓虔하여 爲,諸侯하다. 初에 趙簡子, 使,尹
사 조 적 한 건 위 제 후 초 조 간 자 사 윤

鐸으로 爲,晉陽하되 請曰, 以爲繭絲乎잇까? 抑爲
탁 위 진 양 청 왈 이 위 견 사 호 억 위

保障乎잇까? 簡子曰, 保障哉인저! 尹鐸이 損其户
보 장 호 간 자 왈 보 장 재 윤 탁 손 기 호

數하다. 簡子謂,無恤曰, 晉國에 有難이어든 而,無
수 간 자 위 무 휼 왈 진 국 유 난 이 무

以尹鐸으로 爲少하고 無以,晉陽으로 爲遠하고 必以
이 윤 탁 위 소 무 이 진 양 위 원 필 이

爲歸라 하더니 及,智宣子卒하고 智襄子,爲政에 請
위 귀 급 지 선 자 졸 지 양 자 위 정 청

地於,韓康子한데 康子致,萬家之邑하니 智伯이 悅
지 어 한 강 자 강 자 치 만 가 지 읍 지 백 열

하여 又求地於魏桓子한데 桓子,復與之,萬家之邑
우 구 지 어 위 환 자 환 자 부 여 지 만 가 지 읍

하니 智伯이 又,求蔡, 皐狼之地於,趙襄子한데 襄
지 백 우 구 채 고 랑 지 지 어 조 양 자 양

子,弗與하다. 智伯이 怒하여 帥,韓魏之甲하고 以攻
자 불 여 지 백 노 솔 한 위 지 갑 이 공

趙氏하니 襄子,將出曰, 吾,何走乎아? 從者曰, 長
조 씨 양 자 장 출 왈 오 하 주 호 종 자 왈 장

子近하고 且城이 厚完하니다. 襄子曰, 民罷力以完
자 근 차 성 후 완 양 자 왈 민 파 력 이 완

之하고 又斃死以守之면 其誰與我리오. 從者曰,
지 우 폐 사 이 수 지 기 수 여 아 종 자 왈

邯鄲之倉庫實하니다. 襄子曰, 浚民之膏澤하여 以
한 단 지 창 고 실 양 자 왈 준 민 지 고 택 이

實之하고 又因而殺之면 其誰與我리오. 其,晉陽乎
실 지 우 인 이 살 지 기 수 여 아 기 진 양 호

인저 先主之所屬也요 尹鐸之所寬也니 民必和矣
선 주 지 소 속 야 윤 탁 지 소 관 야 민 필 화 의

라 하고 乃走晉陽하다. 三家以國人으로 圍而灌之
내 주 진 양 삼 가 이 국 인 위 이 관 지

하니 城不浸者三版이요 沈竈産鼃하되 民無叛意러
성 불 침 자 삼 판 침 조 산 와 민 무 반 의

라. 趙襄子,使,張孟談으로 潛出見,二子曰, 臣은
조 양 자 사 장 맹 담 잠 출 견 이 자 왈 신

聞,脣亡則齒寒이라 하니 今,智伯이 帥,韓魏而攻趙
문 순 망 즉 치 한 금 지 백 솔 한 위 이 공 조

하니 趙亡則,韓魏爲之次矣리라. 二子,乃陰與張孟
조 망 즉 한 위 위 지 차 의 이 자 내 음 여 장 맹

談으로 約하여 爲之期日而遣之러라. 襄子,夜에 使
담 약 위 지 기 일 이 견 지 양 자 야 사

人으로 殺守堤之吏하고 而決水하여 灌,智伯軍하니
인 살 수 제 지 이 이 결 수 관 지 백 군

智伯軍이 救水而亂이라. 韓魏는 翼而擊之하고 襄
지 백 군 구 수 이 란 한 위 익 이 격 지 양

子는 將卒犯其前하여 大敗智伯之衆하고 遂殺智
자 장 졸 범 기 전 대 패 지 백 지 중 수 살 지

伯하고 盡滅,智氏之族하다.
백 진 멸 지 씨 지 족

趙襄子가 漆,智伯之頭하여 以爲飮器러니 智伯
조 양 자 칠 지 백 지 두 이 위 음 기 지 백

之臣,豫讓이 欲,爲之報仇하여 乃詐爲刑人하여 挾,
지 신 예 양 욕 위 지 보 구 내 사 위 형 인 협

匕首하고 入,襄子宮中하여 塗厠이러니 襄子,如厠이
비 수 입 양 자 궁 중 도 측 양 자 여 측

라가 心動索之하여 獲,豫讓하니 左右欲殺之하되 襄
심 동 색 지 획 예 양 좌 우 욕 살 지 양

子曰, 義士也라. 吾,謹避之耳라 하고 乃,舍之하다.
자 왈 의 사 야 오 근 피 지 이 내 사 지

豫讓이 又,漆身爲癩하며 呑炭爲啞하여 行乞於市
예 양 우 칠 신 위 라 탄 탄 위 아 행 걸 어 시

하니 其妻는 不識也로대 其友識之하여 爲之泣曰,
기 처 불 식 야 기 우 식 지 위 지 읍 왈

以子之才로 臣事趙孟이면 必得近幸하리니 子乃
이 자 지 재 신 사 조 맹 필 득 근 행 자 내

爲所欲爲하여 顧不易耶아? 何乃自苦如此오? 豫
위 소 욕 위 고 불 역 야 하 내 자 고 여 차 예

讓이 曰, 不可하다. 旣已委質爲臣이요 而又求殺
양 왈 불 가 기 이 위 질 위 신 이 우 구 살

之면 是는 二心也라. 凡,吾所爲者는 極難耳나 然이
지 시 이 심 야 범 오 소 위 자 극 난 이 연

나 所以爲此者는 將以愧,天下後世之爲,人臣하여
소 이 위 차 자 장 이 괴 천 하 후 세 지 위 인 신

懷,二心者也하노라. 襄子出할새 豫讓이 伏於橋下
회 이 심 자 야 양 자 출 예 양 복 어 교 하

러니 襄子至橋에 馬驚이어늘 索之得,豫讓하여 遂,
양자지교 마경 색지득예양 수
殺之하다.
살지

○魏斯者는 桓子之孫也니 是爲文侯라. 文侯는
위사자 환자지손야 시위문후 문후
以,卜子夏,田子方으로 爲師하고 每過,段干木之廬
이복자하전자방 위사 매과단간목지려
에 必式하니 四方賢士,多歸之러라. 文侯가 與,羣臣
필식 사방현사다귀지 문후 여군신
으로 飮酒樂하고 而,天雨어늘 命駕將適野하니 左右
음주락 이천우 명가장적야 좌우
曰, 今日에 飮酒樂하고 天又雨어늘 君將安之잇꼬?
왈 금일 음주락 천우우 군장안지
文侯曰, 吾與虞人으로 期獵하니 雖樂이나 豈可無,
문후왈 오여우인 기렵 수락 기가무
一會期哉아? 乃往하여 身自罷之하다. 文侯,使,樂
일회기재 내왕 신자파지 문후사악
羊으로 伐,中山克之하여 以封,其子擊하고 文侯,問
양 벌중산극지 이봉기자격 문후문
於羣臣曰, 我는 何如主요? 皆曰, 仁君이니다. 任
어군신왈 아 하여주 개왈 인군 임
座曰, 君이 得,中山하여 不以,封君之弟而,以封君
좌왈 군 득중산 불이봉군지제이이봉군
之子하시니 何謂仁君이니꼬? 文侯,怒하니 任座,趨
지자 하위인군 문후노 임좌추
出이어늘 次問翟璜한대 對曰, 仁君也이니다. 文侯
출 차문적황 대왈 인군야 문후

曰, 何以知之요? 對曰, 君仁則, 臣直이니 嚮者,
왈 하 이 지 지 대 왈 군 인 즉 신 직 향 자
任座之言이 直이라. 是以로 知之하노이다. 文侯悅
임 좌 지 언 직 시 이 지 지 문 후 열
하여 使,翟璜으로 召,任座而反之하고 親下堂迎之
사 적 황 소 임 좌 이 반 지 친 하 당 영 지
하여 以爲上客하다.
이 위 상 객

○子擊이 出遭,田子方於道하여 下車伏謁하되 子
자 격 출 조 전 자 방 어 도 하 거 복 알 자
方이 不爲禮하니 子擊이 怒하여 謂,子方曰, 富貴
방 불 위 례 자 격 노 위 자 방 왈 부 귀
者,驕人乎아? 貧賤者,驕人乎아? 子方曰, 亦,貧賤
자 교 인 호 빈 천 자 교 인 호 자 방 왈 역 빈 천
者,驕人耳니 富貴者,安敢驕人이리요. 國君而驕人
자 교 인 이 부 귀 자 안 감 교 인 국 군 이 교 인
則, 失其國하고 大夫而驕人則, 失其家하나니 失
즉 실 기 국 대 부 이 교 인 즉 실 기 가 실
其國者는 未聞有以國待之者也요. 失其家者는
기 국 자 미 문 유 이 국 대 지 자 야 실 기 가 자
未聞有以家待之者也니라. 夫,士는 貧賤者라. 言
미 문 유 이 가 대 지 자 야 부 사 빈 천 자 언
不用,行不合則, 納履而去耳니 安往而不得貧賤
불 용 행 불 합 즉 납 리 이 거 이 안 왕 이 부 득 빈 천
哉리요. 子擊이 乃,謝之러라.
재 자 격 내 사 지

○文侯가 謂,李克曰, 先生이 嘗有言曰, 家貧에
문 후 위 이 극 왈 선 생 상 유 언 왈 가 빈

思良妻하고 國亂에 思良相이라 하니 今所置,非成
사 양 처 국 란 사 양 상 금 소 치 비 성

則, 璜이니 二子,何如오? 對曰, 居視其,所親하며
즉 황 이 자 하 여 대 왈 거 시 기 소 친

富視其所與하며 達視其所擧하며 窮視其所,不爲
부 시 기 소 여 달 시 기 소 거 궁 시 기 소 불 위

하며 貧視其,所,不取니 五者에 足以,定之矣이니다.
빈 시 기 소 불 취 오 자 족 이 정 지 의

文侯曰, 先生은 就舍하라. 吾之相을 定矣리라. 李
문 후 왈 선 생 취 사 오 지 상 정 의 이

克이 出하니 翟璜曰, 君召卜相하시니 果誰爲之요?
극 출 적 황 왈 군 소 복 상 과 수 위 지

克曰, 魏成이니라. 翟璜이 忿然曰, 西河守,吳起는
극 왈 위 성 적 황 분 연 왈 서 하 수 오 기

臣所進也요, 君이 內以鄴으로 爲憂어시늘 臣이 進,
신 소 진 야 군 내 이 업 위 우 신 진

西門豹하고 君이 欲伐中山이어시늘 臣이 進,樂羊하
서 문 표 군 욕 벌 중 산 신 진 악 양

고 中山을 已拔에 無使守之어늘 臣이 進,先生하고
중 산 이 발 무 사 수 지 신 진 선 생

君之子,無傅어늘 臣이 進,屈侯鮒하니 以,耳目之,
군 지 자 무 부 신 진 굴 후 부 이 이 목 지

所睹記로 臣이 何負於魏成이리요. 克이 曰, 魏成은
소 도 기 신 하 부 어 위 성 극 왈 위 성

食祿이 千鍾에 什九는 在外하고 什一은 在內라. 是
식 록 천 종 십 구 재 외 십 일 재 내 시

以로 東得,卜子夏,田子方,段干木하니 此,三人者
이 동 득 복 자 하 전 자 방 단 간 목 차 삼 인 자

는 君皆師之하시고 子,所進五人은 君皆臣之하시니
군개사지 자소진오인 군개신지

子,惡得與,魏成으로 比也리요. 璜이 再拜曰, 璜은
자오득여위성 비야 황 재배왈 황

鄙人也라. 失對하니 願卒爲,弟子하노이다.
비인야 실대 원졸위제자

어려운 낱말 / 고사성어

[繭絲(견사)] : 비단을 짜는 데 쓰는 누에고치에서 뽑은 실. [保障(보장)] : 권리, 이익 등의 침해로부터 보호하다. 인권을 보장하다. 자유를 보장하다. [邯鄲(한단)] : 지명. 조나라의 서울. [如厠(여측)] : 뒷간, 변소에 가다. '如'는 ~에 가다. [惡得(오득)] : 어찌 얻을 것인가? '惡'는 '어찌'로 풀이함.

○吳起者는 衛人이라 仕於魯러니 齊人이 伐魯어늘
오 기 자 위 인 사 어 로 제 인 벌 로

魯人이 以爲將하되 起取齊女하여 爲妻라. 魯人이
노 인 이 위 장 기 취 제 녀 위 처 노 인

疑之하니 起,殺妻以求將하여 大破齊師하니 或이
의 지 기 살 처 이 구 장 대 파 제 사 혹

讒之魯侯曰, 起는 始事,曾參이라가 母死,不奔喪
참 지 로 후 왈 기 시 사 증 삼 모 사 불 분 상

이어늘 曾參이 絕之러시니 今又에 殺妻以求爲,君將
증 삼 절 지 금 우 살 처 이 구 위 군 장

하니 起는 殘忍薄行人也요. 且以,魯國區區로 而有
기 잔 인 박 행 인 야 차 이 노 국 구 구 이 유

勝,敵之名則, 諸侯圖魯矣리다. 起가 恐,得罪하여
승 적 지 명 즉 제 후 도 로 의 기 공 득 죄

聞,魏文侯,賢하고 乃往歸之하니 文侯가 問諸李克
문 위 문 후 현 내 왕 귀 지 문 후 문 제 이 극

한데 克曰, 起는 貪而好色이나 然이나 用兵은 司馬
극 왈 기 탐 이 호 색 연 용 병 사 마

穰苴라도 弗能過也리이다. 於是에 文侯가 以爲將
양 저 불 능 과 야 어 시 문 후 이 위 장

하여 擊秦拔五城하다. 起之爲將에 與,士卒最下者
격 진 발 오 성 기 지 위 장 여 사 졸 최 하 자

로 同衣食하고 臥不設席하고 行不騎乘하고 親裹
동 의 식 와 불 설 석 행 불 기 승 친 과

贏糧하여 與,士卒로 分,勞苦하고 卒有,病疽者어늘
영 량 여 사 졸 분 노 고 졸 유 병 저 자

起爲吮之하니 卒母,聞而哭之한대 人이 曰, 子는
기 위 연 지 졸 모 문 이 곡 지 인 왈 자

卒也라. 而,將軍이 自吮其疽하니 何哭爲요? 母曰,
졸 야 이 장 군 자 연 기 저 하 곡 위 모 왈

往年에 吳公이 吮其父하여 其父,戰不旋踵하고 遂
왕 년 오 공 연 기 부 기 부 전 불 선 종 수
死於敵이러니 吳公이 今又吮其子하니 妾이 不知
사 어 적 오 공 금 우 연 기 자 첩 부 지
其,死所矣라 是以로 哭之하노라 하다.
기 사 소 의 시 이 곡 지

○己卯二十四年(B.C. 402년)에 王崩하고 子 安王驕
기 묘 이 십 사 년 왕 붕 자 안 왕 교
가 立하다. 安王은 在位,二十六年이러라.
입 안 왕 재 위 이 십 육 년

○庚寅十一年(B.C. 391년)이라. 田和가 遷,齊康公於
경 인 십 일 년 전 화 천 제 강 공 어
海上하고 使食一城하여 奉先祀하다.
해 상 사 식 일 성 봉 선 사

○壬辰十三年(B.C. 389년)이라. 齊,田和가 求爲諸侯
임 진 십 삼 년 제 전 화 구 위 제 후
어늘 魏文侯가 爲之請於,王及諸侯하니 王이 許之
위 문 후 위 지 청 어 왕 급 제 후 왕 허 지
하다.

○甲午十五年(B.C. 387년)이라. 魏文侯가 薨하고 太
갑 오 십 오 년 위 문 후 훙 태

子 擊이 立하니 是爲武侯니라. 武侯, 浮,西河而下
자 격 입 시 위 무 후 무 후 부 서 하 이 하
에 中流하여 顧謂,吳起曰, 美哉라, 山河之固여!
중 류 고 위 오 기 왈 미 재 산 하 지 고
此는 魏國之寶也로다! 對曰, 在德이요 不在險이니
차 위 국 지 보 야 대 왈 재 덕 부 재 험
다. 昔에 三苗氏는 左,洞庭이요 右,彭蠡로대 德義를
석 삼 묘 씨 좌 동 정 우 팽 려 덕 의
不修어늘 禹,滅之하시고 夏桀之居는 左,河濟요 右,
불 수 우 멸 지 하 걸 지 거 좌 하 제 우
泰華요 伊闕이 在其南하고 羊腸이 在其北하되 修
태 화 이 궐 재 기 남 양 장 재 기 북 수
政不仁이어늘 湯이 放之하시고 商之國은 左,孟門이
정 불 인 탕 방 지 상 지 국 좌 맹 문
요 右,太行이요 常山이 在其,北하고 大河,經其南하
우 태 항 상 산 재 기 북 대 하 경 기 남
되 修政不德이어늘 武王이 殺之하시니 由此觀之컨
수 정 부 덕 무 왕 살 지 유 차 관 지
대 在德이요 不在險이니이다. 若,君不修德이면 舟中
재 덕 부 재 험 약 군 불 수 덕 주 중
之人이 皆敵國也니이다. 武侯曰, 善타 하다.
지 인 개 적 국 야 무 후 왈 선

○魏,置相할새 相에 田文하니 吳起,不悅하고 謂,田
위 치 상 상 전 문 오 기 불 열 위 전
文曰, 請與子,論功이 可乎아? 田文이 曰, 可하다.
문 왈 청 여 자 논 공 가 호 전 문 왈 가
起曰, 將,三軍하여 使,士卒로 樂死하고 敵國이 不
기 왈 장 삼 군 사 사 졸 낙 사 적 국 불

敢謀는 子孰與起요? 文曰, 不如子니라. 起曰, 治,
감 모 자 숙 여 기 문 왈 불 여 자 기 왈 치

百官하고 親,萬民하고 實,府庫는 子孰與起요? 文
백 관 친 만 민 실 부 고 자 숙 여 기 문

曰, 不如子니라. 起曰, 守,西河而秦兵이 不敢東
왈 불 여 자 기 왈 수 서 하 이 진 병 불 감 동

鄕하고 韓趙,賓從은 子孰與起오? 文曰, 不如子니
향 한 조 빈 종 자 숙 여 기 문 왈 불 여 자

라. 起曰, 此,三者는 子,皆出吾下而,位加吾上은
기 왈 차 삼 자 자 개 출 오 하 이 위 가 오 상

何也요? 文曰, 主少國疑에 大臣이 未附하고 百姓
하 야 문 왈 주 소 국 의 대 신 미 부 백 성

이 不信하니 方是之時하여 屬之子乎아? 屬之我乎
불 신 방 시 지 시 속 지 자 호 속 지 아 호

아? 起,默然良久曰, 屬之子矣라 하더라. 久之에 魏
기 묵 연 양 구 왈 속 지 자 의 구 지 위

武侯疑之에 起,懼誅하여 遂,奔楚하니 楚悼王이 素
무 후 의 지 기 구 주 수 분 초 초 도 왕 소

聞其賢이라. 至則, 任之爲相하니 起,明法審令하여
문 기 현 지 즉 임 지 위 상 기 명 법 심 령

捐,不急之官하고 廢,公族疏遠者하고 以,撫養戰鬪
연 불 급 지 관 폐 공 족 소 원 자 이 무 양 전 투

之士하여 要在强兵하고 破,遊說之言,從橫者하니
지 사 요 재 강 병 파 유 세 지 언 종 횡 자

於是에 南平百越하고 北却三晉하고 西伐秦하니
어 시 남 평 백 월 북 각 삼 진 서 벌 진

諸侯가 皆,患楚之疆,而楚之貴戚大臣이 多怨吳
제 후 개 환 초 지 강 이 초 지 귀 척 대 신 다 원 오

起者러라.
기 자

○乙未十六年(B.C. 386년)이라. 初命,齊大夫,田和하
을미십육년 초명 제대부 전화
여 爲,諸侯하다.
위 제후

○庚子二十一年(B.C. 381년)이라. 楚悼王이 薨하니
경자이십일년 초도왕 훙
貴戚大臣이 作亂하여 攻殺起하다.
귀척대신 작란 공살기

○壬寅二十三年(B.C. 379년)이라. 齊康公이 薨하니
임인이십삼년 제강공 훙
無子라 田氏가 遂,幷齊而有之하다.
무자 전씨 수병제이유지

○甲辰二十五年(B.C. 377년)이라. 子思가 言苟變於
갑진이십오년 자사 언구변어
衛侯曰, 其材,可將五百乘이라 하다. 公曰, 吾,知
위후왈 기재가장오백승 공왈 오지
其可將이나 然이나 變也에 嘗爲吏하여 賦於,民而,
기가장 연 변야 상위리 부어민이
食人,二鷄子라 故로 弗用也이니라. 子思曰, 夫,聖
식인이계자 고 불용야 자사왈 부성
人之官人이 猶,匠之用木也하여 取其所長하고 棄
인지관인 유장지용목야 취기소장 기
其所短이라 故로 杞梓連抱而有,數尺之朽라도 良
기소단 고 기재련포이유수척지후 양

工은 不棄하나니 今君이 處戰國之世하여 選爪牙
공 불기 금군 처전국지세 선조아

之士而以二卵으로 棄干城之將하시니 此는 不可
지사이이이란 기간성지장 차 불가

使聞於鄰國也로소이다. 公이 再拜曰, 謹受敎矣리
사문어인국야 공 재배왈 근수교의

이다 하니라.

어려운 낱말 / 고사성어

[殺妻以求將(살처이구장)] : 고사성어. 아내를 죽여서라도 장수되기를 원하다. [讒之魯侯(참지노후)] : 노후에게 참소하다. [母死不奔喪(모사불분상)] : 고사성어. 어미가 죽어도 喪에 가지 않음. [貪而好色(탐이호색)] : 재물을 탐하고 색을 좋아함. [親裹贏糧(친과영량)] : 손수 식량을 자루에 싸다. [洞庭(동정)] : 호남성에 있는 호수 이름. [彭蠡(팽려)] : 강서성의 파양호(鄱陽湖). [泰華(태화)] : 섬서성의 화산(華山). [羊腸(양장)] : 양의 창자처럼 꼬불꼬불한 길. [孟門(맹문)] : 하남성에 있는 십자령(十字嶺). [西河(서하)] : 기주(冀州) 서쪽으로 흐르는 황하. [方是之時(방시지시)] : 바야흐로 이때를 맞아서. [默然良久(묵연양구)] : 말없이 침묵으로 오래 있다가. [任之爲相(임지위상)] : 그를 임명하여 정승으로 삼다. [明法審令(명법심령)] : 법령을 밝게 살피다. [子思(자사)] : 공자의 손자요, 맹자의 스승임. [鷄子(계자)] : 달걀. [官人(관인)] : 사람을 쓴다. 여기서 '官'은 동사로 '쓴다'란 뜻이 있음. [爪牙之士(조아지사)] : 손톱, 이빨 같은 중요한 병사. [干城之將(간성지장)] : 방패와 성같이 적을 막는 장수.

○衛侯, 言計非是而,羣臣和者,如出一口하니 子
위후 언계비시이 군신화자 여출일구 자
思曰, 以吾觀衛컨대 所謂『君不君, 臣不臣』者也
사왈 이오관위 소위 군불군 신불신 자야
로다! 夫不察,事之是非而,悅人讚己하니 闇莫甚
부불찰 사지시비이 열인찬기 암막심
焉이요, 不度理之所在而,阿諛求容하니 諂莫甚焉
언 불탁이지소재이 아유구용 첨막심언
이라. 君闇臣諂하여 以居百姓之上하니 民不與也
군암신첨 이거백성지상 민불여야
니라. 若此不已면 國無類矣리이다! 子思, 言於衛
약차불이 국무유의 자사 언어위
侯曰, 君之國事將曰, 非矣로소이다! 君이 出言하
후왈 군지국사장왈 비의 군 출언
여 自以爲是而,卿大夫,莫敢矯其非하고 卿大夫出
자이위시이 경대부 막감교기비 경대부출
言하여 自以爲是而士庶人이면 莫敢矯其非하여
언 자이위시이사서인 막감교기비
君臣이 旣,自賢矣라. 而羣下,同聲賢之하니 賢之
군신 기 자현의 이군하 동성현지 현지
則,順而有福하고 矯之則, 逆而有禍하니 如此則,
즉 순이유복 교지즉 역이유화 여차즉
善安從生이릿고? 時曰, 「具曰予聖」이라. 誰知烏之
선안종생 시왈 구왈여성 수지오지
雌雄고 하니 抑亦似,君之君臣乎인가!
자웅 억역사 군지군신호

○乙巳,二十六年(B.C. 376년)에 王崩하고 子, 烈王,
을사이십육년 왕붕 자 열왕

喜가 立하다. 韓魏趙,共廢晉靖公하여 爲,家人하고
희 입 한 위 조 공 폐 진 정 공 위 가 인

而分其地하다.
이 분 기 지

{烈王在位七年}
열 왕 재 위 칠 년

○辛亥六年(B.C. 370년)이라. 齊威王이 來趙하다. 是
신 해 육 년 제 위 왕 내 조 시

時에 周室이 微弱하여 諸侯,莫朝而齊獨朝之하니
시 주 실 미 약 제 후 막 조 이 제 독 조 지

天下以此로 益賢威王이러라. 威王이 召卽,墨大夫
천 하 이 차 익 현 위 왕 위 왕 소 즉 묵 대 부

하여 語之曰, 自子之居卽墨也로 毁言이 日至어늘
어 지 왈 자 자 지 거 즉 묵 야 훼 언 일 지

吾,使人視卽墨하니 田野,闢하고 人民이 給하고 官
오 사 인 시 즉 묵 전 야 벽 인 민 급 관

無事하고 東方이 以寧하니 是는 子,不事吾左右하
무 사 동 방 이 녕 시 자 불 사 오 좌 우

여 以求助也라 하고 封之萬家하고 召,阿大夫하여
이 구 조 야 봉 지 만 가 소 아 대 부

語之曰, 自子守阿로 譽言日至어늘 吾,使人視阿
어 지 왈 자 자 수 아 예 언 일 지 오 사 인 시 아

하니 田野不闢하고 人民이 貧餒하고 昔日에 趙攻
전 야 불 벽 인 민 빈 뇌 석 일 조 공

甄하되 子,不救하고 衛取薛陵하되 子,不知하니 是는
견 자 불 구 위 취 설 능 자 부 지 시

子,厚幣事吾左右하여 以求譽也라 하고 是日에 烹,
자 후 폐 사 오 좌 우 이 구 예 야 시 일 팽
阿大夫及,左右嘗譽者하니 於是에 羣臣이 悚懼하
아 대 부 급 좌 우 상 예 자 어 시 군 신 송 구
여 莫敢飾詐,務盡其情하니 齊國이 大治하여 彊於
막 감 식 사 무 진 기 정 제 국 대 치 강 어
天下러라.
천 하

○壬子七年(B.C. 369년)이라. 王崩하고 弟,顯王扁이
임 자 칠 년 왕 붕 제 현 왕 편
立하다. 顯王在位四十八年이라.
입 현 왕 재 위 사 십 팔 년

○己未七年(B.C. 362년)이라. 秦孝公이 立하니 是時
기 미 칠 년 진 효 공 입 시 시
에 河山以東에 彊國이 六이요, 淮泗之間에 小國이
하 산 이 동 강 국 육 회 사 지 간 소 국
十餘라. 楚魏,與秦接界하여 皆以夷狄으로 遇秦하
십 여 초 위 여 진 접 계 개 이 이 적 우 진
고 擯斥之하여 不得與,中國之會盟하니 於是에 孝
빈 척 지 부 득 여 중 국 지 회 맹 어 시 효
公이 發憤하여 布德修政하여 欲以彊秦이러라.
공 발 분 포 덕 수 정 욕 이 강 진

○庚申八年(B.C. 361년)이라. 孝公이 令,國中曰, 賓
경 신 팔 년 효 공 영 국 중 왈 빈

客羣臣에 有,能出奇計彊秦者면 吾且尊官하고 與
객군신 유능출기계강진자 오차존관 여

之分土하리라. 於是에 衛公孫이 聞是令하고 乃,西
지분토 어시 위공손 문시령 내서

入秦하여 因,嬖臣,景監하여 以求見,孝公하고 說以,
입진 인폐신경감 이구견효공 세이

富國彊兵之術하니 公이 大悅하여 與議國事러라.
부국강병지술 공 대열 여의국사

○壬戌十年(B.C. 359년)이라. 衛鞅이 欲,變法하니 秦
임술십년 위앙 욕변법 진

人이 不悅이어늘 衛鞅이 言於秦孝公曰, 夫民은 不
인 불열 위앙 언어진효공왈 부민 불

可與,慮始而,可與樂成이니 論至德者는 不和於俗
가여여시이가여낙성 논지덕자 불화어속

하고 成,大功者는 不謀於衆하나니 是以로 聖人이
성대공자 불모어중 시이 성인

苟可以彊國인대 不法其故이니다. 甘龍이 曰, 不然
구가이강국 불법기고 감룡 왈 불연

하다. 緣法而治者는 吏習而民安之니라. 衛鞅曰,
연법이치자 이습이민안지 위앙왈

常人은 安於故俗하고 學者는 溺於所聞하나니 以
상인 안어고속 학자 익어소문 이

此兩者로 居官守法은 可也어니와 非所,與論於,法
차양자 거관수법 가야 비소여론어법

之外也라. 智者作法에 愚者制焉하고 賢者更禮에
지외야 지자작법 우자제언 현자경례

不肖者拘焉이니다. 公曰, 善타 하고 以,衛鞅으로 爲,
불초자구언 공왈 선 이위앙 위

左庶長하여 卒定變法之令하여 令民으로 爲,什伍
좌 서 장 졸 정 변 법 지 령 영 민 위 십 오

而, 相收司,連坐하여 告姦者는 與斬敵首로 同賞
이 상 수 사 연 좌 고 간 자 여 참 적 수 동 상

하고 不告姦者는 與降敵으로 同罰하고 有,軍功者는
불 고 간 자 여 항 적 동 벌 유 군 공 자

各以率로 受上爵하고 爲,私鬪者는 各以輕重으로
각 이 솔 수 상 작 위 사 투 자 각 이 경 중

被刑하고 大小,僇力本業耕織하여 致,粟帛多者는
피 형 대 소 육 력 본 업 경 직 치 속 백 다 자

復其身하고 事,末利及怠而貧者는 擧以爲,收孥하
복 기 신 사 말 리 급 태 이 빈 자 거 이 위 수 노

고 有功者는 顯榮하고 無功者는 雖富나 無所芬華
유 공 자 현 영 무 공 자 수 부 무 소 분 화

하다. 令,旣具未布에 恐,民之不信하여 乃立,三丈之
영 기 구 미 포 공 민 지 불 신 내 립 삼 장 지

木於國都市南門하고 募民하되 有能徙置,北門者
목 어 국 도 시 남 문 모 민 유 능 사 치 북 문 자

면 予,十金하리라. 民이 怪之하여 莫敢徙어늘 復曰,
여 십 금 민 괴 지 막 감 사 부 왈

能徙者면 予,五十金하리라. 有一人이 徙之어늘 輒
능 사 자 여 오 십 금 유 일 인 사 지 첩

予五十金하고 乃,下令하니 令行朞年에 秦民이 之
여 오 십 금 내 하 령 영 행 기 년 진 민 지

國都하여 言,新令之不便者,以千數러라. 於是에 太
국 도 언 신 령 지 불 편 자 이 천 수 어 시 태

子犯法이어늘 衛鞅曰, 法之不行은 自上犯之니
자 범 법 위 앙 왈 법 지 불 행 자 상 범 지

太子는 君嗣也라. 不可施刑이라 하고 刑其傅,公子
태 자 군 사 야 불 가 시 형 형 기 부 공 자

虔하고 黥其師,公孫賈하니 明日에 秦人이 皆趨令
건 경기사공손가 명일 진인 개추령

하여 行之十年에 秦國이 道不拾遺하고 山無盜賊
행지십년 진국 도불습유 산무도적

하고 民이 勇於公戰하고 怯於私鬪하니 鄕邑大治러
민 용어공전 겁어사투 향읍대치

라. 秦民이 初,言令不便者,有來言令便者어늘 衛
진민 초언령불편자유래언영편자 위

曰, 此皆亂法之民也라 하고 盡遷之於邊하니 其後
왈 차개난법지민야 진천지어변 기후

에 民莫敢議令이러라.
민막감의령

어려운 낱말 / 고사성어

[君不君臣不臣(군불군신불신)] : 임금은 임금 답지 않고, 신하는 신하 답지 않음(논어). [悅人讚己(열인찬기)] : 남이 자신을 칭찬하는 것을 좋아함. [阿諛求容(아유구용)] : 남에게 아부하는 모양. [君闇臣諂(군암신첨)] : 임군은 어둡고, 신하는 아첨하다. [自以爲是(자이위시)] : 스스로가 옳다고 생각함. [無所芬華(무소분화)] : 화려한 것을 없게 하다. [輒(첩)] : 즉시, 문득, 곧. [黥(경)] : 묵형. 죄인의 얼굴에 문신을 새기는 형벌.

○丙寅十四年(B.C. 355년)이라. 齊威王과 魏惠王, 會
병 인 십 사 년 제 위 왕 위 혜 왕 회

田於郊할새 惠王曰, 齊亦有寶乎아? 威王曰, 無
전 어 교 혜 왕 왈 제 역 유 보 호 위 왕 왈 무

有로이다. 惠王曰, 寡人國이 雖小나 尙有徑寸之
유 혜 왕 왈 과 인 국 수 소 상 유 경 촌 지

珠하니 照車前後各十二乘者, 十枚로이다. 豈以齊
주 조 거 전 후 각 십 이 승 자 십 매 기 이 제

大國而無寶乎아? 威王曰, 寡人之所以爲寶者는
대 국 이 무 보 호 위 왕 왈 과 인 지 소 이 위 보 자

與王으로 異하니 吾臣에 有,檀子者하니 使守南城
여 왕 이 오 신 유 단 자 자 사 수 남 성

則, 楚人이 不敢爲寇하고 泗上十二諸侯, 皆來朝
즉 초 인 불 감 위 구 사 상 십 이 제 후 개 래 조

하고 吾臣에 有,盼子者하니 使守高唐則, 趙人이
오 신 유 반 자 자 사 수 고 당 즉 조 인

不敢東漁於河하고 吾吏에 有,黔夫者하니 使守徐
불 감 동 어 어 하 오 리 유 검 부 자 사 수 서

州則, 燕人은 祭北門하고 趙人祭西門하고 徙而從
주 즉 연 인 제 북 문 조 인 제 서 문 사 이 종

者, 七千餘家요, 吾臣에 有,種首者하니 使備盜賊
자 칠 천 여 가 오 신 유 종 수 자 사 비 도 적

則, 道不拾遺하나니 此,四臣者는 將照千里니 豈
즉 도 불 습 유 차 사 신 자 장 조 천 리 기

特十二乘哉리오! 惠王이 有,慚色이러라.
특 십 이 승 재 혜 왕 유 참 색

○庚午十八年(B.C. 351년)이라. 韓昭侯, 以, 申不害로
경 오 십 팔 년 한 소 후 이 신 불 해

爲相하다. 申不害者는 鄭之賤臣也라 學,黃老刑名
위 상 신 불 해 자 정 지 천 신 야 학 황 로 형 명
하여 以干,昭侯하니 昭侯,用爲相하여 內修,政教하
이 간 소 후 소 후 용 위 상 내 수 정 교
고 外應,諸侯十五年에 終,申子之身으로 國治兵彊
외 응 제 후 십 오 년 종 신 자 지 신 국 치 병 강
이러라. 韓昭侯,有,弊袴하여 命藏之하니 侍者曰,
한 소 후 유 폐 고 명 장 지 시 자 왈
君亦不仁者矣로소이다. 不賜,左右而藏之오녀! 昭
군 역 불 인 자 의 불 사 좌 우 이 장 지 소
侯曰, 吾聞明主는 愛,一嚬一笑라 하니 今,袴豈,特
후 왈 오 문 명 주 애 일 빈 일 소 금 고 기 특
嚬咲哉리오! 吾必待,有功者하노라.
빈 소 재 오 필 대 유 공 자

○辛未十九年(B.C. 350년)이라. 秦,商鞅이 築,冀闕,
신 미 십 구 년 진 상 앙 축 기 궐
宮庭於,咸陽하여 徙都之하고 幷,諸小鄕聚하여 集
궁 정 어 함 양 사 도 지 병 제 소 향 취 집
爲一縣하고 縣置領丞하니 凡,三十一縣이라 廢,井
위 일 현 현 치 영 승 범 삼 십 일 현 폐 정
田하고 開,阡陌하다.
전 개 천 맥

○庚辰二十八年(B.C. 341년)이라. 魏,龐涓,伐韓하니
경 진 이 십 팔 년 위 방 연 벌 한
韓이 請救於齊어늘 齊威王이 因起兵하여 使,田忌,
한 청 구 어 제 제 위 왕 인 기 병 사 전 기

田嬰,田盼으로 將之하고 孫臏으로 爲師하여 以救韓
전영전반 장지 손빈 위사 이구한

할세 直走魏都하니 龐涓이 聞之하고 去韓而歸魏하
직주위도 방연 문지 거한이귀위

니 魏,大發兵하여 以,太子申으로 爲將하여 以禦齊
위대발병 이태자신 위장 이어제

師어늘 孫子謂,田忌曰, 彼,三晉之兵은 素,悍勇而
사 손자위전기왈 피삼진지병 소한용이

輕齊하여 齊를 號爲,怯이라 하니 善戰者는 因,其勢
경제 제 호위겁 선전자 인기세

而,利導之하나니 兵法에 百里而趣利者는 蹶,上將
이이도지 병법 백리이취리자 궐상장

하고 五十里而趣利者는 軍半至라 하고 乃使齊軍
오십리이취리자 군반지 내사제군

으로 入魏地하여 爲,十萬竈하고 明日에 爲五萬竈
입위지 위십만조 명일 위오만조

하고 又明日에 爲二萬竈하니 龐涓이 行三日에 大
우명일 위이만조 방연 행삼일 대

喜曰, 我固知,齊軍怯이와라. 入,吾地三日에 士卒
희왈 아고지제군겁 입오지삼일 사졸

亡者,過半矣라 하고 乃棄其步軍하고 與其輕銳로
망자과반의 내기기보군 여기경예

倍日,幷行逐之하니 孫子,度其行이 暮,當至馬陵이
배일병행축지 손자도기행 모당지마릉

라. 馬陵이 道陜而,旁多阻隘하여 可,伏兵이라 하고
마릉 도협이방다조애 가복병

乃斫大樹하여 白而書之曰, 龐涓이 死,此樹下라
내작대수 백이서지왈 방연 사차수하

하고 於是에 令,齊師善射者,萬弩로 夾道而伏하여
어시 영제사선사자만노 협도이복

期日暮에 見火擧而俱發하라. 龐涓이 果,夜到,斫
기일모 견화거이구발 방연 과야도작
木下하여 見,白書하고 以火燭之하여 讀未畢에 萬
목하 견백서 이화촉지 독미필 만
弩俱發하니 魏師,大亂相失이라. 龐涓이 自知智,窮
노구발 위사대란상실 방연 자지지궁
兵敗하고 乃,自剄하니 齊因乘勝하여 大破魏師하다.
병패 내자경 제인승승 대파위사

○辛巳二十九年(B.C. 340년)이라. 秦이 封,衛鞅으로
신사이십구년 진 봉위앙
商於,十五邑하고 號曰, 商君이라 하다.
상어십오읍 호왈 상군

○癸未三十一年(B.C. 338년)이라. 秦孝公이 薨하고
계미삼십일년 진효공 훙
子,惠文王이 立하니 公子虔之徒가 告,商君이 欲反
자혜문왕 입 공자건지도 고상군 욕반
이어늘 發吏捕之하니 商君이 亡之魏어늘 魏人이 不
발리포지 상군 망지위 위인 불
受하고 復內之秦한대 商君이 與其徒로 之,商於어
수 부내지진 상군 여기도 지상어
늘 秦人이 攻殺之하여 車裂以徇하고 盡滅其家하
진인 공살지 거열이순 진멸기가
다. 初에 商君이 相秦에 用法이 嚴酷하여 嘗臨渭,論
초 상군 상진 용법 엄혹 상림위논
囚하니 渭水盡赤이라. 爲相十年에 人多怨之러라.
수 위수진적 위상십년 인다원지

○趙良이 見,商君한대 商君이 問曰, 子觀我治秦
조 양 견 상 군 상 군 문 왈 자 관 아 치 진

컨대 孰與,五羖大夫,賢고? 趙良曰, 千人之諾諾이
숙 여 오 고 대 부 현 조 양 왈 천 인 지 낙 락

不如一士之諤諤이니 僕이 請,終日正言而無誅可
불 여 일 사 지 악 악 복 청 종 일 정 언 이 무 주 가

乎아? 商君曰, 諾다. 趙良曰, 五羖大夫는 荊之鄙
호 상 군 왈 낙 조 양 왈 오 고 대 부 형 지 비

人也라. 穆公이 擧之牛口之下而, 加之百姓之上
인 야 목 공 거 지 우 구 지 하 이 가 지 백 성 지 상

하되 秦國이 莫敢望焉이라. 相秦六七年而, 東伐
진 국 막 감 망 언 상 진 육 칠 년 이 동 벌

鄭하고 三置晉君하고 一救荊禍하고 其,爲相也에
정 삼 치 진 군 일 구 형 화 기 위 상 야

勞不坐乘하고 暑不張蓋하고 五羖大夫,死에 秦國,
노 불 좌 승 서 불 장 개 오 고 대 부 사 진 국

男女流涕하고 童子,不歌謠하고 舂者,不相杵러니
남 녀 유 체 동 자 불 가 요 용 자 불 상 저

今,君之從政也에 陵轢公族하고 殘傷百姓하니 公
금 군 지 종 정 야 능 력 공 족 잔 상 백 성 공

子虔이 杜門不出이 已,八年矣요, 君이 又殺祝驩
자 건 두 문 불 출 이 팔 년 의 군 우 살 축 환

而黥,公孫賈하니 詩曰, 得人者는 興하고 失人者는
이 경 공 손 가 시 왈 득 인 자 흥 실 인 자

崩이라 하니 此,數者는 非所以得人也라. 君之危가
붕 차 수 자 비 소 이 득 인 야 군 지 위

若,朝露어늘 而,尙貪商於之富하고 寵,秦國之政하
약 조 로 이 상 탐 상 어 지 부 총 진 국 지 정

고 畜,百姓之怨이라가 秦王이 一旦에 捐賓客而不
축 백 성 지 원 진 왕 일 단 연 빈 객 이 불

立朝면 秦國之所以,收君者,豈其微哉아! 商君이
입 조 진 국 지 소 이 수 군 자 기 기 미 재 상 군

弗從이러니 居,五月而難作이러라.
부 종 거 오 월 이 난 작

○乙酉三十三年(B.C. 336년)이라. 鄒人,孟軻,見魏
을 유 삼 십 삼 년 추 인 맹 가 견 위

惠王하시되 王曰, 叟,不遠千里而來하시니 亦有以
혜 왕 왕 왈 수 불 원 천 리 이 래 역 유 이

利吾國乎잇까? 孟子曰, 君은 何必曰利잇까 仁義
이 오 국 호 맹 자 왈 군 하 필 왈 이 인 의

而已矣니이다. 初에 孟子, 師,子思에 嘗問,牧民之
이 이 의 초 맹 자 사 자 사 상 문 목 민 지

道,何先이니까? 子思曰, 先利之니라. 孟子曰, 君
도 하 선 자 사 왈 선 리 지 맹 자 왈 군

子所以敎民이 亦,仁義而已矣니 何必利잇고! 子
자 소 이 교 민 역 인 의 이 이 의 하 필 이 자

思曰, 仁義固所,以利之也니라. 上不仁則,下不得
사 왈 인 의 고 소 이 리 지 야 상 불 인 즉 하 부 득

其所하고 上不義則,下樂爲詐也니 此爲不,利大矣
기 소 상 불 의 즉 하 락 위 사 야 차 위 불 이 대 의

라. 故로 易曰, 利者는 義之和也라 하고 又曰, 利用
고 역 왈 이 자 의 지 화 야 우 왈 이 용

安身하여 以,崇德也라 하니 此는 皆利之大者也니라.
안 신 이 숭 덕 야 차 개 이 지 대 자 야

○戊子三十六年(B.C. 333년)이라. 初에 洛陽人,蘇秦
무 자 삼 십 육 년 초 낙 양 인 소 진

이 說,秦王以兼,天下之術하니 秦王이 不用其言이
세 진 왕 이 겸 천 하 지 술 진 왕 불 용 기 언

어늘 蘇秦이 乃去說,燕文公曰, 燕之所以,不犯寇
소 진 내 거 세 연 문 공 왈 연 지 소 이 불 범 구

被,兵者는 以,趙爲之蔽也니라. 願,大王은 與趙從
피 병 자 이 조 위 지 폐 야 원 대 왕 여 조 종

親하여 天下爲一則, 燕國이 必無患矣리이다. 文公
친 천 하 위 일 즉 연 국 필 무 환 의 문 공

이 從之하여 資,蘇秦車馬하여 以說,趙肅侯曰, 當
종 지 자 소 진 거 마 이 세 조 숙 후 왈 당

今山東之國이 莫彊於趙하고 秦之所害도 亦莫如
금 산 동 지 국 막 강 어 조 진 지 소 해 역 막 여

趙하나 然而秦不敢伐趙者는 畏,韓魏之,議其後也
조 연 이 진 불 감 벌 조 자 외 한 위 지 의 기 후 야

니라. 秦之攻,韓魏也에 無有名山,大川之限하니 稍
진 지 공 한 위 야 무 유 명 산 대 천 지 한 초

蠶食之면 韓魏,不能支하여 必入臣於秦하리니 秦
잠 식 지 한 위 불 능 지 필 입 신 어 진 진

無韓魏之規則, 禍中於趙矣리이다. 夫,衡人者는
무 한 위 지 규 즉 화 중 어 조 의 부 형 인 자

皆欲割,諸侯之地하여 以與秦이니 秦盛則其身이
개 욕 할 제 후 지 지 이 여 진 진 성 즉 기 신

富榮하여 國被秦患而, 不與其憂하리니 竊爲大王
부 영 국 피 진 환 이 불 여 기 우 절 위 대 왕

計컨대 莫若一韓,魏,齊,楚,燕,趙하여 爲,從親以擯
계 막 약 일 한 위 제 초 연 조 위 종 친 이 빈

秦이니 令,天下之,將相으로 會於,洹水之上하여 約
진 영 천 하 지 장 상 회 어 원 수 지 상 약

曰, 秦이 攻,一國이어든 五國이 各出銳師하여 或撓
왈 진 공 일 국 오 국 각 출 예 사 혹 요

秦하며 或救之하고 有,不如約者어든 五國이 共伐
진 혹구지 유불여약자 오국 공벌

之인저! 則,秦甲이 必不敢出於函谷하여 以害山東
지 즉진갑 필불감출어함곡 이해산동

矣리다. 肅侯大說하여 厚待蘇秦하고 尊寵賜賚之
의 숙후대열 후대소진 존총사뢰지

하여 以約於諸侯하니 於是에 蘇秦이 說韓王曰, 韓
이약어제후 어시 소진 세한왕왈 한

은 地方이 九百餘里요, 帶甲이 數十萬이요, 天下之
지방 구백여리 대갑 수십만 천하지

强弓,勁弩,利劒이 皆從韓出하니 今,大王이 事秦이
강궁경노이검 개종한출 금대왕 사진

면 秦이 必求宜陽成皐하리니 今茲效之면 明年에
진 필구의양성고 금자효지 명년

又,復求割地니 地有盡而秦之求,無已라. 鄙諺曰,
우부구할지 지유진이진지구무이 비언왈

「寧爲鷄口언정 無爲牛後라.」하니 以,大王之賢으로
녕위계구 무위우후 이대왕지현

挾彊韓之兵而, 有,牛後之名하니 竊爲大王羞之
협강한지병이 유우후지명 절위대왕수지

하노이다. 韓王이 從其言하니 蘇秦이 說,魏王曰, 大
한왕 종기언 소진 세위왕왈 대

王之地方千里요, 武士二十萬이요, 蒼頭二十萬이
왕지지방천리 무사이십만 창두이십만

요, 奮擊이 二十萬이요, 厮徒十萬이요, 車六百乘이
분격 이십만 시도십만 거육백승

요, 騎五千匹이어늘 乃聽,羣臣之說而, 欲,臣事秦
기오천필 내청군신지설이 욕신사진

하니 願大王은 熟察之하소서 魏王이 聽之하다. 蘇
원대왕 숙찰지 위왕 청지 소

秦이 說,齊王曰, 齊는 四塞之國이라. 地方이 二千
진 세제왕왈 제 사색지국 지방 이천

餘里요, 帶甲이 數十萬이요, 粟如丘山하고 臨淄之
여리 대갑 수십만 속여구산 임치지

塗에 車轂이 擊하고 人肩이 摩하고 連衽成帷하고
도 거곡 격 인견 마 연임성유

揮汗成雨하니 夫,韓魏之,所以重畏,秦者는 爲,與
휘한성우 부한위지소이중외진자 위여

秦接境也어니와 今,秦之攻齊則, 不然하여 雖欲深
진접경야 금진지공제즉 불연 수욕심

入이나 則恐,韓魏之議其後이니 秦之不能,害齊亦
입 즉공한위지의기후 진지불능해제역

明矣라. 夫,不料秦之하니 無柰齊何而, 欲西面而
명의 부불요진지 무내제하이 욕서면이

事之하니 是는 羣臣之計,過也로소이다. 齊王이 許
사지 시 군신지계과야 제왕 허

之하다. 乃,南說楚王曰, 楚는 天下之彊國也라 地
지 내남세초왕왈 초 천하지강국야 지

方이 六千餘里요, 帶甲이 百萬이요, 粟支十年이라.
방 육천여리 대갑 백만 속지십년

此는 覇王之資也니라. 楚强則,秦弱하고 秦强則,楚
차 패왕지자야 초강즉진약 진강즉초

弱이니 其勢不,兩立이라, 故로 爲,大王計하니 莫如
약 기세불양립 고 위대왕계 막여

從親하여 以孤秦이니 故로 從親則, 諸侯,割地以
종친 이고진 고 종친즉 제후할지이

事楚요, 衡合則,楚,割地以事秦이니 此,兩策者는
사초 형합즉초할지이사진 차양책자

相去遠矣라, 大王은 何居焉이니꼬? 楚王이 亦許之
상거원의 대왕 하거언 초왕 역허지

하니 於是에 蘇秦이 爲,從約長하여 幷相六國하고
어시 소진 위종약장 병상육국

北報趙하니 車騎輜重이 擬於王者러라.
북보조 거기치중 의어왕자

어려운 낱말 / 고사성어

[豈特十二乘哉(기특십이승재)] : 어찌 다만 ~뿐이리오? [慚色(참색)] : 부끄러워하는 기색. [弊袴(폐고)] : 떨어진 바지. [愛一嚬一笑(애일빈일소)] : 한 번 눈살 찌푸리고 한 번 웃는 것을 사랑하다. [二萬竈(이만조)] : 이만 개의 부엌, 즉 군대의 야전 취사장. [馬陵(마릉)] : 길의 이름. 마릉도. 하남성 여주에 있는 길. [道陜而旁多阻隘(도협이방다조애)] : 길이 좁고 막힌 곳이 많음. [乃斫大樹(내작대수)] : 큰 나무를 희게 깎아서 글을 쓰도록 했다. [車裂以徇(거렬이순)] : 형벌의 하나로, 수레에 다리를 걸어 찢는 형벌. [孟軻(맹가)] : 맹자(孟子)이다. [叟,不遠千里(수,불원천리)] : 맹자가 양나라 혜왕을 만나니 혜왕이 맹자에게한 말. 즉 어른께서 우리나라를 '불원천리'오셨구려. [何必曰利(하필왈리)] : 맹자가 양혜왕에게 한 말–임금님은 어찌 이익만 말합니까? '仁義而已矣니다' 함. [子思(자사)] : 공자(孔子)의 손자이며 맹자(孟子)의 스승. [寧爲鷄口,無爲牛後(영위계구,무위우후)] : 차라리 닭의 입이 될지언정, 소의 뒤는 되지 않겠다. 조금이라도 소득이 되는 일을 하겠다는 뜻. [連衽成帷(연임성유)] : 옷깃을 인연해서 장막을 이루다.–소진(蘇秦)이 제왕(齊王)에게 하는 말. [揮汗成雨(휘한성우)] : 역시 소진이 제왕에게 이르는 말로, '땀을 뿌려 비를 이룬다는 말'로, 사람이 많다는 것을 과장법으로 한 말.

○己丑三十七年(B.C. 332년)이라. 秦惠王이 使,犀首
기 축 삼 십 칠 년 진 혜 왕 사 서 수
로 欺,齊魏하여 與,共伐趙하여 以敗從約하니 趙肅
기 제 위 여 공 벌 조 이 패 종 약 조 숙
侯,讓蘇秦한대 秦이 恐하여 請使燕하여 必報齊라 하
후 양 소 진 진 공 청 사 연 필 보 제
고 蘇秦이 去趙하니 而,從約이 皆解러라.
소 진 거 조 이 종 약 개 해

○丙申四十四年(B.C. 325년)이라. 夏四月에 秦이 初
병 신 사 십 사 년 하 사 월 진 초
稱王하다.
칭 왕

○丁酉四十五年(B.C. 324년)이라. 蘇秦이 說,燕易王
정 유 사 십 오 년 소 진 세 연 이 왕
曰, 臣이 居燕에 不能使燕重이요 而在齊則,燕重이
왈 신 거 연 불 능 사 연 중 이 재 제 즉 연 중
리다. 易王이 許之하니 乃僞得罪於燕而奔齊한대
이 왕 허 지 내 위 득 죄 어 연 이 분 제
齊宣王이 以爲客卿이어늘 蘇秦이 說,齊王하여 高
제 선 왕 이 위 객 경 소 진 세 제 왕 고
宮室,大苑囿하여 以明得意하고 欲以敝齊而爲燕
궁 실 대 원 유 이 명 득 의 욕 이 폐 제 이 위 연
이러라.

○己亥四十七年(B.C. 322년)이라. 秦,張儀免相하고
기 해 사 십 칠 년 진 장 의 면 상

相魏하여 欲,使魏로 先事秦하고 而齊侯效之하되
상 위 욕 사 위 선 사 진 이 제 후 효 지

魏王이 不聽이라 秦王이 復,陰厚,張儀益甚이러라.
위 왕 불 청 진 왕 부 음 후 장 의 익 심

○庚子四十八年(B.C. 321년)이라. 王이 崩하고 子,愼
경 자 사 십 팔 년 왕 붕 자 신

靚王이 立하다. 齊,田文이 嗣爲,薛公하니 號曰, 孟
정 왕 입 제 전 문 사 위 설 공 호 왈 맹

嘗君이라. 招致,諸侯遊士,及,有罪亡人하여 皆,厚
상 군 초 치 제 후 유 사 급 유 죄 망 인 개 후

遇之하니 食客이 嘗,數千人이라 各自以爲,孟嘗君
우 지 식 객 상 수 천 인 각 자 이 위 맹 상 군

이 親己라 하니 由是로 孟嘗君之,名이 重,天下러라.
친 기 유 시 맹 상 군 지 명 중 천 하

{愼靚王 在位七年}
신 정 왕 재 위 칠 년

○癸卯三年(B.C. 318년)이라. 楚,趙,魏,韓,燕이 同伐
계 묘 삼 년 초 조 위 한 연 동 벌

秦하여 攻,函谷關하니 秦人이 出兵逆之한대 五國
진 공 함 곡 관 진 인 출 병 역 지 오 국

之師,皆敗走러라.
지 사 개 패 주

○甲辰四年(B.C. 317년)이라. 齊大夫與,蘇秦으로 爭
갑 진 사 년 제 대 부 여 소 진 쟁
寵하여 刺秦殺之하다. 張儀說,魏襄王曰, 梁地四
총 자 진 살 지 장 의 세 위 양 왕 왈 양 지 사
平하여 無,名山大川之限하고 卒戍楚,韓,齊,趙,之
평 무 명 산 대 천 지 한 졸 수 초 한 제 조 지
境하여 守,亭障者,不下十萬하니 梁之地勢,固戰場
경 수 정 장 자 불 하 십 만 양 지 지 세 고 전 장
也라. 夫,諸侯之約從에 盟,洹水之上하여 結爲兄
야 부 제 후 지 약 종 맹 원 수 지 상 결 위 형
弟하여 以相堅也로대 今,親兄弟,同父母도 尙有爭
제 이 상 견 야 금 친 형 제 동 부 모 상 유 쟁
錢財하여 相,殺傷이어든 而,欲恃反覆,蘇秦之餘謀
전 재 상 살 상 이 욕 시 반 복 소 진 지 여 모
하니 其,不可成이 亦明矣니이다. 魏王이 乃倍從約
기 불 가 성 역 명 의 위 왕 내 배 종 약
하고 而因儀하여 以請成于秦하니 張儀,歸復,相秦
이 인 의 이 청 성 우 진 장 의 귀 복 상 진
하다.

○乙巳五年(B.C. 316년)이라. 蘇秦弟,代.厲,亦以遊
을 사 오 년 소 진 제 대 려 역 이 유
說로 顯於諸侯라 燕相,子之와 與,蘇代로 婚하여 欲
세 현 어 제 후 연 상 자 지 여 소 대 혼 욕
得燕權이러니 蘇代,使於齊而還하니 燕王,噲,問曰,
득 연 권 소 대 사 어 제 이 환 연 왕 쾌 문 왈
齊王이 其霸乎아? 對曰, 不能이러이다. 王曰, 何
제 왕 기 패 호 대 왈 불 능 왕 왈 하

故요? 對曰, 不信其臣이러이다. 於是에 燕王이 屬
고 대왈 불신기신 어시 연왕 속
國於子之하니 子之南面行王事하고 而噲老不
국어자지 자지남면행왕사 이쾌로불
聽政하고 顧爲臣하여 國事皆決於子之러라.
청정 고위신 국사개결어자지

○丙午六年(B.C. 315년)이라. 王이 崩하고 子赧王
병오육년 왕 붕 자난왕
延이 立하다.
연 입

{赧王在位五十九年}
난왕재위오십구년

○丁未元年(B.C. 314년)이라. 燕子之爲王三年에
정미원년 연자지위왕삼년
國內大亂이어늘 齊王이 伐燕取子之로 醢之하여
국내대란 제왕 벌연취자지 해지
遂殺燕王噲하다.
수살연왕쾌

○己酉三年(B.C. 312년)이라. 燕人이 共立太子平하
기유삼년 연인 공립태자평
니 是爲昭王이라 昭王이 於破燕之後에 卽位하여
시위소왕 소왕 어파연지후 즉위

吊死問孤하고 與,百姓으로 同甘苦하고 卑身厚幣
조 사 문 고 여 백 성 동 감 고 비 신 후 폐

하여 以招賢者할새 謂,郭隗曰, 齊,因孤之國亂하여
이 초 현 자 위 곽 외 왈 제 인 고 지 국 란

而襲破燕하니 孤,極知燕小力少하여 不足以報나
이 습 파 연 고 극 지 연 소 력 소 부 족 이 보

然이나 誠得,賢士與,共國하여 以雪先王之恥,孤之
연 성 득 현 사 여 공 국 이 설 선 왕 지 치 고 지

願也로니 先生은 視可者하라 得身事之하리라. 郭
원 야 선 생 시 가 자 득 신 사 지 곽

隗曰, 古之人君이 有以千金으로 使,涓人으로 求,
외 왈 고 지 인 군 유 이 천 금 사 연 인 구

千里馬者러니 馬已死라, 買其骨,五百金而返하니
천 리 마 자 마 이 사 매 기 골 오 백 금 이 반

君이 大怒한대 涓人曰, 死馬도 且買之어늘 況,生
군 대 노 연 인 왈 사 마 차 매 지 황 생

者乎잇가? 馬今至矣라 하더니 不期年에 千里之馬,
자 호 마 금 지 의 불 기 년 천 리 지 마

至者三이라 하니 今王이 必欲致士인댄 先從隗始하
지 자 삼 금 왕 필 욕 치 사 선 종 외 시

시면 況,賢於隗者가 豈遠千里哉리잇고? 於是에 昭
황 현 어 외 자 기 원 천 리 재 어 시 소

王이 爲隗하여 改,築宮而,師事之하니 於是에 士爭
왕 위 외 개 축 궁 이 사 사 지 어 시 사 쟁

趣燕이라. 樂毅는 自魏往하고 劇辛은 自趙往하니
취 연 악 의 자 위 왕 극 신 자 조 왕

昭王이 以,樂毅로 爲,亞卿하여 任以國政이러라.
소 왕 이 악 의 위 아 경 임 이 국 정

○庚戌四年(B.C. 311년)이라. 張儀說楚王曰, 夫爲
경술사년 장의세초왕왈 부위

從者는 無,以異於驅,羣羊而,攻猛虎하니 不格이
종자 무이이어구군양이공맹호 불격

明矣라. 今,王이 不事秦이면 秦이 劫,韓驅梁而,攻
명의 금왕 불사진 진 겁한구량이공

楚則, 楚危矣리이다. 楚王이 許之하니 張儀,遂之
초즉 초위의 초왕 허지 장의수지

韓하여 說,韓王曰, 夫戰에 孟賁.烏獲之士하여 以
한 세한왕왈 부전 맹분오획지사 이

攻,不服之弱國이 無異垂,千鈞之重於,鳥卵之上
공불복지약국 무이수천균지중어조란지상

하여 必無幸矣라. 大王이 不事秦이면 秦이 下甲하
필무행의 대왕 불사진 진 하갑

여 據宜陽하고 塞成皐則,王之國이 分矣리니 爲,大
거의양 새성고즉왕지국 분의 위대

王計컨대 莫如事秦,而攻楚이니다. 韓王이 許之하
왕계 막여사진이공초 한왕 허지

니 張儀,歸報秦王하고 復使東說齊王曰, 從,人說
장의귀보진왕 부시동세제왕왈 종인세

大王者,必曰, 齊,蔽於三晉하고 地廣兵彊하니 雖
대왕자필왈 제폐어삼진 지광병강 수

有百秦이나 將,無柰齊何라 하되 今에 秦,楚,嫁女娶
유백진 장무내제하 금 진초가녀취

婦하여 爲昆弟之國하고 韓이 獻宜陽하고 梁이 效
부 위곤제지국 한 헌의양 양 효

河外하고 趙王이 入朝하여 割,河間하여 以事秦하니
하외 조왕 입조 할하간 이사진

大王이 不事秦이라가 秦이 驅,韓,梁,趙하여 攻之면
대왕 불사진 진 구한양조 공지

雖欲事秦이나 不可得也리이다. 齊王이 許之하다.
수 욕 사 진 불 가 득 야 제 왕 허 지

張儀去하여 西說趙王曰, 大王이 收率天下하여 以
장 의 거 서 세 조 왕 왈 대 왕 수 솔 천 하 이

擯秦하니 秦兵이 不敢出,函谷關이 十五年이라. 大
빈 진 진 병 불 감 출 함 곡 관 십 오 년 대

王之威가 行於山東이러니 今楚,與秦으로 爲,昆弟
왕 지 위 행 어 산 동 금 초 여 진 위 곤 제

之國하고 而韓,梁이 稱,東藩之臣하고 齊獻,魚鹽之
지 국 이 한 양 칭 동 번 지 신 제 헌 어 염 지

地하니 此는 斷趙之右肩也니라. 夫斷,右肩而,與人
지 차 단 조 지 우 견 야 부 단 우 견 이 여 인

鬪하고 失其黨而孤居면 求欲無危나 得乎아 爲,大
투 실 기 당 이 고 거 구 욕 무 위 득 호 위 대

王計컨대 莫如與秦王으로 面約하여 常爲兄弟之
왕 계 막 여 여 진 왕 면 약 상 위 형 제 지

國이니다. 趙王이 許之하다. 張儀,乃北說,燕王曰,
국 조 왕 허 지 장 의 내 북 세 연 왕 왈

大王이 不事秦이면 秦이 下甲雲中九原하여 驅,趙
대 왕 불 사 진 진 하 갑 운 중 구 원 구 조

而攻燕則, 易水長城이 非,大王之有也리이다. 燕
이 공 연 즉 역 수 장 성 비 대 왕 지 유 야 연

王이 請獻,常山之尾,五城以和어늘 張儀歸報할새
왕 청 헌 상 산 지 미 오 성 이 화 장 의 귀 보

未至咸陽하여 秦惠王이 薨하고 子,武王이 立하니
미 지 함 양 진 혜 왕 훙 자 무 왕 입

武王이 自爲太子時로 不說張儀러니 及,卽位에 羣
무 왕 자 위 태 자 시 불 열 장 의 급 즉 위 군

臣이 多毁短之어늘 諸侯,聞儀與,秦王有隙하고 皆,
신 다 훼 단 지 제 후 문 의 여 진 왕 유 극 개

畔衡復合從이러라.
반 형 부 합 종

○辛亥五年(B.C. 310년)이라. 張儀,相魏一歲에 卒하
신 해 오 년 장 의 상 위 일 세 졸
다. 儀與,蘇秦이 皆以,縱橫之術로 遊諸侯하여 致
의 여 소 진 개 이 종 횡 지 술 유 제 후 치
位富貴하니 天下,爭慕效之하고 又有,魏人公孫衍
위 부 귀 천 하 쟁 모 효 지 우 유 위 인 공 손 연
者하니 號曰,犀首라. 亦以談說로 顯名하고 其餘蘇
자 호 왈 서 수 역 이 담 설 현 명 기 여 소
代,蘇厲,周最,樓緩,之徒가 紛紜徧於天下하여 務
대 소 려 주 최 누 완 지 도 분 운 편 어 천 하 무
以辯詐로 相高하니 不可,勝紀而, 儀,秦,衍이 最著
이 변 사 상 고 불 가 승 기 이 의 진 연 최 저
러라.

○壬戌十六年(B.C. 299년)이라. 秦王이 約,楚王하여
임 술 십 육 년 진 왕 약 초 왕
會盟於武關이어늘 楚王이 入秦하니 秦人이 留之러
회 맹 어 무 관 초 왕 입 진 진 인 유 지
라.

○癸亥十七年(B.C. 298년)이라. 秦王이 聞,孟嘗君之
계 해 십 칠 년 진 왕 문 맹 상 군 지

賢하고 使,涇陽君으로 爲質於齊하여 以請,孟嘗君
현 사 경 양 군 위 질 어 제 이 청 맹 상 군

하니 來入秦이어늘 秦王이 以爲丞相한대 或이 謂,秦
내 입 진 진 왕 이 위 승 상 혹 위 진

王曰, 孟嘗君이 相秦에 必,先齊而後秦이니 秦其
왕 왈 맹 상 군 상 진 필 선 제 이 후 진 진 기

危哉인저! 秦王이 乃以樓緩으로 爲相하고 囚,孟嘗
위 재 진 왕 내 이 누 완 위 상 수 맹 상

君欲殺之어늘 孟嘗君이 使人으로 求解於,秦王幸
군 욕 살 지 맹 상 군 사 인 구 해 어 진 왕 행

姬하니 姬曰, 願得君,狐白裘하노라. 孟嘗君이 有,
희 희 왈 원 득 군 호 백 구 맹 상 군 유

狐白裘러니 已獻之秦王하고 無以應姬求라 客이
호 백 구 이 헌 지 진 왕 무 이 응 희 구 객

有,善爲狗盜者하여 入秦藏中하여 盜,狐白裘하여
유 선 위 구 도 자 입 진 장 중 도 호 백 구

以獻姬하니 姬,乃爲之하고 言於王이 而遣之하고
이 헌 희 희 내 위 지 언 어 왕 이 견 지

王이 後悔하여 使追之러라. 孟嘗君이 至關하니 關
왕 후 회 사 추 지 맹 상 군 지 관 관

法에 鷄鳴而出客이라 時尚早하고 追者將至러니
법 계 명 이 출 객 시 상 조 추 자 장 지

客에 有,善爲鷄鳴者하여 野鷄聞之하고 皆鳴이라
객 유 선 위 계 명 자 야 계 문 지 개 명

孟嘗君이 乃得脫歸하다.
맹 상 군 내 득 탈 귀

○趙王이 封,其弟勝하여 爲,平原君하니 平原君이
조 왕 봉 기 제 승 위 평 원 군 평 원 군

好士하여 食客이 常,數千人이러라.
호사 식객 상수천인

○乙丑十九年(B.C. 296년)이라. 楚懷王이 發病하여
을축십구년 초회왕 발병

薨於秦하니 楚人이 皆憐之하여 如悲親戚하고 諸
훙어진 초인 개련지 여비친척 제

侯由是로 不直秦이러라.
후유시 부직진

○丙子三十年(B.C. 285년)이라. 齊,湣王이 旣滅宋而
병자삼십년 제혼왕 기멸송이

驕하여 乃,南侵楚하고 西侵三晉하고 欲幷二周,爲,
교 내남침초 서침삼진 욕병이주위

天子어늘 燕昭王이 日夜에 撫循其人하여 乃與,樂
천자 연소왕 일야 무순기인 내여악

毅로 謀,伐齊할세 王이 悉起兵하여 以樂毅로 爲,上
의 모벌제 왕 실기병 이악의 위상

將軍하고 幷將,秦,魏,韓,趙之兵하여 以伐齊하니 齊
장군 병장진위한조지병 이벌제 제

湣王이 悉,國中之衆하여 以拒之할세 戰于濟西하
혼왕 실국중지중 이거지 전우제서

여 齊師大敗라 遂,進軍하니 齊人이 大亂失度하여
제사대패 수진군 제인 대란실도

湣王이 出走어늘 樂毅,入臨淄하여 取,寶物祭器하
혼왕 출주 악의입임치 취보물제기

여 輸之於燕하니 燕王이 封,樂毅하여 爲,昌國君하
수지어연 연왕 봉악의 위창국군

고 遂使留徇,齊城之未下者하다. 齊王이 走莒어늘
수사류순 제성지미하자 제왕 주거
楚使,淖齒로 將兵救齊하고 因爲齊相하니 淖齒欲
초사뇨치 장병구제 인위제상 요치욕
與燕으로 分齊地하여 乃遂,弑王於鼓里하다.
여연 분제지 내수시왕어고리

○毅聞,晝邑人,王蠋이 賢하고 令,軍中하되 環,晝
의문주읍인왕촉 현 영군중 환주
邑,三十里無入하라 하고 使人으로 請蠋하니 蠋이
읍삼십리무입 사인 청촉 촉
謝,不往이어늘 燕人曰, 不來면 吾且屠邑하리라. 蠋
사불왕 연인왈 불래 오차도읍 촉
曰, 忠臣은 不事二君이요, 烈女는 不更二夫하나니
왈 충신 불사이군 열녀 불경이부
齊王이 不用,吾諫故로 退而耕於野러니 國破君亡
제왕 불용오간고 퇴이경어야 국파군망
에 吾不能存하나 而又欲劫之以兵하니 吾與其,不
오불능존 이우욕겁지이병 오여기불
義而生으론 不若死라 하고 遂經,其頸而死러라.
의이생 불약사 수경기경이사

○燕師乘勝長驅하니 齊城이 皆,望風奔潰라. 樂
연사승승장구 제성 개망풍분궤 악
毅,修整燕軍하여 禁止侵掠하고 求齊之逸民하여
의수정연군 금지침략 구제지일민
顯而禮之하고 寬其賦斂하고 除其暴令하고 修其
현이례지 관기부렴 제기포령 수기

舊政하니 齊民이 喜悅이러라. 祀,桓公,管仲於郊하
구 정　　제 민　　희 열　　　　사 환 공 관 중 어 교

고 表,賢者之閭하고 封,王蠋之墓하고 六月之間에
　표 현 자 지 려　　봉 왕 촉 지 묘　　유 월 지 간

下齊七十餘城하여 皆爲君縣하다.
하 제 칠 십 여 성　　개 위 군 현

○戊寅三十二年(B.C. 283년)이라. 齊,淖齒之亂에 王
　무 인 삼 십 이 년　　　　　　제 요 치 지 란　왕

孫賈,從湣王이라가 失王之處러니 其母曰, 汝,朝
손 고 종 혼 왕　　실 왕 지 처　　기 모 왈　여 조

出而晩來則, 吾,倚門而望하고 汝,暮出而不還則,
출 이 만 래 즉　오 의 문 이 망　　여 모 출 이 불 환 즉

吾,倚閭而望하고 汝今事王하다가 王이 走어시늘 汝,
오 의 려 이 망　　여 금 사 왕　　왕　주　　　여

不知其處하니 汝尙何歸焉고? 王孫賈,乃攻,淖齒
부 지 기 처　　여 상 하 귀 언　　왕 손 고 내 공 요 치

殺之하니 於是에 齊亡臣이 相與求,湣王子,法章하
살 지　　어 시　제 망 신　상 여 구 혼 왕 자 법 장

여 立以爲,齊王하고 保,莒城하여 以拒燕이러라.
　입 이 위 제 왕　　보 거 성　　이 거 연

○趙王이 得,楚和氏璧이러니 秦昭王이 欲之하여
　조 왕　득 초 화 씨 벽　　　진 소 왕　욕 지

請易以,十五城이어늘 趙王이 以問,藺相如하니 對
청 역 이 십 오 성　　　조 왕　이 문 인 상 여　　대

曰, 秦이 以城求璧,而王이 不許면 曲在我矣요 我
왈 진 이성구벽이왕 불허 곡재아의 아

與之璧이나 而秦이 不與我城則, 曲在秦이니 臣은
여지벽 이진 불여아성즉 곡재진 신

願,奉璧而往하여 使,秦城不入이어든 臣이 請,完璧
원봉벽이왕 사진성불입 신 청완벽

而歸하리이다. 相如至秦하니 秦王이 無意償,趙城
이귀 상여지진 진왕 무의상조성

이라, 相如,乃紿秦王하여 復取璧하여 遣使者,懷歸
상여내태진왕 부취벽 견사자회귀

趙하고 而以身,待命於秦하니 秦王이 賢而弗誅하고
조 이이신대명어진 진왕 현이부주

禮而歸之어늘 趙王이 以,相如로 爲,上大夫하다.
예이귀지 조왕 이상여 위상대부

○壬午三十六年(B.C. 279년)이라. 秦王이 會,趙王
임오삼십육년 진왕 회조왕

於,河外澠池러니 王이 與,趙王으로 飮酒酣에 秦王
어하외민지 왕 여조왕 음주감 진왕

이 請,趙王鼓瑟한대 趙王이 鼓之어늘 藺相如,復請
청조왕고슬 조왕 고지 인상여부청

秦王擊缶한대 秦王이 不肯이어늘 相如曰, 五步之
진왕격부 진왕 불긍 상여왈 오보지

內에 臣이 請得以頸血로 濺大王矣리이다. 左右欲
내 신 청득이경혈 천대왕의 좌우욕

刃,相如어늘 相如,張目叱之하니 左右皆靡라, 王이
인상여 상여장목질지 좌우개미 왕

不豫하여 爲,一擊缶하고 罷酒하다. 秦이 終不能,有
불예 위일격부 파주 진 종불능유

加於趙하고 趙人이 亦盛爲之備하니 秦不敢動이러
가 어 조 조 인 역 성 위 지 비 진 불 감 동

라. 趙王이 歸國하여 以.藺相如로 爲上卿하니 位在.
조 왕 귀 국 이 인 상 여 위 상 경 위 재

廉頗之右라. 廉頗曰, 我見相如면 必辱之하리라.
염 파 지 우 염 파 왈 아 견 상 여 필 욕 지

相如聞之하고 每朝에 常稱病.不欲爭列하고 出而
상 여 문 지 매 조 상 칭 병 불 욕 쟁 렬 출 이

望見에 輒.引車避匿하니 其.舍人이 皆以爲恥어늘
망 견 첩 인 거 피 닉 기 사 인 개 이 위 치

相如曰, 子視.廉將軍이 孰與秦王고? 曰, 不若이
상 여 왈 자 시 염 장 군 숙 여 진 왕 왈 불 약

니다. 相如曰, 夫以秦王之威로도 而.相如廷叱之
상 여 왈 부 이 진 왕 지 위 이 상 여 정 질 지

하고 辱其羣臣하니 相如.雖駑나 獨畏.廉將軍哉아
욕 기 군 신 상 여 수 노 독 외 염 장 군 재

顧吾念之컨대 彊秦枝所.以不敢加兵於趙者는 徒
고 오 념 지 강 진 지 소 이 불 감 가 병 어 조 자 도

以吾兩人이 在也어늘 今.兩虎共鬪면 其勢.不倶生
이 오 양 인 재 야 금 양 호 공 투 기 세 불 구 생

이니 吾所以爲此者는 先.國家之急而.後私讐也로
오 소 이 위 차 자 선 국 가 지 급 이 후 사 수 야

다. 廉頗聞之하고 肉袒負荊하여 至門謝罪하고 遂
염 파 문 지 육 단 부 형 지 문 사 죄 수

爲刎頸之交러라.
위 문 경 지 교

○是時에 齊地皆屬燕하되 獨莒.卽墨이 未下라. 樂
시 시 제 지 개 속 연 독 거 즉 묵 미 하 악

毅,圍,卽墨하니 卽墨大夫,出戰而死하니 卽墨人이
의 위 즉 묵 즉 묵 대 부 출 전 이 사 즉 묵 인
曰, 安平之戰에 田單宗人이 以,鐵籠으로 得全하니
왈 안 평 지 전 전 단 종 인 이 철 롱 득 전
是는 多智習兵이라 하고 因,共立以爲將하여 以拒
시 다 지 습 병 인 공 립 이 위 장 이 거
燕하다.
연

○樂毅,圍二邑에 三年未下라. 或이 讒之於燕昭
악 의 위 이 읍 삼 년 미 하 혹 참 지 어 연 소
王曰, 樂毅,智謀過人하여 伐齊,呼吸之間에 剋,
왕 왈 악 의 지 모 과 인 벌 제 호 흡 지 간 극
七十餘城하고 今不下者,兩城爾니 非其力이 不能
칠 십 여 성 금 불 하 자 양 성 이 비 기 력 불 능
拔이라. 欲久仗兵威하여 以服齊人하니 南面而王
발 욕 구 장 병 위 이 복 제 인 남 면 이 왕
爾니다 하니 昭王이 於是에 置酒大會하여 引,言者
이 소 왕 어 시 치 주 대 회 인 언 자
斬之하고 遣國相하여 立,樂毅爲齊王하니 毅,惶恐
참 지 견 국 상 입 악 의 위 제 왕 의 황 공
不受하고 拜書하여 以死自誓하니 由是로 齊人이
불 수 배 서 이 사 자 서 유 시 제 인
服其義라 하고 諸侯,畏其信하여 莫敢復有謀者러
복 기 의 제 후 외 기 신 막 감 부 유 모 자
니 頃之에 昭王이 薨하고 惠王이 立하니 惠王이 自
경 지 소 왕 홍 혜 왕 입 혜 왕 자
爲太子時로 嘗,不快於樂毅러라. 田單이 聞之하고
위 태 자 시 상 불 쾌 어 악 의 전 단 문 지

乃縱反間曰, 樂毅,與燕新王으로 有隙하여 畏誅
내 종 반 간 왈 악 의 여 연 신 왕 유 극 외 주

而,不敢歸하고 以,伐齊爲名하니 齊人이 唯恐他將
이 불 감 귀 이 벌 제 위 명 제 인 유 공 타 장

이 來면 卽墨이 殘矣라 하노라. 燕王이 已疑라가 得
래 즉 묵 잔 의 연 왕 이 의 득

齊反間하여 乃使,騎劫으로 代將而召,樂毅어늘 毅
제 반 간 내 사 기 겁 대 장 이 소 악 의 의

遂犇趙하니 燕將士,由是로 憤惋不和러라. 田單이
수 분 조 연 장 사 유 시 분 완 불 화 전 단

乃,身操版鍤하여 與,士卒로 分功하고 妻妾을 編於
내 신 조 판 삽 여 사 졸 분 공 처 첩 편 어

行伍之間하고 盡散飮食하여 饗士하니 令,甲卒로
행 오 지 간 진 산 음 식 향 사 영 갑 졸

皆伏하고 使,老弱女子로 乘城約降하니 燕軍이 益
개 복 사 로 약 여 자 승 성 약 항 연 군 익

懈라. 田單이 乃收城中하여 得牛千餘하여 爲,絳繒
해 전 단 내 수 성 중 득 우 천 여 위 강 증

衣하여 畵以五采龍文하고 束兵刃於其角,而灌脂
의 화 이 오 채 용 문 속 병 인 어 기 각 이 관 지

束葦於其尾하여 燒其端하고 鑿城數十穴하여 夜
속 위 어 기 미 소 기 단 착 성 수 십 혈 야

縱牛하고 壯士五千人이 隨其後하니 牛尾熱하고
종 우 장 사 오 천 인 수 기 후 우 미 열

怒而犇燕軍한대 燕軍이 大驚하여 視,牛皆龍文이
노 이 분 연 군 연 군 대 경 시 우 개 룡 문

라. 所觸에 盡,死傷하고 而,城中이 鼓譟從之하고 老
소 촉 진 사 상 이 성 중 고 조 종 지 노

弱은 皆擊,銅器爲城하니 聲動天地라. 燕軍이 大敗
약 개 격 동 기 위 성 성 동 천 지 연 군 대 패

走어늘 齊人이 殺騎劫하고 追亡逐北하니 所過城
주 제인 살기겁 추망축배 소과성
邑이 皆,叛燕하고 復爲齊하여 齊,七十餘城을 皆復
읍 개반연 부위제 제칠십여성 개복
焉하고 乃迎,襄王於莒하여 入,臨淄하니 封,田單하
언 내영양왕어거 입임치 봉전단
여 爲,安平君하다.
위안평군

○田單이 將攻狄할새 往見,魯仲連하니 仲連曰,
전단 장공적 왕견노중련 중련왈
將軍이 攻狄에 不能下也리다. 田單曰, 臣이 以,卽
장군 공적 불능하야 전단왈 신 이즉
墨,破亡餘卒로 破,萬乘之燕하고 復齊之墟하니 今,
묵파망여졸 파만승지연 복제지허 금
攻狄而不下는 何也오 하고 上車하여 弗謝而去러
공적이불하 하야 상거 불사이거
라. 遂,攻狄三月에 不克하니 田單이 乃懼하여 問,魯
수공적삼월 불극 전단 내구 문노
仲連하니 仲連曰, 將軍之在,卽墨에 坐則織蕢하
중련 중련왈 장군지재즉묵 좌즉직괴
고 立則杖鍤하여 爲,士卒倡하니 當此之時하여 將
입즉장삽 위사졸창 당차지시 장
軍은 有,死之心하고 士卒은 無生之氣하니 所以破
군 유사지심 사졸 무생지기 소이파
燕也어니와 今,將軍이 東有夜邑之奉하고 西有淄
연야 금장군 동유야읍지봉 서유치
上之娛하고 黃金을 橫帶하고 而騁乎,淄,澠之間하
상지오 황금 횡대 이빙호치민지간

여 有,生之樂하고 無,死之心하니 所以不勝也니라.
유 생 지 락 무 사 지 심 소 이 불 승 야

田單이 曰, 單之有心을 先生이 志之矣라 하고 明
전 단 왈 단 지 유 심 선 생 지 지 의 명

日에 乃厲氣循城하여 立於矢石之하여 所,援枹鼓
일 내 려 기 순 성 입 어 시 석 지 소 원 포 고

之하니 狄人이 乃下러라.
지 적 인 내 하

○辛卯四十五年(B.C. 270년)이라. 魏人,范睢,亡入
신 묘 사 십 오 년 위 인 범 저 망 입

秦하여 說,秦王曰, 以,秦國之大와 士卒之勇으로
진 세 진 왕 왈 이 진 국 지 대 사 졸 지 용

以治諸侯는 譬如走,韓盧而,搏蹇兎也어늘 而,閉
이 치 제 후 비 여 주 한 로 이 박 건 토 야 이 폐

關十五年에 不敢窺兵於山東者는 是는 穰侯爲,
관 십 오 년 불 감 규 병 어 산 동 자 시 양 후 위

秦謀不忠하고 而大王之計로 亦有所失也이니다.
진 모 불 충 이 대 왕 지 계 역 유 소 실 야

王이 跽曰, 願聞失計하노라. 睢曰, 夫.穰侯.越韓.
왕 기 왈 원 문 실 계 저 왈 부 양 후 월 한

魏而功齊는 非計也라. 今王이 不如,遠交而近攻
위 이 공 제 비 계 야 금 왕 불 여 원 교 이 근 공

이니 得寸이라도 則,王之寸也요, 得尺이라도 則,王
득 촌 즉 왕 지 촌 야 득 척 즉 왕

之尺也라. 今,夫韓.魏는 中國之處而天下之樞也
지 척 야 금 부 한 위 중 국 지 처 이 천 하 지 추 야

니 王若欲霸면 必親中國하여 以爲天下樞하고 以
왕 약 욕 패 필 친 중 국 이 위 천 하 추 이

威楚.趙이니 楚.趙皆附면 諸必懼矣요, 齊附則,韓.
위 초 조 초 조 개 부 제 필 구 의 제 부 즉 한
魏를 因,可虜也리다. 王曰, 善다 하고 乃以,范睢로
위 인 가 노 야 왕 왈 선 내 이 범 저
爲,客卿하여 與,謀兵事러라.
위 객 경 여 모 병 사

○辛丑五十五年(B.C. 260년)이라. 秦,左庶長,王齕이
신 축 오 십 오 년 진 좌 서 장 왕 흘
伐韓하여 攻,上黨拔之하니 上黨民이 走趙어늘 趙
벌 한 공 상 당 발 지 상 당 민 주 조 조
廉頗,軍於長平하여 以按據,上黨民하니 王齕이 因
염 파 군 어 장 평 이 안 거 상 당 민 왕 흘 인
伐趙한대 趙軍이 數戰不勝이라. 廉頗,堅壁不出이
벌 조 조 군 수 전 불 승 염 파 견 벽 불 출
어늘 趙王이 以頗,失亡多而,更怯不戰이라 하여 怒
조 왕 이 파 실 망 다 이 갱 겁 부 전 노
數讓之한대 應侯又,使人으로 反間曰, 秦之所畏
삭 양 지 응 후 우 사 인 반 간 왈 진 지 소 외
는 獨畏,馬服君之子,趙括이 爲將爾오, 廉頗는 易
독 외 마 복 군 지 자 조 괄 위 장 이 염 파 역
與且降矣니라. 趙王이 遂以趙括로 代頗將하니 藺
여 차 항 의 조 왕 수 이 조 괄 대 파 장 인
相如曰, 王이 以名使括하시니 若,膠柱鼓瑟이라.
상 여 왈 왕 이 명 사 괄 약 교 주 고 슬
括이 徒,能讀其父書傳이요, 不知合變也니이다 하
괄 도 능 독 기 부 서 전 부 지 합 변 야
니 王이 不聽이러라.
왕 불 청

○初에 趙括이 自,少時로 學,兵法하여 以,天下莫能
초 조괄 자소시 학병법 이천하막능
當이라 嘗與其父奢로 言兵事에 奢,不能難이나 然
당 상여기부사 언병사 사불능난 연
이나 不謂善이어늘 括母問其故한대 奢曰, 兵은 死
불위선 괄모문기고 사왈 병 사
地也어늘 而括이 易言之하니 趙若將括이면 破,趙
지야 이괄 이언지 조약장괄 파조
軍者는 必,括也라 하더니 及括이 將行에 其母上書
군자 필괄야 급괄 장행 기모상서
言括을 不可使이니다. 王曰, 吾已決矣로다 母曰,
언괄 불가사 왕왈 오이결의 모왈
卽有不稱이라도 妾은 請無隨坐하소서 王이 許之하
즉유불칭 첩 청무수좌 왕 허지
다.

○秦王이 聞括,爲趙將하고 乃陰使,武安君으로 爲,
진왕 문괄위조장 내음사무안군 위
上將하고 而,王齕로 爲,裨將하고 令,軍中하되 有敢
상장 이왕흘 위비장 영군중 유감
泄,武安君,將者면 斬하리다.
설무안군장자 참

○趙括이 至軍하여 悉更約束하고 易置軍吏하고
조괄 지군 실경약속 역치군리
出兵擊秦이어늘 武安君이 佯敗而走하고 張二奇
출병격진 무안군 양패이주 장이기

兵으로 以劫之러니 趙括이 乘勝하여 追造秦壁하니
병 이겁지 조괄 승승 추조진벽

堅拒不得入하고 奇兵이 絶,趙軍之後하니 趙軍이
견거부득입 기병 절조군지후 조군

食絶四十六日에 皆,內陰相殺食이라. 趙括이 自出
식절사십육일 개내음상살식 조괄 자출

銳卒搏戰하니 秦人이 射殺之한대 趙師大敗하여
예졸박전 진인 사살지 조사대패

卒,四十萬人이 皆降이어늘 武安君이 乃,挾詐而,盡
졸사십만인 개항 무안군 내협사이진

坑殺之하고 遣其小者, 二百四十人하여 歸趙하다.
갱살지 유기소자 이백사십인 귀조

○壬寅五十六年(B.C. 259년)이라. 秦之始伐趙也에
임인오십육년 진지시벌조야

魏王이 問,諸大夫한대 皆,以爲秦伐趙는 於魏便이
위왕 문제대부 개이위진벌조 어위편

라 하니 孔斌曰, 不然하다 秦은 貪暴之國也니라. 勝
공빈왈 불연 진 탐포지국야 승

趙면 必復他求니 吾恐於時에 魏受其師也라 하다.
조 필부타구 오공어시 위수기사야

先人이 有言하되 燕雀이 處堂에 子母相哺하여 呴
선인 유언 연작 처당 자모상포 구

呴焉相樂也하여 自以爲安하고 竈突炎上하여 棟
구언상락야 자이위안 조돌염상 동

宇將焚하되 燕雀이 顔不變하고 不知,禍之將及己
우장분 연작 안불변 부지화지장급기

也라 하니 今子,不悟趙頗에 患,將及己하니 可以人
야 금자불오조파 환장급기 가이인

而,同於燕雀乎아? 當今,山東之國이 敝而不振하
이 동 어 연 작 호 당 금 산 동 지 국 폐 이 부 진

고 三晉이 割地以求安하고 二周折而入秦하고 燕.
삼 진 할 지 이 구 안 이 주 절 이 입 진 연

齊.楚已,屈服矣라. 以此觀之컨대 不出二十年하여
제 초 이 굴 복 의 이 차 관 지 불 출 이 십 년

天下,其盡爲,秦乎인저!
천 하 기 진 위 진 호

○癸卯五十七年(B.C. 258년)이라. 秦이 以,王陵으로
계 묘 오 십 칠 년 진 이 왕 릉

攻,邯鄲하니 武安君曰, 邯鄲이 實하니 未易攻也
공 한 단 무 안 군 왈 한 단 실 미 이 공 야

요, 且,諸侯之救日至하리니 破秦軍이 必矣라 하고
차 제 후 지 구 일 지 파 진 군 필 의

辭疾不行하니 乃以王齕로 代,王陵이러라.
사 질 불 행 내 이 왕 흘 대 왕 릉

○趙王이 使,平原君으로 求救於楚한대 平原君이
조 왕 사 평 원 군 구 구 어 초 평 원 군

約其門下食客에 文武備具者二十人하여 與之俱
약 기 문 하 식 객 문 무 비 구 자 이 십 인 여 지 구

할새 得十九人하고 餘無,可取者라. 毛遂自薦於平
득 십 구 인 여 무 가 취 자 모 수 자 천 어 평

原君이어늘 平原君曰, 夫,賢士之處世也에 譬若,
원 군 평 원 군 왈 부 현 사 지 처 세 야 비 약

錐之處囊中하여 其末이 立見하나니 今,先生이 處
추 지 처 낭 중 기 말 입 현 금 선 생 처

勝之門下, 三年於此矣로대 勝이 未有所聞하니 是
승 지 문 하 삼 년 어 차 의 승 미 유 소 문 시
는 先生이 無所有也니라. 毛遂曰, 「臣이 乃,今日에
선 생 무 소 유 야 모 수 왈 신 내 금 일
請處囊中爾니 使,遂로 蚤得處囊中이면 乃脫穎而
청 처 낭 중 이 사 수 조 득 처 낭 중 내 탈 영 이
出이요 非,特其末見而已니라.」 平原君이 乃,與之
출 비 특 기 말 현 이 이 평 원 군 내 여 지
俱하니 十九人이 相與目笑之러라.
구 십 구 인 상 여 목 소 지

○平原君이 至楚하여 與,楚王으로 言,合從之利害
평 원 군 지 초 여 초 왕 언 합 종 지 이 해
할새 日出而言之에 日中不決이어늘 毛遂,按劍,歷
일 출 이 언 지 일 중 불 결 모 수 안 검 역
階而上하여 謂,平原君曰, 從之利害는 兩言而決
계 이 상 위 평 원 군 왈 종 지 이 해 양 언 이 결
爾어늘 今,日出而言하여 日中不決은 何也오? 楚王
이 금 일 출 이 언 일 중 불 결 하 야 초 왕
이 怒叱曰, 胡不下오? 吾,乃與而君言이어늘 汝는
노 질 왈 호 불 하 오 내 여 이 군 언 여
何爲者也오? 遂,按劍而前曰, 王之所以叱遂者는
하 위 자 야 수 안 검 이 전 왈 왕 지 소 이 질 수 자
以,楚國之衆이로대 今,十步之內에 不得恃衆也이
이 초 국 지 중 금 십 보 지 내 부 득 시 중 야
니다. 王之命이 懸於遂手하니 吾君이 在前에 叱者
왕 지 명 현 어 수 수 오 군 재 전 질 자
는 何也오? 今에 以,楚之彊으로 天下弗能當이어늘
하 야 금 이 초 지 강 천 하 불 능 당

白起는 小竪子爾하되 一戰而擧鄢.郢하고 再戰而
백기 소수자이 일전이거언영 재전이

燒夷陵하고 三戰而辱,王之先人하니 此는 百世之
소이릉 삼전이욕왕지선인 차 백세지

怨이요, 而,趙之所羞어늘 而王이 弗知惡焉하니 合
원 이조지소수 이왕 부지오언 합

從者는 爲楚요 非爲趙也니이다. 楚王曰, 唯唯라
종자 위초 비위조야 초왕왈 유유

誠若先生之言인대 謹奉,社稷以從하리라. 毛遂,謂,
성약선생지언 근봉사직이종 모수위

楚王之左右曰, 取,鷄狗馬之血來하라! 毛遂,奉,
초왕지좌우왈 취계구마지혈래 모수봉

銅盤而跪進之楚王曰, 王은 當,歃歃血而定從하
동반이궤진지초왕왈 왕 당삽삽혈이정종

소서. 次者는 吾君이요 次者는 遂라 하고 遂,定從於
차자 오군 차자 수 수정종어

殿上하고 毛遂,左手로 持盤血而右手로 招十九人
전상 모수좌수 지반혈이우수 초십구인

하여 歃血於堂下曰, 公等은 碌碌하니 所謂,因人
삽혈어당하왈 공등 록록 소위인인

成事者也로다. 平原君이 已,定從而歸하여 至於趙
성사자야 평원군 이정종이귀 지어조

曰, 勝이 不敢復相,天下士矣라 하고 遂以,毛遂로
왈 승 불감부상천하사의 수이모수

爲,上客하다. 於是에 楚王이 使,春申君으로 將兵救
위상객 어시 초왕 사춘신군 장병구

趙러라.
조

어려운 낱말 / 고사성어

[大苑囿(대원유)] : 대원동산. 苑 : 임금 동산(원). [於破燕之後(어파연지후)] : 연나라가 깨트려진 후에. [弔死問孤(조사문고)] : 죽음을 조상하고 상주를 위문하다. '孤'는 상주임. [無異(무이)] : ~와 다를 바 없다. [嫁女娶婦(가녀취부)] : 딸을 시집보내고 며느리를 얻는 일. [昆弟之國(곤제지국)] : 매우 가까운 나라. 형제국(兄弟國) 같은 나라. [縱橫(종횡)] : 합종과 연횡. 소진(蘇秦)의 합종책, 장의(張儀)의 연횡설. [不可勝紀(불가승기)] : 모두 다 기록할 수 없다는 것. [涇陽君(경양군)] : 진소왕의 동생임. [孟嘗君(맹상군)] : 진(秦)나라 왕은 맹상군이 어질다는 것을 듣고 경양군(涇陽君)으로 하여금 제(齊)나라에 인질이 되게 하고 맹상군을 만나보기를 청한다. [有,善爲狗盜者(유,선위구도자)] : 개 도둑질을 잘하는 사람이 있어서.—맹상군(孟嘗君) 이야기. [野鷄(야계)] : 온 동네의 닭들. [忠臣不事二君,烈女不更二夫(충신불사이군,열녀부경이부)] : 충신은 두 임금을 섬기지 않고, 열녀는 두 남편을 바꾸지 않는다. [完璧而歸(완벽이귀)] : 초나라 인상여(藺相如)가 구슬을 완전히 가지고 돌아왔다. 그래서 '완벽(完璧)'이란 말이 생겨났다. [肉袒負荊(육단부형)] : 웃통을 벗고 가시를 지고 오다.—염파(廉頗) 이야기. [刎頸之交(문경지교)] : 우정이 깊어 생사고락을 함께할 수 있는 친구. [遠交近攻(원교근공)] : 전국시대의 범수(范睢)의 말. 멀리 있는 나라와는 사귀고, 가까이 있는 나라부터 치자는 계략임. [膠柱鼓瑟(교주고슬)] : "거문고에 기러기발을 아교로 붙여서 연주한다."는 뜻으로, 규칙에 얽매어 융통성이 없는 사람을 이르는 말이다. [毛遂自薦(모수자천)] : 모수가 스스로를 천거했다는 말. [唯唯(유유)] : '예, 예'라는 뜻. [歃血(삽혈)] : 피를 마시다. 서로 맹세하는 뜻으로, 희생물의 피를 마시는 행위.

통감절요 제2권

通鑑節要

周紀:赧王下
주기 난왕하

○甲辰五十八年(B.C. 257년)이라. 魏王이 使,晉鄙로
갑진오십팔년 위왕 사진비

救趙하다. 秦王이 使謂,魏王曰, 吾,攻趙하여 旦暮
구조 진왕 사위위왕왈 오공조 단모

且下어늘 諸侯,救者면 必,兵先擊之하리다. 魏王이
차하 제후구자 필 병선격지 위왕

恐하여 止晉鄙,壁鄴하고 又使將君,新垣衍으로 說,
공 지진비벽업 우사장군신원연 세

趙王하여 欲攻尊秦爲帝하여 以却其兵하니 魯中
조왕 욕공존진위제 이각기병 노중

連이 聞之하고 往見衍曰, 彼秦者는 棄,禮義而上
련 문지 왕견연왈 피진자 기예의이상

首,功之國也니라 彼卽,肆然而爲帝면 則,連有蹈,
수공지국야 피즉사연이위제 즉연유도

東海而死耳언정 不願爲之民也로다. 今秦은 萬乘
동해이사이 불원위지민야 금진 만승

之國也오 梁亦萬乘之國也라. 從而帝之면 秦이
지국야 양역만승지국야 종이제지 진

將行天子之禮하여 以,號令於天下하고 變易諸侯
장행천자지례 이호령어천하 변역제후

之大臣하여 彼將奪其所不肖하고 而與其所賢하며
지대신 피장탈기소불초 이여기소현
奪其所憎하고 而與其所愛하리니 梁王이 安得晏
탈기소증 이여기소애 양왕 안득안
然而已乎리오. 衍이 起하여 再拜曰, 吾,乃今에 知
연이이호 연 기 재배왈 오내금 지
先生은 天下之士也이니 不敢,復言帝秦矣리다.
선생 천하지사야 불감부언제진의

○初에 魏公子,無忌는 愛人下士하여 致,食客이
초 위공자무기 애인하사 치식객
三千人이라 魏有隱士하니 曰, 侯嬴이라. 年이 七十
삼천인 위유은사 왈 후영 년 칠십
에 家貧하여 爲,夷門監者러니 公子,置酒하고 大會
가빈 위이문감자 공자치주 대회
賓客하여 坐定에 公子,從車騎하여 虛左하고 自迎,
빈객 좌정 공자종거기 허좌 자영
侯生하여 侯生이 至에 引坐,上坐하니 賓客이 皆驚
후생 후생 지 인좌상좌 빈객 개경
하다.

○及,秦이 圍趙에 趙,平原君之夫人은 公子,無忌
급진 위조 조평원군지부인 공자무기
之姊也니라. 平原君의 使者,冠蓋相屬於魏러니 讓
지자야 평원군 사자관개상속어위 양
公子曰, 勝이 所以自附於婚姻者는 以,公子之高
공자왈 승 소이자부어혼인자 이공자지고

義로 能級人之困也러니 今,邯鄲이 旦暮降秦이어
의 능 급 인 지 곤 야 금 한 단 단 모 항 진

늘 而魏救不至라 하니 公子,數請魏王하여 敕,晉鄙
이 위 구 부 지 공 자 삭 청 위 왕 칙 진 비

救趙하고 及,賓客辯士,遊說萬端하되 王이 終不聽
구 조 급 빈 객 변 사 유 세 만 단 왕 종 불 청

이어늘 公子,乃屬賓客하여 約,車騎百餘乘하여 欲
공 자 내 속 빈 객 약 거 기 백 여 승 욕

赴鬪以,死於趙라가 過見侯生한데 生曰, 公子,無,
부 투 이 사 어 조 과 견 후 생 생 왈 공 자 무

他端하고 而欲赴秦軍하니 如,以肉으로 投餒虎라
타 단 이 욕 부 진 군 여 이 육 투 뇌 호

何功之有리오.
하 공 지 유

○公子,再拜問計한대 生曰, 吾聞,晉鄙兵符가 在,
공 자 재 배 문 계 생 왈 오 문 진 비 병 부 재

王臥內하고 而如姬最幸하여 力能竊地요 且,公子,
왕 와 내 이 여 희 최 행 역 능 절 지 차 공 자

嘗爲報其父仇하니 如姬,欲爲公子오 死無所辭라
상 위 보 기 부 구 여 희 욕 위 공 자 사 무 소 사

하니 誠,一開口면 則,得虎符하여 奪鄙兵하여 北救
성 일 개 구 즉 득 호 부 탈 비 병 북 구

趙하고 西却秦이면 此는 五伯之功也니라. 公子,如
조 서 각 진 차 오 백 지 공 야 공 자 여

其言하여 得兵符하니 侯生曰, 將在外에 君令을 有
기 언 득 병 부 후 생 왈 장 재 외 군 령 유

所不受하니 有如鄙疑而復請之면 則,事危矣리니
소 불 수 유 여 비 의 이 부 청 지 즉 사 위 의

臣의 客,朱亥는 力士라 可與俱하여 鄙,不聽이어든
신 객 주 해 역 사 가 여 구 비 불 청
使擊之하라.
사 격 지

○公子,至鄴하니 晉鄙,合符果疑之하여 擧手視公
공 자 지 업 진 비 합 부 과 의 지 거 수 시 공
子曰, 吾擧十萬之衆하여 屯於境上하니 國之重
자 왈 오 거 십 만 지 중 둔 어 경 상 국 지 중
任이어늘 今,單車로 來하여 代之는 何如哉오? 亥袖,
임 금 단 거 내 대 지 하 여 재 해 수
四十斤鐵椎라가 椎殺鄙하다. 公子,下令曰, 父子
사 십 근 철 추 추 살 비 공 자 하 령 왈 부 자
俱在軍中者는 父歸하고 兄弟俱在軍中者는 兄歸
구 재 군 중 자 부 귀 형 제 구 재 군 중 자 형 귀
하고 獨者無兄弟者는 歸養하라 하고 得,選兵八萬
독 자 무 형 제 자 귀 양 득 선 병 팔 만
人하여 將之而進하다.
인 장 지 이 진

○王齕이 久圍,邯鄲不拔하고 諸侯來救하니 數戰
왕 흘 구 위 한 단 불 발 제 후 내 구 삭 전
不利라. 武安君이 聞之曰, 王이 不聽吾計러니 今,
불 리 무 안 군 문 지 왈 왕 불 청 오 계 금
何如矣오? 秦王이 聞之怒하여 免,武安君하여 爲,
하 여 의 진 왕 문 지 노 면 무 안 군 위
士伍하여 遷之陰密할새 至,杜郵하여 使使者로 賜
사 오 천 지 음 밀 지 두 우 사 사 자 사

之劍하여 武安君이 遂,自殺하니 秦人이 憐之러라.
지 검 무 안 군 수 자 살 진 인 연 지

魏公子,無忌,大破秦師於邯鄲下하니 王齕이 解,
위 공 자 무 기 대 파 진 사 어 한 단 하 왕 흘 해

邯鄲圍走라. 公子,無忌,旣存趙하고 遂,不敢歸魏
한 단 위 주 공 자 무 기 기 존 조 수 불 감 귀 위

하여 使將으로 將其軍以還하다.
사 장 장 기 군 이 환

○秦太子之子,異人이 自趙로 逃歸秦하다. 太子妃
진 태 자 지 자 이 인 자 조 도 귀 진 태 자 비

曰, 華陽夫人이라, 無子하고 夏姬,生子,異人하여
왈 화 양 부 인 무 자 하 희 생 자 이 인

質於趙러니 秦數伐趙한대 趙不禮之하니 困不得
질 어 조 진 삭 벌 조 조 불 례 지 곤 부 득

意라. 陽翟大賈,呂不韋,適,邯鄲하여 見之曰, 此는
의 양 적 대 고 여 불 위 적 한 단 견 지 왈 차

奇貨라 可居라 하고 乃說之曰, 秦王이 老矣라. 太
기 화 가 거 내 세 지 왈 진 왕 노 의 태

子愛,華陽夫人而無子하고 子之兄弟二十餘人에
자 애 화 양 부 인 이 무 자 자 지 형 제 이 십 여 인

子居中하여 不甚見幸하니 太子卽位면 子,不得爭
자 거 중 불 심 견 행 태 자 즉 위 자 부 득 쟁

爲嗣矣리라. 異人曰, 柰何오? 不韋曰, 能立適嗣
위 사 의 이 인 왈 내 하 불 위 왈 능 립 적 사

者는 獨,華陽夫人耳니 不韋雖貧이나 請以千金으
자 독 화 양 부 인 이 불 위 수 빈 청 이 천 금

로 爲子西游하여 立子爲嗣하리라. 異人曰, 必如君
위 자 서 유 입 자 위 사 이 인 왈 필 여 군

策인댄 秦國을 與子共之하리라.
책 진국 여자공지

○不韋,乃與五百金하여 令結賓客하고 復以五百
불위내여오백금 영결빈객 부이오백

金으로 買,奇物玩好하여 自奉而西하여 見夫人하고
금 매기물완호 자봉이서 견부인

姊而以獻於夫人하고 因譽,異人之賢하고 賓客이
자이이헌어부인 인예이인지현 빈객

遍,天下하여 日夜에 泣思,太子及夫人曰, 異人也
편천하 일야 읍사태자급부인왈 이인야

는 以,夫人爲天이라 하니 夫人이 喜러라. 不韋,因使
이부인위천 부인 희 불위인사

其姊로 說曰, 夫人이 愛而無子하니 不以繁華時
기자 세왈 부인 애이무자 불이번화시

로 蚤,自結於諸子,中賢孝者하여 擧以爲適이라가
조자결어제자중현효자 거이위적

卽,色衰愛弛면 雖欲開一言이나 尙可得乎아? 今,
즉색쇠애이 수욕개일언 상가득호 금

異人賢이나 而自知,中子不得爲適하니 誠以此時
이인현 이자지중자부득위적 성이차시

로 拔之면 是는 異人이 無國이라가 而有國이요, 夫
발지 시 이인 무국 이유국 부

人은 無子라가 而有子也니 則,終身有寵於秦矣리
인 무자 이유자야 즉종신유총어진의

이다. 夫人이 以爲然하여 乘間言之하니 太子,與夫
부인 이위연 승간언지 태자여부

人으로 刻,玉符하여 約以爲嗣하고 因請不韋하여 傅
인 각옥부 약이위사 인청불위 부

之하다.
지

○不韋가 娶,邯鄲姬,絶美者하여 與居러니 知其有
불 위 취 한 단 희 절 미 자 여 거 지 기 유
娠이라. 異人이 見而請之어늘 不韋佯怒라가 旣而
신 이 인 견 이 청 지 불 위 양 노 기 이
獻之하여 期年而生子,政하니 異人이 遂以爲,夫人
헌 지 기 년 이 생 자 정 이 인 수 이 위 부 인
이러라. 邯鄲之圍에 趙人이 欲殺之어늘 不韋,賂守
한 단 지 위 조 인 욕 살 지 불 위 뢰 수
者하여 得脫이라 亡赴秦軍遂歸하다. 異人이 楚服
자 득 탈 망 부 진 군 수 귀 이 인 초 복
而見,夫人하니 夫人曰, 吾는 楚人也라 當,自子之
이 견 부 인 부 인 왈 오 초 인 야 당 자 자 지
라 하고 更名曰, 楚라 하다.
갱 명 왈 초

○乙巳五十九年(B.C. 256년)이라. 秦이 伐韓하여 取,
을 사 오 십 구 년 진 벌 한 취
陽城,負黍하고 斬首四萬하고 伐趙하여 取二十餘
양 성 부 서 참 수 사 만 벌 조 취 이 십 여
縣하고 斬首九萬하니 赧王이 恐하여 倍(背)秦하고
현 참 수 구 만 난 왕 공 배 배 진
與諸侯約終하여 欲伐秦하니 秦이 使將軍,樛로 攻,
여 제 후 약 종 욕 벌 진 진 사 장 군 규 공
西周한대 赧王이 入秦하여 頓首受罪하고 盡獻其
서 주 난 왕 입 진 돈 수 수 죄 진 헌 기

邑,三十六과 口,三萬한대 秦受其獻하고 而歸,赧王
읍 삼 십 육 구 삼 만 진 수 기 헌 이 귀 난 왕

於周러니 是歲에 赧王이 崩하다.
어 주 시 세 난 왕 붕

○先是에 東西周,分治하여 赧王은 徙都西周하니
선 시 동 서 주 분 치 난 왕 사 도 서 주

蓋以微弱으로 不能主盟이라 會,武公依焉이러라.
개 이 미 약 불 능 주 맹 회 무 공 의 언

어려운 낱말 / 고사성어

[旦暮且下(단모차하)] : 조만간에 항복을 받겠다. [安得(안득)] : 어찌 얻지 못하겠느냐? '安'은 어찌임. [致食客三千人(치식객삼천인)] : 불러 모은 식객이 삼천 명. [虛左(허좌)] : 수레 왼쪽 자리를 비우다. 상석임. [王終不聽(왕종불청)] : 왕은 끝내 듣지 않음. [公子無他端(공자무타단)] : 공자는 끝내 다른 계획이 없었다. [果疑之(과의지)] : 과연 그것을 의심했다. [屯於境上(둔어경상)] : 경계 위에서 진을 치다. [王不聽吾計(왕불청오계)] : 왕은 나의 계책을 듣지 않았다. [娶,邯鄲姬,絶美者(취,한단희,절미자)] : 한단 고을의 뛰어난 미인에게 장가들었다. [佯怒(양노)] : 거짓으로 성내다. [先是(선시)] : 이에 앞서서. [徙都西周(사도서주)] : 도읍을 서주(하남)로 옮기다.

○丙午元年(B.C. 255년)이라. 周民이 東亡하니 秦이
병오원년 주민 동망 진

取其寶器하고 遷西周公於憚狐聚하다.
취기보기 천서주공어탄호취

○秦丞相范雎免하다.
진승상범저면

○丁未二年(B.C. 254년)이라. 秦이 伐魏하여 取吳城
정미이년 진 벌위 취오성

하다. 韓王이 入朝於秦하다.
한왕 입조어진

○庚戌五年(B.C. 251년)이라. 秋에 秦昭襄王이 薨하
경술오년 추 진소양왕 훙

고 子孝文王柱가 立하다. 趙公子勝이 卒하다.
자효문왕주 입 조공자승 졸

○辛亥六年(B.C. 250년)이라. 十月에 秦王柱卽位三
신해육년 시월 진왕주즉위삼

日에 薨하고 子楚가 立하니 是爲莊襄王이러라.
일 훙 자초 입 시위장양왕

○燕將이 攻齊聊城拔之하니 或이 譖之燕王한대
연장 공제요성발지 혹 참지연왕

燕將이 保,聊城하고 不敢歸라. 齊,田單이 攻之하여
연 장 보 요 성 불 감 귀 제 전 단 공 지
歲餘不下어늘 魯仲連이 乃爲,書約之矢하여 以射
세 여 불 하 로 중 련 내 위 서 약 지 시 이 사
城中하여 遺燕將하여 陳利害하니 燕將이 見書泣,
성 중 유 연 장 진 리 해 연 장 견 서 읍
三日에 遂,自殺하니 聊城이 亂이라. 田單이 克,聊城
삼 일 수 자 살 요 성 란 전 단 극 료 성
하고 歸言,魯仲連於齊王하여 欲爵之하니 仲連이
귀 언 노 중 련 어 제 왕 욕 작 지 중 련
逃之海上曰, 吾與,富貴而詘於人으론 寧,貧賤而
도 지 해 상 왈 오 여 부 귀 이 굴 어 인 영 빈 천 이
輕世,肆志焉이라 하더라.
경 세 사 지 언

○魏,安釐王이 問,天下之高士於,子順한대 子順이
위 안 리 왕 문 천 하 지 고 사 어 자 순 자 순
曰, 世無其人也어니와 抑可以爲次는 其,魯仲連인
왈 세 무 기 인 야 억 가 이 위 차 기 노 중 련
저! 王曰, 魯仲連은 彊作之者요 非體自然也니라.
왕 왈 노 중 련 강 작 지 자 비 체 자 연 야
子順曰, 人皆作之하나니 作之不止면 乃成君子요,
자 순 왈 인 개 작 지 작 지 부 지 내 성 군 자
作之不變하여 習與體成이면 則,自然也니이다.
작 지 불 변 습 여 체 성 즉 자 연 야

○壬子年(B.C. 249년)이라. 秦이 以,呂不韋로 爲,相國
임 자 년 진 이 여 불 위 위 상 국

하고 封,文信侯하다.
봉 문 신 후

○東周君이 與,諸侯로 謀伐秦이러니 秦王이 使,相
동 주 군 여 제 후 모 벌 진 진 왕 사 상
國,呂不韋로 帥師滅之하고 遷,東周君於陽人聚하
국 여 불 위 솔 사 멸 지 천 동 주 군 어 양 인 취
니 周遂不祀라. 周,比亡에 凡有七邑이러라. 右周,
주 수 불 사 주 비 망 범 유 칠 읍 우 주
三十七王과 幷,東周君하여 按「經世書」하니 始,武
삼 십 칠 왕 병 동 주 군 안 경 세 서 시 무
王己卯로 終,東周君,壬子이 該,八百七十三年이니
왕 기 묘 종 동 주 군 임 자 해 팔 백 칠 십 삼 년
라.

{秦紀:莊襄王}
진 기 장 양 왕

○癸丑年(B.C. 248년)이라. 日食하다. 秦이 伐趙하여
계 축 년 일 식 진 벌 조
定,太原하여 取,三十七城하다.
정 태 원 취 삼 십 칠 성

○甲寅年(B.C. 247년)이라. 蒙驁,帥師伐魏하니 魏師
갑 인 년 몽 오 솔 사 벌 위 위 사

數敗라. 魏王이 患之하여 乃,使人으로 請,信陵君於
삭패 위왕 환지 내사인 청신릉군어

趙한대 信陵君이 畏,得罪하여 不肯還이어늘 毛公.
조 신릉군 외득죄 불긍환 모공

薛公이 見,信陵君曰, 公子所重於諸侯者는 徒以,
설공 견신릉군왈 공자소중어제후자 도이

有魏也어늘 今,魏急而公子,不恤이라가 一旦에 秦
유위야 금위급이공자불휼 일단 진

人이 克大梁하고 夷,先王之宗廟면 公子,何面目으
인 극대량 이선왕지종묘 공자하면목

로 立天下乎리오. 語,未畢에 信陵君이 色變하여 趣
입천하호 어미필 신릉군 색변 취

駕還魏하니 魏王이 持,信陵君而泣하고 以爲上將
가환위 위왕 지신릉군이읍 이위상장

軍이어늘 信陵君이 使人으로 求援於諸侯한대 諸侯
군 신릉군 사인 구원어제후 제후

聞,信陵君이 復爲魏將하고 皆,遣兵救魏하니 信陵
문신릉군 부위위장 개유병구위 신릉

君이 率,五國之師하고 敗,蒙驁於河外하다.
군 솔오국지사 패몽오어하외

○五月에 秦王이 薨하니 立,三年이라. 其子,政이 立
오월 진왕 훙 입삼년 기자정 입

하여 封,相國,呂不韋하여 爲,文信侯하고 號稱,仲父
봉상국여불위 위문신후 호칭중보

라 하다.

{後秦紀:始皇帝上, 卽,王位二十五年, 幷,天下卽帝位,凡十二年, 壽五十}
후진기 시황제상 즉왕위이십오년 병천하즉제위 범십이년 수오십

○丁巳年(B.C. 244년)이라. 趙王이 以,李牧으로 爲將
정사년 조왕 이이목 위장

하여 伐燕取,武遂.方城하다. 李牧者는 趙之北邊良
벌연취무수방성 이목자 조지북변양

將也라. 嘗居,代鴈門하여 備匈奴할새 以,便宜로 置
장야 상거대안문 비흉노 이편의 치

吏하고 市租를 皆,輸入莫府하여 爲,士卒費하고 日
리 시조 개수입막부 위사졸비 일

擊數牛하여 饗士하고 習騎射하고 勤烽火하며 多間
격수우 향사 습기사 근봉화 다간

諜하고 爲約曰, 匈奴,卽入盜어든 急入收保하고 有
첩 위약왈 흉노즉입도 급입수보 유

敢捕虜者면 斬하리라. 匈奴每入에 烽火謹하고 輒
감포로자 참 흉노매입 봉화근 첩

入收保하여 不戰하니 如是數歲에 亦不亡失하니
입수보 부전 여시수세 역불망실

匈奴,皆以爲怯하고 邊士는 日得賞賜나 而不用하
흉노개이위겁 변사 일득상사 이불용

니 皆願一戰이어늘 於是에 大破殺,匈奴,十餘萬騎
개원일전 어시 대파살흉노십여만기

하고 滅,襜襤하고 破,東胡하니 單于,犇走十餘歲에
멸첨람 파동호 선우분주십여세

不敢近,趙邊이러라.
불감근조변

○是時에 天下,冠帶之國이 七이로되 而三國(秦.
시시 천하관대지국 칠 이삼국진
趙.燕)은 邊於戎狄이라. 秦이 滅義渠하고 始於,隴
조연 변어융적 진 멸의거 시어농
西.北地.上郡하여 築,長城以拒胡하고 趙,武靈王이
서북지상군 축장성이거호 조무령왕
北破,林胡樓煩하고 築,長城하여 自代幷,陰山下하
북파임호루번 축장성 자대병음산하
여 至,高闕爲塞하고 其後에 燕이 破,東胡却,千餘
지고궐위새 기후 연 파동호각천여
里하고 亦築,長城以拒胡러니 及,戰國之末에 而,匈
리 역축장성이거호 급전국지말 이흉
奴가 始大러라.
노 시태

○庚申年(B.C. 241년)이라. 楚.趙.魏.韓.燕이 合從以
경신년 초조위한연 합종이
伐秦할새 楚王이 爲,從長而,春申君이 用事하여 取,
벌진 초왕 위종장이춘신군 용사 취
壽陵하고 至,函谷하니 秦師出한대 五國之師,皆敗
수릉 지함곡 진사출 오국지사개패
走라. 楚王이 以咎,春申君하니 春申君이 以,此益
주 초왕 이구춘신군 춘신군 이차익
踈러라.
소

○甲子年(B.C. 237년)이라. 宗室大臣이 諫曰, 諸侯,
갑자년 종실대신 간왈 제후

人來仕者가 皆爲其主하여 遊間耳니 請,一切逐之
인 래 사 자 개 위 기 주 유 간 이 청 일 절 축 지

하소서. 於是에 大索逐客하니 客卿,楚人,李斯도 亦
어 시 대 색 축 객 객 경 초 인 이 사 역

在逐中하여 行에 且,上書曰, 昔에 穆公은 求士하여
재 축 중 행 차 상 서 왈 석 목 공 구 사

西取,由余於戎하고 東得,百里奚於,宛하고 迎,蹇
서 취 유 여 어 융 동 득 백 리 해 어 완 영 건

叔於宋하고 求,丕豹.公孫支於,晉하여 幷國二十하
숙 어 송 구 비 표 공 손 지 어 진 병 국 이 십

여 遂,霸西戎하고 孝公은 用,商鞅之法하여 諸侯親
수 패 서 융 효 공 용 상 앙 지 법 제 후 친

服하여 至今治彊하고 惠王은 用,張儀之計하여 散,
복 지 금 치 강 혜 왕 용 장 의 지 계 산

六國之從하여 使之事秦하고 昭王은 得,范雎하여
육 국 지 종 사 지 사 진 소 왕 득 범 저

彊公室하고 杜私門하니 此,四君者는 皆以,客之功
강 공 실 두 사 문 차 사 군 자 개 이 객 지 공

이라. 由此觀之컨대 客이 何負於秦哉리요.
유 차 관 지 객 하 부 어 진 재

○臣은 聞,太山은 不讓土壤故로 能成其大하고 河
신 문 태 산 불 양 토 양 고 능 성 기 대 하

海는 不擇細流故로 能就其深하고 王者는 不却衆
해 불 택 세 류 고 능 취 기 심 왕 자 불 각 중

庶故로 能明其德이라 하니 此는 五帝三王之所以,
서 고 능 명 기 덕 차 오 제 삼 왕 지 소 이

無敵也니다. 今,乃棄黔首하여 以資敵國하고 却,賓
무 적 야 금 내 기 검 수 이 자 적 국 각 빈

客하여 以業諸侯하니 所謂,藉寇兵而齎,盜糧者也
객　　 이업제후　　 소위 자구병이재 도량자야

로소이다. 王이 乃召,李斯하여 復其官하고 除,逐客
　　　　 왕　 내소 이사　　 부기관　　 제 축객

之令하고 卒用,李斯之謀하여 兼,天下하다.
지령　　 졸용 이사지모　　 겸 천하

어려운 낱말 / 고사성어

[拔之(발지)] : 뽑다. 之는 지시대명사로, 제(齊)나라 요성(聊城)임. [作之不變(작지불변)] : ~하기를 변치 않는다. [滅,襜襤(멸,첨람)] : '첨람'을 멸함. '첨람'은 고대 유목 부족의 이름이다. [犇走(분주)] : 달아나다. '犇' 달아날(분). 소가 놀라서 달리다. [冠帶之國(관대지국)] : 관을 쓰고 도포 띠를 두른 나라, 즉 예의가 있는 나라. [邊於戎狄(변어융적)] : 국경 주변에 있는 오랑캐. [由此觀之(유차관지)] : 이를 말미암아 그것을 볼 것 같으면. [不讓土壤(불양토양)] : 흙덩이를 사양하지 않았기에 능성기대(能成其大)하고, [不擇細流(불택세류)] : 보잘 것 없는 흐름도 버리지 않았으므로 능취기심(能就其深)이라.

○戊辰年(B.C. 233년)이라. 韓王이 納地하여 請爲藩
무진년 한왕 납지 청위번

臣하고 使,韓非로 來聘하니 韓非者는 韓之諸公,子
신 사한비 내빙 한비자 한지제공자

也라. 善,刑名法術之學이러니 見,韓之削弱하고 數
야 선형명법술지학 견한지삭약 삭

以書로 干,韓王호대 韓王이 不能用이어늘 於是에
이서 간한왕 한왕 불능용 어시

韓非作〈說難〉〈孤憤〉〈五蠹〉〈說臨〉五十六
한비작 설난 고분 오두 설림 오십육

篇하니 十餘萬言이러라.
편 십여만언

○己巳年(B.C. 232년)이라. 初에 燕太子,丹이 嘗質於
기사년 초 연태자단 상질어

趙하여 與,王으로 善이러니 王이 卽位에 丹이 爲質於
조 여왕 선 왕 즉위 단 위질어

秦이라. 王이 不禮焉이어늘 丹이 怒亡歸하다.
진 왕 불례언 단 노망귀

○辛未年(B.C. 230년)이라. 內史,勝이 滅韓하여 虜,韓
신미년 내사승 멸한 노한

王,安하고 以其地로 置,穎川郡하다.
왕안 이기지 치영천군

○癸酉年(B.C. 228년)이라. 王翦이 擊,趙軍大破之하
계유년 왕전 격조군대파지

여 遂克邯鄲하고 虜,趙王遷하다.
수극한단 노조왕천

○燕太子丹이 怨王,欲報之러니 將軍,樊於期,得
연태자단 원왕욕보지 장군번어기득

罪하여 亡之燕이어늘 太子,受而舍之하다. 太子聞,
죄 망지연 태자수이사지 태자문

衛人,荊軻之賢하고 卑辭厚禮而請見之하여 欲使
위인형가지현 비사후례이청견지 욕사

劫,秦王하여 反,諸侯侵地하고 不可어든 因,刺殺之
겁진왕 반제후침지 불가 인자살지

하라. 軻曰, 今行而無信則,秦을 未可親也니 誠得,
가왈 금행이무신즉진 미가친야 성득

樊將軍首와 與燕,督亢之地圖하여 奉獻秦王이면
번장군수 여연독항지지도 봉헌진왕

秦王이 必說見臣하리니 臣이 乃有以報라 하고 乃私
진왕 필열견신 신 내유이보 내사

見,樊於期曰, 聞購將軍首하여 金,千斤과 邑,萬家
견번어기왈 문구장군수 금천근 읍만가

라 하니 願得將軍之首하여 以獻秦王이면 秦王이
원득장군지수 이헌진왕 진왕

必喜而見臣하리니 臣이 左手로 把其袖하고 右手로
필희이견신 신 좌수 파기수 우수

揕其胸則,將軍之仇를 報而燕,見陵之愧를 除矣
침기흉즉 장군지구 보이연견릉지괴 제의

리라. 樊於期曰, 此는 臣之日夜에 〈切齒腐心〉也
번어기왈 차 신지일야 절치부심 야

라 하고 遂,自刎이어늘 以,函盛其首하고 太子,豫求,
수자문 이함성기수 태자예구

天下之利匕首하여 使工,以藥焠之하여 以試人하
천 하 지 리 비 수 사 공 이 약 쉬 지 이 시 인
니 血濡縷에 人이 無不立,死者라 乃遣入秦하다.
혈 유 루 인 무 불 립 사 자 내 견 입 진

○甲戌年(B.C. 227년)이라. 荊軻,至咸陽하니 王이 大
갑 술 년 형 가 지 함 양 왕 대
喜하여 朝服으로 設,九賓而見之어늘 荊軻,奉圖以
희 조 복 설 구 빈 이 견 지 형 가 봉 도 이
進於王하니 圖窮而匕首見이라. 因,把王袖而揕之
진 어 왕 도 궁 이 비 수 현 인 파 왕 수 이 침 지
라가 未至身하여 王이 驚起袖絕이어늘 荊軻,逐王하
미 지 신 왕 경 기 수 절 형 가 축 왕
니 王이 環柱而走라. 秦法에 羣臣이 侍,殿上者는
왕 환 주 이 주 진 법 군 신 시 전 상 자
不得操,尺寸之兵이라, 左右以手,共搏之하고 且
부 득 조 척 촌 지 병 좌 우 이 수 공 박 지 차
曰, 王은 負劒하소서. 負劒,王이 遂拔以擊,荊軻하
왈 왕 부 검 부 검 왕 수 발 이 격 형 가
여 斷其左股하고 遂體解以徇하고 於是에 益,發兵
단 기 좌 고 수 체 해 이 순 어 시 익 발 병
伐燕하여 戰於易水之西하여 大破之하니 燕王이
벌 연 전 어 역 수 지 서 대 파 지 연 왕
斬丹獻王하되 王復進兵攻之러라.
참 단 헌 왕 왕 부 진 병 공 지

○王이 問於將軍,李信曰, 吾欲取荊하노니 於,將
왕 문 어 장 군 이 신 왈 오 욕 취 형 어 장

軍度에 用幾何人而足고? 李信曰, 不過用,二十
군도 용기하인이족 이신왈 불과용이십

萬이니다. 問,王翦한대 王翦曰, 非,六十萬人이면
만 문왕전 왕전왈 비육십만인

不可니이다. 曰, 王將軍은 老矣라 何怯也오 하니 遂
불가 왈 왕장군 노의 하겁야 수

使,李信.蒙恬으로 將,二十萬人으로 伐楚하다.
사이신몽념 장이십만인 벌초

○丙子年(B.C. 225년)이라. 王賁이 伐魏하니 魏王假,
병자년 왕분 벌위 위왕가

降이어늘 殺之하고 遂滅魏하다. 楚人이 大敗,李信하
항 살지 수멸위 초인 대패이신

니 李信이 犇還이어늘 王翦曰, 必,不得已,用臣인대
이신 분환 왕전왈 필부득이용신

非,六十萬人이면 不可이니다. 於是에 將,六十萬人
비육십만인 불가 어시 장육십만인

하여 伐楚하다.
벌초

○戊寅年(B.C. 223년)이라. 王翦이 虜,楚王負芻하고
무인년 왕전 노초왕부추

以其地로 置楚郡하다.
이기지 치초군

○己卯年(B.C. 222년)이라. 王賁이 攻,遼東하니 虜,燕
기묘년 왕분 공요동 노연

王喜하다.
왕 희

初에 齊事秦謹하고 與諸侯信하고 齊亦東邊海上
초 제사진근 여제후신 제역동변해상

이라. 秦이 日夜에 攻三晉燕楚하니 五國이 各自
진 일야 공삼진연초 오국 각자

救라, 以故로 齊王建이 立四十餘年에 不受兵이
구 이고 제왕건 입사십여년 불수병

러니 後에 齊相及賓客이 多受秦間金하여 勸王朝
후 제상급빈객 다수진간금 권왕조

秦하고 不修攻戰之備하고 不助五國攻秦하니 秦
진 불수공전지비 부조오국공진 진

이 以故로 得滅五國이러라.
이고 득멸오국

어려운 낱말 / 고사성어

[請爲藩臣(청위번신)] : 번신(藩臣)되기를 요청하다. [藩臣(번신)] : 큰 나라를 섬기는 신하 나라. [燕太子丹(연태자단)] : 연나라 태자 단(丹). 연(燕)은 국호이며 단(丹)은 인명임. [卑辭厚禮(비사후례)] : 자기를 낮추어 상대에게 예의를 두텁게 함. [血濡縷(혈유루)] : 피가 '실끝'처럼 흘러서 젖다. 濡 : 젖을(유). 縷 : 실끝(루). [王環柱而走(왕환주이주)] : 왕은 기둥을 돌아서 달아나다.〔진왕(秦王)과 형가(荊軻)이야기〕

통감절요 제3권

通鑑節要

後秦紀 始皇帝下
후진기 시황제하

○庚辰二十六年(B.C. 221년)이라. 王賁이 自,燕으로
경진이십육년 왕분 자연
南攻齊할새 猝入臨淄하니 民莫敢格者러라. 秦이
남공제 졸입임치 민막감격자 진
使人으로 誘,齊王하여 約封以五百里之地하니 齊
사인 유제왕 약봉이오백리지지 제
王이 遂降이어늘 秦이 遷之共하니 處之松柏之間하
왕 수항 진 천지공 처지송백지간
여 餓而死하다.
아이사

○夫三晉者는 齊楚之藩蔽요, 齊楚者는 三晉之根
부삼진자 제초지번폐 제초자 삼진지근
柢니 形勢相資하고 表裏相依라. 故로 以,三晉으로
저 형세상자 표리상의 고 이삼진
而攻齊楚는 自絕其,根柢也요 以,齊楚로 而攻三
이공제초 자절기근저야 이제초 이공삼
晉은 自撤其,藩蔽也니 安有撤其藩蔽하며 以媚盜
진 자철기번폐야 안유철기번폐 이미도

하여 曰,「盜將愛我而不攻」이라 하니 豈不悖哉아!
왈 도장애아이불공 기불패재

○王이 初幷天下에 自以爲,德兼三皇하고 功過五
왕 초병천하 자이위덕겸삼황 공과오
帝라 하여 乃,更號曰, 皇帝라 하고 命,爲[制]라 하고
제 내경호왈 황제 명위제
令爲[詔]라 하고 自今以來로 除,謚法하고 朕이 爲,
영위조 자금이래 제시법 짐 위
始皇帝라 하고 後世에 以計數하여 二世,三世,至于
시황제 후세 이계수 이세삼세지우
萬世로 傳之無窮이라 하다.
만세 전지무궁

○初에 齊威宣之時에 鄒衍이 論著終始하고 五德
초 제위선지시 추연 논저종시 오덕
之運이러니 及,始皇이 幷天下에 齊人이 奏之어늘
지운 급시황 병천하 제인 주지
始皇이 采用其說하여 以爲,周得花德하니 秦이 代
시황 채용기설 이위주득화덕 진 대
周에 從所不勝이라 하여 爲,水德하고 始改年하여 朝
주 종소불승 위수덕 시개년 조
賀를 皆自,十月朔하고 衣服.旌旄.節旗를 皆,尙黑
하 개자시월삭 의복정모절기 개상흑
하고 數를 以六으로 爲紀하다.
수 이륙 위기

○丞相,綰等이 言하되 燕.齊.荊이 地遠하니 不爲置
승상관등 언 연제형 지원 불위치

王이면 無以鎭之니 請立諸子하소서. 始皇이 下其
왕 무이진지 청립제자 시황 하기

議하니 廷尉,斯曰, 周文武所封,子弟同姓이 甚衆
의 정위 사왈 주문무소봉 자제동성 심중

이나 然이나 後屬이 疏遠하여 相攻擊을 如,仇讐하되
연 후속 소원 상공격 여구수

周,天子,弗能禁止라. 今,海內賴,陛下神靈하여 一統
주천자불능금지 금해내뢰폐하신령 일통

皆爲郡縣하니 齊子功臣을 以公賦稅로 重賞賜之하
개위군현 제자공신 이공부세 중상사지

면 甚足易制요, 天下無異意則,安寧之術也니 置,諸
심족역제 천하무이의즉안녕지술야 치제

侯不便하나이다. 始皇曰, 天下共苦하여 戰鬪不休
후불편 시황왈 천하공고 전투불휴

는 以有侯王이니 賴,宗廟하여 天下初定에 又復立
이유후왕 뢰종묘 천하초정 우복입

國이면 是는 樹兵也而,求其寧息이 豈不難哉아! 廷
국 시 수병야이구기녕식 기불난재 정

尉議是라 하고 於是에 分,天下爲,三十六郡하여 郡
위의시 어시 분천하위삼십육군 군

置,守.尉.監하고 收,天下兵하여 聚,咸陽하여 銷以爲,
치수위감 수천하병 취함양 소이위

鍾鋸.金人,十二하니 重各千石이라 置,宮庭中하다.
종거금인십이 중각천석 치궁정중

○壬午二十八年(B.C. 219년)이라. 始皇이 東行郡縣
임오이십팔년 시황 동행군현

할새 上,鄒嶧山하여 立石頌,功業하고 上,太山陽하
상추역산 입석송공업 상태산양

여 至顚하여 立石頌德하고 從,陰道下하여 禪於梁
지전 입석송덕 종음도하 선어량

父하고 遂,東遊海上하니 方士,徐市等이 上書하여
부 수동유해상 방사서시등 상서

請得與,童男女로 入海求,三神山不死藥이라 하고
청득여동남녀 입해구삼신산불사약

浮江至,湘山祠하여 逢,大風하여 幾不能渡라. 上이
부강지상산사 봉대풍 기불능도 상

問하되 湘君은 何神고? 對曰, 堯女요 舜妻니이다 하
문 상군 하신 대왈 요녀 순처

니 始皇이 大怒하여 使伐,湘山樹하여 赭其山하다.
시황 대노 사벌상산수 자기산

○初에 韓人張良이 父祖以上으로 五世相韓이러니
초 한인장량 부조이상 오세상한

韓亡에 良이 欲爲韓報仇할새 始皇이 東遊하여 至,
한망 양 욕위한보구 시황 동유 지

陽武,博浪沙中이어늘 張良이 令,力士로 操,鐵椎하
양무박랑사중 장량 영력사 조철추

여 狙擊始皇하여 誤中副車라. 始皇이 驚求弗得하
저격시황 오중부거 시황 경구부득

여 令,天下大索十日하다.
영천하대색십일

○丙戌三十二年(B.C. 215년)이라. 始皇이 巡,北邊하
병술삼십이년 시황 순북변

니 盧生이 入海還하여 因奏〈錄圖書〉曰, 亡秦者
노생 입해환 인주 녹도서 왈 망진자

는 胡也라 하거늘 始皇이 乃遣,蒙恬하여 發兵,三十
호 야 시 황 내 견 몽 념 발 병 삼 십
萬人하여 北伐匈奴하고 收,河南地하여 爲,四十四
만 인 북 벌 흉 노 수 하 남 지 위 사 십 사
縣하고 築,長城하여 因地形하여 用制險塞하여 起,臨
현 축 장 성 인 지 형 용 제 험 새 기 임
洮하여 至遼東하니 延袤萬餘里라 威振匈奴러라.
조 지 요 동 연 무 만 여 리 위 진 흉 노

○戊子三十四年(B.C. 213년)이라. 丞相李斯,上書
무 자 삼 십 사 년 승 상 이 사 상 서
曰, 異時에 諸侯竝爭하여 厚招遊學이러니 今,天下
왈 이 시 제 후 병 쟁 후 초 유 학 금 천 하
已定에 法令이 出一하니 百姓이 當家則,力農工하
이 정 법 령 출 일 백 성 당 가 즉 역 농 공
고 士則,學習法令이어늘 今,諸生이 不師今而學古
사 즉 학 습 법 령 금 제 생 불 사 금 이 학 고
하여 以非當世하고 惑亂黔首하며 相與非,法敎하여
이 비 당 세 혹 란 검 수 상 여 비 법 교
人聞令下則,各以其學으로 議之하여 入則心非하
인 문 령 하 즉 각 이 기 학 의 지 입 즉 심 비
고 出則巷議하여 誇主以爲名하고 異趣以爲高하여
출 즉 항 의 과 주 이 위 명 이 취 이 위 고
率,羣下以造謗하니 如此弗禁則,主勢降乎上하고
솔 군 하 이 조 방 여 차 불 금 즉 주 세 강 호 상
黨與,成乎下이니 禁之便하니이다. 臣은 請史官이
당 여 성 호 하 금 지 편 신 청 사 관
非秦記어든 皆燒之하고 非,博士官,所職이요, 天下
비 진 기 개 소 지 비 박 사 관 소 직 천 하

에 有藏詩書,百家語者어든 皆詣守尉하여 雜燒之
유장시서백가어자 개예수위 잡소지

하고 有,偶語詩書者어든 棄市하고 以古,非今者는
유우어시서자 기시 이고비금자

族하고 所,不去者는 醫藥,卜筮,種樹之書요, 若欲
족 소불거자 의약복서종수지서 약욕

學,法令者어든 以吏爲師하소서. 制曰, 可라 하다.
학법령자 이리위사 제왈 가

어려운 낱말 / 고사성어

[猝入臨淄(졸입임치)] : 갑자기 임치에 들어가다. '임치'는 춘추전국시대 당시 제(齊)나라의 수도. [民莫敢格者(민막감격자)] : 백성들이 감히 대항하지 못함. '格'은 대항하다임. [楚之藩蔽(초지번폐)] : 초나라의 울타리다. 즉 왕실을 수호하는 제후를 이르는 말, '之'는 소유격. [安有撤其藩蔽(안유철기번폐)] : 어찌 그 번폐를 거두어서. '安'은 어찌. [德兼三皇,功過五帝(덕겸삼황,공과오제)] : 덕은 삼황을 겸했고, 공은 오제에 지난다. –진시황의 말. [旌旄節旗(정모절기)] : 여러 가지 깃발. [赭其山(자기산)] : 산을 발갛게 깎아버리다. [陽武博浪沙中(양무박랑사중)] : 진시황이 동쪽으로 순시하러 가다가 양무(陽武)의 박랑사(博浪沙)에 이르자 장량(張良)이 철퇴를 가지고 쳤는데 오중부거(誤中副車) 했다. [錄圖書(녹도서)] : 진시황이 가졌다는 일종의 예언서. [延袤萬餘里(연무만여리)] : 남북 만 리를 뻗다. [醫藥卜筮種樹之書(의약복서종수지서)] : 이사(李斯)가 진시황에게 올린 내용으로서 의약과 점치는 책, 나무 심는 책 이외에는 모두 없애자는 말에 그는 동의했다.

○己丑三十五年(B.C. 212년)이라. 使,蒙恬으로 除直
기 축 삼 십 오 년 사 몽 념 제 직

道하되 道九原하여 抵雲陽하여 塹山堙谷하니
도 도 구 원 저 운 양 참 산 인 곡

千八百里라 數年不就러라.
천 팔 백 리 수 년 불 취

○始皇이 以爲咸陽에 人多하고 先王之宮庭이 小
시 황 이 위 함 양 인 다 선 왕 지 궁 정 소

라 하여 乃,營作朝宮,渭南上林苑中할새 先作前殿,
내 영 작 조 궁 위 남 상 림 원 중 선 작 전 전

阿房하니 東西五百步요 南北이 五十丈이라. 上可
아 방 동 서 오 백 보 남 북 오 십 장 상 가

以坐萬人이요 下可以建,五丈旗라. 周馳爲閣道하
이 좌 만 인 하 가 이 건 오 장 기 주 치 위 각 도

여 自,殿下로 直抵南山하고 表,南山之顚하여 以爲
자 전 하 직 저 남 산 표 남 산 지 전 이 위

闕하고 爲,複道하여 自,阿房으로 渡渭屬之咸陽하니
궐 위 복 도 자 아 방 도 위 속 지 함 양

以象天極閣道가 絶,漢抵營室也러라. 隱宮徒刑
이 상 천 극 각 도 절 한 저 영 실 야 은 궁 도 형

者가 七十餘萬人이라. 乃分作,阿房宮하며 或作驪
자 칠 십 여 만 인 내 분 작 아 방 궁 혹 작 려

山할새 發,北山石槨하고 寫蜀,荊地材하여 皆至하니
산 발 북 산 석 곽 사 촉 형 지 재 개 지

關中에 計宮三百이요 關外에 四百餘라. 於是에 立
관 중 계 궁 삼 백 관 외 사 백 여 어 시 입

石東海上朐界中하여 以爲秦東門하고 因徙,三萬
석 동 해 상 구 계 중 이 위 진 동 문 인 사 삼 만

家驪邑하고 五萬家雲陽하여 皆復하고 不事十歲
가 여 읍 오 만 가 운 양 개 복 불 사 십 세
(年)러라.
년

○侯生과 盧生이 相與,譏議始皇하고 因亡去어늘
후 생 노 생 상 여 기 의 시 황 인 망 거
始皇이 聞之하고 大怒曰, 盧生等을 朕이 尊賜之
시 황 문 지 대 노 왈 노 생 등 짐 존 사 지
甚厚러니 今乃誹謗我로다. 諸生이 在,咸陽者를 吾,
심 후 금 내 비 방 아 제 생 재 함 양 자 오
使人廉問하니 或爲妖言하여 以亂黔首라 하고 於
사 인 염 문 혹 위 요 언 이 란 검 수 어
是에 使,御史로 悉,按問諸生하니 諸生이 傳相告引
시 사 어 사 실 안 문 제 생 제 생 전 상 고 인
하여 乃,自除하여 犯禁者,四百六十餘人이라. 皆坑
내 자 제 범 금 자 사 백 육 십 여 인 개 갱
之咸陽하니 始皇의 長子,扶蘇,諫曰, 諸生이 皆,誦
지 함 양 시 황 장 자 부 소 간 왈 제 생 개 송
法孔子어늘 今上이 皆,重法繩之하시니 臣은 恐,天
법 공 자 금 상 개 중 법 승 지 신 공 천
下不安일까 하노이다. 始皇이 怒하여 使,扶蘇로 北
하 불 안 시 황 노 사 부 소 북
監,蒙恬軍於上郡하다.
감 몽 념 군 어 상 군

○辛卯三十七年(B.C. 210년)이라. 冬十月에 始皇이
신 묘 삼 십 칠 년 동 시 월 시 황

出遊할새 左丞相, 斯가 從하고 少子,胡亥,最愛라
출 유 좌 승 상 사 종 소 자 호 해 최 애

請從이어늘 上이 許之하고 西至,平原津而病하여 秋
청 종 상 허 지 서 지 평 원 진 이 병 추

七月丙寅에 始皇이 崩於沙丘平臺하니 丞相,斯가
칠 월 병 인 시 황 붕 어 사 구 평 대 승 상 사

爲,上崩이 在外라. 恐,諸公子及,天下有變일까 하여
위 상 붕 재 외 공 제 공 자 급 천 하 유 변

乃秘之不發喪하고 獨,胡亥,趙高及,幸宦者,五六
내 비 지 불 발 상 독 호 해 조 고 급 행 환 자 오 육

人이 知之라. 趙高,乃與丞相斯로 詐爲受,始皇詔
인 지 지 조 고 내 여 승 상 사 사 위 수 시 황 조

라하여 立,胡亥爲,太子하고 更爲,書賜,扶蘇하여 數
입 호 해 위 태 자 갱 위 서 사 부 소 삭

以不能闢地,立功하고 上書誹謗하고 將軍恬은 不
이 불 능 벽 지 입 공 상 서 비 방 장 군 념 불

矯正하니 知,其謀라 하고 皆賜死하니 扶蘇自殺이어
교 정 지 기 모 개 사 사 부 소 자 살

늘 胡亥,至咸陽하여 發喪襲位하고 九月에 葬,始皇
호 해 지 함 양 발 상 습 위 구 월 장 시 황

於驪山下하다.
어 려 산 하

{二世皇帝(胡亥), 在位三年, 壽二十四}
이 세 황 제 호 해 재 위 삼 년 수 이 십 사

○壬辰元年(B.C. 209년)이라. 春에 二世,東行郡縣하
임 진 원 년 춘 이 세 동 행 군 현
고 夏至咸陽하여 謂趙高曰, 人生世間이 譬猶騁,
하 지 함 양 위 조 고 왈 인 생 세 간 비 유 빙
六驥過,缺隙也라. 吾欲悉耳目之所好하고 窮心
육 기 과 결 극 야 오 욕 실 이 목 지 소 호 궁 심
志之所樂하여 以,終吾年壽하노니 可乎아? 趙高曰,
지 지 소 락 이 종 오 년 수 가 호 조 고 왈
陛下,嚴法而刻刑하사 盡除先帝之故臣하시고 更
폐 하 엄 법 이 각 형 진 제 선 제 지 고 신 갱
置陛下之所,親信하시면 則,高枕肆志,寵樂矣리이
치 폐 하 지 소 친 신 즉 고 침 사 지 총 락 의
다. 二世,然之하여 乃更爲法律하여 務益刻深하니
이 세 연 지 내 갱 위 법 률 무 익 각 심
大臣,諸公子라도 有罪에 輒僇死러라.
대 신 제 공 자 유 죄 첩 륙 사

○復作阿房宮할새 盡徵材士,五萬人하여 屯衛咸
부 작 아 방 궁 진 징 재 사 오 만 인 둔 위 함
陽하다.
양

○秋에 陽城人,陳勝과 陽夏人,吳廣이 起兵於,蘄
추 양 성 인 진 승 양 하 인 오 광 기 병 어 기

하다. 是時에 發,閭左하여 戍,漁梁할새 九百人이 屯,
시 시 발 여 좌 수 어 양 구 백 인 둔

大澤鄕하여 勝廣이 皆爲屯長이라. 會에 天이 大雨
대 택 향 승 광 개 위 둔 장 회 천 대 우

하여 道不通이라 度已失期하고 乃召令徒屬曰, 公
도 불 통 도 이 실 기 내 소 령 도 속 왈 공

等은 皆,失期하니 當斬이요 且壯士,不死則已어니와
등 개 실 기 당 참 차 장 사 불 사 즉 이

死則,擧,大名耳니 王侯將相이 寧有種乎아? 衆皆
사 즉 거 대 명 이 왕 후 장 상 녕 유 종 호 중 개

從之어늘 乃詐稱,公子扶蘇,項燕하고 爲壇而盟하
종 지 내 사 칭 공 자 부 소 항 연 위 단 이 맹

여 稱大楚하고 勝이 自立爲,將軍하고 廣이 爲,都尉
칭 대 초 승 자 립 위 장 군 광 위 도 위

하여 入據陳하니 陳中父老,請立,涉(陳勝의 字)하여
입 거 진 진 중 부 로 청 립 섭 진 승 자

爲,楚王이어늘 張耳.陳餘曰, 秦爲無道하여 暴虐
위 초 왕 장 이 진 여 왈 진 위 무 도 포 학

百姓하니 將軍이 出,萬死之計하여 爲,天下除殘이
백 성 장 군 출 만 사 지 계 위 천 하 제 잔

어늘 今始,至陳而,王之면 示,天下私니 願將軍은
금 시 지 진 이 왕 지 시 천 하 사 원 장 군

毋王하고 急,引兵而西하여 遣人立,六國後하여 自
무 왕 급 인 병 이 서 견 인 립 육 국 후 자

爲樹黨하여 爲秦益敵하라. 敵多則力分이요 與衆
위 수 당 위 진 익 적 적 다 즉 역 분 여 중

則,兵强이니 誅,暴秦據,咸陽하여 以令諸侯則,帝
즉 병 강 주 폭 진 거 함 양 이 령 제 후 즉 제

業을 成矣리라. 涉이 不聽하고 自立爲王하니 諸郡
업 성 의 섭 불 청 자 립 위 왕 제 군

縣이 苦,秦法하여 爭殺長吏하고 以應涉이러라.
현 고진법 쟁살장리 이응섭

○謁者使가 從,東方來하여 以,反者聞이어늘 二世
알자사 종동방래 이반자문 이세
怒하여 下之吏러니 後使者,至에 上이 問之하되 對
노 하지리 후사자지 상 문지 대
曰, 羣盜는 〈鼠竊狗偸〉라 不足憂也이니다. 上이
왈 군도 서절구투 부족우야 상
悅이러라.
열

○陳王이 以,陳人,武臣으로 爲,將軍하고 以,張耳.
진왕 이진인무신 위장군 이장이
陳餘로 爲,左右校尉하고 予卒,二千人하여 徇趙하
진여 위좌우교위 여졸이천인 순조
고 使,周文으로 西擊秦하니 武臣等이 行收兵하여
사주문 서격진 무신등 행수병
得數萬人이라. 號를 武臣이라 하여 爲,武信君하고
득수만인 호 무신 위무신군
下趙三十餘城하다. 八月에 武信君이 自立爲,趙王
하조삼십여성 팔월 무신군 자립위조왕
하다.

○九月에 沛人,劉邦은 起兵於沛하고 下相人,項梁
구월 패인유방 기병어패 하상인항량

은 起兵於,吳하고 狄人,田儋은 起兵於齊하다.
기 병 어 오 적 인 전 담 기 병 어 제

○劉邦의 字는 季이니 爲人이 隆準龍顏이요, 左股
유 방 자 계 위 인 융 준 용 안 좌 고

에 有,七十二黑子하고 愛人喜施하고 意豁如也하
유 칠 십 이 흑 자 애 인 희 시 의 활 여 야

여 常有大度하고 不事,家人生産作業이러라.
상 유 대 도 불 사 가 인 생 산 작 업

史記本紀에 曰, 常繇,咸陽이라가 縱觀,秦皇帝하
사 기 본 기 왈 상 요 함 양 종 관 진 황 제

고 喟然太息曰, 嗟乎라 大丈夫當,如此也라 하다.
위 연 태 식 왈 차 호 대 장 부 당 여 차 야

○單父人,呂公이 好相人이러니 見季狀貌하고 因
선 보 인 여 공 호 상 인 견 계 상 모 인

重敬之曰, 臣이 相人多矣로되 無如季相하니 願季
중 경 지 왈 신 상 인 다 의 무 여 계 상 원 계

는 自愛하라. 臣有息女하니 願爲,箕帚妾이라 하고
자 애 신 유 식 녀 원 위 기 추 첩

卒與,劉季하니 乃,呂后也러라.
졸 여 유 계 내 여 후 야

어려운 낱말 / 고사성어

[塹山堙谷(참산인곡)] : 산을 파서 구덩이와 산골짜기를 막다. [天極閣道(천극각도)] : 진시황의 꿈의 궁전인 아방궁과 위수를 건너 함양에까지 이어지도록 하여 천극각도(天極閣道)가 있었다. [以亂黔首(이란검수)] : 어떤 요망한 말로써 백성들의 생각을 어지럽히게 만들고 있다. '黔首'는 즉, 백성들을 말함. [沙丘平臺(사구평대)] : 진시황이 여기서 죽음. 지금 하북성 형대시(邢臺市)에 있음. [屯大澤鄕(둔대택향)] : 어향에 9백인이 여기에 주둔하고 있었다. 지금의 안휘성에 있음. [鼠竊狗偸(서절구투)] : 어쭙잖은 도둑. 개 도둑. [繇] : 부역(요). [箕帚妾(기추첩)] : 아내.

○秦始皇帝常曰, 東南에 有.天子氣라 하여 於是
진시황제상왈 동남 유천자기 어시

에 因.東游以厭之어늘 季卽.自疑亡匿하여 隱於芒
인동유이염지 계즉 자의망닉 은어망

碭.山澤巖間이러니 呂后.與人으로 俱求常得之어늘
탕 산택암간 여후 여인 구구상득지

季.怪問之한대 呂后曰, 季所居上에 常有雲氣故
계 괴문지 여후왈 계소거상 상유운기고

로 從往常得季라 하니 沛中子弟聞之하고 多欲附
종왕상득계 패중자제문지 다욕부

者러라. 初에 爲.泗上亭長하여 爲縣하여 送徒.驪山
자 초 위 사상정장 위현 송도 려산

할새 徒, 多道亡이어늘 自度比至에 皆亡之하고 乃
도 다도망 자도비지 개망지 내

解.縱所送徒曰, 公等은 皆去하라, 吾亦.從此逝矣
해 종소송도왈 공등 개거 오역 종차서의

리라. 徒中壯士.願從者가 十餘人이러라.
도중장사 원종자 십여인

○劉季被酒하고 夜徑澤中하니 有.大蛇當徑이어늘
유계피주 야경택중 유대사당경

季.拔劒斬蛇러니 後人이 來至蛇所러니 有.老嫗夜
계 발검참사 후인 내지사소 유노구야

哭曰, 吾子는 白帝子也라. 化爲蛇當道러니 今.赤
곡왈 오자 백제자야 화위사당도 금적

帝子殺之라 하고 嫗.因忽不見이어늘 後人이 告.劉季
제자살지 구 인홀불견 후인 고유계

하니 季.乃心獨喜.自負하고 諸從者.日益畏之러라.
계 내심독희 자부 제종자 일익외지

○及,陳涉이 起에 沛令이 欲以沛로 應之하니 掾主
급 진섭 기 패령 욕이패 응지 연주
吏.蕭何.曹參曰, 君이 爲,秦吏하여 今欲背之하여
리 소하 조참왈 군 위진리 금욕배지
率,沛子弟면 恐,不聽이니 願君은 召諸亡在外者면
솔 패자제 공불청 원군 소제망재외자
可得,數百人이니 因劫衆이면 衆不敢不聽이라 하고
가득수백인 인겁중 중불감불청
乃令樊噲로 召,劉季하니 時에 劉季之衆이 已,數
내령번쾌 소유계 시 유계지중 이수
十百人矣라. 沛令이 後悔어늘 父老,乃率子弟,共
십백인의 패령 후회 부로내솔자제공
殺沛令하고 開門迎,劉季하여 立以爲,沛公하고 旗
살패령 개문영유계 입이위패공 기
幟를 皆赤하니 由所殺蛇者,赤帝子故也니라. 蕭.曹
치 개적 유소살사자적제자고야 소조
等이 爲收,沛子弟,得三千人하여 以應諸侯하다.
등 위수패자제득삼천인 이응제후

○項梁者는 楚將,項燕子也라 嘗,殺人하고 與,兄
항량자 초장항연자야 상살인 여형
子,籍으로 避仇吳中이러니 籍이 少時에 學書不成
자적 피구오중 적 소시 학서불성
去하고 學劍又不成이어늘 項梁이 怒之하니 籍曰,
거 학검우불성 항량 노지 적왈
書는 足以,記名姓而已요, 劍은 一人敵이니 不足學
서 족이기명성이이 검 일인적 부족학
이라 學,萬人敵하노이다. 於是에 項梁이 乃教籍,兵
학만인적 어시 항량 내교적병

法하다. 籍의 長이 八尺餘요, 力能扛鼎하고 才器過
법 적 장 팔척여 역능강정 재기과
人이러라. 會稽守殷通이 聞,陳涉이 起하고 欲發兵
인 회계수은통 문진섭 기 욕발병
以應涉하여 使,項梁으로 將이어늘 梁이 乃使籍으로
이응섭 사항량 장 양 내사적
拔劍斬,守頭하고 佩其印綬하니 門下大驚擾亂이
발검참수두 패기인수 문하대경요란
어늘 籍의 所擊殺이 數十百人이라 一府中이 皆慴
적 소격살 수십백인 일부중 개습
伏하여 莫敢起러라. 梁이 乃擧,吳中兵하고 使人收,
복 막감기 량 내거오중병 사인수
下縣하고 得,精兵八千人하여 梁이 爲,會稽守하고
하현 득정병팔천인 량 위회계수
籍이 爲,裨將하여 徇下縣하니 籍이 是時年이
적 위비장 순하현 적 시시년
二十四러라.
이십사

○田儋者는 故齊王族也라. 自立爲,齊王하여 率兵
전담자 고제왕족야 자립위제왕 솔병
東하여 略定齊地하다.
동 약정제지

○韓廣이 自立爲,燕王하다.
한광 자립위연왕

○周市가 立,魏公子咎하여 爲,魏王하다.
주 시 입 위 공 자 구 위 위 왕

○癸巳二年(B.C. 208년)이라. 二世, 數,誚讓,李斯하
계 사 이 년 이 세 삭 초 양 이 사
되 居,三公位하여 如何로 令盜如此오. 李斯恐懼하
거 삼 공 위 여 하 영 도 여 차 이 사 공 구
여 乃阿二世意하여 以書對曰, 賢主는 必,能行督
내 아 이 세 의 이 서 대 왈 현 주 필 능 행 독
責之術하여 以,獨斷於上이면 羣臣百姓이 救過不
책 지 술 이 독 단 어 상 군 신 백 성 구 과 불
給이니 何變之敢圖리요! 二世悅하여 於是에 行,督
급 하 변 지 감 도 이 세 열 어 시 행 독
責益嚴하여 稅民深者를 爲,明吏하고 殺人衆者를
책 익 엄 세 민 심 자 위 명 리 살 인 중 자
爲,忠臣이라 하니 刑者,相半於道하고 而死人이 日
위 충 신 형 자 상 반 어 도 이 사 인 일
成積於市라 秦民이 益駭懼思亂이러라.
성 적 어 시 진 민 익 해 구 사 란

○趙將李良이 襲殺趙王하니 張耳.陳餘.收散兵
조 장 이 량 습 살 조 왕 장 이 진 여 수 산 병
擊,良하고 乃求趙後하여 立,趙歇,爲,趙王하다.
격 량 내 구 조 후 입 조 헐 위 조 왕

○二世가 益遣,司馬欣.董翳하여 佐,章邯,擊盜하니
이 세 익 견 사 마 흔 동 예 좌 장 감 격 도

陳王이 敗走어늘 其御,莊賈가 殺,陳王以降이러라.
진 왕 패 주 기 어 장 가 살 진 왕 이 항

○陳人,秦嘉가 兵起於,郯이러니 聞,陳王,軍이 敗하
진 인 진 가 병 기 어 담 문 진 왕 군 패
고 乃立,景駒하여 爲,楚王하다. 景駒,在留하니 沛公
내 립 경 구 위 초 왕 경 구 재 류 패 공
이 往從之러라. 張良이 亦聚少年百餘人하여 道遇,
왕 종 지 장 량 역 취 소 년 백 여 인 도 우
沛公하여 遂屬焉이러라. 良이 數以,太公兵法으로
패 공 수 속 언 양 삭 이 태 공 병 법
說,沛公하니 沛公이 善之하여 常用其策이러라. 良이
세 패 공 패 공 선 지 상 용 기 책 양
爲,他人言에 皆不省하니 良曰, 沛公은 殆,天授故
위 타 인 언 개 불 성 양 왈 패 공 태 천 수 고
로 遂從不去하라 하더니 項梁이 以,八千人으로 渡江
수 종 불 거 항 량 이 팔 천 인 도 강
而西하다.
이 서

○黥布者는 六人也라, 姓은 英氏니 亡之江中하여
경 포 자 육 인 야 성 영 씨 망 지 강 중
爲,羣盜러니 聞,項梁이 渡淮하고 引兵屬焉이러라.
위 군 도 문 항 량 도 회 인 병 속 언

○項梁이 衆至,六七萬人으로 軍,下邳하고 進擊秦
항 량 중 지 육 칠 만 인 군 하 비 진 격 진

嘉,景駒하여 殺之하다.
가 경 구 살 지

○沛公이 往見梁하니 梁이 予,沛公卒,五千人이러
패 공 왕 견 량 량 여 패 공 졸 오 천 인

라.

○項梁이 使,項羽로 別攻,襄城하니 襄城이 堅守不
항 량 사 항 우 별 공 양 성 양 성 견 수 불

下라 已拔에 皆坑之하다.
하 이 발 개 갱 지

○梁이 聞,陳王이 定死하고 召,諸別將하여 會,薛計
양 문 진 왕 정 사 소 제 별 장 회 설 계

事하니 沛公이 亦往焉하다. 居鄛人,范增이 年,七十
사 패 공 역 왕 언 거 소 인 범 증 년 칠 십

이라 素居家하여 好奇計러니 往說,項梁曰, 陳勝이
소 거 가 호 기 계 왕 세 항 량 왈 진 승

首事에 不立楚後而自立하니 其勢不長이라. 今,君
수 사 불 립 초 후 이 자 립 기 세 부 장 금 군

이 起,江東에 楚,蜂起之將이 皆爭附君者는 以君이
기 강 동 초 봉 기 지 장 개 쟁 부 군 자 이 군

世世楚將으로 能復立楚之後也니라. 於是에 項梁,
세 세 초 장 능 부 립 초 지 후 야 어 시 항 량

然其言하여 乃求得,楚懷王,孫心하여 立以爲,楚懷
연 기 언 내 구 득 초 회 왕 손 심 입 이 위 초 회

王하니 從民望也러라 項梁이 自號,武信君하다.
왕　　종 민 망 야　　항 량　자 호 무 신 군

○張良이 說,項梁曰, 君이 已立楚後한대 而韓諸
　장 량　　세 항 량 왈　군　　이 립 초 후　　이 한 제

公子에 橫陽君,成이 最賢하니 可立爲王하여 益樹
공 자　　횡 양 군 성　　최 현　　　가 립 위 왕　　　익 수

黨이니라. 梁이 使良으로 求,韓成하여 立以爲,韓王
당　　　　양　　사 량　　　구 한 성　　　입 이 위 한 왕

하다.

○章邯이 擊魏하니 齊王,儋과 及,楚將項它가 皆,
　장 감　　격 위　　　제 왕 담　　급 초 장 항 타　　개

將兵救魏어늘 章邯이 大破齊.楚軍하고 殺,齊王,儋
장 병 구 위　　　장 감　　대 파 제 초 군　　　살 제 왕 담

하니 魏王,咎는 自燒死하고 其弟,豹는 亡之楚어늘
　　위 왕 구　　자 소 사　　　기 제 표　　망 지 초

楚懷王이 予兵數千人하여 復徇魏地하고 立爲魏
초 회 왕　　여 병 수 천 인　　　부 순 위 지　　　입 위 위

王하다. 田榮이 收,兄儋餘兵하여 東走,東阿하니 章
왕　　　　전 영　　수 형 담 여 병　　　동 주 동 아　　　장

邯이 追圍之어늘 武信君이 引兵擊破,章邯軍於東
감　　추 위 지　　　무 신 군　　인 병 격 파 장 감 군 어 동

阿下하고 追至,濮陽하여 又破之하다.
아 하　　　추 지 복 양　　　우 파 지

○郎中令,趙高가 恃恩專恣하여 以,私怨으로 誅殺
　낭 중 령 조 고　　시 은 전 자　　　이 사 원　　　　주 살

人이 衆多라. 恐,大臣이 入朝奏事에 言之하여 乃說
인 중 다 공 대 신 입 조 주 사 언 지 내 세

二世曰, 天子所以貴者는 但以聞聲이요, 羣臣이
이 세 왈 천 자 소 이 귀 자 단 이 문 성 군 신

莫得,見其面也니 陛下가 不如深拱禁中하여 與,臣
막 득 견 기 면 야 폐 하 불 여 심 공 금 중 여 신

及侍中으로 習法者로 待事라가 事來어든 有以揆
급 시 중 습 법 자 대 사 사 래 유 이 규

之니 如此면 則,大臣이 不敢奏疑事요 天下가 稱,
지 여 차 즉 대 신 불 감 주 의 사 천 하 칭

聖主矣리이다. 二世가 用其計하여 乃不坐,朝廷하여
성 주 의 이 세 용 기 계 내 부 좌 조 정

見,大臣하고 常居禁中하여 事皆決於,趙高러라. 高
견 대 신 상 거 금 중 사 개 결 어 조 고 고

가 聞,李斯以爲言하고 乃曰, 丞相長男,李由가 爲,
문 이 사 이 위 언 내 왈 승 상 장 남 이 유 위

三川守하여 與盜通하고 且丞相은 居外하여 權重
삼 천 수 여 도 통 차 승 상 거 외 권 중

於陛下니이다. 二世以爲然하여 乃使人으로 按驗,
어 폐 하 이 세 이 위 연 내 사 인 안 험

三川守가 與盜通狀하여 下斯吏하니 斯,就獄이어늘
삼 천 수 여 도 통 상 하 사 리 사 취 옥

二世가 以屬,趙高治之하니 具斯,五刑하여 論腰斬,
이 세 이 속 조 고 치 지 구 사 오 형 논 요 참

咸陽市하니 遂,父子相哭하고 而夷三族하다. 二世,
함 양 시 수 부 자 상 곡 이 이 삼 족 이 세

以趙高로 爲,丞相하여 事無大小히 皆決焉이러라.
이 조 고 위 승 상 사 무 대 소 개 결 언

어려운 낱말 / 고사성어

[隱於芒碭山澤巖間(은어망갈산택암간)] : 망갈산택에 숨다. 망갈산은 홍구(鴻溝)의 동쪽과 망산(芒山), 탕산(碭山), 북쪽까지는 거야(巨野)에 서로 잇닿아 있다. [拔劍斬蛇(발검참사)] : 칼을 뽑아 뱀을 베어죽이다. [樊噲(번쾌)] : 인명. 유방의 책사. [力能扛鼎(역능강정)] : 힘은 능히 솥을 들 수 있었다. 힘이 매우 세다. [救過不給(구과불급)] : 자신의 과실을 고치기에도 여유가 없음. [恃恩專恣(시은전자)] : 임금의 은혜를 믿고 온전히 방자함. [而夷三族(이이삼족)] : 삼족을 모두 죽이다. 夷는 '다스리다'의 뜻.

○項梁이 已破章邯하고 引兵至,定陶하여 再破秦
항 량 이 파 장 감 인 병 지 정 도 재 파 진
軍하고 項羽.沛公이 又與秦軍으로 戰於,雍丘하여
군 항 우 패 공 우 여 진 군 전 어 옹 구
大破之하고 斬,李由하니 梁이 益輕秦하여 有驕色이
대 파 지 참 이 유 양 익 경 진 유 교 색
어늘 宋義諫曰, 戰勝而將,驕卒惰者는 敗하나니 臣
송 의 간 왈 전 승 이 장 교 졸 타 자 패 신
은 爲君畏之하노라! 梁이 弗聽이러니 二世悉,起兵
위 군 외 지 양 불 청 이 세 실 기 병
하여 益,章邯하고 擊,楚軍하여 大破之定陶하니 項
익 장 감 격 초 군 대 파 지 정 도 항
梁이 死하다.
량 사

○章邯이 已破項梁하고 乃渡河하여 北擊趙하니
장 감 이 파 항 량 내 도 하 북 격 조
趙數,請救於楚어늘 楚王이 以,宋義로 爲,上將軍하
조 삭 청 구 어 초 초 왕 이 송 의 위 상 장 군
고 項羽로 爲,次將하여 以救趙할새 諸,別將이 皆屬
항 우 위 차 장 이 구 조 제 별 장 개 속
宋義하여 號爲,卿子冠軍이라 하다.
송 의 호 위 경 자 관 군

○初에 楚懷王이 與,諸長約하되 先入定,關中者를
초 초 회 왕 여 제 장 약 선 입 정 관 중 자
王之라 하더니 當是時하여 秦兵彊하여 常,乘勝逐北
왕 지 당 시 시 진 병 강 상 승 승 축 북
하니 諸將이 莫利,先入關하되 獨,項羽,怨秦之殺,項
제 장 막 리 선 입 관 독 항 우 원 진 지 살 항

梁하여 奮身願與,沛公으로 西入關하니 懷王의 諸
량 분신원여패공 서입관 회왕 제

老將이 皆曰, 項羽爲人이 慓悍猾賊하여 嘗攻襄
로장 개왈 항우위인 표한활적 상공양

城에 襄城이 無,遺類하고 諸所過에 無不殘滅하니
성 양성 무유류 제소과 무불잔멸

不如庚遣長者하여 扶義而西하여 告諭秦父兄이
불여경견장자 부의이서 고유진부형

秦父兄,苦其主,久矣라. 今,誠得長者하여 往無侵
진부형고기주구의 금성득장자 왕무침

暴이면 宜可下니 羽는 不可遣이요, 獨,沛公은 素,寬
폭 의가하 우 불가견 독패공 소관

大長子라 可遣이니다 懷王이 乃,不許羽而遣沛公
대장자 가견 회왕 내불허우이견패공

하여 西略地하다.
서략지

甲午年(B.C. 207년)이라. 冬十月에 宋義가 行至安
갑오년 동시월 송의 행지안

陽하여 留,四十六日不進하니 羽曰, 國兵이 新破에
양 유사십육일부진 우왈 국병 신파

王이 坐不安席하여 掃,境內以屬將軍하니 國家安
왕 좌불안석 소경내이속장군 국가안

危가 在此一擧어늘 今에 不恤士卒而徇其私하니
위 재차일거 금 불휼사졸이순기사

非,社稷之臣也라 하고 十一月에 項羽,卽其帳中하
비사직지신야 십일월 항우즉기장중

여 斬,宋義하고 乃悉,引兵渡河하여 皆,沈船破釜,甑
참송의 내실인병도하 개침선파부증

燒廬舍하고 持三日粮하여 以示,士卒必死하고 於
소여사 지삼일량 이시사졸필사 어

是에 與,秦軍으로 遇하여 九戰大破之하고 虜,王離
시 여진군 우 구전대파지 로왕리

하다.

○當是時하여 楚兵이 冠,諸侯라, 於是에 始爲,諸
당시시 초병 관제후 어시 시위제

侯上將軍하니 諸侯,皆屬焉이러라.
후상장군 제후개속언

○春二月에 沛公이 北擊昌邑할새 過,彭越하니 越
춘이월 패공 북격창읍 과팽월 월

이 以其兵으로 從,沛公이어늘 沛公이 拜越爲魏相하
이기병 종패공 패공 배월위위상

고 使,將兵으로 略定魏地하다.
사장병 약정위지

○沛公이 引兵西하여 過,高陽하니 高陽人,酈食己
패공 인병서 과고양 고양인역이기

가 爲里,監門이러니 沛公의 麾下騎士는 適,食其,里
위리감문 패공 휘하기사 적이기이

中人이라. 食其,見謂曰, 吾聞沛公이 慢而易人하
중인 이기견위왈 오문패공 만이이인

고 多大略이라 하니 此는 眞吾所,願從遊로다. 騎士
다대략 차 진오소원종유 기사

曰, 沛公이 不好儒하여 諸客이 冠儒冠來者면 沛
왈 패공 불호유 제객 관유관래자 패

公이 輒解其冠하여 溲溺其中하니 未可以儒生으로
공 첩해기관 수닉기중 미가이유생
說也니라. 酈生曰, 第言之하라. 騎士從容言이러니
열야 역생왈 제언지 기사종용언
至,高陽傳舍하여 使人으로 召,酈生하니 酈生이 至
지고양전사 사인 소역생 역생 지
入謁에 沛公이 方倨床하여 使,兩女子로 洗足而見
입알 패공 방거상 사양여자 세족이견
酈生한대 生이 長揖不拜曰,「足下,必欲誅,無道秦
역생 생 장읍불배왈 족하필욕주무도진
인대 不宜倨見長子니라.」
불의거견장자

○於是에 沛公이 輟洗하고 起攝衣하고 延生上坐
어시 패공 철세 기섭의 연생상좌
하여 謝之하니 酈生이 因言,六國從横時어늘 沛公
사지 역생 인언육국종횡시 패공
이 喜問曰, 計將安出고? 酈生曰, 足下가 起,糾合
희문왈 계장안출 역생왈 족하 기규합
之衆하고 收,散亂之兵하여 不滿萬人이어늘 欲以
지중 수산란지병 불만만인 욕이
徑入彊秦하니 此는 所謂探,虎口者也니라. 夫,陳.
경입강진 차 소위탐호구자야 부진
留는 天下之衝이요, 四通五達之郊也니라. 今其城
류 천하지충 사통오달지교야 금기성
中에 又多積粟하고 臣이 善其令하니 請得使之하여
중 우다적속 신 선기령 청득사지
令下足下라가 卽,不聽이어든 足下,擧兵攻之면 臣
영하족하 즉불청 족하거병공지 신

이 爲,內應하리이다. 於是에 遣,酈生行하고 沛公이
위 내 응 어 시 견 역 생 행 패 공

引兵隨之하여 遂下,陳.留하고 號,酈食其하여 爲,廣
인 병 수 지 수 하 진 류 호 역 이 기 위 광

夜君하다. 酈生이 常爲說客하여 使,諸侯러라.
야 군 역 생 상 위 세 객 시 제 후

○夏四月에 沛公이 南攻,穎川하여 屠之하고 因,張
하 사 월 패 공 남 공 영 천 도 지 인 장

良하여 遂略韓地하다. 良이 引兵從,沛公하여 略,
량 수 략 한 지 양 인 병 종 패 공 략

南陽郡하니 南陽守,齮,降이러라. 引兵西에 無不
남 양 군 남 양 수 기 항 인 병 서 무 불

下者요, 所過에 亡得鹵掠하니 秦民이 皆喜러라.
하 자 소 과 망 득 로 략 진 민 개 희

○王離軍이 旣沒에 章邯은 軍棘原하고 項羽는 軍
왕 리 군 기 몰 장 감 군 극 원 항 우 군

漳南하니 秦兵이 數却이라. 二世使人으로 讓,章邯
장 남 진 병 삭 각 이 세 사 인 양 장 감

한대 邯이 恐하여 使,長史欣으로 請事咸陽이러니 留,
감 공 사 장 사 흔 청 사 함 양 유

司馬門,三日에 趙高不見하고 有,不信之心이어늘
사 마 문 삼 일 조 고 불 견 유 불 신 지 심

欣이 至軍報曰, 高,用事于中하니 下無可爲者니
흔 지 군 보 왈 고 용 사 우 중 하 무 가 위 자

라. 今,戰勝이라도 高,必嫉吾功이요, 不勝이면 不免
금 전 승 고 필 질 오 공 불 승 불 면

於死라 하고 邯이 乃與羽로 約하여 盟,洹水之上하고
어사 감 내여우 약 맹원수지상
已盟에 邯이 見羽流涕하고 爲言趙高하니 羽,乃立
이맹 감 견우류체 위언조고 우내립
章邯爲,雍王하여 置,楚軍中하고 使,長史欣으로 爲,
장감위옹왕 치초군중 사장사흔 위
上將軍하여 將秦軍으로 爲,前行하다.
상장군 장진군 위전행

○初에 趙高,欲專秦權하되 恐,羣臣이 不聽하여 乃
초 조고욕전진권 공군신 불청 내
先設驗하여 持鹿獻於二世曰, 馬也로소이다. 二世
선설험 지록헌어이세왈 마야 이세
笑曰, 丞相이 誤耶아 謂鹿爲馬온녀? 問,左右한데
소왈 승상 오야 위록위마 문좌우
或默或言,馬어늘 高가 因,陰中諸言하되 鹿者를 以
혹묵혹언마 고 인음중제언 녹자 이
法하니 後에 羣臣이 皆,畏高하여 莫敢言,其過러라.
법 후 군신 개외고 막감언기과

○高가 前에 數言,關東盜는 無能爲也라 하더니 及,
고 전 삭언관동도 무능위야 급
項羽가 虜,王離等而,章邯等軍이 數敗하고 關東이
항우 노왕리등이장감등군 삭패 관동
皆叛하니 高가 恐,二世怒하여 誅及其身하여 乃謝
개반 고 공이세노 주급기신 내사
病,不朝하고 陰與其胥,咸陽令,閻樂으로 謀易置上
병부조 음여기서함양령염락 모역치상

하고 更立,子嬰할새 樂이 將吏卒하고 入望夷宮하여
갱립자영 악 장리졸 입망이궁
與,二世曰, 受命於丞相,誅,足下라 하고 麾其兵進
여이세왈 수명어승상주족하 휘기병진
하니 二世自殺이어늘 趙高,乃立子嬰하여 爲,秦王
이세자살 조고내립자영 위진왕
하고 令,子嬰으로 齋當廟見하고 受,玉璽어늘 子嬰이
령자영 재당묘현 수옥새 자영
與,其子二人으로 謀曰, 丞相高가 殺,二世하고 恐,
여기자이인 모왈 승상고 살이세 공
羣臣이 誅之하여 乃佯,以義立我하고 使我齋見廟
군신 주지 내양이의입아 사아재현묘
하니 我가 稱病不行이면 丞相이 必,自來하리니 來則
아 칭병불행 승상 필자래 내즉
殺之라 하니 高가 果,自往이어늘 子嬰이 遂,刺殺高
살지 고 과자왕 자영 수자살고
於,齋宮하고 三族高家하다.
어재궁 삼족고가

○子嬰이 遣將하여 將兵,距嶢關이어늘 沛公이 欲
자영 견장 장병거요관 패공 욕
擊之한데 張良曰, 秦兵이 尙彊하니 未可輕이라.
격지 장양왈 진병 상강 미가경
願,先遣人하여 益張旗幟於山上하여 爲,疑兵하고
원선견인 익장기치어산상 위의병
使,酈食其,陸賈로 往說秦將하여 啗以利하소서. 秦
사역이기육가 왕세진장 담이리 진
將이 果欲連和어늘 沛公이 欲,許之하니 張良曰,
장 과욕연화 패공 욕허지 장량왈

此獨其將이 欲叛이요, 恐其士卒이 不從이니 不如,
차 독 기 장　욕 반　공 기 사 졸　부 종　불 여

因其懈怠擊之니이다. 沛公이 引兵繞嶢關하여 踰,
인 기 해 태 격 지　패 공　인 병 요 요 관　유

蕢山하여 擊,秦軍大破之하고 遂至藍田하여 又戰
괴 산　격 진 군 대 파 지　수 지 람 전　우 전

其北하여 秦兵이 大敗러라.
기 북　진 병　대 패

[上은 秦의 自,莊襄王으로 至,子嬰하여 合四十三
상　진　자 장 양 왕　지 자 영　합 사 십 삼

年이라. 子嬰이 爲王,四十六日에 而降于漢하다.]
년　자 영　위 왕 사 십 육 일　이 항 우 한

어려운 낱말 / 고사성어

[有驕色(유교색)] : 교만스런 모양. [慓悍猾賊(표한활적)] : 성격이 날내고, 사납고, 교활하며, 남을 잘 해친다. [素寬大長子(소관대장자)] : 본디부터 보다 너그러운 장자다운 풍모다. [破釜鼎,燒廬舍(파부정,소여사)] : 군용 솥을 깨트리고 막사를 불사르다. [輒解其冠,溲溺其中(첩해기관,수익기중)] : 패공(沛公)이 선비가 싫어서 선비의 관을 꾸겨서 물에 던져 버렸다. [善其令(선기령)] : 그곳의 현령과 서로 잘 지내다. [酈食其(역이기)] : 인명. 食는 '이'로 읽음. [指鹿爲馬(지록위마)] : 조고(趙高)의 전권(專權)을 드러내는 말로, 사슴을 가리켜 말이라고 함.

통감절요 제4권

通鑑節要

漢紀 : 太祖高皇帝上, 在位十二年, 壽五十三
한기 태조고황제상 재위십이년 수오십삼

○乙未年(B.C. 206년)이라, 冬十月에 沛公이 至,霸上
을미년 동십월 패공 지패상
하니 秦王,子嬰이 素車白馬로 係頸以組하고 封,皇
진왕자영 소거백마 계경이조 봉황
帝璽,符節하고 降軹道旁이어늘 諸將이 或言誅,秦
제새부절 항지도방 제장 혹언주진
王한대 沛公曰, 始懷王이 遣我는 固以能,寬容이
왕 패공왈 시회왕 유아 고이능관용
요, 且人已降에 殺之不祥이라 하고 乃以屬吏하다.
차인이항 살지불상 내이속리

○沛公이 西入咸陽하니 諸將이 皆爭走,金帛財物
패공 서입함양 제장 개쟁주금백재물
之府하여 分之하되 蕭何,獨先入하여 收,秦丞相,府
지부 분지 소하독선입 수진승상부
圖籍藏之하니 以此로 沛公이 得,具知,天下阨塞과
도적장지 이차 패공 득구지천하액색
户口多少,彊弱之處러라.
호구다소강약지처

○沛公이 見,秦宮室,帷帳,狗馬,重寶,婦女以千數
패공 견 진궁실 유장 구마 중보 부녀이천수
하고 意欲留居之하니 樊噲諫曰, 沛公이 欲有天
의욕류거지 번쾌간왈 패공 욕유천
下耶아 將爲富家翁耶아? 凡此奢麗之物은 皆,秦
하야 장위부가옹야 범차사려지물 개진
所以亡也니라. 沛公은 何用焉이잇고 願,急還霸上
소이망야 패공 하용언 원급환패상
하고 無留宮中하소서. 沛公이 不聽하니 張良曰, 秦
무류궁중 패공 불청 장량왈 진
爲無道故로 沛公이 得至此하니 夫爲天下,除殘賊
위무도고 패공 득지차 부위천하 제잔적
인댄 宜,縞素爲資어늘 今始入秦하여 卽安其樂이면
의호소위자 금시입진 즉안기락
此는 所謂,助桀所虐이요, 且〈忠言은 逆耳나 利於
차 소위조걸소학 차 충언 역이 이어
行이요 毒藥이 苦口나 利於病〉이니 願沛公은 聽,
행 독약 고구 이어병 원패공 청
噲言하소서 沛公이 乃,還軍霸上하다.
쾌언 패공 내환군패상

○十一月에 沛公이 悉召,諸縣父老,豪傑謂曰, 父
십일월 패공 실소 제현부로 호걸위왈 부
老苦秦苛法이 久矣라. 誹謗者는 族하고 偶語者는
로고진가법 구의 비방자 족 우어자
棄市하니 吾當王,關中하여 與,父老約法,三章耳라,
기시 오당왕 관중 여 부로약법 삼장이
殺人者는 死하고 傷人及盜는 抵罪하고 餘悉,除去
살인자 사 상인급도 저죄 여실제거

秦法하리니 諸吏民은 皆,案堵如故하라. 凡,吾所以
진법 제리민 개 안도여고 범 오소이

來는 爲,父老除害요 非有所,侵暴이니 無恐하라. 且,
래 위부로제해 비유소침포 무공 차

吾所以還軍霸上은 待,諸侯至而定約束耳라 하고
오소이환군패상 대제후지이정약속이

乃,使人與秦吏로 行縣.鄕.邑.告諭之하니 秦民이
내사인여진리 행현향읍고유지 진민

大喜하여 爭持牛羊酒食을 獻饗軍士어늘 沛公이
대희 쟁지우양주식 헌향군사 패공

又讓不受曰, 倉粟이 多하여 非乏하니 不欲費民하
우양불수왈 창속 다 비핍 불욕비민

노라. 民又益喜하여 唯恐沛公이 不爲秦王이러라.
민우익희 유공패공 불위진왕

○項羽,旣定河北하고 率,諸侯兵하여 欲,西入關하
항우기정하북 솔제후병 욕서입관

니 秦降卒이 多,怨言이어늘 羽乃,夜擊하여 坑,秦卒
진항졸 다원언 우내야격 갱진졸

二十餘萬人을 新安城南하다.
이십여만인 신안성남

○或이 說,沛公曰, 秦富十倍天下하고 地形이 彊
혹 세패공왈 진부십배천하 지형 강

이라. 聞,項羽,號秦降將,章邯으로 爲,雍王하여 王,
문항우호진항장장감 위옹왕 왕

關中이라 하니 今則來면 沛公이 恐,不得有此이니
관중 금즉래 패공 공부득유차

可急使兵으로 守,函谷關하여 無內,諸侯軍하고 稍
가급사병 수함곡관 무내제후군 초

徵,關中兵하여 以,自益距之하라 沛公이 然其計하
징관중병 이자익거지 패공 연기계

여 從之하다. 已而오 項羽至關하니 關門이 閉라. 聞,
종지 이이 항우지관 관문 폐 문

沛公이 已定關中하고 大怒하여 使,黥布等으로 攻
패공 이정관중 대노 사경포등 공

破,函谷關하고 十二月에 項羽,進至戲하니 沛公의
파함곡관 십이월 항우진지희 패공

左司馬,曹無傷이 使人言,羽曰, 沛公이 欲王,關
좌사마조무상 사인언우왈 패공 욕왕관

中하여 珍寶를 盡有之하고 欲以求封이라 하니 羽,大
중 진보 진유지 욕이구봉 우대

怒하여 饗,士卒하고 期旦日하여 擊,沛公軍하니 當
노 향사졸 기단일 격패공군 당

是時하여 羽兵은 四十萬이니 號를 百萬이라 하고 在,
시시 우병 사십만 호 백만 재

新豊鴻門하고 沛公兵은 十萬이니 號를 二十萬이라
신풍홍문 패공병 십만 호 이십만

하고 在,霸上하니 范增이 說,羽曰, 沛公이 居,山東
재패상 범증 세우왈 패공 거산동

時에 貪財好色이러니 今,入關에 財物을 無所取하
시 탐재호색 금입관 재물 무소취

고 婦女를 無所幸하니 此는 其志不小요, 吾,令人으
부녀 무소행 차 기지불소 오령인

로 望其氣한대 皆爲,龍成五采하니 此는 天子氣也
망기기 개위용성오채 차 천자기야

라. 急擊勿失하소서. 項伯者는 項羽의 季父也라. 素
급격물실 항백자 항우 계부야 소

善張良이러니 夜馳見良하여 具告以事하고 欲呼與
선장량 야치견량 구고이사 욕호여

俱去하니 張良曰, 臣이 爲,韓王하여 送,沛公하니
구거 장량왈 신 위한왕 송패공

沛公이 今,有急이어늘 亡去不義라. 不可不語라 하
패공 금유급 망거불의 불가불어

고 良이 乃入하여 具告,沛公하고 固要,項伯하여 入
양 내입 구고패공 고요항백 입

見,沛公하니 沛公이 奉,卮酒爲壽하고 約爲,婚姻
견패공 패공 봉치주위수 약위혼인

曰, 吾入關하여 秋毫를 不敢有所近하고 籍,吏民,
왈 오입관 추호 불감유소근 적이민

封府庫而待將軍이요 所以遣將,守關者는 備他盜
봉부고이대장군 소이견장수관자 비타도

也니라. 豈敢反乎아 願伯은 明言,不敢倍德이라. 項
야 기감반호 원백 명언불감배덕 항

伯이 許諾하고 謂,沛公曰, 旦日에 不可不,蚤自來
백 허락 위패공왈 단일 불가불조자래

謝니라. 沛公曰, 諾다. 於是에 項伯이 復夜去하여
사 패공왈 낙 어시 항백 부야거

俱以沛公言으로 報羽하고 因言曰, 沛公이 不,先
구이패공언 보우 인언왈 패공 불선

破關中이면 公이 豈敢入乎아 今,人有大功而擊之
파관중 공 기감입호 금인유대공이격지

不義也니라. 不如,因善遇之니라. 項羽,許諾하다.
불의야 불여인선우지 항우허락

沛公이 旦日에 從,百餘騎來하여 見羽鴻門하고 謝
패공 단일 종백여기래 견우홍문 사

曰, 臣이 與,將軍으로 戮力而攻秦하여 將軍은 戰,
왈 신 여장군 육력이공진 장군 전

河北하고 臣은 戰,河南하니 不自意先入關하여 能
하북 신 전하남 부자의선입관 능

破秦하고 得,復見將軍於此러니 今者에 有,小人之
파진 득부견장군어차 금자 유소인지

言하여 令,將軍與臣으로 有隙이로다. 項羽曰, 此는
언 영장군여신 유극 항우왈 차

沛公이 左司馬.曹無傷이 言之라, 不然이면 籍이
패공 좌사마조무상 언지 불연 적

何以至此리요 羽,因留,沛公與飮하니 范增이 數,目
하이지차 우인류패공여음 범증 삭목

羽하고 擧所佩玉玦하여 以示之者三이라. 羽,不應
우 거소패옥결 이시지자삼 우불응

하니 增이 起出하여 召,項莊謂曰, 君王의 爲人이
증 기출 소항장위왈 군왕 위인

不忍하니 若이 入前爲壽하고 壽畢에 請以劒舞하여
불인 약 입전위수 수필 청이검무

因擊,沛公於坐면 殺之하라. 不者면 若屬이 皆且
인격패공어좌 살지 부자 약속 개차

爲,所虜리라. 莊이 入爲壽하고 壽畢에 曰, 軍中에
위소로 장 입위수 수필 왈 군중

無以爲樂하니 請以劒舞하노이다. 羽曰, 諾다. 項莊
무이위락 청이검무 우왈 낙 항장

이 拔劒起舞하니 項伯이 亦拔劒,起舞하여 常以身
발검기무 항백 역발검기무 상이신

으로 翼蔽,沛公하니 莊이 不得擊이라. 於是에 張良
익폐패공 장 부득격 어시 장량

이 至,軍門하여 見,樊噲曰, 今,項莊이 拔劒舞하니
지군문 견번쾌왈 금항장 발검무

其意常在,沛公也라. 噲曰, 此,迫矣라, 卽,帶劒,擁
기의상재패공야 쾌왈 차박의 즉대검옹

盾入軍門하여 披帷立하여 瞋目視,項羽하니 頭髮
순 입 군 문 피 유 립 진 목 시 항 우 두 발

이 上指하고 目眦盡裂이라. 羽曰, 壯士로다. 賜之
상 지 목 자 진 렬 우 왈 장 사 사 지

卮酒하라 則與,斗卮酒한대 噲飮之어늘 羽曰, 賜
치 주 즉 여 두 치 주 쾌 음 지 우 왈 사

之彘肩하라 則,與一生彘肩한대 噲,拔劍切而啗之
지 체 견 즉 여 일 생 체 견 쾌 발 검 절 이 담 지

어늘 羽曰, 壯士로다. 復能飮乎아? 噲曰, 臣이 死
우 왈 장 사 부 능 음 호 쾌 왈 신 사

且不避어늘 卮酒를 安足辭리오. 夫,秦有,虎狼之心
차 불 피 치 주 안 족 사 부 진 유 호 랑 지 심

하여 殺人을 如,不能擧하고 刑人을 如恐不勝하니
살 인 여 불 능 거 형 인 여 공 불 승

天下,皆叛之라. 懷王이 與,諸將約曰, 先破秦入,
천 하 개 반 지 회 왕 여 제 장 약 왈 선 파 진 입

咸陽者가 王之라 하니 今,沛公이 先破秦入,咸陽하
함 양 자 왕 지 금 패 공 선 파 진 입 함 양

여 毫毛를 不敢有所近하고 還軍霸上以待將軍하
호 모 불 감 유 소 근 환 군 패 상 이 대 장 군

니 勞苦而功高,如此어늘 未有封爵之賞而聽,細人
노 고 이 공 고 여 차 미 유 봉 작 지 상 이 청 세 인

之說하고 欲誅有功之人하니 此는 亡秦之續耳라
지 설 욕 주 유 공 지 인 차 망 진 지 속 이

竊爲,將軍不取也하노라. 須臾에 沛公이 起,如厠이
절 위 장 군 불 취 야 수 유 패 공 기 여 측

라가 因招噲出하여 間行趣霸上하고 留,張良使謝,
인 초 쾌 출 간 행 취 패 상 유 장 량 사 사

羽하다.
우

○居,數日에 項羽,引兵西하여 屠,咸陽하고 殺,秦降
거수일 항우인병서 도함양 살진항

王,子嬰하고 燒秦宮室하니 火,三月不滅이라 收其
왕자영 소진궁실 화삼월불멸 수기

貨寶,婦女而東하니 秦民이 大失望이러라.
화보부녀이동 진민 대실망

어려운 낱말 / 고사성어

[素車白馬(소거백마)] : 진왕자영이 항복하는 장면. 흰 수레에 백마를 타고 항복하는 장면. [除殘賊(제잔적)] : 잔적을 제거하다. [忠言逆耳,利於行. 毒藥苦口,利於病(충언역이,이어행. 독약고구,이어병)] : 충언은 귀에 거슬려도 행동에는 좋고, 독약이 입에는 쓰나 병에는 이롭다.

○韓生이 說,項羽曰, 關中은 阻山帶河하여 四塞
한생 세항우왈 관중 조산대하 사색
之地요 地肥饒하니 可都以覇니라. 羽見,秦宮室,皆
지지 지비요 가도이패 우견진궁실개
已燒,殘破하고 又,心思東歸하여 曰, 富貴不歸故
이소잔파 우심사동귀 왈 부귀불귀고
鄕이면 如,〈衣繡夜行〉이니 誰,知之者리요. 韓生이
향 여 의수야행 수지지자 한생
退曰, 人言楚人이 〈沐猴而冠〉耳라 하더니 果然
퇴왈 인언초인 목후이관 이 과연
이로다! 羽,聞之하고 烹,韓生하다.
우문지 팽한생

○羽,使人으로 致命懷王하니 懷王曰, 如約하라.
우사인 치명회왕 회왕왈 여약
羽曰, 懷王者는 吾家所立爾라. 非有功伐하니 何
우왈 회왕자 오가소립이 비유공벌 하
以得專主約이리요 春,正月에 羽,陽尊懷王하여 爲,
이득전주약 춘정월 우양존회왕 위
義帝하고 實,不用其命이러라.
의제 실불용기명

○二月에 羽分天下하여 王諸將하고 羽,自立爲,西
이월 우분천하 왕제장 우자립위서
楚覇王하여 王梁이 楚地九郡하고 都,彭城하다. 羽
초패왕 왕량 초지구군 도팽성 우
與,范增으로 疑,沛公하여 而業已講解하고 又惡負
여범증 의패공 이업이강해 우악부

約하여 乃,陰謀曰, 巴蜀道險하고 秦之이 遷人皆
약 내음모왈 파촉도험 진지 천인개

居之라 하고 乃曰, 巴蜀도 亦,關中地也니라. 故로
거지 내왈 파촉 역관중지야 고

立,沛公하여 爲,漢王하여 王,巴蜀漢中하고 都南鄭
입패공 위한왕 왕파촉한중 도남정

而三分關中하여 王,秦降將,章邯과 司馬欣,董翳하
이삼분관중 왕진항장장감 사마흔동예

여 以距塞漢路러라.
이거색한로

○漢王이 怒하여 欲攻項羽하니 周勃.灌嬰.樊噲.
한왕 노 욕공항우 주발관영번쾌

皆勸之어늘 蕭何諫曰, 雖,王漢中之惡나 不猶愈
개권지 소하간왈 수왕한중지오 불유유

於死乎아? 能詘於一人之下,而信於萬乘之上者
어사호 능굴어일인지하 이신어만승지상자

는 湯武,是也니라. 臣은 願,大王이 王,漢中하여 養其
탕무시야 신 원대왕 왕한중 양기

民以致,賢人하고 收用巴蜀하고 還定三秦이면 天
민이치현인 수용파촉 환정삼진 천

下를 可圖也리이다. 漢王曰, 善타 하고 乃遂就國하
하 가도야 한왕왈 선 내수취국

여 以何로 爲,丞相하다.
이하 위승상

○夏,四月에 諸侯,罷戲下兵하여 各,就國할새 項王
하사월 제후파희하병 각취국 항왕

이 使卒三萬人으로 從,漢王之國하니 張良이 送至
사졸삼만인 종한왕지국 장량 송지

褒中이어늘 漢王이 遣良하여 歸韓하니 良이 因說漢
포중 한왕 견양 귀한 양 인설한

王하여 燒絕所過棧道하여 以備諸侯盜兵하고 且
왕 소절소과잔도 이비제후도병 차

示,項羽,無東意하다.
시항우무동의

○初에 淮陰人,韓信이 家貧하여 釣於城下러니 有,
초 회음인한신 가빈 조어성하 유

漂母見信飢하고 飯信이어늘 信이 喜하여 謂,漂母
표모견신기 반신 신 희 위표모

曰, 吾,必有以重報母하리라. 母怒曰, 大丈夫,不
왈 오필유이중보모 모노왈 대장부불

能自食이어늘 吾哀王孫而進食하니 豈望報乎리요.
능자식 오애왕손이진식 기망보호

淮陰,屠中少年이 有,侮信者하여 因衆辱之曰, 信
회음도중소년 유모신자 인중욕지왈 신

아 能死어든 刺我하고 不能死어든 出我袴下하라!
능사 자아 불능사 출아고하

於是에 信이 俛出袴下하여 蒲伏하니 一市人이 皆
어시 신 면출고하 포복 일시인 개

笑,信以爲怯이러니 及,項梁이 渡淮에 信이 杖劍從
소신이위겁 급항량 도회 신 장검종

之하여 居,麾下하니 無所知名이라. 項梁이 敗에 又
지 거휘하 무소지명 항량 패 우

屬項羽하니 羽,以爲郎中이어늘 數以策干羽하되
속항우 우이위랑중 수이책간우

羽,不用이어늘 漢王之入蜀에 信이 亡楚歸漢하니
우불용 한왕지입촉 신 망초귀한

王이 以爲,治粟都尉하고 亦未之奇也니라. 信이 數
왕 이위치속도위 역미지기야 신 삭

與,蕭何로 語何奇之러니 漢王이 至,南鄭하니 諸將
여소하 어하기지 한왕 지남정 제장

及士卒이 皆,歌謳思,東歸하여 多道亡者라. 信이
급사졸 개가구사동귀 다도망자 신

亡去어늘 何聞信亡하고 不及以聞하고 自追之러니
망거 하문신망 불급이문 자추지

人이 有言王曰, 丞相何,亡이로소이다. 王이 大怒하
인 유언왕왈 승상하망 왕 대노

여 如失左右手라. 居,一二日에 何,來謁王이어늘 王
여실좌우수 거일이일 하래알왕 왕

이 且怒且喜하여 罵何曰, 諸將亡者,以十數로대
차노차희 매하왈 제장망자이십수

公無所追러니 追信은 詐也로다! 何曰, 諸將은 易
공무소추 추신 사야 하왈 제장 이

得耳어니와 至如信者하여는 國士라 無雙이니 王이
득이 지여신자 국사 무쌍 왕

必,欲長王漢中인대 無所事信이어니와 必欲爭天
필욕장왕한중 무소사신 필욕쟁천

下인대 非信이면 無可與,計事者이니 顧王은 策安,
하 비신 무가여계사자 고왕 책안

所決耳닛꼬? 王曰, 吾亦欲東耳라 安能鬱鬱久居
소결이 왕왈 오역욕동이 안능울울구거

此乎아! 乃,召信拜大將하니 何曰, 王이 素慢無禮
차호 내소신배대장 하왈 왕 소만무례

하사 今拜大將을 如呼小兒하시니 此乃信所以去
금배대장 여호소아 차내신소이거

也로소이다. 王이 必欲拜之인댄 擇,良日齋戒하여 設
야 왕 필욕배지 택양일재계 설

壇場具禮라야 乃可耳니이다. 王이 許之하니 諸將이
단장구례 내가이 왕 허지 제장

皆喜하여 人人이 各自以爲得,大將이러니 至拜大
개희 인인 각자이위득대장 지배대

將하야는 乃,韓信也라 一軍이 皆驚이러라. 信이 拜
장 내한신야 일군 개경 신 배

禮畢에 上坐하니 王曰, 丞相이 數言將軍하니 將軍
례필 상좌 왕왈 승상 삭언장군 장군

은 何以教,寡人計策고? 信이 辭謝하고 因問王曰,
하이교과인계책 신 사사 인문왕왈

今,東鄉爭權에 天下豈非,項王耶닛까? 漢王曰,
금동향쟁권 천하기비항왕야 한왕왈

然하다. 曰, 大王이 自料勇悍,仁强孰與項王이닛
연 왈 대왕 자료용한인강숙여항왕

고? 漢王이 良久에 曰, 不如也니라. 信曰, 信이 亦
한왕 양구 왈 불여야 신왈 신 역

以爲大王이 不如也나 然이나 臣이 嘗事之하되 請
이위대왕 불여야 연 신 상사지 청

言,項王之爲人也하리이다. 項王이 喑噁叱咤에 千
언항왕지위인야 항왕 암오질타 천

人이 自廢나 然이나 不能,任屬賢將하니 此特,匹夫
인 자폐 연 불능임속현장 차특필부

之勇耳요, 項王이 見人에 恭敬慈愛하여 言語嘔嘔
지용이 항왕 견인 공경자애 언어구구

하고 人有疾病에 涕泣,分食飮하되 至,使人有功에
인유질병 체읍분식음 지사인유공

當,封爵者하여는 印刓敝하되 忍不能予하니 此,所
당봉작자 인완폐 인불능여 차소

謂婦人之仁也니라. 項王이 雖霸天下而臣諸侯나
위부인지인야 항왕 수패천하이신제후

不居關中而都,彭城하고 放逐義帝하고 所過에 無
불거관중이도 팽성 방축의제 소과 무

不殘滅하니 名雖爲霸나 實失,天下心故로 其彊이
불잔멸 명수위패 실실천하심고 기강

易弱이니 今,大王이 誠能反其道하여 任,天下武勇
이약 금대왕 성능반기도 임천하무용

이면 何所不誅며 以,天下城邑으로 封功臣이면 何
하소부주 이천하성읍 봉공신 하

所不服이며 以,義兵으로 從思東歸之士면 何所不
소불복 이의병 종사동귀지사 하소불

散이리까? 且,三秦王이 爲,秦將하여 將秦子弟,數
산 차삼진왕 위진장 장진자제수

歲矣라 欺其衆降諸侯라 至,新安하여 項王이 詐坑
세의 기기중항제후 지신안 항왕 사갱

秦降卒이 二十餘萬하고 唯獨,邯欣翳得脫하니 秦
진항졸 이십여만 유독감흔예득탈 진

父兄이 怨此三人하여 痛入骨髓라 今,楚彊以威하
부형 원차삼인 통입골수 금초강이위

여 王此三人하여 秦民이 莫愛也니라. 大王이 之入
왕차삼인 진민 막애야 대왕 지입

武關하여 秋毫를 無所害하고 除秦苛法하니 秦民이
무관 추호 무소해 제진가법 진민

無不欲得,大王王秦者라. 今,大王이 擧而東이면
무불욕득 대왕왕진자 금대왕 거이동

三秦을 可傳檄而定也리이다. 於是에 漢王이 大喜
삼진 가전격이정야 어시 한왕 대희

하여 自以爲,得信晩이라 하고 遂聽信計러라.
자이위득신만 수청신계

○八月에 引兵從,故道出하여 襲雍하니 雍王,邯은
팔 월 인 병 종 고 도 출 습 옹 옹 왕 감
戰敗走하고 塞王,欣과 翟王,翳는 皆降이러라.
전 패 주 새 왕 흔 적 왕 예 개 항

○王陵者는 沛人也니라 先聚黨,數千人하여 居,南
왕 릉 자 패 인 야 선 취 당 수 천 인 거 남
陽이러니 至是하여 始,以兵屬漢하니 項王이 取,陵
양 지 시 시 이 병 속 한 항 왕 취 능
母하여 置,軍中하고 陵使至則,東鄕坐,陵母하고 欲
모 치 군 중 능 사 지 즉 동 향 좌 능 모 욕
以招陵이어늘 陵母私送,使者泣曰, 願爲老妾語
이 초 릉 능 모 사 송 사 자 읍 왈 원 위 노 첩 어
陵하되 善事漢王하다. 漢王은 長子니 毋以老妾故
릉 선 사 한 왕 한 왕 장 자 무 이 노 첩 고
로 持,二心하라 妾이 以,死送使者라 하고 遂,伏劍而
지 이 심 첩 이 사 송 사 자 수 복 검 이
死러라.
사

○張良이 遺,項王書曰, 漢王失職하여 欲得關中
장 량 유 항 왕 서 왈 한 왕 실 직 욕 득 관 중
하니 如約卽止요 不敢東이라 하고 又,以齊.梁反書
여 약 즉 지 불 감 동 우 이 제 량 반 서
로 遺,項王曰, 齊欲與趙로 幷滅楚라 하니 項王이
유 항 왕 왈 제 욕 여 조 병 멸 초 항 왕
以,此故로 無西意而北擊齊러라.
이 차 고 무 서 의 이 북 격 제

○丙申年(B.C. 205년)이라. 冬十月에 項王이 密使.九
병신년 동시월 항왕 밀사구
江.王布.等으로 擊.義帝하여 殺之江中하다.
강왕포등 격의제 살지강중

○陳餘.襲破常山하니 張耳.敗走漢이어늘 陳餘.迎.
진여습파상산 장이패주한 진여영
趙王於代하여 復爲趙王하다.
조왕어대 부위조왕

○漢王이 立.王孫信하여 爲.韓王하니 常將寒兵
한왕 입왕손신 위한왕 상장한병
하여 從.漢王이러라.
종한왕

○初에 陽武人.陳平이 家貧.好讀書러니 里中社에
초 양무인진평 가빈호독서 이중사
平이 爲宰하여 分.肉食甚均이어늘 父老曰, 善하다
평 위재 분육식심균 부로왈 선
陳.儒子之爲宰여! 平曰, 嗟乎라. 使平.得宰天下
진유자지위재 평왈 차호 사평득재천하
라도 亦.如是肉矣라 하더니 及.諸侯叛秦에 平이 事.
역여시육의 급제후반진 평 사
魏王咎於.臨濟하여 爲.太僕하여 說.魏王不聽하고
위왕구어임제 위태복 세위왕불청
人或讒之어늘 平이 亡去하여 後事項羽하니 拜爲
인혹참지 평 망거 후사항우 배위

都尉하고 復杖劍歸漢하여 因魏,無知하여 求見漢
도위 부장검귀한 인위무지 구견한

王하니 王이 與語而說之하여 問曰, 子之居楚에 何
왕 왕 여어이설지 문왈 자지거초 하

官고? 曰, 爲,都尉로소이다. 是日에 卽拜,平으로 爲,
관 왈 위도위 시일 즉배평 위

都尉하여 使爲參乘하고 典護軍하니 諸將이 盡讙
도위 사위참승 전호군 제장 진환

曰, 大王이 一日에 得,楚之亡卒하여 未知其高下
왈 대왕 일일 득초지망졸 미지기고하

而卽與同載하고 反使,監護長者온져! 漢王이 聞之
이즉여동재 반사감호장자 한왕 문지

하고 愈益幸平이러라.
유익행평

어려운 낱말 / 고사성어

[衣繡夜行(의수야행)] : 비단옷 입고 밤길 간다. 출세한 것을 아무도 알아주지 않는다. [沐猴而冠(목후이관)] : 목욕한 원숭이 갓 씌우기. 의관은 훌륭하나 마음은 사람답지 못함을 비유한 말. [距塞漢路(거색한로)] : 한나라의 길이 막혀있음. [棧道(잔도)] : 항우에 맞서 중원의 패권을 다투던 유방은 한중(漢中) 땅에 들어간 직후 불태웠다. [鬱鬱久居(울울구거)] : 어찌 답답하게 이런 곳에서 오래 있겠냐? [言語嘔嘔(언어구구)] : 항우의 사람됨을 나타내는 말. 이말 저말 구구하게 말을 하다. [儒子(유자)] : 일반 양반집 아들. [讙] : 시끄럽게 떠들다(환).

○漢王이 南渡,平陰津하여 至,洛陽新城하니 三老,
한왕 남도평음진 지락양신성 삼로

董公이 遮說王曰, 臣은 聞,<順德者는 昌하고 逆
동공 차세왕왈 신 문 순덕자 창 역

德者는 亡>이라 하니 兵出無名이면 事故不成이라.
덕자 망 병출무명 사고불성

故로 曰, 明其爲賊이라야 敵乃可服이라 하니다. 項羽,
고 왈 명기위적 적내가복 항우

爲無道하여 放殺其主하니 天下之賊也라. 夫,<仁
위무도 방살기주 천하지적야 부 인

不以勇이요 義不以力>이니 大王이 宜率,三軍之
불이용 의불이력 대왕 의솔삼군지

衆하여 爲之素服하고 以告,諸侯而伐之하소서! 於
중 위지소복 이고제후이벌지 어

是에 漢王이 爲,義帝發喪하고 告,諸侯曰, 天下,共
시 한왕 위의제발상 고제후왈 천하공

立義帝러니 今,項羽,放殺之하니 寡人이 親爲發喪
립의제 금항우방살지 과인 친위발상

하여 兵皆縞素하고 悉發關中兵하고 收,三河士하여
병개호소 실발관중병 수삼하사

南浮,江漢以下하여 願從,諸侯王하여 擊楚之殺,義
남부강한이하 원종제후왕 격초지살의

帝者라 하더라.
제자

○項王이 雖聞漢東이나 既擊齊,欲遂破齊,而後擊
항왕 수문한동 기격제욕수파제이후격

漢하니 漢王이 以故로 得率,諸侯兵,凡五十六萬人
한 한왕 이고 득솔제후병범오십육만인

하여 伐楚하니 彭越이 將兵歸漢이어늘 漢이 遂入彭
벌초 팽월 장병귀한 한 수입팽
城하여 收其貨寶美人하고 日,置酒高會하니 項王
성 수기화보미인 일치주고회 항왕
이 聞之하고 自以精兵三萬人으로 至,彭城하여 大
문지 자이정병삼만인 지팽성 대
破,漢軍於睢水하니 睢水,爲之不流러라. 圍,漢王
파한군어저수 저수위지불류 위한왕
三匝이러니 會,大風이 從西北起하여 折木發屋하고
삼잡 회대풍 종서북기 절목발옥
揚沙石하여 窈冥晝晦하니 楚軍이 大亂壞散이어늘
양사석 요명주회 초군 대란괴산
漢王이 乃得與數十騎로 遁去하다. 審食其從,太
한왕 내득여수십기 둔거 심이기종 태
公,呂后하여 間行求,漢王이라가 反遇楚軍하여 項
공여후 간행구한왕 반우초군 항
王이 常置,軍中爲質이러라.
왕 상치군중위질

○漢王이 問,吾欲捐關以東하여 等棄之하노니 誰
한왕 문오욕연관이동 등기지 수
可與,共功者요? 張良曰, 九江,王布는 楚,梟將이라
가여공공자 장량왈 구강왕포 초효장
與,項王有隙하고 彭越은 與,齊反梁之하니 此,兩人
여항왕유극 팽월 여제반양지 차양인
을 可急使而漢王之將은 獨,韓信이 可屬大事하여
가급사이한왕지장 독한신 가속대사
當,一面이니 卽,欲捐之컨대 捐之此,三人則,楚를 可
당일면 즉욕연지 연지차삼인즉초 가

破也리이다.
파 야

○漢王이 謂,左右하되 無足與計,天下事로다! 謁者
한 왕 위 좌 우 무 족 여 계 천 하 사 알 자
隨何,進曰, 不審,陛下所謂로소이다. 漢王曰, 孰能
수 하 진 왈 불 심 폐 하 소 위 한 왕 왈 숙 능
爲,我使九江하여 令之發兵倍楚요? 留,項王數月
위 아 사 구 강 영 지 발 병 배 초 유 항 왕 수 월
이면 我之取,天下可以萬全이러라. 隨何曰, 臣이
아 지 취 천 하 가 이 만 전 수 하 왈 신
請使之하리다. 漢王이 使與,二十人俱하다.
청 사 지 한 왕 사 여 이 십 인 구

○五月에 漢王이 至,滎陽하니 諸敗軍이 皆會하고
오 월 한 왕 지 형 양 제 패 군 개 회
蕭何,亦發關中老弱,未傅者하여 悉詣滎陽하니 漢
소 하 역 발 관 중 로 약 미 부 자 실 예 형 양 한
軍이 復大振이러라. 楚與漢으로 戰,滎陽南京,索間
군 부 대 진 초 여 한 전 형 양 남 경 색 간
이러니 漢王이 擊,楚騎於滎陽東,大破之하니 楚,以
한 왕 격 초 기 어 형 양 동 대 파 지 초 이
故로 不能過滎陽而西이니라. 漢이 軍,滎陽,築甬道
고 불 능 과 형 양 이 서 한 군 형 양 축 용 도
屬之河하여 以,取敖倉粟하다.
속 지 하 이 취 오 창 속

○周勃等이 言於漢王曰, 陳平이 雖美나 如,冠玉
주발등 언어한왕왈 진평 수미 여관옥
하여 其中은 未必有也니라. 臣은 聞平이 居家時에
기중 미필유야 신 문평 거가시
盜其嫂하고 事魏不容하고 亡歸楚不中하고 又亡
도기수 사위불용 망귀초부중 우망
歸漢이어늘 今日에 大王이 令,護軍한대 受,諸將金
귀한 금일 대왕 영호군 수제장금
하니 願王은 察之하소서. 漢王이 召讓,魏無知하니
원왕 찰지 한왕 소양위무지
無知曰, 臣所言者는 能也요, 陛下所問者는 行也
무지왈 신소언자 능야 폐하소문자 행야
니라. 今,有尾生,孝己之行而無益勝負之數이니 陛
금유미생효기지행이무익승부지수 폐
下,何暇用之乎리요! 楚.漢이 相距에 臣이 進,奇謀
하하가용지호 초한 상거 신 진기모
之士하니 顧,其計誠足以利,國家不耳라. 盜嫂受
지사 고기계성족이리국가불이 도수수
金을 何足疑乎이리까?
금 하족의호

○八月에 漢王이 如,滎陽하여 命,蕭何守,關中한대
팔월 한왕 여형양 명소하수관중
計,關中戶口하여 轉漕調兵하여 以,給軍하고 未嘗
계관중호구 전조조병 이급군 미상
乏絶이러라.
핍절

○漢王이 使.酈食其로 緩頰.往說魏王.豹하고 且召
한왕 사역이기 완협왕세위왕표 차소
之하되 豹.不聽이어늘 於是에 漢王이 以.韓信.灌嬰.
지 표불청 어시 한왕 이한신관영
曹參으로 俱擊魏할새 漢王이 問.食其하되 魏大將
조참 구격위 한왕 문이기 위대장
은 誰也요? 對曰, 柏直이러이다. 王曰, 是는 <口尙
수야 대왈 백직 왕왈 시 구상
乳臭>라, 安能當.韓信이리요 騎將은 誰也요? 曰,
유취 안능당한신 기장 수야 왈
馮敬이러이다. 曰, 是는 秦將.馮無擇의 子也라. 雖
풍경 왈 시 진장풍무택 자야 수
賢이나 不能當.灌嬰이요 步卒將은 誰也요? 曰, 項
현 불능당관영 보졸장 수야 왈 항
它러이다. 曰, 不能當.曹參이니 吾.無患矣라 하더라.
타 왈 불능당조참 오무환의

○遂.進兵하니 魏王이 盛兵蒲坂하여 以塞臨津이
수진병 위왕 성병포판 이색임진
어늘 信이 乃.益爲疑兵하여 陳船.欲渡臨晉而伏兵
신 내익위의병 진선욕도림진이복병
하고 從.夏陽하여 以.木罌으로 渡軍하여 襲.安邑하니
종하양 이목앵 도군 습안읍
魏王.豹.驚하여 引兵迎信이어늘 九月에 信이 擊虜.
위왕표경 인병영신 구월 신 격로
豹하여 傳詣滎陽하고 悉定魏地하다.
표 전예형양 실정위지

○韓信이 旣定魏에 使人,請兵三萬하여 願以北擧,
한 신 기 정 위 사 인 청 병 삼 만 원 이 북 거
燕.趙하고 東擊齊하고 南絶,楚,粮道하고 西與漢王
연 조 동 격 제 남 절 초 량 도 서 여 한 왕
으로 會於滎陽하리이다. 漢王이 許之하고 乃遣,張耳
회 어 형 양 한 왕 허 지 내 견 장 이
與俱하다.
여 구

○丁酉年(B.C. 204년)라. 冬十月에 韓信,張耳,以兵,
정 유 년 동 시 월 한 신 장 이 이 병
數萬으로 東擊趙하니 趙王及成安君,陳餘,聞之하
수 만 동 격 조 조 왕 급 성 안 군 진 여 문 지
고 聚兵,井陘口하여 號를 二十萬이러라. 廣武君,李
취 병 정 형 구 호 이 십 만 광 무 군 이
左車,說,成安君曰, 韓信.張耳,乘勝遠鬪하니 其鋒
좌 거 세 성 안 군 왈 한 신 장 이 승 승 원 투 기 봉
을 不可當이라. 臣은 聞,千里餽粮에 士有飢色하고
불 가 당 신 문 천 리 궤 량 사 유 기 색
樵蘇後爨에 師不宿飽라 하니 今,井陘之道,車不得
초 소 후 찬 사 불 숙 포 금 정 형 지 도 거 부 득
方軌하고 騎不得成列이라. 行,數百里에 其勢糧食
방 궤 기 부 득 성 렬 행 수 백 리 기 세 양 식
이 必在其後하리니 願,足下는 假臣奇兵三萬人하
필 재 기 후 원 족 하 가 신 기 병 삼 만 인
여 從,間路하여 絶其輜重하고 足下는 深溝高壘하
종 간 로 절 기 치 중 족 하 심 구 고 루
여 必與戰이면 不,十日而兩將之頭를 可致於麾下
필 여 전 불 십 일 이 양 장 지 두 가 치 어 휘 하

어니와 否則,必爲二子所擒矣리라. 成安君이 常,自
부 즉 필 위 이 자 소 금 의 성 안 군 상 자

稱義兵하고 不用詐謀奇計러라. 韓信이 使人間視
칭 의 병 불 용 사 모 기 계 한 신 사 인 간 시

하여 知其不用,廣武君策하고 大喜하여 乃敢,引兵
지 기 불 용 광 무 군 책 대 희 내 감 인 병

遂下하여 未至,井陘口三十里,止舍하고 夜半傳發
수 하 미 지 정 형 구 삼 십 리 지 사 야 반 전 발

하여 選,輕騎二千人하여 人持一赤幟하고 從,間道
선 경 기 이 천 인 인 지 일 적 치 종 간 도

하여 望,趙軍하고 誡曰, 趙見我走면 必空壁逐我하
망 조 군 계 왈 조 견 아 주 필 공 벽 축 아

리니 若이 疾入趙壁하여 拔趙幟하고 立漢赤幟하라
약 질 입 조 벽 발 조 치 입 한 적 치

하고 令其,裨將傳餐曰, 今日에 破趙會食이라 하니
영 기 비 장 전 찬 왈 금 일 파 조 회 식

諸將이 皆莫信하되 佯應曰, 諾다. 乃使萬人으로
제 장 개 막 신 양 응 왈 낙 내 사 만 인

先行出,背水陣하니 趙軍이 望見而大笑라. 平朝에
선 행 출 배 수 진 조 군 망 견 이 대 소 평 조

信이 建,大將旗하고 鼓鼓行出,井陘口하니 趙,開壁
건 대 장 기 고 고 행 출 정 형 구 조 개 벽

擊之어늘 大戰良久에 信이 與,張耳로 佯棄鼓旗하
격 지 대 전 양 구 신 여 장 이 양 기 고 기

고 走水上軍하니 趙果空壁하고 爭漢旗鼓하여 逐
주 수 상 군 조 과 공 벽 쟁 한 기 고 축

信耳어늘 信,耳已入,水上軍하여 軍皆殊死戰하니
신 이 신 이 이 입 수 상 군 군 개 수 사 전

不可敗요, 信이 所出奇兵二千이 逐馳入趙壁하여
불 가 패 신 소 출 기 병 이 천 축 치 입 조 벽

皆拔趙旗하고 立.漢赤幟하니 趙軍이 已不能得.信
개 발 조 기 입 한 적 치 조 군 이 불 능 득 신
等하고 欲還歸壁하니 壁皆漢幟라, 見而大驚하고
등 욕 환 귀 벽 벽 개 한 치 견 이 대 경
兵亂遁走어늘 漢兵이 夾擊大破趙軍하고 斬.成安
병 란 둔 주 한 병 협 격 대 파 조 군 참 성 안
君.泜水上하고 禽.趙王.歇하다.
군 지 수 상 금 조 왕 헐

○諸將이 問信曰, 兵法에 右倍山陵하고 前左水
제 장 문 신 왈 병 법 우 배 산 릉 전 좌 수
澤이어늘 今者將軍이 令臣等으로 反.背水陣以勝
택 금 자 장 군 영 신 등 반 배 수 진 이 승
은 何也오? 信曰, 此在兵法이어늘 顧.諸君이 不察
하 야 신 왈 차 재 병 법 고 제 군 불 찰
耳라. 兵法不曰, 〈陷之死地而後에 生하고 置之
이 병 법 부 왈 함 지 사 지 이 후 생 치 지
亡地而後에 存乎〉아? 且.信이 非得.素拊循.士大
망 지 이 후 존 호 차 신 비 득 소 부 순 사 대
夫也니라. 此.所謂驅.市人而戰이니 之予之生地면
부 야 차 소 위 구 시 인 이 전 지 여 지 생 지
皆走하리니 寧.得而用之乎아! 諸將이 皆服이러라.
개 주 녕 득 이 용 지 호 제 장 개 복
信이 募生得.廣武君者면 予千金하리라. 有縛致麾
신 모 생 득 광 무 군 자 여 천 금 유 박 치 휘
下者어늘 信이 解其縛하고 東鄉坐師事之하고 問
하 자 신 해 기 박 동 향 좌 사 사 지 문
曰, 僕이 欲北攻燕하고 東伐齊하나니 若何而有功
왈 복 욕 북 공 연 동 벌 제 약 하 이 유 공

고? 廣武君曰, 亡國之大夫는 不可以圖存이요, 敗
광무군왈 망국지대부 불가이도존 패

軍之將은 不可以言勇이니라. 信曰, 百里奚,居虞
군지장 불가이언용 신왈 백리해 거우

而虞亡하고 之秦而秦霸하니 非愚於虞而智於秦
이우망 지진이진패 비우어우이지어진

也니라. 用與不用과 聽與不聽爾니 向使,成安君으
야 용여불용 청여불청이 향사성안군

로 聽子計면 僕亦禽矣니라. 廣武君이 曰, 〈智者
청자계 복역금의 광무군 왈 지자

千慮에 必有一失이요 愚者千慮에 必有一得〉이
천려 필유일실 우자천려 필유일득

라. 故로 曰, 狂夫之言을 聖人이 擇焉이라 하니 將
고 왈 광부지언 성인 택언 장

軍이 虜,魏王,豹하고 誅,成安君하니 威震天下나 然
군 로위왕표 주성안군 위진천하 연

이나 欲擧倦敝之兵하여 頓之燕,堅城之下하니 欲
욕거권폐지병 돈지연견성지하 욕

戰不得이요 攻之不拔이라. 今爲,將軍計컨대 莫如
전부득 공지불발 금위장군계 막여

按甲休兵하여 鎭撫趙民하고 遣,辯士하여 奉,咫尺
안갑휴병 진무조민 견변사 봉지척

之書면 燕必聽從이니 燕,已從而東臨齊면 雖有智
지서 연필청종 연이종이동림제 수유지

者라도 亦不知爲,齊計矣리라. 韓信이 從其策하여
자 역부지위제계의 한신 종기책

發使使燕하니 燕이 從風而靡러라.
발사사연 연 종풍이미

○隨何,至九江하니 九江,王布,奉命至漢이어늘 漢
수하 지구강 구강 왕포 봉명지한 한
王이 方踞床洗足이라가 召布入見한대 布,大怒하여
왕 방거상세족 소포입견 포 대로
悔來欲,自殺이러니 及出就舍에 帳御,飮食從官이
회래욕 자살 급출취사 장어 음식종관
皆如,漢王居하니 布,又大喜過望이러라. 漢이 益,九
개여 한왕거 포 우대희과망 한 익 구
江王兵하여 與,俱屯成皐하다.
강왕병 여 구둔성고

○楚,數侵奪漢,甬道하니 漢軍이 乏食이라. 漢王이
초 수침탈한 용도 한군 핍식 한왕
與,酈食其로 謀撓楚權할새 食其曰, 陛下,能復立,
여 역이기 모요초권 이기왈 폐하 능부립
六國之後하여 德義已行이면 楚必斂衽而朝리이다.
육국지후 덕의이행 초필렴임이조
漢王曰, 善타 하다! 趣刻印하여 先生이 因行佩之
한왕왈 선 취각인 선생 인행패지
하라. 食其,未行에 張良이 從外來謁이어늘 漢王이
이기 미행 장량 종외래알 한왕
方食이러니 曰, 客有,爲我計,撓楚權者라 하고 具
방식 왈 객유 위아계 요초권자 구
以,酈生語로 告良하니 良曰, 畫此計면 陛下,事去
이 역생어 고양 양왈 화차계 폐하 사거
矣리이다. 請借前箸하소서 爲,大王籌之하니 其不可
의 청차전저 위 대왕주지 기불가
者,八이라 天下游士가 離親戚,棄墳墓,去故舊하고
자 팔 천하유사 이친척 기분묘 거고구

從,陛下游者는 徒欲日夜에 望,咫尺之地어늘 今,
종 폐 하 유 자 도 욕 일 야 망 지 척 지 지 금

復立六國之後면 天下游士가 各歸事其主하리니
부 립 육 국 지 후 천 하 유 사 각 귀 사 기 주

陛下,誰與取天下乎리요? 誠用客謀면 陛下事,去
폐 하 수 여 취 천 하 호 성 용 객 모 폐 하 사 거

矣리다. 漢王이 輟食吐哺하고 罵曰, 豎儒,幾敗迺
의 한 왕 철 식 토 포 매 왈 수 유 기 패 내

公事라 하고 令趣銷印하다.
공 사 영 취 소 인

○漢王이 謂,陳平曰, 天下紛紛하니 何時定乎리요?
한 왕 위 진 평 왈 천 하 분 분 하 시 정 호

陳平曰, 項王의 骨鯁之臣이 亞父,鍾離昧,龍且,
진 평 왈 항 왕 골 경 지 신 아 보 종 리 매 용 차

周殷之屬이 不過數人耳니 大王이 誠能捐,數萬
주 은 지 속 불 과 수 인 이 대 왕 성 능 연 수 만

斤金하여 行反間하여 間其君臣하여 以疑其心이면
근 금 행 반 간 간 기 군 신 이 의 기 심

項王의 爲人이 意忌信讒하여 必內相誅하리니 漢이
항 왕 위 인 의 기 신 참 필 내 상 주 한

因,擧兵而攻之면 破楚必矣리이다. 漢王曰, 善타!
인 거 병 이 공 지 파 초 필 의 한 왕 왈 선

하고 乃出黃金四萬斤하여 與平하여 資所爲하고 不
내 출 황 금 사 만 근 여 평 자 소 위 불

問其,出入하니 平이 多以金으로 縱,反間於楚하여
문 기 출 입 평 다 이 금 종 반 간 어 초

宣言,鍾離昧等이 爲,項王將하여 功多矣나 然이나
선 언 종 리 매 등 위 항 왕 장 공 다 의 연

終不得,裂地而王하고 欲與漢,爲一하여 以滅,項氏
종 부 득 렬 지 이 왕 욕 여 한 위 일 이 멸 항 씨

而分王其地라 하니 項羽,果不信,鍾離昧等이러라.
이 분 왕 기 지 항 우 과 불 신 종 리 매 등

○夏에 楚圍,漢王於滎陽하니 漢王이 請和하여 割,
하 초 위 한 왕 어 형 양 한 왕 청 화 할

滎陽以西者,謂漢이라 하되 亞父,勸羽急攻,滎陽하
형 양 이 서 자 위 한 아 보 권 우 급 공 형 양

니 漢王이 患之러라.
한 왕 환 지

○項王이 使使至漢이어늘 陳平이 使爲,大牢具하
항 왕 사 사 지 한 진 평 사 위 대 뢰 구

여 擧進이라가 見,楚使하고 卽,佯驚曰, 吾以爲,亞
거 진 견 초 사 즉 양 경 왈 오 이 위 아

父使러니 乃,項王使라 하고 復持去하고 更以惡草
보 사 내 항 왕 사 부 지 거 갱 이 악 초

具로 進하니 楚使,歸하여 具以報,項王한대 王이
구 진 초 사 귀 구 이 보 항 왕 왕

果,大疑亞父러라. 亞父,欲急攻下,滎陽城하되 項
과 대 의 아 보 아 보 욕 급 공 하 형 양 성 항

王이 不聽하니 亞父聞,項王이 疑之하고 乃怒曰,
왕 불 청 아 보 문 항 왕 의 지 내 로 왈

天下事,大定矣라, 君王은 自爲之하소서! 願請,骸
천 하 사 대 정 의 군 왕 자 위 지 원 청 해

骨歸라 하고 未至彭城하여 疽,發背而死하다.
골 귀 미 지 팽 성 저 발 배 이 사

○將軍紀信이 言於,漢王曰, 事,急矣라 臣請誑楚
장군기신 언어한왕왈 사급의 신청광초
하리니 王은 可以間出하소서. 於是에 陳平이 夜出
왕 가이간출 어시 진평 야출
女子.東門二千餘人하니 楚因擊之어늘 紀信이 乃
여자동문이천여인 초인격지 기신 내
乘王車,黃屋左纛하고 曰, 食盡하여 漢王이 降楚라
승왕거황옥좌독 왈 식진 한왕 항초
하니 楚,皆呼萬歲하고 之城東觀하니 以故로 漢王
초개호만세 지성동관 이고 한왕
이 得與數十騎로 出,西門遁去하다.
득여수십기 출서문둔거

○漢王이 出,滎陽至,成皐하여 入關收兵하여 欲復
한왕 출형양지성고 입관수병 욕부
東하니 轅生이 說漢王하되 深壁勿戰하고 令,滎陽,
동 원생 세한왕 심벽물전 영형양
成皐間으로 且得休息하소서. 漢王이 從其計하여
성고간 차득휴식 한왕 종기계
出軍,宛葉間하여 與,黥布로 行收兵하니 羽聞,漢王
출군완엽간 여경포 행수병 우문한왕
在宛하고 果,引兵來어늘 漢王이 堅壁,不與戰하다.
재완 과인병래 한왕 견벽불여전

○彭越이 爲,漢將하여 游兵擊楚한대 羽,乃使終公
팽월 위한장 유병격초 우내사종공
으로 守,成皐而自東擊,彭越이어늘 漢王이 破終公
수성고이자동격팽월 한왕 파종공

하고 復軍成皐러니 羽,已破走,彭越하고 乃,引兵西
부 군 성 고 우 이 파 주 팽 월 내 인 병 서

하여 拔,滎陽城하고 遂圍成皐어늘 漢王이 逃하여 獨
발 형 양 성 수 위 성 고 한 왕 도 독

與,滕公으로 共車出,成皐玉門하다.
여 등 공 공 거 출 성 고 옥 문

○北,渡河하여 宿,小脩武傳舍하고 晨에 自稱漢使
북 도 하 숙 소 수 무 전 사 신 자 칭 한 사

하고 馳入趙壁하니 張耳.韓信이 未起라. 卽其臥內
치 입 조 벽 장 이 한 신 미 기 즉 기 와 내

하여 奪其印符하고 以,麾召諸將하여 易置之하니
탈 기 인 부 이 휘 소 제 장 역 치 지

信.耳起하여 乃知,漢王來하고 大驚이라. 漢王이 旣奪
신 이 기 내 지 한 왕 래 대 경 한 왕 기 탈

兩人軍하고 卽令,張耳로 循行하여 備守趙地하고
량 인 군 즉 령 장 이 순 행 비 수 조 지

拜,韓信하여 爲,相國하고 收,趙兵未發者,擊齊하다.
배 한 신 위 상 국 수 조 병 미 발 자 격 제

어려운 낱말 / 고사성어

[順德者昌,逆德者亡(순덕자창,역덕자망)] : 덕으로 순응하면 창성하고, 덕을 거스리면 망하다. [滎陽(형양)] : 중국의 군 중 하나로 지금 중국 허난성의 성도인 정저우 시의 전신. [疽發背而死(저발배이사)] : 등창 병이 나서 죽다.

○諸將이 稍稍得出成皐하여 從,漢王하니 楚,遂拔
제 장 초 초 득 출 성 고 종 한 왕 초 수 발
成皐하고 欲西어늘 漢이 使,兵距之鞏하여 令其,不
성 고 욕 서 한 사 병 거 지 공 영 기 부
得西하다.
득 서

○漢王이 欲捐成皐以東하고 屯鞏,洛以距楚러니
한 왕 욕 연 성 고 이 동 둔 공 락 이 거 초
酈生曰, 知,天之天者는 王事를 可成이니 〈王者는
역 생 왈 지 천 지 천 자 왕 사 가 성 왕 자
以民爲天하고 民은 以食爲天〉하나니 夫,敖倉은 天
이 민 위 천 민 이 식 위 천 부 오 창 천
下,轉輸久矣라, 藏粟이 甚多어늘 楚人이 拔,滎陽
하 전 수 구 의 장 속 심 다 초 인 발 형 양
에 不,堅守敖倉하고 乃引而東하니 此는 天所以資,
불 견 수 오 창 내 인 이 동 차 천 소 이 자
漢也니라. 願,足下는 急進兵하여 收取滎陽하여 據,
한 야 원 족 하 급 진 병 수 취 형 양 거
敖倉之粟하고 塞,成皐之險하고 杜,太行之路하고
오 창 지 속 새 성 고 지 험 두 태 행 지 로
距,蜚狐之口하고 守,白馬之津하여 以示,諸侯形制
거 비 호 지 구 수 백 마 지 진 이 시 제 후 형 제
之執則,天下를 知所歸矣리이다. 王이 從之하여 乃
지 예 즉 천 하 지 소 귀 의 왕 종 지 내
復,謀取敖倉하다.
부 모 취 오 창

○食其,又說王曰, 方今,燕,趙已定하되 唯齊未下
이 기 우 세 왕 왈 방 금 연 조 이 정 유 제 미 하

니라. 諸田宗이 彊하고 負海岱,阻河濟하니 雖遣數
제 전 종 강 부 해 대 조 하 제 수 견 수

萬師나 未可以歲月로 破也니라. 臣이 請得奉,明詔
만 사 미 가 이 세 월 파 야 신 청 득 봉 명 조

하여 說齊王하여 使爲漢而稱東藩하리이다. 上曰,
세 제 왕 사 위 한 이 칭 동 번 상 왈

善타! 하고 乃使,酈生으로 說,齊王曰, 天下之事,歸
선 내 사 역 생 세 제 왕 왈 천 하 지 사 귀

漢이 可하니 坐而策也니라. 王이 疾先下이면 齊國
한 가 좌 이 책 야 왕 질 선 하 제 국

을 可得而保어니와 不然이면 危亡을 可立而待리이
가 득 이 보 불 연 위 망 가 립 이 대

다. 先是에 齊聞,韓信이 且,東兵하고 使,華無傷.田
선 시 제 문 한 신 차 동 병 사 화 무 상 전

解로 將重兵屯,歷下하여 以距漢이러니 及納,酈生
해 장 중 병 둔 역 하 이 거 한 급 납 역 생

之言에 遣使與,漢平하고 乃罷,歷下로 守,戰備러라.
지 언 견 사 여 한 평 내 파 역 하 수 전 비

○韓信이 引兵東이라가 未度平原하여 聞,酈食其,
한 신 인 병 동 미 도 평 원 문 역 이 기

已說下齊하고 欲止하니 辯士蒯徹이 說信曰, 將軍
이 설 하 제 욕 지 변 사 괴 철 세 신 왈 장 군

이 受詔擊齊하니 而,漢獨發,間使下齊하니 寧有詔
수 조 격 제 이 한 독 발 간 사 하 제 녕 유 조

止將軍乎아? 且,酈生은 一士라 伏軾掉,三寸之舌
지 장 군 호 차 력 생 일 사 복 식 도 삼 촌 지 설

하여 下齊七十餘城하고 將軍은 以,數萬衆으로 歲
하 제 칠 십 여 성 장 군 이 수 만 중 세

餘에 乃下趙,五十餘城하니 爲將數歲에 反不如,一
여 내하조오십여성 위장수세 반불여일
豎儒之功乎아? 信이 然之러라.
수유지공호 신 연지

○戊戌年(B.C. 203년)이라. 信이 襲破,齊歷下軍하고
무술년 신 습파제력하군
遂至臨淄하니 齊王이 以,酈生으로 爲,賣己라 하여
수지림치 제왕 이력생 위매기
乃,烹之하고 引兵東走,高密이러라.
내팽지 인병동주고밀

○楚,大司馬咎,守成皐어늘 項王이 令,謹守勿戰이
초대사마구수성고 항왕 영근수물전
러니 漢이 數挑戰하되 楚軍이 不出이어늘 使人辱之
한 수도전 초군 불출 사인욕지
數日에 咎,怒하여 渡兵汜水러니 士卒이 半渡에 漢
수일 구노 도병사수 사졸 반도 한
이 擊之하여 大破楚軍하고 盡得,楚國寶貨하니 咎
격지 대파초군 진득초국보화 구
及,司馬欣이 皆剄이어늘 漢王이 引兵渡河하여 復
급사마흔 개경 한왕 인병도하 부
取,成皐하고 軍廣武하여 就,敖倉食한대 項羽,聞,成
취성고 군광무 취오창식 항우문성
皐破하고 引兵軍,廣武하여 與,漢相守하다.
고파 인병군광무 여한상수

○楚軍이 食少하여 項王이 患之하여 乃爲高組하여
초군 식소 항왕 환지 내위고조

置,太公其上하고 告,漢王曰, 今不急下면 吾烹太
치 태 공 기 상 고 한 왕 왈 금 불 급 하 오 팽 태
公하리라. 漢王曰, 吾與羽로 俱北面,受命懷王하여
공 한 왕 왈 오 여 우 구 북 면 수 명 회 왕
約爲兄弟하니 吾翁은 卽,若翁이라. 必欲烹而翁인
약 위 형 제 오 옹 즉 약 옹 필 욕 팽 이 옹
데 幸分我,一杯羹하라! 項王이 怒하여 欲殺之어늘
행 분 아 일 배 갱 항 왕 노 욕 살 지
項伯曰, 爲,天下者는 不顧家하나니 雖殺之나 無
항 백 왈 위 천 하 자 불 고 가 수 살 지 무
益也라 하더라.
익 야

○項王이 謂,漢王曰, 願與王으로 挑戰決,雌雄하
항 왕 위 한 왕 왈 원 여 왕 도 전 결 자 웅
여 毋徒苦,天下之民,父子爲也하라. 漢王曰, 吾,寧
무 도 고 천 하 지 민 부 자 위 야 한 왕 왈 오 녕
鬪智언정 不能鬪力이라 하고 相與臨,廣武間하여 漢
투 지 불 능 투 력 상 여 림 광 무 간 한
王이 數羽十罪하니 羽,大怒하여 伏弩,射中漢王하
왕 수 우 십 죄 우 대 로 복 노 사 중 한 왕
여 漢王이 傷胸이라. 乃捫足曰, 虜,中吾指라 하다.
한 왕 상 흉 내 문 족 왈 로 중 오 지
漢王이 病創臥하니 張良이 彊請漢王하여 起行勞
한 왕 병 창 와 장 량 강 청 한 왕 기 행 로
軍하여 以安士卒하고 毋令楚,乘勝하소서. 漢王이
군 이 안 사 졸 무 령 초 승 승 한 왕
出,行軍이라가 疾甚하여 因馳入,成皐하다.
출 행 군 질 심 인 치 입 성 고

○韓信이 已定臨淄하고 遂,東追齊王하니 項王이
한신 이정임치 수동추제왕 항왕
使,龍且로 將兵救齊러니 龍且曰, 吾,平生에 知,韓
사용차 장병구제 용차왈 오평생 지한
信爲人이 易與耳라, 寄食於漂母하니 無資身之
신위인 역여이 기식어표모 무자신지
策이요, 受辱於胯下니 無,兼人之勇이라 不足畏也
책 수욕어과하 무겸인지용 부족외야
라 하더라. 齊.楚.與漢으로 夾,濰水而陣이러니 韓信
제초여한 협유수이진 한신
이 夜令人으로 爲,萬餘囊하여 盛沙,壅水上流하고
야령인 위만여낭 성사옹수상류
引軍半渡하니 擊,龍且라가 佯不勝,還走하니 龍且,
인군반도 격룡차 양불승환주 용차
果喜曰, 固知信,怯也라 하고 遂追信이어늘 信이 使
과희왈 고지신겁야 수추신 신 사
人으로 決,壅囊하니 水,大至하여 龍且軍이 太半,不
인 결옹낭 수대지 용차군 태반부
得渡라. 卽,急擊殺,龍且하고 虜,齊王하고 盡定齊地
득도 즉급격살용차 로제왕 진정제지
하다.

○立,張耳하여 爲,趙王하다.
입장이 위조왕

○韓信이 使人言,漢王曰, 齊는 僞詐多變하고 反
한신 사인언한왕왈 제 위사다변 반
覆之國也니라. 南邊楚하니 請爲假王하여 以鎭之
복지국야 남변초 청위가왕 이진지

하리이다. 漢王이 大怒하니 張良.陳平이 躡寒王足
한 왕 대 로 장 량 진 평 섭 한 왕 족

하고 因,附耳語曰, 漢方不利하니 寧,能禁,信之自
인 부 이 어 왈 한 방 불 리 녕 능 금 신 지 자

王乎아? 不如,因而立之하여 使自爲守로이다. 漢王
왕 호 불 여 인 이 입 지 사 자 위 수 한 왕

이 亦悟하고 因復罵曰, 大丈夫,定諸侯에 卽爲,眞
역 오 인 부 매 왈 대 장 부 정 제 후 즉 위 진

王耳니 何以假爲리오 하고 遣,張良操印하여 立信
왕 이 하 이 가 위 견 장 량 조 인 입 신

爲,齊王하고 徵,其兵擊楚하다.
위 제 왕 징 기 병 격 초

○項王이 聞,龍且死하고 大懼하여 使,盱台人,武涉
항 왕 문 용 차 사 대 구 사 우 태 인 무 섭

으로 往說齊王,信曰, 當今,二王之事,權在足下라.
왕 설 제 왕 신 왈 당 금 이 왕 지 사 권 재 족 하

足下,右投則,漢王이 勝이요, 左投則,項王이 勝이니
족 하 우 투 즉 한 왕 승 좌 투 즉 항 왕 승

項王이 今日亡則,次取足下하리니 足下,與項王으
항 왕 금 일 망 즉 차 취 족 하 족 하 여 항 왕

로 有故하니 何不反漢하고 與楚連和하여 三分天
유 고 하 불 반 한 여 초 연 화 삼 분 천

下王之요, 信이 謝曰, 臣이 事,項王하니 官不過,郞
하 왕 지 신 사 왈 신 사 항 왕 관 불 과 랑

中이요, 位不過,執戟이요. 言不聽,畫不用故로 倍
중 위 불 과 집 극 언 불 청 획 불 용 고 배

楚而歸漢하니 漢王이 授我,上將軍印하고 予我數
초 이 귀 한 한 왕 수 아 상 장 군 인 여 아 수

萬衆하고 解衣衣我하고 推食食我하고 言聽計用
만중 해의의아 추식식아 언청계용

故로 吾,得以至於此하니 夫人이 深親信我어늘 我,
고 오득이지어차 부인 심친신아 아

倍之不祥이니 幸爲,信謝項王하라. 武涉이 已去에
배지불상 행위신사항왕 무섭 이거

蒯徹이 以相人之術로 說信曰, 僕이 相君之面하
괴철 이상인지술 세신왈 복 상군지면

니 不過封侯요 相君之背하니 貴不可言이로다. 韓
불과봉후 상군지배 귀불가언 한

信曰, 何謂也오? 蒯徹曰, 楚.漢分爭에 智勇이 俱
신왈 하위야 괴철왈 초한분쟁 지용 구

困하여 當今兩主之命이 縣於足下하니 爲漢則,漢
곤 당금량주지명 현어족하 위한즉한

勝이요, 與楚則,楚勝이니 誠能,聽信之計면 莫若兩
승 여초즉초승 성능청신지계 막약량

利,而俱存之니 參分天下하여 鼎足而居면 其勢
리이구존지 삼분천하 정족이거 기세

莫敢先動이라. 案齊之故하여 有膠,泗之地하고
막감선동 안제지고 유교사지지

深拱揖讓則,天下之君王이 上率而朝於齊矣리
심공읍양즉 천하지군왕 상솔이조어제의

라. 〈天與弗取면 反受其咎요 時至不行이면 反受
천여불취 반수기구 시지불행 반수

其殃〉이니 願,足下는 熟慮之하소라. 信曰, 漢王이
기앙 원족하 숙려지 신왈 한왕

遇我甚厚하니 吾,豈可鄕利而倍義乎아? 蒯生曰,
우아심후 오기가향리이배의호 괴생왈

勇略이 震主者는 身危하고 功蓋天下者는 不賞하
용략 진주자 신위 공개천하자 불상

나니 今,足下는 戴,震主之威하고 挾,不賞之功하여
금 족 하 대 진 주 지 위 협 불 상 지 공

歸楚에 楚人이 不信이요, 歸漢에 漢人이 震恐이니
귀 초 초 인 불 신 귀 한 한 인 진 공

足下,安歸乎리오? 信曰, 先生은 且,休矣어다. 蒯徹
족 하 안 귀 호 신 왈 선 생 차 휴 의 괴 철

이 復說曰, 夫,功者는 難成而易敗요, 時者는 難得
부 세 왈 부 공 자 난 성 이 이 패 시 자 난 득

而易失也니라. 〈時乎時乎여! 不再來〉니라! 信이
이 이 실 야 시 호 시 호 부 재 래 신

猶豫,不忍倍漢하여 遂謝蒯徹이러라.
유 예 불 인 배 한 수 사 괴 철

○秋에 立,黥布하여 爲,淮南王하다.
추 입 경 포 위 회 남 왕

○項羽,自知少助로 食盡하고 韓信이 又進兵,擊楚
항 우 자 지 소 조 식 진 한 신 우 진 병 격 초

하니 羽,患之어늘 漢이 遣,侯公하여 說羽請,太公하
우 환 지 한 견 후 공 세 우 청 태 공

니 羽乃與漢으로 約하여 中分天下할새 割,鴻溝하여
우 내 여 한 약 중 분 천 하 할 홍 구

以西는 爲漢하고 以東은 爲楚하고 九月에 楚歸太
이 서 위 한 이 동 위 초 구 월 초 귀 태

公,呂后하여 引兵解而東歸어늘 漢王이 欲西歸하
공 려 후 인 병 해 이 동 귀 한 왕 욕 서 귀

니 張良.陳平이 說曰, 漢有,天下太半,而諸侯皆
장 량 진 평 세 왈 한 유 천 하 태 반 이 제 후 개

附하고 楚는 兵疲食盡하니 此는 天亡之時也니라.
부 초 병 피 식 진 차 천 망 지 시 야

今釋弗擊이면 此,所謂養虎하여 自遺患也니이다 하
금석불격 차소위양호 자유환야

니 漢王이 從之하다.
한왕 종지

어려운 낱말 / 고사성어

[王者以民爲天(왕자이민위천)] : 임금은 백성을 하늘 같이 생각한다. [甕囊(옹낭)] : 주머니를 만들어 모래를 담아 물을 먹음. [解衣衣我, 推食食我(해의의아,추식식아)] : 옷을 벗어 나를 주고, 밥을 미루어 나를 먹인다.

통감절요 제5권

通鑑節要

漢紀 : 太祖高皇帝下
한기 태조고황제하

○己亥五年(B.C. 202년)이라. 冬十月에 漢王이 追,項
기 해 오 년 동 시 월 한 왕 추 항

羽至,固陵하여 與,齊王信과 魏相,國越로 期會擊
우 지 고 릉 여 제 왕 신 위 상 국 월 기 회 격

楚러니 信.越이 不至하고 楚擊,漢軍大破之하니 漢
초 신 월 부 지 초 격 한 군 대 파 지 한

王이 堅壁自守하고 謂,張良曰, 齊侯,不從柰何요?
왕 견 벽 자 수 위 장 량 왈 제 후 부 종 내 하

對曰, 楚兵이 且破에 二人이 未有分地하니 其不
대 왈 초 병 차 파 이 인 미 유 분 지 기 부

至固宜라. 君王이 能與共天下면 可立致也니라.
지 고 의 군 왕 능 여 공 천 하 가 립 치 야

今,能取,睢陽以北으로 至,穀城은 皆以王,彭越하고
금 능 취 휴 양 이 북 지 곡 성 개 이 왕 팽 월

從陳以東으로 傅海는 與,齊王信하여 能出捐此地
종 진 이 동 부 해 여 제 왕 신 능 출 연 차 지

하여 以許兩人하고 使,各自爲戰을 則,楚易破也리
이 허 양 인 사 각 자 위 전 즉 초 이 파 야

이다. 漢王이 從之하니 於是에 韓信.彭越이 皆,引兵
한 왕 종 지 어 시 한 신 팽 월 개 인 병

來러라. 十二月에 項王이 至.垓下하니 兵少食盡하
래 십이월 항왕 지해하 병소식진

고 與.漢戰不勝하여 入壁이어늘 漢軍及諸侯兵이
여한전불승 입벽 한군급제후병

圍之數重이라 項羽.夜聞漢軍이 四面皆楚歌하니
위지수중 항우야문한군 사면개초가

乃.大驚曰, 漢이 皆已得楚乎아? 是何楚人之多
내대경왈 한 개이득초호 시하초인지다

也오 乃夜에 起飮帳中하고 因泣下하니 左右皆泣
야 내야 기음장중 인읍하 좌우개읍

하여 莫能仰視라. 於是에 項王이 乘其駿馬하니 麾
막능앙시 어시 항왕 승기준마 휘

下壯士.騎從者.八百餘人이라. 直夜에 潰圍南出하
하장사기종자팔백여인 직야 궤위남출

여 馳走러니 平明에 漢軍이 乃覺之하고 令.騎將.灌
치주 평명 한군 내각지 영기장관

嬰으로 以.五千騎로 追之하니 項王이 渡淮에 騎.能
영 이오천기 추지 항왕 도회 기능

屬者纔.百與人이라. 至.陰陵에 迷失道하여 問.一
속자재백여인 지음릉 미실도 문일

田父한대 田父紿曰, 左하라. 左하니 乃陷大澤中하
전부 전부태왈 좌 좌 내함대택중

여 以故로 漢이 追及之하다. 項王이 乃復.引兵而東
이고 한 추급지 항왕 내부인병이동

城하니 乃有.二十八騎라 項王.自度不得脫하고 謂.
성 내유이십팔기 항왕자도부득탈 위

其騎曰, 吾.起兵이 至今.八歲矣라. 身이 七十餘
기기왈 오기병 지금팔세의 신 칠십여

戰이로대 未嘗敗北러니 今.卒困於此하니 此는 天之
전 미상패배 금졸곤어차 차 천지

亡我이요 非戰之罪也니라. 今日에 固,決死이니 願,
망 아 비 전 지 죄 야 금 일 고 결 사 원

斬將刈旗하고 三勝之하여 令諸君이 知,天亡我요,
참 장 예 기 삼 승 지 영 제 군 지 천 망 아

非戰之罪라 하고 斬,漢一將,一都尉하고 殺,數十百
비 전 지 죄 참 한 일 장 일 도 위 살 수 십 백

人하니 諸騎皆伏이러라. 於是에 項王이 欲,東渡烏
인 제 기 개 복 어 시 항 왕 욕 동 도 오

江하니 烏江亭長이 檥船待라가 謂,項王曰, 江東이
강 오 강 정 장 의 선 대 위 항 왕 왈 강 동

雖小나 地方이 千里라 亦足王也니 願,大王은 急渡
수 소 지 방 천 리 역 족 왕 야 원 대 왕 급 도

하소서! 項王笑曰, 天之亡我어늘 我何渡爲리오.
항 왕 소 왈 천 지 망 아 아 하 도 위

且,籍이 與,江東子弟八千人으로 渡江而西러니 今
차 적 여 강 동 자 제 팔 천 인 도 강 이 서 금

無一人還하니 縱,江東父兄이 憐而王我나 我,何面
무 일 인 환 종 강 동 부 형 연 이 왕 아 아 하 면

目으로 見之리요. 縱彼不言이나 籍이 獨不愧於心
목 견 지 종 피 불 언 적 독 불 괴 어 심

乎아! 乃,令騎로 皆,下馬步行하고 持,短兵接戰하여
호 내 영 기 개 하 마 보 행 지 단 병 접 전

獨籍의 所殺漢軍이 數百人이요 身亦數十餘創이
독 적 소 살 한 군 수 백 인 신 역 수 십 여 창

라. 乃曰, 吾聞漢이 購我頭를 千金,邑萬戶라 하니
내 왈 오 문 한 구 아 두 천 금 읍 만 호

吾爲若德이라 하고 乃,自刎而死러라.
오 위 약 덕 내 자 문 이 사

○楚地悉定하되 獨魯不下라. 漢王이 欲屠之하여
초 지 실 정　　독 로 불 하　　한 왕　　욕 도 지

至其城下하니 猶聞絃誦之聲이어늘 謂其守,禮義
지 기 성 하　　유 문 현 송 지 성　　위 기 수 례 의

之國이 爲主死節이라 하여 乃持,項王頭示之하니
지 국　　위 주 사 절　　내 지 항 왕 두 시 지

魯,乃降이러라. 漢이 以,魯公禮로 葬,項王하고 封,項
노 내 항　　한　　이 로 공 례　　장 항 왕　　봉 항

伯爲,列侯하다.
백 위 열 후

○漢王이 還至定陶하여 馳入,齊王信壁하여 奪其
한 왕　　환 지 정 도　　치 입 제 왕 신 벽　　탈 기

軍하고 春正月에 更立,齊王信하여 爲,楚王하여 王,
군　　춘 정 월　　갱 립 제 왕 신　　위 초 왕　　왕

淮北,都下邳하고 封魏上國,彭越하여 爲,梁王하여
회 북 도 하 비　　봉 위 상 국 팽 월　　위 양 왕

王魏故地하여 都定陶하다.
왕 위 고 지　　도 정 도

○韓信이 至楚하여 召,漂母賜,千金하고 召,辱己少
한 신　　지 초　　소 표 모 사 천 금　　소 욕 기 소

年하여 以爲中尉하고 告,諸將相曰, 此는 壯士也
년　　이 위 중 위　　고 제 장 상 왈　　차　　장 사 야

라. 方辱我時에 寧不能殺之耶아 마는 殺之無名故
방 욕 아 시　　녕 불 능 살 지 야　　살 지 무 명 고

로 忍而就此라 하더라.
인 이 취 차

○諸侯王이 皆,上疏請漢王하여 爲,皇帝어늘 二月,
제 후 왕 개 상 소 청 한 왕 위 황 제 이 월
甲午에 王이 卽,皇帝位于,氾水之陽하다.
갑 오 왕 즉 황 제 위 우 범 수 지 양

○夏,五月에 帝,置酒洛陽南宮하고 上曰, 徹侯諸
하 오 월 제 치 주 락 양 남 궁 상 왈 철 후 제
將은 毋敢隱朕하고 皆言其情하라. 吾,所以有天下
장 무 감 은 짐 개 언 기 정 오 소 이 유 천 하
者는 何며? 項氏之所以失,天下者는 何오? 高起.
자 하 항 씨 지 소 이 실 천 하 자 하 고 기
王陵이 對曰, 陛下는 嫚而侮人하시고 項羽는 仁而
왕 릉 대 왈 폐 하 만 이 모 인 항 우 인 이
愛人이나 然이나 陛下는 使人,攻城略地에 因以與
애 인 연 폐 하 사 인 공 성 략 지 인 이 여
之하사 與,天下同其利하시고 項羽는 妬賢嫉能하여
지 여 천 하 동 기 리 항 우 투 현 질 능
有功者는 害之하고 賢者를 疑之하니 此其,所以失
유 공 자 해 지 현 자 의 지 차 기 소 이 실
天下也이니다. 上曰, 公이 知其一이요 未知其二로
천 하 야 상 왈 공 지 기 일 미 지 기 이
다. 夫,運籌帷幄之中하여 決勝千里之外는 吾不
부 운 주 유 악 지 중 결 승 천 리 지 외 오 불
如,子房이요, 鎭國家,撫百姓하고 給餉餽,不絶糧
여 자 방 진 국 가 무 백 성 급 향 궤 부 절 량
道는 吾不如,蕭何요, 連,百萬之衆하여 戰必勝,攻
도 오 불 여 소 하 연 백 만 지 중 전 필 승 공
必取는 吾不如,韓信이니 三者는 皆,人傑이라, 吾能
필 취 오 불 여 한 신 삼 자 개 인 걸 오 능

用之하니 此,所以取天下者也요. 項羽는 有,一范
용지 차소이취천하자야 항우 유일범

增而不能用하니 此,所以爲,我禽也니라. 羣臣이 說
증이불능용 차소이위아금야 군신 설

服이러라.
복

○項羽已滅에 田橫이 懼誅하여 與其徒,五百餘人
항우이멸 전횡 구주 여기도오백여인

으로 入,居海島中이러니 帝恐其爲亂하여 乃,使人으
입거해도중 제공기위란 내사인

로 赦,橫罪而召之曰, 橫아 來하라 大者면 王이요
사횡죄이소지왈 횡 래 대자 왕

小者면 侯어니와 不來면 且擧兵,加誅하리라. 橫이
소자 후 불래 차거병가주 횡

乃與,其客二人으로 乘傳詣,洛陽이러니 未至三十
내여기객이인 승전예락양 미지삼십

里하여 自殺이어늘 帝,拜其二客하여 爲,都尉하고
리 자살 제배기이객 위도위

以,王禮로 葬之하다. 橫을 旣葬에 二客이 穿其冢旁
이왕례 장지 횡 기장 이객 천기총방

하고 皆,自剄下從之어늘 帝,聞之大驚하여 聞其餘
개자경하종지 제문지대경 문기여

尙,五百人이 在海中하고 使使召之하니 至則,聞橫
상오백인 재해중 사사소지 지즉문횡

死하고 亦皆自殺이러라.
사 역개자살

○季布爲,項籍將하여 數窘辱帝러니 項籍이 滅에
계 포 위 항 적 장 수 군 욕 제 항 적 멸
帝,購求布千金하되 敢舍匿이면 罪,三族하리라. 布
제 구 구 포 천 금 감 사 닉 죄 삼 족 포
乃,髡鉗爲奴하여 自賣於魯朱家하니 朱家,心知其,
내 곤 겸 위 노 자 매 어 로 주 가 주 가 심 지 기
季布也하고 買置田舍하고 身之洛陽하여 見,滕公
계 포 야 매 치 전 사 신 지 낙 양 견 등 공
說曰, 季布는 何罪오? 臣各이 爲,其主用職耳니
설 왈 계 포 하 죄 신 각 위 기 주 용 직 이
今上이 始得天下而以私怨으로 求,一人하시니 何
금 상 시 득 천 하 이 이 사 원 구 일 인 하
示不廣也오. 且以季布之賢으로 漢이 求之急하니
시 불 광 야 차 이 계 포 지 현 한 구 지 급
此,不北走胡이면 南走越耳니 君이 何不從容으로
차 불 배 주 호 남 주 월 이 군 하 부 종 용
爲,上言之오. 滕公이 待間,言於上을 如朱家指하니
위 상 언 지 등 공 대 간 언 어 상 여 주 가 지
上이 乃,赦布로 召拜郎中하다.
상 내 사 포 소 배 랑 중

○布의 母弟,丁公이 亦爲,項羽將하여 逐,窘帝,彭
포 모 제 정 공 역 위 항 우 장 축 군 제 팽
城西하여 短兵接이어늘 帝急하여 顧謂丁公曰, 兩
성 서 단 병 접 제 급 고 위 정 공 왈 양
賢이 豈,相戹哉아! 丁公이 引兵而還이러니 及,項王
현 기 상 액 재 정 공 인 병 이 환 급 항 왕
이 滅에 丁公이 謁見이어늘 帝以丁公으로 徇,軍中
멸 정 공 알 현 제 이 정 공 순 군 중

曰, 丁公이 爲,項王臣으로 不忠하여 使,項王으로
왈 정공 위항왕신 불충 사항왕

失,天下라 하고 遂,斬之曰, 使後爲,人臣으로 無傚
실천하 수참지왈 사후위인신 무효

丁公也하노라.
정공야

○齊人婁敬이 戍,隴西할새 過,洛陽이라가 脫,輓輅,
제인루경 수농서 과낙양 탈만로

衣羊裘하고 因虞將軍하여 見上曰, 陛下,都洛陽하
의양구 인우장군 견상왈 폐하도낙양

시고 豈欲與周室로 比隆哉잇가? 上曰, 然하다. 婁
기욕여주실 비륭재 상왈 연 루

敬曰, 洛邑은 天下之中이라 有德則易以王이요,
경왈 낙읍 천하지중 유덕즉이이왕

無德則,易以亡이어니와 夫,秦地는 被山帶河하여 四
무덕즉이이망 부진지 피산대하 사

塞以爲固하니 卒然有急이라도 百萬之衆을 可具이
색이위고 졸연유급 백만지중 가구

니 此亦扼,天下之吭而拊其背也니라. 帝問羣臣한
차역액천하지항이부기배야 제문군신

대 羣臣이 皆,山東人이라 爭言周는 王,數百年하고
군신 개산동인 쟁언주 왕수백년

秦은 二世卽亡이어니와 洛陽은 東有成皐하고 西有
진 이세즉망 낙양 동유성고 서유

殽澠하고 倍河向洛하니 其固를 足恃也이러라. 上이
효민 배하향락 기고 족시야 상

問,張良한대 良曰, 洛陽이 雖有此固나 四面受敵
문장량 양왈 낙양 수유차고 사면수적

하니 非,用武之國也요. 關中은 左,殽函이요, 右,隴
비 용 무 지 국 야 관 중 좌 효 함 우 농

蜀이요, 沃野千里라. 阻,三面而固守하고 獨以一面
촉 옥 야 천 리 조 삼 면 이 고 수 독 이 일 면

으로 東制諸侯하니 此,所謂金城千里요, 天府之國
동 제 제 후 차 소 위 금 성 천 리 천 부 지 국

이라 婁敬說이 是也이니다. 上이 卽日에 車駕로 西
루 경 설 시 야 상 즉 일 거 가 서

都長安하여 號婁敬,爲奉春君하고 賜姓劉氏하다.
도 장 안 호 루 경 위 봉 춘 군 사 성 류 씨

張良이 素多病이러니 從上入關하여 卽道引不食
장 량 소 다 병 종 상 입 관 즉 도 인 불 식

穀曰, 家世相韓及韓이라가 滅에 不愛萬金之資하
곡 왈 가 세 상 한 급 한 멸 불 애 만 금 지 자

고 爲韓報讐彊秦하니 天下振動이라, 今以三寸舌
위 한 보 수 강 진 천 하 진 동 금 이 삼 촌 설

로 爲,帝者師하여 封,萬户侯하니 此는 布衣之極이
위 제 자 사 봉 만 호 후 차 포 의 지 극

라 於良에 足矣니 願棄,人間事하고 欲,從赤松子遊
어 량 족 의 원 기 인 간 사 욕 종 적 송 자 유

耳라 하더라.
이

○庚子六年(B.C. 201년)이라. 楚王信이 初之國하여
경 자 육 년 초 왕 신 초 지 국

行,縣邑할새 陳兵出入하니 人有上告,信反者어늘
행 현 읍 진 병 출 입 인 유 상 고 신 반 자

帝問陳平한대 陳平曰, 古者에 天子巡狩하여 會,
제 문 진 평 진 평 왈 고 자 천 자 순 수 회

諸侯하니 陛下第出하여 僞游雲夢하여 會,諸侯於
제후 폐하제출 위유운몽 회제후어

陳이면 信이 聞天子,出游하고 其執必郊迎謁하리니
진 신 문천자출유 기예필교영알

而陛下,因禽之하시면 此特,一力士之事耳이니다.
이폐하인금지 차특일력사지사이

帝,以爲然하여 乃會諸侯於陳하니 信이 謁上이어늘
제이위연 내회제후어진 신 알상

上이 令,武士로 縛信載後車하니 信曰, 果若人言
상 영무사 박신재후거 신왈 과약인언

이로다. 狡兎死에 走狗烹하고 高鳥盡에 良弓이 藏하
교토사 주구팽 고조진 양궁 장

고 敵國이 破에 謀臣亡이라 하더니 天下已定에 我
적국 파 모신망 천하이정 아

固當烹이로다. 上曰, 人告公反이라 하고 遂,械繫信
고당팽 상왈 인고공반 수계계신

以歸하다.
이귀

○田肯이 賀上曰, 陛下得,韓信하시고 又治秦中하
전긍 하상왈 폐하득한신 우치진중

니 秦은 形勝之國이라. 帶,山河之險하고 持戟이 百
진 형승지국 대산하지험 지극 백

萬에 秦得百二焉이라. 地勢便利하여 以,其下兵於
만 진득백이언 지세편리 이기하병어

諸侯하니 譬猶,居高屋之上하여 建瓴水也요, 夫,齊
제후 비유거고옥지상 건령수야 부제

는 東有瑯琊,卽墨之饒하고 南有大山之固하고 西
동유낭야즉묵지요 남유대산지고 서

有濁河之限하고 北有勃海之利하니 持戟이 百萬
유 탁 하 지 한 북 유 발 해 지 리 지 극 백 만

에 齊得十二焉이라. 故로 此는 東西秦也니라 非親
제 득 십 이 언 고 차 동 서 진 야 비 친

子弟면 莫可使王齊矣리이다. 帝曰, 善타 하다.
자 제 막 가 사 왕 제 의 제 왈 선

어려운 낱말 / 고사성어

[堅壁自守(견벽자수)] : 전쟁에서 공격을 중단하고 성을 굳게 지키다. [纔] : 겨우(재). [刈] : 벨(예). [絃誦之聲(현송지성)] : 현악과 글 읽는 소리. [瑯琊(낭야)] : 중국 산동성(山東省) 청주부(靑州府) 제성현(諸城縣) 근방에 위치한 지명으로, 한(漢)나라 때부터 화려한 왕도정치의 중심지로 유명했다.

○上이 還至洛陽하여 赦,韓信하여 封爲,淮飮侯하
상 환지낙양 사한신 봉위회음후

니 信이 知, 漢王이 畏惡其能하고 多稱病,不朝하고
신 지 한왕 외오기능 다칭병부조

羞與絳灌等列이러라. 上이 嘗,從容與信으로 言,諸
수여강관등렬 상 상종용여신 언제

將能,將兵多少할새 上問曰, 如我는 能將幾何오?
장능장병다소 상문왈 여아 능장기하

信曰, 陛下는 不過能將十萬이러이다. 上曰, 於君
신왈 폐하 불과능장십만 상왈 어군

에 何如오? 曰, 臣은 多多益善耳니이다. 上笑曰,
하여 왈 신 다다익선이 상소왈

多多益善이면 何爲,爲我禽고? 信曰, 陛下는 不能
다다익선 하위위아금 신왈 폐하 불능

將兵而善將將하시니 此는 信所以爲,陛下禽也요,
장병이선장장 차 신소이위폐하금야

且,陛下는 所謂,天授요 非,人力也니이다.
차폐하 소위천수 비인력야

○始剖,符封諸功臣하여 爲,徹侯할새 蕭何로 封酇
시부부봉제공신 위철후 소하 봉찬

侯하여 所食邑이 獨多하니 功臣이 皆曰, 臣等은 身
후 소식읍 독다 공신 개왈 신등 신

被堅執銳하여 多者는 百餘戰이요, 少者는 數十合
피견집예 다자 백여전 소자 수십합

이로되 今,蕭何는 未嘗有,汗馬之勞하고 徒持文墨
금소하 미상유한마지로 도지문묵

議論이어늘 反,居臣等上은 何也닛고? 帝曰, 諸君
의론 반거신등상 하야 제왈 제군

知獵乎아? 殺,獸兎者는 狗也니라. 而,發縱指示하
지 렵 호 살 수 토 자 구 야 이 발 종 지 시
여 獸處者는 人也니라. 今,諸君은 徒能得,走獸耳니
수 처 자 인 야 금 제 군 도 능 득 주 수 이
功이 狗也요? 至如蕭何하여는 發縱指示하니 功이
공 구 야 지 여 소 하 발 종 지 시 공
人也니라. 羣臣이 皆,莫敢言이러라.
인 야 군 신 개 막 감 언

○張良이 爲,謀臣하여 亦,無戰鬪功이로대 帝使自
장 량 위 모 신 역 무 전 투 공 제 사 자
擇,齊三萬户하니 良이 曰, 臣이 始起下邳하여 與
택 제 삼 만 호 양 왈 신 시 기 하 비 여
上會留하니 此는 天이 以,臣으로 授,陛下요, 陛下,用
상 회 류 차 천 이 신 수 폐 하 폐 하 용
臣計하사 幸而時中하시니 臣은 願封留足矣오 不
신 계 행 이 시 중 신 원 봉 류 족 의 불
敢當,三萬户로소이다. 乃封張良하여 爲,留侯하고
감 당 삼 만 호 내 봉 장 량 위 류 후
封,陳平하여 爲,户牖侯하니 平이 辭曰, 此는 非,臣
봉 진 평 위 호 유 후 평 사 왈 차 비 신
之功也니이다 上曰, 吾用先生謀計하여 戰勝克敵
지 공 야 상 왈 오 용 선 생 모 계 전 승 극 적
하니 非功而何오? 平曰, 非魏無知면 臣이 安得進
비 공 이 하 평 왈 비 위 무 지 신 안 득 진
이릿고. 上曰, 若子可謂,不背本矣리라 乃復賞魏
상 왈 약 자 가 위 불 배 본 의 내 부 상 위
無知하다.
무 지

○帝以天下初定에 子幼昆弟少하고 懲秦,孤立而
제 이 천 하 초 정 자 유 곤 제 소 징 진 고 립 이
亡하여 欲,大封同姓以,鎭撫天下하니 春에 立,從兄
망 욕 대 봉 동 성 이 진 무 천 하 춘 입 종 형
賈하여 爲,荊王하고 弟,交로 爲,楚王하다.
고 위 형 왕 제 교 위 초 왕

○上이 已封大功臣,二十餘人하고 其餘는 日夜爭
상 이 봉 대 공 신 이 십 여 인 기 여 일 야 쟁
功,不決이라. 上이 在,洛陽南宮하여 望見諸將이 往
공 불 결 상 재 낙 양 남 궁 망 견 제 장 왕
往相與坐,沙中偶語하니 上曰, 此는 何語오? 留侯
왕 상 여 좌 사 중 우 어 상 왈 차 하 어 유 후
曰, 陛下起,布衣하사 以此屬으로 取,天下어시늘 今
왈 폐 하 기 포 의 이 차 속 취 천 하 금
爲,天子而所封은 皆,故人이요, 所誅는 皆,仇怨故
위 천 자 이 소 봉 개 고 인 소 주 개 구 원 고
로 相聚謀反耳니다. 上이 憂之曰, 爲之柰何오? 留
상 취 모 반 이 상 우 지 왈 위 지 내 하 유
侯曰, 上의 平生所憎은 羣臣所,共知라 誰,最甚者
후 왈 상 평 생 소 증 군 신 소 공 지 수 최 심 자
잇꼬? 上曰, 雍齒,與我有,故怨하고 數窘辱我하니
상 왈 옹 치 여 아 유 고 원 삭 군 욕 아
欲殺之하되 爲其功多故로 不忍이로라. 留侯曰,
욕 살 지 위 기 공 다 고 불 인 유 후 왈
今,急先封,雍齒則,羣臣人人이 自堅矣리다. 於是
금 급 선 봉 옹 치 즉 군 신 인 인 자 견 의 어 시
에 上이 乃,置酒하고 封,雍齒爲,什方侯而急趣,丞
상 내 치 주 봉 옹 치 위 십 방 후 이 급 취 승

相御史하여 定功行封하니 羣臣이 罷酒에 皆喜曰,
상어사 정공행봉 군신 파주 개희왈

雍齒,尙爲侯하니 我屬은 無患矣라 하더라.
옹치상위후 아속 무환의

○列侯,畢已受封에 詔定,元功十八人,位次하니
열후필이수봉 조정원공십팔인위차

皆曰, 平陽侯,曹參이 身被七十創하고 攻城略地
개왈 평양후조참 신피칠십창 공성약지

하여 功最多하니 宜,第一이니라. 鄂千秋,進曰, 羣
공최다 의제일 악천추진왈 군

臣議,皆誤로다. 夫,曹參이 雖有野戰,略地之功이나
신의개오 부조참 수유야전략지지공

此特一時之事요, 上이 與楚,相距五歲에 失軍亡
차특일시지사 상 여초상거오세 실군망

衆하여 跳身遁者,數矣로대 蕭何,嘗從關中하여 遣
중 도신둔자수의 소하상종관중 견

軍,補其處하고 又,軍無見糧이어늘 蕭何,轉漕關中
군보기처 우군무견량 소하전조관중

하여 給食不乏하고 陛下는 雖,數亡山東이나 何,常
급식불핍 폐하 수수망산동 하상

全關中하여 以待陛下하니 此는 萬世之功也니라.
전관중 이대폐하 차 만세지공야

今雖,亡參等,百數나 何缺於漢이로대 柰何欲以,一
금수망참등백수 하결어한 내하욕이일

旦之功으로 而加,萬世之功哉리오 蕭何,第一이요
단지공 이가만세지공재 소하제일

曹參이 次之리다. 上曰, 善타 하고 於是에 乃賜,蕭
조참 차지 상왈 선 어시 내사소

何.帶劍履.上殿하여 入朝不趨하니 上曰, 吾聞進
하 대 검 리 상 전 입 조 불 추 상 왈 오 문 진
賢에 受上賞이라 하니 蕭何功이 雖高나 得.鄂君.乃
현 수 상 상 소 하 공 수 고 득 악 군 내
益明이라하고 於是에 封.鄂千秋하여 爲.安平侯하다.
익 명 어 시 봉 악 천 추 위 안 평 후

○初에 匈奴畏秦하여 北徙十餘年이러니 及.秦滅
초 흉 노 외 진 북 사 십 여 년 급 진 멸
에 匈奴復稍南渡라. 單于.頭曼이 有.太子하니 曰,
흉 노 부 초 남 도 선 우 두 만 유 태 자 왈
冒頓이라. 自立爲.單于하여 遂滅.東胡.走月氏하고
모 돈 자 립 위 선 우 수 멸 동 호 주 월 씨
侵燕代하니 是時에 漢楚.相距하여 中國이 罷於兵
침 연 대 시 시 한 초 상 거 중 국 파 어 병
革이라. 以故로 冒頓이 得.自强하여 控弦之士.三十
혁 이 고 모 돈 득 자 강 공 현 지 사 삼 십
餘萬이라. 圍.韓王.信이 於馬邑하니 信以馬邑降이
여 만 위 한 왕 신 어 마 읍 신 이 마 읍 항
라 匈奴.冒頓이 因.引兵南하여 踰句注.攻太原하여
흉 노 모 돈 인 인 병 남 유 구 주 공 태 원
至.晉陽이러라.
지 진 양

○帝.悉去秦苛儀法하고 爲.簡易하니 羣臣이 飮酒
제 실 거 진 가 의 법 위 간 이 군 신 음 주
爭功하여 醉或妄呼하여 拔劍擊柱어늘 帝.益厭之
쟁 공 취 혹 망 호 발 검 격 주 제 익 염 지
더니 叔孫通이 說上曰, 儒者는 難與進取요, 可與
숙 손 통 설 상 왈 유 자 난 여 진 취 가 여

守成이니 臣은 願,徵魯諸生하여 與,臣弟子,工起朝
수 성 신 원 징 로 제 생 여 신 제 자 공 기 조

儀하리이다. 帝曰, 得無難乎아? 通曰, 五帝異樂하
의 제 왈 득 무 난 호 통 왈 오 제 이 악

고 三王은 不同禮하니 二者는 因,時世人情하여 爲
삼 왕 부 동 례 이 자 인 시 세 인 정 위

之節文者也니라. 臣은 願采古禮하여 與,秦儀雜就
지 절 문 자 야 신 원 채 고 례 여 진 의 잡 취

之하리이다. 上曰, 可하다 試爲之하되 令易知하여
지 상 왈 가 시 위 지 영 역 지

度,吾所能行者,爲之하라. 魯有兩生이 不肯行曰,
도 오 소 능 행 자 위 지 노 유 양 생 불 긍 행 왈

今,天下初定에 死者未葬하고 傷者未起어늘 又,欲
금 천 하 초 정 사 자 미 장 상 자 미 기 우 욕

起禮樂하니 禮樂所由起는 積德百年而後에 可興
기 예 악 예 악 소 유 기 적 덕 백 년 이 후 가 흥

也니라 吾不忍爲로니 公은 所爲公往矣라. 叔孫通
야 오 불 인 위 공 소 위 공 왕 의 숙 손 통

이 笑曰, 鄙儒,不知時變하고 遂與所徵,三十人으
소 왈 비 유 부 지 시 변 수 여 소 징 삼 십 인

로 西하여 及,上左右爲學者와 與其弟子百餘人으
서 급 상 좌 우 위 학 자 여 기 제 자 백 여 인

로 爲,緜蕞하여 野外習之하다.
위 면 최 야 외 습 지

○辛丑七年(B.C. 200년)이라. 冬十月에 長樂宮,成하
신 축 칠 년 동 시 월 장 락 궁 성

고 諸侯羣臣이 皆朝賀할새 諸侯王,以下로 至吏,
제 후 군 신 개 조 하 제 후 왕 이 하 지 리

六百石히 莫不震恐肅敬이라. 禮畢에 復置法酒하
육 백 석 막 불 진 공 숙 경 예 필 부 치 법 주

니 諸,侍坐殿上이 皆伏抑首하여 以尊卑次로 起,上
제 시 좌 전 상 개 복 억 수 이 존 비 차 기 상

壽하고 無敢讙譁,失禮者하니 於是에 帝曰, 吾乃
수 무 감 환 화 실 례 자 어 시 제 왈 오 내

今日에 知爲,皇帝之貴也라 하고 乃拜,叔孫通하여
금 일 지 위 황 제 지 귀 야 내 배 숙 손 통

爲,太常하다.
위 태 상

○初에 秦有天下에 悉內,六國禮儀하여 采其尊君,
초 진 유 천 하 실 내 육 국 례 의 채 기 존 군

抑臣者存之러니 及通制禮에 大抵,皆襲秦故러라.
억 신 자 존 지 급 통 제 례 대 저 개 습 진 고

上이 自將擊,韓王,信할새 居,晉陽이러니 聞,冒頓
상 자 장 격 한 왕 신 거 진 양 문 모 돈

이 居,大谷하고 欲擊之하여 使人覘,匈奴하니 冒頓
거 대 곡 욕 격 지 사 인 첨 흉 노 모 돈

이 匿其壯士,肥牛馬하고 但見,老弱及,羸畜이어늘
익 기 장 사 비 우 마 단 견 로 약 급 이 축

使者,十輩來하여 皆言匈奴를 可擊이러이다. 上이
사 자 십 배 래 개 언 흉 노 가 격 상

復使,劉敬,往하니 敬,還曰, 兩國相擊에 此宜夸矜,
부 사 류 경 왕 경 환 왈 양 국 상 격 차 의 과 긍

見所長이어늘 今臣이 往에 徒見羸瘠,老弱하니 此
견 소 장 금 신 왕 도 견 이 척 로 약 차

는 必欲見短하고 伏,奇兵以爭利니 愚는 以爲匈奴
필 욕 견 단 복 기 병 이 쟁 리 우 이 위 흉 노

를 不可擊이러이다. 上이 怒罵敬曰, 齊虜,以口舌로
불가격 상 노매경왈 제로이구설

得官하고 今乃,妄言沮,吾軍이라 하고 械繫,敬廣武
득관 금내망언저오군 계계경광무

하고 帝,先至平城하여 兵未盡到에 冒頓이 縱,精兵
제선지평성 병미진도 모돈 종정병

四十萬騎하여 圍帝於白登七日이어늘 帝用,陳平
사십만기 위제어백등칠일 제용진평

秘計하여 厚遺,閼氏한대 乃,解圍어늘 上이 至,廣武
비계 후유알씨 내해위 상 지광무

하여 赦,劉敬하고 斬,前使十輩하고 封,敬爲하여 關
사류경 참전사십배 봉경위 관

内侯하니 號爲,建信侯라 하다.
내후 호위건신후

○帝,南過曲逆曰, 壯哉라, 縣이여! 吾行天下에
제남과곡역왈 장재 현 오행천하

獨見,洛陽與是耳라 하고 乃更封,陳平하여 爲,曲逆
독견낙양여시이 내갱봉진평 위곡역

侯하다. 平이 常從征伐하여 凡,六出奇計라 輒益封
후 평 상종정벌 범육출기계 첩익봉

邑焉이러라.
읍언

○上이 至,長安하니 蕭何治,未央宮이어늘 上이 見
상 지장안 소하치미앙궁 상 견

其,壯麗甚하고 怒謂,何曰, 天下匈匈하여 勞苦數
기장려심 노위하왈 천하흉흉 노고수

歲에 成敗를 未可知어늘 是何治,宮室過度也오!
세 성패 미가지 시하치궁실과도야

何曰, 天下方未定故로 可因以就宮室이요, 且夫
하 왈 천 하 방 미 정 고 가 인 이 취 궁 실 차 부

天子는 以四海爲家하니 非壯麗면 亡以重威오?
천 자 이 사 해 위 가 비 장 려 망 이 중 위

且亡令後世로 有以加也하노이다 하니 上이 說이러
차 망 령 후 세 유 이 가 야 상 열

라.

어려운 낱말 / 고사성어

[酇] : 고을 이름(찬). [下邳(하비)] : 지명. [鄂] : 땅이름(악). [踰] : 넘을(유). [羸] : 여릴(리), 약하다(리). [瘠] : 파리할(척). [匈匈(흉흉)] : 어지러워지다. 혼란스럽다.

○壬寅八年(B.C. 199년)이라. 匈奴,冒頓이 數苦北邊
임 인 팔 년 흉 노 모 돈 삭 고 북 변

이어늘 上이 患之하니 劉敬曰, 天下初定에 士卒이
상 환 지 류 경 왈 천 하 초 정 사 졸

罷於兵하니 未可以武服也요, 冒頓이 殺父代立하
파 어 병 미 가 이 무 복 야 모 돈 살 부 대 립

여 妻,羣母하고 以力爲威하니 未可以,仁義說也니
처 군 모 이 력 위 위 미 가 이 인 의 설 야

라. 誠能以適,長公主로 妻之면 彼必慕,以爲閼氏
성 능 이 적 장 공 주 처 지 피 필 모 이 위 알 씨

요 生子에 必爲太子하리니 冒頓이 在에 固爲子壻
생 자 필 위 태 자 모 돈 재 고 위 자 서

요 死則 外孫이 爲,單于이니 豈嘗聞,外孫이 敢與
사 즉 외 손 위 선 우 기 상 문 외 손 감 여

大父,抗禮者哉릿가?
대 부 항 례 자 재

○癸卯九年(B.C. 198년)이라. 上이 取,家人子하여 名
계 묘 구 년 상 취 가 인 자 명

爲,長公主로 以妻單于할새 使,劉敬으로 結,和親約
위 장 공 주 이 처 선 우 사 유 경 결 화 친 약

하다. 是歲에 更以,丞相何로 爲,相國하다.
시 세 경 이 승 상 하 위 상 국

○甲辰十年(B.C. 197년)이라. 戚姬,有寵於上하여 生,
갑 진 십 년 척 희 유 총 어 상 생

趙王女意러니 上이 以太子,仁弱이라 하여 欲廢之
조 왕 여 의 상 이 태 자 인 약 욕 폐 지

而立,趙王하니 大臣이 爭之하되 皆莫能得이라. 御
이 입 조 왕 대 신 쟁 지 개 막 능 득 어

史大夫,周昌이 廷爭之彊이어늘 上이 問其說한대
사 대 부 주 창 정 쟁 지 강 상 문 기 설

昌의 爲人이 吃하고 又盛怒曰, 臣이 口不能言이나
창 위 인 흘 우 성 노 왈 신 구 불 능 언

然이나 臣이 期期,知其不可로소이다. 陛下,欲廢太
연 신 기 기 지 기 불 가 폐 하 욕 폐 태

子하시니 臣은 期期를 不奉詔로소이다. 上이 欣然而
자 신 기 기 불 봉 조 상 흔 연 이

笑러라.
소

○初에 上이 以陽夏侯,陳豨로 爲,相國하여 監趙,
초 상 이 양 하 후 진 희 위 상 국 감 조

代邊兵이러니 豨,過辭,淮陰侯하되 淮陰侯,挈其手
대 변 병 희 과 사 회 음 후 회 음 후 설 기 수

하니 辟,左右嘆曰, 公은 所居,天下精兵處也니 而
벽 좌 우 탄 왈 공 소 거 천 하 정 병 처 야 이

公은 陛下之信,幸臣也라. 人言公叛이면 陛下,必
공 폐 하 지 신 행 신 야 인 언 공 반 폐 하 필

不信이라가 三至에 必怒而自將하리니 吾,爲公從,
불 신 삼 지 필 노 이 자 장 오 위 공 종

中起면 天下를 可圖也리라. 陳豨曰, 謹奉敎라 하고
중 기 천 하 가 도 야 진 희 왈 근 봉 교

九月에 遂與,王黃等으로 反하여 自立爲,代王하고
구 월 수 여 왕 황 등 반 자 립 위 대 왕

劫略趙對어늘 上이 自東擊之러니 至,邯鄲하여 豨
겁 략 조 대 상 자 동 격 지 지 한 단 희

曰, 豨,不南據,邯鄲而阻,漳水하니 吾知其,無能
왈 희 불 남 거 한 단 이 조 장 수 오 지 기 무 능

爲矣라 하고 上이 令,周昌으로 選,趙壯士,可令將者
위 의 상 영 주 창 선 조 장 사 가 령 장 자

한대 白見四人이어늘 上이 嫚罵曰, 豎子能將乎아?
백 견 사 인 상 만 매 왈 수 자 능 장 호

四人慙하여 皆伏地어늘 封各千户하여 以爲將하니
사 인 참 개 복 지 봉 각 천 호 이 위 장

左右諫曰, 今封,此何功이니꼬? 上曰, 非汝所知라,
좌 우 간 왈 금 봉 차 하 공 상 왈 비 여 소 지

陳豨,反에 趙代地,皆豨有하니 吾以羽檄으로 徵,天
진 희 반 조 대 지 개 희 유 오 이 우 격 징 천

下兵하되 未有至者요, 今計唯獨,邯鄲中兵耳라.
하 병 미 유 지 자 금 계 유 독 한 단 중 병 이

吾,何愛四千户하여 不以慰,趙子弟리요. 皆曰, 善타
오 하 애 사 천 호 불 이 위 조 자 제 개 왈 선

하다! 上이 聞,豨將이 皆故賈人하고 曰, 吾知,所以
상 문 희 장 개 고 고 인 왈 오 지 소 이

與之矣라 하고 乃多以金으로 購,豨將하니 豨將이
여 지 의 내 다 이 금 구 희 장 희 장

多降이러라.
다 항

○乙巳十一年(B.C. 196년)이라. 豨軍이 遂敗하다. 淮
을 사 십 일 년 희 군 수 패 회

陰侯,信이 稱病,不從擊豨하고 陰使人으로 至豨所
음 후 신 칭 병 부 종 격 희 음 사 인 지 희 소

하여 與通謀러니 其,舍人弟,上變告信이 欲反이라
여 통 모 기 사 인 제 상 변 고 신 욕 반

하거늘 呂后與,蕭相國으로 謀하여 詐令人으로 從上
여후여소상국 모 사령인 종상

所來하여 言豨,已得死하니 列侯羣臣이 皆賀러니
소래 언희이득사 열후군신 개하

相國이 紿信曰, 雖疾이나 彊入賀하라. 信이 入에
상국 태신왈 수질 강입하 신 입

呂后使,武士로 縛信斬之하니 信이 方斬에 曰, 吾,
여후사무사 박신참지 신 방참 왈 오

悔不用,蒯徹之計로다. 乃爲,兒女子所詐하니 豈非
회불용괴철지계 내위아녀자소사 기비

天哉리요! 遂夷信,三族하다.
천재 수이신삼족

上이 還,洛陽하여 聞,淮陰侯死하고 問,呂后曰,
상 환낙양 문회음후사 문여후왈

信死에 亦何言고? 后曰, 信이 言,恨不用蒯徹計라
신사 역하언 후왈 신 언한불용괴철계

하더니다. 上이 詔齊捕之하니 蒯徹이 至에 上曰, 若
상 조제포지 괴철 지 상왈 약

이 教,淮陰侯反乎아? 對曰, 然하니다. 秦失其鹿에
교회음후반호 대왈 연 진실기록

天下共逐之에 高材疾足者,先得焉하니 跖之狗吠
천하공축지 고재질족자선득언 척지구폐

堯는 堯非不仁이라. 狗固吠는 非其主하나니 當是
요 요비불인 구고폐 비기주 당시

時하여 臣은 唯獨知,韓信이요 非知陛下로소이다. 上
시 신 유독지한신 비지폐하 상

曰, 置之하라 하다.
왈 치지

○初에 上之擊,陳豨也에 徵兵於,梁하니 梁王이 稱
초 상 지 격 진 희 야 징 병 어 량 양 왕 칭

病하고 使將으로 將兵詣,邯鄲이어늘 上이 怒하여 使
병 사 장 장 병 예 한 단 상 노 사

人讓之하니 梁王이 恐하여 欲自往謝한대 其將,扈
인 양 지 양 왕 공 욕 자 왕 사 기 장 호

輒이 勸,王反이어늘 梁王이 不聽이러니 梁,太僕이 得
첩 권 왕 반 양 왕 불 청 양 태 복 득

罪走漢하니 告,梁王이 與,扈輒으로 謀反이어늘 於
죄 주 한 고 양 왕 여 호 첩 모 반 어

是에 上이 使使掩王하여 囚之洛陽하여 有,司治反
시 상 사 사 엄 왕 수 지 낙 양 유 사 치 반

形已具니라. 上이 赦以爲,庶人하여 傳處蜀靑衣러
형 이 구 상 사 이 위 서 인 전 처 촉 청 의

니 西逢,呂后從,長安來하여 彭王이 爲,呂后泣涕하
서 봉 여 후 종 장 안 래 팽 왕 위 여 후 읍 체

여 自言無罪하니 願處故昌邑하노이다. 呂后許諾하
자 언 무 죄 원 처 고 창 읍 여 후 허 락

고 與俱東至,洛陽하여 白上曰, 彭王은 壯士라. 今
여 구 동 지 낙 양 백 상 왈 팽 왕 장 사 금

徙之蜀이면 此는 自遺患이니 不如遂誅之라. 妾이
사 지 촉 차 자 유 환 불 여 수 주 지 첩

謹與俱來라 하고 呂后,乃令其舍人으로 告,彭越이
근 여 구 래 여 후 내 령 기 사 인 고 팽 월

復謀反이라 하여 夷越三族하고 梟越首洛陽下하고
부 모 반 이 월 삼 족 효 월 수 낙 양 하

詔有收視者면 輒,捕之하리라. 梁大夫,欒布,使於
조 유 수 시 자 첩 포 지 양 대 부 난 포 사 어

齊還하여 奏事,越頭下하고 祠而哭之하니 吏捕以
제 환 주 사 월 두 하 사 이 곡 지 이 포 이

聞한대 上이 欲烹之하니 布曰, 方,上之困於彭城하
문 상 욕팽지 포왈 방상지곤어팽성

고 敗,滎陽,成皐間에 王이 一顧,與楚則,漢破요 與
패형양성고간 왕 일고여초즉한파 여

漢則,楚破니라. 天下已定에 彭王이 剖符受封하여
한즉초파 천하이정 팽왕 부부수봉

亦欲,傳之萬世어늘 今,陛下一徵兵에 彭王이 病不
역욕전지만세 금폐하일징병 팽왕 병불

行而陛下誅滅之하시니 臣은 恐,功臣人人이 自危
행이폐하주멸지 신 공공신인인 자위

也일까 하노이다. 今,彭王이 已死에 臣이 生,不如死
야 금팽왕 이사 신 생불여사

하노니 請,就烹하노이다. 上이 乃釋布罪하고 拜爲都
청취팽 상 내석포죄 배위도

尉하다.
위

○陸賈,時時로 前說稱,詩書어늘 高帝罵之曰, 乃
육가 시시 전설칭시서 고제매지왈 내

公이 居,馬上得之하니 安事詩書리요. 賈曰, 馬上
공 거마상득지 안사시서 가왈 마상

得之하시니 寧可以馬上治之乎리요? 且,湯武는 逆
득지 녕가이마상치지호 차탕무 역

取而順守之하시고 文武幷用은 長久之術也니이다.
취이순수지 문무병용 장구지술야

帝曰, 試爲我하여 著,秦所以失天下와 吾所以得
제왈 시위아 저진소이실천하 오소이득

之者와 及,古成敗之國하라. 陸生이 乃,粗述存亡
지자 급고성패지국 육생 내조술존망

之徵하여 凡著,十二篇에 每奏一篇에 帝,未嘗不稱
지 징 범 저 십 이 편 매 주 일 편 제 미 상 불 칭
善하고 號其書曰, 新語라 하다. 漢書本紀曰, 聞,王
선 호 기 서 왈 신 어 한 서 본 기 왈 문 왕
者는 莫高於,周文覇者하고 莫高於齊桓이라 하니
자 막 고 어 주 문 패 자 막 고 어 제 환
皆待賢人而成名이라. 賢士大夫,有,肯從我游者
개 대 현 인 이 성 명 현 사 대 부 유 긍 종 아 유 자
면 吾能尊顯之하리니 御史中執法과 下郡守,其有
오 능 존 현 지 어 사 중 집 법 하 군 수 기 유
意稱,明德者어든 必身勸爲之駕하라 하다.
의 칭 명 덕 자 필 신 권 위 지 가

○帝,有疾臥禁中하여 詔,戶者無得入,羣臣하니 絳
제 유 질 와 금 중 조 호 자 무 득 입 군 신 강
灌等이 莫敢入이라. 十餘日에 樊噲,排闥直入하니
관 등 막 감 입 십 여 일 번 쾌 배 달 직 입
大臣이 隨之라. 上이 獨枕一宦者臥어늘 噲等이 見
대 신 수 지 상 독 침 일 환 자 와 쾌 등 견
上流涕曰, 始,陛下與臣等으로 起豐沛定天下에
상 유 체 왈 시 폐 하 여 신 등 기 풍 패 정 천 하
何其壯也리니 今,天下已定에 又何憊也닛고? 且,
하 기 장 야 금 천 하 이 정 우 하 비 야 차
陛下,獨不見,趙高之事乎닛가? 하더라.
폐 하 독 불 견 조 고 지 사 호

○初에 淮陰侯死에 淮南王,黥布,已心恐이러니 及,
초 회 음 후 사 회 남 왕 경 포 이 심 공 급
彭越이 誅에 醢其肉하여 以賜諸侯하니 布,大恐하
팽 월 주 해 기 육 이 사 제 후 포 대 공

여 兵反이어늘 上이 召,諸將問計한대 皆曰, 「豎子,
병 반 상 소 제 장 문 계 개 왈 수 자

何能爲乎리요!」 汝陰侯滕公이 召,故楚,令尹薛公
하 능 위 호 여 음 후 등 공 소 고 초 영 윤 설 공

하여 問之한대 令尹曰, 是固當反이로다. 往年에 殺,
문 지 영 윤 왈 시 고 당 반 왕 년 살

彭越하고 前年에 殺,韓信하니 此,三人者는 同功一
팽 월 전 년 살 한 신 차 삼 인 자 동 공 일

體之人也라. 自疑禍及身故로 反耳니라. 滕公이 言
체 지 인 야 자 의 화 급 신 고 반 이 등 공 언

之하니 上이 乃召薛公問之하니 對曰, 使,布로 出
지 상 내 소 설 공 문 지 대 왈 사 포 출

於上計면 山東은 非漢之有也요, 出於中計면 勝
어 상 계 산 동 비 한 지 유 야 출 어 중 계 승

敗之數를 未可知也요, 出於下計면 陛下,安枕而
패 지 수 미 가 지 야 출 어 하 계 폐 하 안 침 이

臥矣리이다. 上曰, 何謂上計오? 對曰, 東取吳하고
와 의 상 왈 하 위 상 계 대 왈 동 취 오

西取楚하고 幷齊取魯하고 傳檄燕趙하여 固守其
서 취 초 병 제 취 로 전 격 연 조 고 수 기

所면 山東은 非,漢有也리이다. 何謂中計요? 東取
소 산 동 비 한 유 야 하 위 중 계 동 취

吳하고 西取楚하고 幷韓取魏하여 據,敖倉之粟하고
오 서 취 초 병 한 취 위 거 오 창 지 속

塞,成皐之口하면 勝敗之數를 未可知也리이다. 何
색 성 고 지 구 승 패 지 수 미 가 지 야 하

謂下計요? 東取吳하고 西取下蔡하고 歸重於越하
위 하 계 동 취 오 서 취 하 채 귀 중 어 월

고 身歸長沙면 陛下,安枕而臥하여 漢,無事矣리이
신 귀 장 사 폐 하 안 침 이 와 한 무 사 의

다. 上曰, 是計將安出고? 對曰, 出,下計,布는 故,
상 왈 시 계 장 안 출 대 왈 출 하 계 포 고

麗山之徒也니라. 致,萬乘之主하니 皆爲身이요, 不
여 산 지 도 야 치 만 승 지 주 개 위 신 불

顧後爲,百姓萬世慮者也니라. 故曰, 出,下計라 하
고 후 위 백 성 만 세 려 자 야 고 왈 출 하 계

노이다. 帝曰, 善다 하고 封,薛公千户하고 自,將兵而
제 왈 선 봉 설 공 천 호 자 장 병 이

東하여 布之初反에 謂其將曰, 上은 老矣라. 必,不
동 포 지 초 반 위 기 장 왈 상 노 의 필 불

能來요 淮陰,彭越이 皆死하니 餘,不足畏라 하고 遂
능 래 회 음 팽 월 개 사 여 부 족 외 수

反하여 果如,薛公之言하여 擊荊,擊楚하고 引兵而
반 과 여 설 공 지 언 격 형 격 초 인 병 이

西러라.
서

어려운 낱말 / 고사성어

[冒頓(모돈)] : 흉노족 이름. [豨] : 멧돼지(희). [蒯] : 황모〔黃茅(괴)〕, 땅 이름(괴). [梟] : 올빼미(효). [樊噲(번쾌)] : 인명. [闥] : 문(달). [彭越(팽월)] : 인명.

○丙午十二年(B.C. 195년)이라. 冬十月에 上이 與,布
병 오 십 이 년 동 시 월 상 여 포
兵으로 遇於鄿西하여 大戰하니 布軍이 敗走渡淮하
병 우 어 기 서 대 전 포 군 패 주 도 회
여 數戰不利라. 與,百餘人으로 走江南이어늘 上이
수 전 불 리 여 백 여 인 주 강 남 상
令,別將으로 追之러니 番陽人이 殺布,茲,鄉民田舍
영 별 장 추 지 번 양 인 살 포 자 향 민 전 사
하다.

○十一月에 過魯라가 以,太牢로 祠,孔子하다. 上이
십 일 월 과 로 이 태 뢰 사 공 자 상
還過沛宮할새 置酒悉召,故人父老하고 酒酣에 上
환 과 패 궁 치 주 실 소 고 인 부 로 주 감 상
이 自爲歌舞하고 泣謂沛父兄曰, 游子,悲故鄉이로
자 위 가 무 읍 위 패 부 형 왈 유 자 비 고 향
다. 朕이 自,沛公으로 以誅暴逆하고 遂有天下하니
짐 자 패 공 이 주 포 역 수 유 천 하
其以沛로 爲朕,湯沐邑이라 하더라.
기 이 패 위 짐 탕 목 읍

○立,兄子,濞하여 爲,吳王하니 王三郡,五十三城하
입 형 자 비 위 오 왕 왕 삼 군 오 십 삼 성
다.

○上이 從,破布歸로 疾益甚하여 愈欲易太子어늘
상 종 파 포 귀 질 익 심 유 욕 역 태 자
張良이 諫하되 不聽이라. 叔孫通이 諫曰, 晉獻公이
장 량 간 불 청 숙 손 통 간 왈 진 헌 공
以,驪姬之故로 廢太子,立,奚齊하여 晉國亂者,數
이 려 희 지 고 폐 태 자 입 해 제 진 국 란 자 수
十年이요, 秦이 以,不蚤定,扶蘇하여 令,趙高로 得以
십 년 진 이 부 조 정 부 소 영 조 고 득 이
詐立,胡亥하여 自使滅祀하니 此는 陛下所親見이
사 립 호 해 자 사 멸 사 차 폐 하 소 친 견
라. 今,太子仁孝를 天下,皆聞之하니 陛下,必欲廢
금 태 자 인 효 천 하 개 문 지 폐 하 필 욕 폐
適而立少인대 臣이 願,先伏誅하여 以,頸血로 汙地
적 이 입 소 신 원 선 복 주 이 경 혈 오 지
하리다. 帝曰, 吾直戲耳로다. 叔孫通曰, 太子는 天
제 왈 오 직 희 이 숙 손 통 왈 태 자 천
下本이라 本,一搖면 天下震動이니 柰何오. 以,天下
하 본 본 일 요 천 하 진 동 내 하 이 천 하
로 戲乎리요? 時에 大臣,固爭者多이라 上이 知,羣
희 호 시 대 신 고 쟁 자 다 상 지 군
臣心이 皆,不附趙王하고 乃止不立이러라.
신 심 개 불 부 조 왕 내 지 불 립

○張良傳에 云, 呂后使,建成侯,呂澤으로 劫良하되
장 량 전 운 여 후 사 건 성 후 여 택 겁 량
爲我畫計하라. 良曰, 此는 難以口舌로 爭也라. 顧,
위 아 획 계 양 왈 차 난 이 구 설 쟁 야 고
上所不能致者,四人이니 固請이면 宜來리니 令,上
상 소 불 능 치 자 사 인 고 청 의 래 영 상

見之則,一助也리라. 呂澤이 使人奉,太子書하여 卑
견 지 즉 일 조 야 여 택 사 인 봉 태 자 서 비

辭厚禮하여 迎此四人하여 四人至에 客,建成侯所
사 후 례 영 차 사 인 사 인 지 객 건 성 후 소

라가 及宴置酒에 太子侍할새 四人者,從,太子하니
급 연 치 주 태 자 시 사 인 자 종 태 자

年皆八十有餘요? 須眉皓白하고 衣冠이 甚偉어늘
년 개 팔 십 유 여 수 미 호 백 의 관 심 위

上이 怪問曰, 何爲者요? 四人이 前對하여 各言其,
상 괴 문 왈 하 위 자 사 인 전 대 각 언 기

姓名이어늘 上이 迺驚曰, 吾,求公하되 避逃我러니
성 명 상 내 경 왈 오 구 공 피 도 아

今公은 何自從으로 吾兒游乎요? 四人曰, 陛下,輕
금 공 하 자 종 오 아 유 호 사 인 왈 폐 하 경

士善罵하시니 臣等이 義,不辱으로 故恐而亡匿이러
사 선 매 신 등 의 불 욕 고 공 이 망 닉

니 今聞太子는 仁孝恭敬愛士하니 天下,莫不延頸
금 문 태 자 인 효 공 경 애 사 천 하 막 불 연 경

하여 願爲太子死者故로 臣等이 來로소이다. 上曰,
원 위 태 자 사 자 고 신 등 래 상 왈

煩公이로다 幸卒調護太子하라. 四人이 爲壽已畢
번 공 행 졸 조 호 태 자 사 인 위 수 이 필

에 趨去어늘 上이 目送之하고 召,戚夫人指視曰,
추 거 상 목 송 지 소 척 부 인 지 시 왈

我欲易之러니 彼四人이 爲之輔하여 羽翼이 已成
아 욕 역 지 피 사 인 위 지 보 우 익 이 성

하니 難動矣라 하고 上이 罷酒에 竟不易太子者는
난 동 의 상 파 주 경 불 역 태 자 자

良이 本招此,四人之力也러라.
양 본 초 차 사 인 지 력 야

○相國은 何以長安이 地陿하고 上林中에 多空地
상국 하이장안 지협 상림중 다공지

棄라 하여 願令民으로 得入田하고 毋收稾하여 爲,禽
기 원령민 득입전 무수고 위금

獸食하소서. 上이 大怒曰, 相國이 多受,賈人財物
수식 상 대노왈 상국 다수가인재물

하여 爲請吾苑이라 하고 下廷,尉械繫之러니 數日에
위청오원 하정위계격지 수일

王衛尉,侍前問曰, 相國이 胡大罪로 陛下,繫之暴
왕위위시전문왈 상국 호대죄 폐하계지폭

也닛고? 上曰, 受賈豎金하고 請,吾苑以自媚於民,
야 상왈 수가수금 청오원이자미어민

故로 繫治之로다. 王,衛尉曰, 有便於民而請之,眞
고 계치지 왕위위왈 유편어민이청지진

宰相事요, 且陛下,距楚數歲에 陳豨,黥布反이어늘
재상사 차폐하거초수세 진희경포반

陛下,自將而往하시니 當是時하여 相國이 守關中
폐하자장이왕 당시시 상국 수관중

하니 關中이 搖足則,關以西는 非,陛下有也어늘 相
관중 요족즉관이서 비폐하유야 상

國이 不以此時爲利하고 令乃利,賈人之金乎잇까?
국 불이차시위리 영내리가인지금호

帝,不豫是日에 使使持節하고 赦出何하니 何入謝
제불예시일 사사지절 사출하 하입사

어늘 帝曰, 相國이 爲民請苑이어늘 吾,不許하니 我
제왈 상국 위민청원 오불허 아

不過爲,桀.紂主而,相國은 爲,賢相이라, 吾,故繫相
불과위걸주주이상국 위현상 오고계상

國하여 欲令百姓으로 聞,吾過也하라. 上이 擊布時
국 욕령백성 문오과야 상 격포시

에 爲,流矢所中하여 行道疾甚이어늘 呂后迎,良醫
위유시소중 행도질심 여후영양의

入見한대 上이 嫚罵之曰, 吾以布衣로 持,三尺取
입현 상 만매지왈 오이포의 지삼척취

天下하니 此非,天命乎아? 命乃在天이어늘 雖,扁鵲
천하 차비천명호 명내재천 수편작

이나 何益이리요 遂,不使治疾하다.
하익 수불사치질

○呂后問曰, 陛下百歲後에 蕭相國이 旣死어든
여후문왈 폐하백세후 소상국 기사

誰令代之닛고? 上曰, 曹參이 可하니라. 問其次曰,
수령대지 상왈 조참 가 문기차왈

王陵이 可하나 然이나 少戇하니 陳平이 可以助之
왕릉 가 연 소당 진평 가이조지

요, 陳平이 知,有餘나 然이나 難獨任이리요, 周勃이
진평 지유여 연 난독임 주발

重厚少文이나 然이나 安劉氏者는 必勃也이니 可
중후소문 연 안류씨자 필발야 가

令爲太尉니라. 呂后,復問其次한대 上曰, 此後는
령위태위 여후부문기차 상왈 차후

亦非乃所知也니라 夏四月에 帝崩하다.
역비내소지야 하사월 제붕

○初에 高祖,不脩文學而性으로 明達하고 好謀能
초 고조불수문학이성 명달 호모능

聽하여 自監門戍卒로 見之如舊러라. 初에 順民하
청 자감문수졸 견지여구 초 순민

여 心作,三章之約이러니 天下旣定에 命,蕭何하여
심작삼장지약 천하기정 명소하

次律令하고 韓信으로 申,軍法하고 張倉으로 定,章
차률령 한신 신군법 장창 정장

程하고 叔孫通으로 制,禮儀하고 又與功臣으로 剖符
정 숙손통 제예의 우여공신 부부

作誓하여 丹書鐵券과 金匱石室로 藏之宗廟하니
작서 단서철권 금궤석실 장지종묘

雖,日不暇給이나 規摹弘遠矣러라.
수일불가급 규모홍원의

어려운 낱말 / 고사성어

[鄿] : 땅이름(기). [酒酣(주감)] : 술이 무르익어서. [地陜(지협)] : 땅이 좁다. [戇] : 어리석을(당).

통감절요 제6권

通鑑節要

孝惠皇帝, 在位七年, 壽二十四
효 혜 황 제 재 위 칠 년 수 이 십 사

○丁未元年(B.C. 194년)이라. 太后,酖殺趙王하고 遂
정 미 원 년 태 후 짐 살 조 왕 수
斷,戚夫人手足하고 去眼煇耳하고 飮,瘖藥하고 使
단 척 부 인 수 족 거 안 휘 이 음 음 약 사
居廁中하고 號曰,人彘라 하고 居數日에 乃,召帝觀,
거 측 중 호 왈 인 체 거 수 일 내 소 제 관
人彘하니 帝見問하여 知其爲,戚夫人하고 乃,大哭
인 체 제 견 문 지 기 위 척 부 인 내 대 곡
하고 因病하여 歲餘不能起라, 使人請,太后曰, 此
인 병 세 여 불 능 기 사 인 청 태 후 왈 차
는 非人所爲로니 臣이 爲,太后子하여 從不能,治天
비 인 소 위 신 위 태 후 자 종 불 능 치 천
下라 하고 帝,以此로 日飮爲,淫樂하고 不聽政이러라.
하 제 이 차 일 음 위 음 락 불 청 정

○戊申二年(B.C. 193년)이라. 酇文終侯,蕭何病이어
무 신 이 년 찬 문 종 후 소 하 병
늘 上이 親自臨視하고 因問曰, 君卽百歲後에 誰
상 친 자 림 시 인 문 왈 군 즉 백 세 후 수

可代君者요? 對曰, 知臣은 莫如主이니다. 帝曰,
가대군자 대왈 지신 막여주 제왈

曹參이 何如오? 曰, 帝得之矣로소이다. 七月에 薨
조참 하여 왈 제득지의 칠월 훙

하다. 何置田宅에 必居,窮僻處하고 爲家에 不治垣
하치전택 필거궁벽처 위가 불치원

屋曰, 後世賢이면 師吾儉이요 不賢이라도 毋爲,勢
옥왈 후세현 사오검 불현 무위세

家所奪이라 하더라.
가소탈

○曹參이 聞,何薨하고 告,舍人으로 趣治行하라 吾
조참 문하훙 고사인 취치행 오

將入相하리라. 居無何에 使者,果召參이러니 始參
장입상 거무하 사자과소참 시참

이 微時에 與,蕭何로 善이러니 及爲將相하여 有隙하
미시 여소하 선 급위장상 유극

되 至,何且死하여는 所推賢이 唯參이라. 參이 代何
지하차사 소추현 유참 참 대하

爲相하여 擧事를 無所變更하고 壹遵何約束하며
위상 거사 무소변경 일준하약속

擇,郡國吏訥於文辭重厚長者하여 卽召除爲,丞相
택군국리눌어문사중후장자 즉소제위승상

史하고 吏之言文刻深하여 欲務聲名者를 輒斥去
사 이지언문각심 욕무성명자 첩척거

之하고 見,人有細過에 專,掩匿覆蓋之하니 府中이
지 견인유세과 전엄닉복개지 부중

無事니라. 帝가 怪,相國이 不治事한대 參曰, 陛下
무사 제 괴상국 불치사 참왈 폐하

自察聖武,孰與高帝잇까? 上曰, 朕이 安敢望,先
자찰성무 숙여고제 상왈 짐 안감망 선

帝리요. 又曰, 陛下觀,臣能孰與蕭何賢이니까? 上
제 우왈 폐하관 신능숙여소하현 상

曰, 君이 似不及也니라. 參曰, 陛下,言之是也로소
왈 군 사불급야 참왈 폐하 언지시야

이다. 高帝與,蕭何로 定天下에 法令旣明하니 陛下
고제여 소하 정천하 법령기명 폐하

는 垂拱하시고 參等은 守職하여 遵而勿失이 不亦
수공 참등 수직 준이물실 불역

可乎잇까? 帝曰, 善타 하다. 參이 爲,相國三年에 百
가호 제왈 선 참 위 상국삼년 백

姓이 歌之曰, 蕭何爲法에 較若畫一이러니 曹參이
성 가지왈 소하위법 교약획일 조참

代之에 守而勿失하여 載其淸靜하니 民以寧壹이라
대지 수이물실 재기청정 민이녕일

하더라.

○己酉三年(B.C. 192년)이라. 以,宗室女로 爲,公主하
기유삼년 이종실녀 위공주

여 嫁,匈奴,冒頓,單于하다. 是時에 冒頓이 方彊하여
가흉노모돈선우 시시 모돈 방강

爲書遺,高后하여 辭極褻嫚이어늘 高后,大怒하여
위서유고후 사극설만 고후대로

議,斬其使者하고 發兵擊之한대 樊噲曰, 臣이 願
의참기사자 발병격지 번쾌왈 신 원

得,十萬衆하여 橫行匈奴中하리다. 季布曰, 噲를
득십만중 횡행흉노중 계포왈 쾌

可斬也로소이다. 前에 匈奴圍,高帝於平城에 漢兵
가 참 야 전 흉 노 위 고 제 어 평 성 한 병

三十萬이요. 噲爲,上將軍일새 不能解圍하여 今,歌
삼 십 만 쾌 위 상 장 군 불 능 해 위 금 가

吟之聲이 未絶하고 傷夷者,甫起而噲妄言以十萬
음 지 성 미 절 상 이 자 보 기 이 쾌 망 언 이 십 만

衆으로 橫行하니 是는 面謾也요, 且,夷狄이 譬如禽
중 횡 행 시 면 만 야 차 이 적 비 여 금

獸하여 得其善言이라도 不足喜요, 惡言이라도 不足
수 득 기 선 언 부 족 희 악 언 부 족

怒也이니다. 高后曰, 善다 하고 報書하여 深自,謙遜
노 야 고 후 왈 선 보 서 심 자 겸 손

以謝之하니 冒頓이 復,使使來謝하고 因,獻馬하고
이 사 지 모 돈 부 사 사 래 사 인 헌 마

遂,和親하다.
수 화 친

○庚戌四年(B.C. 191년)이라. 除,挾書律하다.
경 술 사 년 제 협 서 률

○辛亥五年(B.C. 190년)이라. 秋에 曹參이 薨하니 以,
신 해 오 년 추 조 참 홍 이

王陵으로 爲,右丞相하고 陳平으로 爲,左丞相하고
왕 릉 위 우 승 상 진 평 위 좌 승 상

以,周勃로 爲,太尉하다.
이 주 발 위 태 위

○癸丑七年(B.C. 188년)이라. 秋八月에 帝崩하고
계 축 칠 년 추 팔 월 제 붕
太后,臨朝稱制하다.
태 후 임 조 칭 제

○甲寅年(B.C. 187년)이라. 冬에 太后,議欲立,諸呂로
갑 인 년 동 태 후 의 욕 립 제 려
爲王하여 問,右丞相,陵한대 陵曰, 高帝刑,白馬孟
위 왕 문 우 승 상 릉 릉 왈 고 제 형 백 마 맹
曰, 非,劉氏而王이어든 天下共擊之라 하시니 今王,
왈 비 류 씨 이 왕 천 하 공 격 지 금 왕
呂氏는 非約也로소이다. 太后不說하여 問,左丞相,
여 씨 비 약 야 태 후 불 열 문 좌 승 상
平과 太尉,勃한대 對曰, 高帝定,天下王,子弟하시
평 태 위 발 대 왈 고 제 정 천 하 왕 자 제
고 今,太后稱制에 王諸呂,無所不可니이다. 太后,
금 태 후 칭 제 왕 제 여 무 소 불 가 태 후
喜러라. 罷朝에 王陵이 讓,陳平絳侯曰, 始與高帝
희 파 조 왕 릉 양 진 평 강 후 왈 시 여 고 제
로 唼血盟에 諸君이 不在耶아? 今,高帝崩에 太后,
잡 혈 맹 제 군 부 재 야 금 고 제 붕 태 후
欲王呂氏하니 諸君이 縱欲阿意나 何面目으로 見,
욕 왕 여 씨 제 군 종 욕 아 의 하 면 목 견
高帝於地下乎아? 陳平,絳侯曰, 於今에 面折廷
고 제 어 지 하 호 진 평 강 후 왈 어 금 면 절 정
爭은 臣不如君이요, 全,社稷을 定劉氏之後는 君亦
쟁 신 불 여 군 전 사 직 정 류 씨 지 후 군 역
不如臣이라 하니 陵이 無以應之러라.
불 여 신 릉 무 이 응 지

○庚申年(B.C. 181년)이라. 諸呂擅權用事하니 朱虛
경신년 제여천권용사 주허

侯章이 忿,劉氏不得職이러니 嘗入,侍太后,燕飮에
후장 분류씨부득직 상입시태후연음

章이 自請曰, 臣은 將種也라. 請得以,軍法으로 行
장 자청왈 신 장종야 청득이군법 행

酒하리이다. 頃之에 諸呂有,一人이 醉,亡酒어늘 章
주 경지 제려유일인 취망주 장

이 追,拔劒斬之한대 太后,業已許其軍法이라, 無
추발검참지 태후업이허기군법 무

以罪也하니 自後로 諸呂,憚朱虛侯하고 劉氏爲,益
이죄야 자후 제려탄주허후 류씨위익

彊이러라.
강

○陳平이 患諸呂를 力不能制하고 恐,禍及己하여
진평 환제려 역불능제 공화급기

嘗,燕居深念하니 陸賈往하여 直入坐曰, 天下安이
상연거심념 육고왕 직입좌왈 천하안

면 注意相이요, 天下危면 注意將하나니 將相이 和
주의상 천하위 주의장 장상 화

調則,士豫附하고 士에 豫附則,天下에 雖有變이나
조즉사예부 사 예부즉천하 수유변

權不分이니 君이 何不交驩太尉요, 平이 用其計하
권불분 군 하불교환태위 평 용기계

여 兩人이 深相結하니 呂氏,謀益衰러라.
양인 심상결 여씨모익쇠

○辛酉年(B.C. 180년)이라. 秋七月에 太后崩하다.
신유년 추칠월 태후붕

○呂祿.呂産이 欲作亂하되 憚,絳侯.走虛等하여 猶
여록여산 욕작란 탄강후주허등 유
豫未決이라. 絳侯,使,酈寄로 紿說,呂祿하여 以兵
예미결 강후사역기 태설여록 이병
屬,太尉한대 太尉入,軍門하여 行令曰, 爲,呂氏어든
속태위 태위입군문 행령왈 위여씨
右袒하고 爲,劉氏어든 左袒하라. 軍中이 皆,左袒이
우단 위류씨 좌단 군중 개좌단
어늘 太尉,遂將北軍하고 分部悉捕하고 諸呂,男女
태위수장북군 분부실포 제여남녀
를 無少長,皆斬之하다.
무소장개참지

○諸大臣이 相與謀曰, 少帝及,梁淮陽,恆山王은
제대신 상여모왈 소제급양회양긍산왕
皆非眞,孝惠子라 하여 乃,使人으로 迎,代王하니 張
개비진효혜자 내사인 영대왕 장
武等이 議皆曰, 漢大臣,皆故로 高帝時將이라. 習
무등 의개왈 한대신개고 고제시장 습
兵事하고 多謀詐하여 今已誅,諸呂하고 以迎,大王
병사 다모사 금이주제여 이영대왕
爲名하니 實,不可信이라. 願,稱疾無往하고 以觀其
위명 실불가신 원칭질무왕 이관기
變하소서. 中尉,宋昌이 進曰, 夫,秦失其政에 豪傑
변 중위송창 진왈 부진실기정 호걸

이 幷起하여 人人이 自以爲,得之者,以萬數나 然이
병 기 인 인 자 이 위 득 지 자 이 만 수 연

나 卒踐,天子位者는 劉氏也니 天下絶望이 一矣요,
졸 천 천 자 위 자 유 씨 야 천 하 절 망 일 의

高帝王子弟하여 至犬牙相制하니 所謂磐石之宗
고 제 왕 자 제 지 견 아 상 제 소 위 반 석 지 종

也니라. 天下,服其彊이 二矣요, 漢興에 除秦煩苛하
야 천 하 복 기 강 이 의 한 흥 제 진 번 가

고 約法令,施德惠하여 人人이 自安하니 難動擾,三
약 법 령 시 덕 혜 인 인 자 안 난 동 요 삼

矣라. 夫以呂太后之嚴으로 擅權專制나 然而太尉
의 부 이 여 태 후 지 엄 천 권 전 제 연 이 태 위

以一節로 入,北軍하여 一呼에 士皆左袒하여 爲,劉
이 일 절 입 북 군 일 호 사 개 좌 단 위 유

氏,叛諸呂하여 卒以滅之하니 此乃天授요 非人力
씨 반 제 여 졸 이 멸 지 차 내 천 수 비 인 력

也니라. 大王의 賢聖仁孝,聞於天下故로 大臣이
야 대 왕 현 성 인 효 문 어 천 하 고 대 신

因,天下之心而迎立大王하나니 大王은 勿疑也하
인 천 하 지 심 이 영 립 대 왕 대 왕 물 의 야

소서. 代王이 至,長安하니 太尉,勃이 請間이어늘 宋
대 왕 지 장 안 태 위 발 청 간 송

昌曰, 所言이 公인댄 公言之하고 所言이 私이라도
창 왈 소 언 공 공 언 지 소 언 사

王者는 無私니라. 太尉乃跪,上天子,璽符어늘 代王
왕 자 무 사 태 위 내 궤 상 천 자 새 부 대 왕

은 西鄕讓者,三이요 南鄕讓者,再니라. 遂卽,天子
서 향 양 자 삼 남 향 양 자 재 수 즉 천 자

位하고 夜拜,宋昌하여 爲,衛將軍하여 領南北軍하고
위 야 배 송 창 위 위 장 군 영 남 북 군

以,張武로 爲,郎中令하여 行,殿中하다.
이 장무 위 랑중령 행 전 중

어려운 낱말 / 고사성어

[酖(짐)] : '짐새'로 담근 독주. [瘖藥(음약)] : 벙어리가 되게 하는 약.
[瘖] : 벙어리(음). [藥] : 약(약). [憚] : 꺼릴(탄).

통감절요 제7권

通鑑節要

太宗,孝文皇帝上,在位二十三年,
태종 효문황제상 재위이십삼년
壽,四十六
수 사십육

○壬戌元年(B.C. 179년)이라. 有司,請蚤建,太子曰,
임술원년 유사청조건태자왈
豫建太子는 所以重,宗廟社稷하여 不忘天下也니
예건태자 소이중종묘사직 불망천하야
라. 古者殷.周有國에 治安皆千餘歲는 用且道也
고자은주유국 치안개천여세 용차도야
니이다. 今子啓最長하고 純厚慈仁하니 請建以爲
금자계최장 순후자인 청건이위
太子하소서 하니 乃許之하다.
태자 내허지

○漢書本紀曰, 三月에 詔曰, 方春和時에 草木
한서본기왈 삼월 조왈 방춘화시 초목
羣生之物이 皆有以自樂하되 而吾百姓과 鰥寡孤
군생지물 개유이자락 이오백성 환과고
獨,困窮之人은 或阽於危亡而莫之省憂하니 爲民
독곤궁지인 혹점어위망이막지성우 위민
父母라 將何如오? 其,議所以振貸之하라. 又曰,
부모 장하여 기의소이진대지 우왈

老者는 非帛不煖이요 非肉不飽하나니 今歲首에
노자 비백불난 비육불포 금세수
不時使人으로 存問長老리오. 八十已上은 賜,米肉
불시사인 존문장로 팔십이상 사미육
하고 九十已上은 賜,帛各二匹과 絮,三斤하고 盡,除
구십이상 사백각이필 서삼근 진제
收孥相坐律하다.
수노상좌률

○時에 有獻,千里馬者어늘 帝曰, 鸞旗在前하고 屬
시 유헌천리마자 제왈 난기재전 속
車在後하여 吉行에 日,五十里하고 師行에 三十里
거재후 길행 일오십리 사행 삼십리
하니 朕乘千里馬하고 獨先安之리요? 下詔不受하다.
짐승천리마 독선안지 하조불수

○帝益明習,國家事하여 朝而問,右丞相,勃曰, 天
제익명습국가사 조이문우승상발왈 천
下一歲에 決獄이 幾何요? 勃이 謝不知어늘 又問,
하일세 결옥 기하 발 사부지 우문
一歲에 錢穀出入이 幾何요? 勃이 又謝不知하고 汗
일세 전곡출입 기하 발 우사부지 한
出沾背어늘 上이 問,左丞相,平한대 平曰, 有主者
출첨배 상 문좌승상평 평왈 유주자
하니 陛下,卽問決獄인댄 責廷尉하시고 問錢穀한대
폐하즉문결옥 책정위 문전곡
責,治粟內史하소서. 上曰, 君所主者는 何事也요?
책치속내사 상왈 군소주자 하사야

平이 謝曰, 宰相은 上佐天子하여 理陰陽,順四時
평 사왈 재상 상좌천자 이음양순사시
하고 下遂萬物之宜하고 外鎭撫,四夷諸侯하고 內
하수만물지의 외진무사이제후 내
親附百姓하여 使,卿大夫로 各得任其職焉이러이
친부백성 사경대부 각득임기직언
다. 帝稱善하니 於是에 絳侯,自知其能이 不如,平하
제칭선 어시 강후자지기능 불여평
고 乃謝病,請歸相印이어늘 上이 許之하니 平이 專
내사병청귀상인 상 허지 평 전
爲丞相하다.
위승상

○上이 聞,河南守,吳公이 治平은 爲,天下第一하고
상 문하남수오공 치평 위천하제일
召以爲,廷尉하다. 吳公이 薦,洛陽人,賈誼어늘 帝,
소이위정위 오공 천낙양인가의 제
召以爲博士하니 是時에 賈生의 年이 二十餘라. 帝,
소이위박사 시시 가생 년 이십여 제
愛其辭博하여 一歲中에 超遷至,太中大夫하니 賈
애기사박 일세중 초천지태중대부 가
生이 請改正朔,易服色,定官名,興禮樂하여 以立
생 청개정삭역복색정관명흥예악 이립
漢制하고 更秦法하니 帝,謙讓未遑也러라.
한제 경진법 제겸양미황야

○癸亥二年(B.C. 178년)이라. 冬十一月, 癸卯晦에
계해이년 동십일월 계묘회

日有食之어늘 詔,羣臣하되 悉思朕之過失하여 以
일유식지 조군신 실사짐지과실 이

啓告朕하고 及,擧賢良方正,能直極諫者하여 以匡
계고짐 급거현량방정능직극간자 이광

朕之不逮하라 하다.
짐지불체

○賈山이 上書言,治亂之道하여 借秦爲喩하니 名
가산 상서언치란지도 차진위유 명

曰, 至言이라. 其辭曰, 臣은 聞,雷霆之所擊에 無
왈 지언 기사왈 신 문뢰정지소격 무

不摧折者하고 萬斤之所壓에 無不糜滅者라 하니
불최절자 만근지소압 무불미멸자

今,人主之威,非特雷霆也오 埶中이 非特萬近也
금인주지위비특뢰정야 예중 비특만근야

니라. 開道而求諫하여 和,顔色而受之하고 用,其言
개도이구간 화안색이수지 용기언

而顯其身이라도 士猶恐懼而不敢自盡으론 又況
이현기신 사유공구이불감자진 우황

於縱欲恣暴하여 惡聞其過乎닛가. 震之以威하고
어종욕자폭 악문기과호 진지이위

壓之以重이면 雖有堯舜之智와 孟賁之勇이나 豈
압지이중 수유요순지지 맹분지용 기

有不,摧折者哉잇까? 如此면 人主,不得聞其過하여
유불최절자재 여차 인주부득문기과

社稷에 危矣리이다. 昔者에 周蓋,千八百國이니 以,
사직 위의 석자 주개천팔백국 이

九州之民으로 養,千八百國之君하되 君有餘財하
구주지민 양천팔백국지군 군유여재

고 民有餘力而頌聲이 作이러니 秦皇帝는 以,
민 유 여 력 이 송 성 작 진 황 제 이

千八百國之民으로 自養하되 力罷不能勝,其役하
천 팔 백 국 지 민 자 양 역 파 불 능 승 기 역

고 財盡不能勝,其求하여 其所自養者는 馳騁弋獵
재 진 불 능 승 기 구 기 소 자 양 자 치 빙 익 렵

之娛이니 天下,弗能供也니이다. 今,陛下,使天下로
지 오 천 하 불 능 공 야 금 폐 하 사 천 하

擧,賢良方正之士하시니 天下皆,訢訢然曰, 將興
거 현 량 방 정 지 사 천 하 개 흔 흔 연 왈 장 흥

堯舜之道와 三王之功矣라 하여 天下之士,莫不精
요 순 지 도 삼 왕 지 공 의 천 하 지 사 막 불 정

白하여 承休德이어늘 今,選其賢者하여 與之馳驅
백 승 휴 덕 금 선 기 현 자 여 지 치 구

射獵하여 一日再三出하시니 臣은 恐,朝廷之懈弛
사 렵 일 일 재 삼 출 신 공 조 정 지 해 이

也일까 하나이다. 陛下,卽位에 親自勉以,厚天下하사
야 폐 하 즉 위 친 자 면 이 후 천 하

節用愛民하시고 平獄緩刑하시니 天下,莫不說喜
절 용 애 민 평 옥 완 형 천 하 막 불 열 희

라. 臣은 聞,山東吏,布詔令에 民雖,老羸癃疾이니
신 문 산 동 리 포 조 령 민 수 로 리 융 질

扶杖而往聽之하고 願少,須臾毋死하여 思見德化
부 장 이 왕 청 지 원 소 수 유 무 사 사 견 덕 화

之成也라 하니 今,豪俊之臣과 方正之士를 直與之
지 성 야 금 호 준 지 신 방 정 지 사 직 여 지

日日獵射하여 擊兎伐狐하여 以傷大業하고 絶,天
일 일 렵 사 격 토 벌 호 이 상 대 업 절 천

下之望하시니 臣切悼之하노이다. 夫士는 脩之於家
하 지 망 신 절 도 지 부 사 수 지 어 가

하고 而壞之於天子之庭하니 臣切愍之하노이다. 上
이괴지어천자지정 신절민지 상

이 嘉納其言이러라. 上이 每朝에 郎從官이 上書疏
가납기언 상 매조 낭종관 상서소

에 未嘗,不止輦受其言하여 言不可用이면 置之하
미상 부지연수기언 언불가용 치지

고 言可用이면 采之러라. 帝從霸陵上하여 欲,西馳
언가용 채지 제종패릉상 욕 서치

下,峻阪하니 袁盎曰, 馬驚車敗면 幣下,縱自輕이
하 준판 원앙왈 마경거패 폐하 종자경

나 柰高廟太后에 何오! 上이 乃止하다. 上의 所,幸
내고묘태후 하 상 내지 상 소 행

愼夫人이 在禁中하여 嘗與皇后로 同席坐어늘 袁
신부인 재금중 상여황후 동석좌 원

盎이 引卻,愼夫人한대 夫人이 怒하고 上이 亦怒어
앙 인각 신부인 부인 노 상 역노

늘 盎曰, 臣이 聞,尊卑有序則,上下和라 하니 今旣,
앙왈 신 문 존비유서즉 상하화 금기

已立后하니 愼夫人은 乃,妾耳니 豈可同坐리요. 陛
이립후 신부인 내 첩이 기가동좌 폐

下,獨不見,人彘乎릿까? 上이 說하여 乃召語,愼夫
하 독불견 인체호 상 열 내소어 신부

人하니 夫人이 賜盎,金五十斤하다. 賈誼,說上曰,
인 부인 사앙 금오십근 가의 세상왈

管子는 倉廩이 實而知,禮節하고 衣食足而,知榮辱
관자 창름 실이지 예절 의식족이 지영욕

이라하니 民不足而可治者는 自古及今으로 未之嘗
민부족이가치자 자고급금 미지상

聞이니다. 漢之爲漢이 幾四十年이로되 公私之積이
문 한지위한 기사십년 공사지적

猶可哀痛하니 世之有.饑穰은 天之行也니라. 禹.湯
유가애통 세지유기양 천지행야 우탕

도 被之矣시니 卽.不幸有方.二三千里之旱이면 國
피지의 즉불행유방이삼천리지한 국

胡以相恤이며 卒然邊境에 有急이면 數十百萬之
호이상휼 졸연변경 유급 수십백만지

衆을 國胡以餽之리요. 夫.積貯者는 天下之大命也
중 국호이궤지 부적저자 천하지대명야

니라. 苟.粟多而財有餘면 何爲而不成이리요. 以攻
구속다이재유여 하위이불성 이공

則取하고 以守則固하고 以戰則.勝이니 懷敵附遠
즉취 이수즉고 이전즉승 회적부원

이면 何招而不至아릿까? 今毆民而歸誌農하여 使.
하초이부지 금구민이귀지농 사

天下各食其力하고 末技.游食之民을 轉而緣南畝
천하각식기력 말기유식지민 전이연남무

則.蓄積이 足而人樂其所矣리이다. 上이 感誼言하
즉축적 족이인락기소의 상 감의언

여 春正月.丁亥에 詔開籍田하고 上이 親耕하여 以
춘정월정해 조개적전 상 친경 이

率天下之民하다. 五月에 詔曰, 古之治天下에 朝
솔천하지민 오월 조왈 고지치천하 조

有進善之旌과 誹謗之木하니 所以通治道而來諫
유진선지정 비방지목 소이통치도이래간

也러니 今法有誹謗.訞言之罪하니 是는 使衆臣으
야 금법유비방요언지죄 시 사중신

로 不敢盡情而上無由聞.過失也라. 將.何以來.遠
불감진정이상무유문과실야 장하이래원

方之賢良이리요 其除之하라 하다. 九月에 詔曰, 農
방지현량 기제지 구월 조왈 농

者는 天下之大本也라 民所恃以生也에 而民或,
자 천하지대본야 민소시이생야 이민혹
不務本而事末故로 生不遂하나니 今,茲親率羣臣
불무본이사말고 생불수 금자친솔군신
하여 農以勸之하고 其,賜民하되 今年,田租之를 半
농이권지 기사민 금년전조지 반
하라 하니라.

○甲子三年(B.C. 177년)이라. 初에 南陽,張釋之爲騎
갑자삼년 초 남양장석지위기
郞十年에 不得調하여 欲免歸러니 袁盎이 知其賢
랑십년 부득조 욕면귀 원앙 지기현
而薦之하여 爲,謁者僕射하다. 釋之從行,登虎圈이
이천지 위알자복야 석지종행등호권
러니 上이 問,上林尉,諸禽獸簿한대 尉,左右視不能
상 문상림위제금수부 위좌우시불능
對하고 虎圈嗇夫,從旁代尉對,甚悉이어늘 帝曰,
대 호권색부종방대위대심실 제왈
吏,不當若是邪아? 詔,釋之하여 拜,嗇夫하여 爲,上
이부당약시사 조석지 배색부 위상
林令하니 釋之曰, 周勃.張相如는 稱爲長者로되
임령 석지왈 주발장상여 칭위장자
兩人이 言事에 曾不出口하니 豈效此,嗇夫,喋喋,
양인 언사 증불출구 기효차색부첩첩
利口捷給哉리요. 以,嗇夫,口辯而超遷之면 恐,天
이구첩급재 이색부구변이초천지 공천
下隨風而靡하여 爭爲口辯而無其實일까 하나이다.
하수풍이미 쟁위구변이무기실

帝曰, 善타! 하고 乃.不拜嗇夫하다. 釋之爲.廷尉에
제 왈 선 내 불 배 색 부 석 지 위 정 위

上이 行出.中渭橋하니 有.一人이 從橋走하여 乘輿
상 행 출 중 위 교 유 일 인 종 교 주 승 여

馬驚이라. 於是에 使.騎捕之하여 屬廷威한대 釋之
마 경 어 시 사 기 포 지 속 정 위 석 지

奏當하되 此人이 犯蹕하니 當.罰金이로소이다. 上이
주 당 차 인 범 필 당 벌 금 상

怒曰, 此人이 親驚吾馬하니 馬賴和柔어니와 令他
노 왈 차 인 친 경 오 마 마 뢰 화 유 영 타

馬면 固.不敗傷我乎아? 而廷尉.乃當之罰金이로
마 고 불 패 상 아 호 이 정 위 내 당 지 벌 금

다. 釋之曰, 法者는 天下公共也어늘 今法如是.更
석 지 왈 법 자 천 하 공 공 야 금 법 여 시 경

重之면 是는 法不信於民夜요, 且方其時에 上이
중 지 시 법 불 신 어 민 야 차 방 기 시 상

使使誅之則已어니와 今已下.廷尉하시니 廷尉는
사 시 주 지 즉 이 금 이 하 정 위 정 위

天下之平也니라. 壹傾이면 天下用法이 皆爲之輕
천 하 지 평 야 일 경 천 하 용 법 개 위 지 경

重이니 民安所錯.其手足이릿까? 上曰, 廷尉.當이
중 민 안 소 착 기 수 족 상 왈 정 위 당

是也라 하더라. 其後에 人이 有.盜高廟坐前.玉環이
시 야 기 후 인 유 도 고 묘 좌 전 옥 환

어늘 得하여 下.廷尉治하니 釋之奏當.棄市어늘 上
득 하 정 위 치 석 지 주 당 기 시 상

이 大怒曰, 人이 無道하여 盜.先帝器어늘 吾.欲致
대 로 왈 인 무 도 도 선 제 기 오 욕 치

之族而君이 以法奏之하니 非.吾所以共承宗廟意
지 족 이 군 이 법 주 지 비 오 소 이 공 승 종 묘 의

也로다. 釋之免冠, 頓首謝曰, 法, 如是足也니이다.
야 석지면관 돈수사왈 법 여시족야

今, 盜宗廟器而族之인댄 假令愚民이 取, 長陵一抔
금 도종묘기이족지 가령우민 취 장릉일부

土면 陛下, 且何以, 加其法乎닛까? 帝, 乃白太后하
토 폐하 차하이 가기법호 제 내백태후

고 許之하다.
허지

어려운 낱말 / 고사성어

[鰥寡孤獨(환과고독)] : 홀아비, 과부, 고아, 독거인. [阽] : 위태로울(점). [逮] : 미칠(체). 급(及)과 같음. [糜] : 죽(미). [癃疾(융질)] : 몸이 나른한 병. [喋喋(첩첩)] : 거침없고 능란한 말솜씨.

○乙丑四年(B.C. 176년)이라. 上이 召,河東守,季布하
을 축 사 년 상 소 하 동 수 계 포

여 欲以爲,御史大夫러니 有言其勇이 使,酒難近者
욕 이 위 어 사 대 부 유 언 기 용 사 주 난 근 자

어늘 至하여 留邸一月에 見罷하니 季布,因進曰, 臣
지 유 저 일 월 견 파 계 포 인 진 왈 신

이 無功하여 待罪河東이러니 陛下,無故召臣하시니
무 공 대 죄 하 동 폐 하 무 고 소 신

此는 人必有,以臣,欺陛下者요, 今,臣至에 無所受
차 인 필 유 이 신 기 폐 하 자 금 신 지 무 소 수

事,罷去하시니 此는 人必有毁臣者니라. 陛下,以一
사 파 거 차 인 필 유 훼 신 자 폐 하 이 일

人之譽而召臣하시고 以,一人之毁而去臣은 恐,天
인 지 예 이 소 신 이 일 인 지 훼 이 거 신 공 천

下有以闚,陛下之淺深也하노이다. 上이 良久曰,
하 유 이 규 폐 하 지 천 심 야 상 양 구 왈

河東은 吾股肱郡故로 特召君耳로다. 上이 議以賈
하 동 오 고 굉 군 고 특 소 군 이 상 의 이 가

誼로 任,公卿之位하니 大臣이 多短之曰, 洛陽之
의 임 공 경 지 위 대 신 다 단 지 왈 낙 양 지

人이 年少初學으로 專欲擅權하여 紛亂諸事라 하거
인 년 소 초 학 전 욕 천 권 분 란 제 사

늘 於是에 天子,後亦疏之하여 不用其議하고 以爲,
어 시 천 자 후 역 소 지 불 용 기 의 이 위

長沙王,太傅러니 後에 帝,思誼하여 召至,入見에 上
장 사 왕 태 부 후 제 사 의 소 지 입 견 상

이 方受釐坐,宣室이라가 因感,鬼神事而問鬼神之
방 수 리 좌 선 실 인 감 귀 신 사 이 문 귀 신 지

本하니 誼,具道其所以然之故로 至,夜半하여 帝,前
본 의 구 도 기 소 이 연 지 고 지 야 반 제 전

席旣罷曰, 吾,久不見,賈生하고 自以爲過之러니
석 기 파 왈 　오 구 불 견 가 생 　　자 이 위 과 지

今,不及也라 하고 乃拜爲梁太傅하다.
금 불 급 야 　　내 배 위 양 태 부

○絳侯,周勃이 就國하여 每,河東守尉,行縣至絳하
강 후 주 발 　취 국 　　매 하 동 수 위 행 현 지 강

니 勃이 自畏恐誅하여 常,被甲하고 令,家人持兵以
발 　자 외 공 주 　　상 피 갑 　　영 가 인 지 병 이

見之러니 人이 有上書告勃이 欲反이어늘 下,廷尉
견 지 　　인 　유 상 서 고 발 　욕 반 　　　하 정 위

하여 逮捕,勃,治之하니 薄太后曰, 絳侯,始誅諸呂
체 포 발 치 지 　　박 태 후 왈 　강 후 시 주 제 려

하고 綰,皇帝璽하고 將兵於北軍하니 不以此時反
관 황 제 새 　　장 병 어 북 군 　　불 이 차 시 반

하고 今居一小縣하여 顧欲半邪아! 帝乃,使使持節
금 거 일 소 현 　　고 욕 반 사 　　제 내 사 사 지 절

하여 赦絳侯하여 復爵邑하다.
사 강 후 　　부 작 읍

○丙寅五年(B.C. 175년)이라. 初에 秦用半兩錢하니
병 인 오 년 　　　　　　　　초 　진 용 반 량 전

高祖,嫌其重難用하여 更鑄莢錢하니 於是에 物價
고 조 혐 기 중 난 용 　　경 주 협 전 　　어 시 　물 가

騰踊하여 米至石萬錢이라. 夏四月에 更造四銖錢
등 용 　　미 지 석 만 전 　　하 사 월 　경 조 사 수 전

하고 除,盜鑄錢令하여 使民得,自鑄하니 賈誼,諫曰,
제 도 주 전 령 　　사 민 득 자 주 　　가 의 간 왈

法에 使,天下로 公得雇租하여 鑄,銅錫爲錢하되 敢,
법 사 천 하 공 득 고 조 주 동 석 위 전 감
雜以鉛鐵하여 爲,他巧者는 其罪黥이라. 然이나 鑄
잡 이 연 철 위 타 교 자 기 죄 경 연 주
錢之情이 非殽雜爲巧則,不可得贏이니 而殽之甚
전 지 정 비 효 잡 위 교 즉 불 가 득 영 이 효 지 심
微하되 爲利甚厚니라. 夫,事有召禍而法有起姦하
미 위 리 심 후 부 사 유 소 화 이 법 유 기 간
니 今,令細民으로 人操,造幣之勢하여 各,隱屛而鑄
금 영 세 민 인 조 조 폐 지 세 각 은 병 이 주
作하고 因欲禁其,厚利微姦이면 雖,黥罪日報나 其
작 인 욕 금 기 후 리 미 간 수 경 죄 일 보 기
埶不止라 故로 不如收之이니다. 賈山이 亦,上書諫
예 부 지 고 불 여 수 지 가 산 역 상 서 간
하되 以爲錢者는 亡用器也라. 而可以易富貴하니
이 위 전 자 망 용 기 야 이 가 이 역 부 귀
富貴者는 人主之操柄也니라. 令民衛之면 是는
부 귀 자 인 주 지 조 병 야 영 민 위 지 시
與,人主로 共操柄이니 不可長也이니다. 上이 不聽
여 인 주 공 조 병 불 가 장 야 상 불 청
하다.

○丁卯六年(B.C. 174년)에 淮南,厲王長이 謀反이어
정 묘 육 년 회 남 여 왕 장 모 반
늘 廢處蜀郡하니 憤恚不食死하다. 梁太傅,賈誼,上
폐 처 촉 군 분 에 불 식 사 양 태 부 가 의 상
疏曰, 臣竊惟,今之事勢하니 可爲痛哭者,一이요,
소 왈 신 절 유 금 지 사 세 가 위 통 곡 자 일

可爲流涕者,二요, 可爲,長太息者,六이요, 若,其他,
가 위 류 체 자 이 가 위 장 태 식 자 륙 약 기 타

背理而傷道者는 難徧以疏擧로소이다. 進言者,皆
배 리 이 상 도 자 난 편 이 소 거 진 언 자 개

曰, 天下,已安,已治矣라 하되 臣은 獨,以爲未也로
왈 천 하 이 안 이 치 의 신 독 이 위 미 야

소이다. 夫,抱火厝之,積薪之下而寢其上하여 火未
부 포 화 조 지 적 신 지 하 이 침 기 상 화 미

及然에 因謂之安하니 方今之勢,何以異此이니까?
급 연 인 위 지 안 방 금 지 세 하 이 이 차

陛下,何,不壹令臣으로 得,孰數之於前하여 因陳,
폐 하 하 불 일 령 신 득 숙 수 지 어 전 인 진

治安之策하여 試詳擇焉이닛까? 夫,建久安之勢하
치 안 지 책 시 상 택 언 부 건 구 안 지 세

고 成長治之業,以幸天下하고 以育羣生하여 立經
성 장 치 지 업 이 행 천 하 이 육 군 생 입 경

陳紀輕重이 同得後에 可以爲,萬世法程이 至明
진 기 경 중 동 득 후 가 이 위 만 세 법 정 지 명

也니이다. 以,陛下之明達로 因,使少,知治體者로
야 이 폐 하 지 명 달 인 사 소 지 치 체 자

得左下風이면 致此非難也이리다. 夫,樹國.固必.相
득 좌 하 풍 치 차 비 난 야 부 수 국 고 필 상

疑.之勢요 甚非所以,安上而全下也니라. 今或,親
의 지 세 심 비 소 이 안 상 이 전 하 야 금 혹 친

弟謀爲,東帝하고 親兄之子,西鄕而擊하고 今,吳又
제 모 위 동 제 친 형 지 자 서 향 이 격 금 오 우

見告矣라. 天子,春秋鼎盛하사 行義未過하고 德澤
견 고 의 천 자 춘 추 정 성 행 의 미 과 덕 택

이 有加焉이라도 猶尚如此론 況,莫大엔 諸侯權力
유 가 언 유 상 여 차 황 막 대 제 후 권 력

이 且,十此者乎잇가? 屠牛坦이 一朝에 解十二牛
차 십 차 자 호 도 우 탄 일 조 해 십 이 우

而芒刃이 不鈍者는 其,排擊剝割이 皆衆理解也요,
이 망 인 부 둔 자 기 배 격 박 할 개 중 리 해 야

至於髖髀之所하여는 非斤則斧이니 夫,仁義恩厚는
지 어 관 비 지 소 비 근 즉 부 부 인 의 은 후

人主之芒刃也요, 權勢法制는 人主之斤斧也니라.
인 주 지 망 인 야 권 세 법 제 인 주 지 근 부 야

今,諸侯王은 皆衆髖髀也어늘 釋,斤斧之用而欲嬰
금 제 후 왕 개 중 관 비 야 석 근 부 지 용 이 욕 영

以芒刃하니 臣은 以爲,不缺則,折이라 하나이다. 欲,
이 망 인 신 이 위 불 결 즉 절 욕

天下之治安인대 莫若,衆建諸侯而少其力이니 力
천 하 지 치 안 막 약 중 건 제 후 이 소 기 력 역

少則,易使以義요, 國小則,亡邪心이니 令,海乃之
소 즉 이 사 이 의 국 소 즉 망 사 심 영 해 내 지

勢로 如,身之使臂와 臂之使指하여 莫不制從이면
세 여 신 지 사 비 비 지 사 지 막 불 제 종

諸侯之君이 不敢有異心하여 輻湊並進而歸命天
제 후 지 군 불 감 유 이 심 복 주 병 진 이 귀 명 천

子하리니 割地定制하여 地制一定이면 宗室子孫이
자 할 지 정 제 지 제 일 정 종 실 자 손

莫慮不王하여 下無背叛之心하고 上無誅伐之志하
막 려 불 왕 하 무 배 반 지 심 상 무 주 벌 지 지

여 法立而不犯하고 令行而不逆하여 臥赤子,天下
법 립 이 불 범 영 행 이 불 역 와 적 자 천 하

之上而安하고 植遺腹하여 朝委裘而天下不亂하리
지 상 이 안 식 유 복 조 위 구 이 천 하 불 란

니 陛下,誰憚而久不爲此이니까? 天下之勢,方病大
폐 하 수 탄 이 구 불 위 차 천 하 지 세 방 병 대

瘇하여 一脛之大,幾如腰하고 一指之大,幾如股하
종 일경지대 기여요 일지지대 기여고

여 平居에 不可屈伸하니 失今不治면 必爲痼疾이니
평거 불가굴신 실금불치 필위고질

後,雖有扁鵲이나 不能爲已니 可爲痛哭者此也이
후 수유편작 불능위이 가위통곡자차야

니다. 天下之勢,方倒縣하니 天子者는 天下之首이
천하지세 방도현 천자자 천하지수

니 何也요? 上也蠻夷者는 天下之足이니 何也요?
하야 상야만이자 천하지족 하야

下也니라. 今,匈奴,嫚侮侵掠하여 至,不敬也而漢이
하야 금흉노 만모침략 지불경야이한

歲致金絮,采繒以奉之하니 足反居上이요 首顧居
세치금서 채증이봉지 족반거상 수고거

下니라. 倒縣이 如此하되 莫之能解하니 猶,爲國有
하 도현 여차 막지능해 유위국유

人乎닛까? 可爲流涕者此也로소이다. 臣은 竊料匈
인호 가위유체자차야 신 절료흉

奴之衆이 不過,漢一大縣이어늘 以天下之大로 困
노지중 불과한일대현 이천하지대 곤

於一縣之衆하니 甚爲執事者羞之하나이다. 陛下는
어일현지중 심위집사자수지 폐하

何,不試以臣으로 爲,屬國之官而主匈奴이니까? 行
하불시이신 위속국지관이주흉노 행

臣之計면 請必繫,單于之剄而制其命하고 伏中行
신지계 청필계선우지경이제기명 복중행

說而笞其背하고 擧,匈奴之衆하여 唯上所令이어늘
설이태기배 거흉노지중 유상소령

今,不獵猛敵而獵田彘하고 不搏反寇而搏畜兎하
금불렵맹적이렵전체 불박반구이박축토

고 翫細娛而不圖大患하고 德可遠施요 威可遠加
완세오이부도대환 덕가원시 위가원가

而直數百里外에 威令이 不伸하니 可爲流涕者,此
이직수백리외 위령 불신 가위유체자 차

也로소이다. 今庶人屋壁은 得爲帝服하고 倡優下
야 금서인옥벽 득위제복 창우하

賤은 得爲后飾하고 且,帝之身은 自衣皁綈而富民
천 득위후식 차제지신 자의조제이부민

牆屋은 被文繡하고 天子之后는 以緣其領이어늘
장옥 피문수 천자지후 이연기령

庶人孽妾은 以緣其履하니 此,臣所謂舛也로소이
서인얼첩 이연기리 차신소위천야

다. 夫,百人이 作之에 不能衣一人하니 欲,天下亡
부백인 작지 불능의일인 욕천하망

寒이나 胡可得也며 一人이 耕之에 十人이 聚而食
한 호가득야 일인 경지 십인 취이식

之하니 欲,天下亡飢나 不可得也니라. 飢寒이 切於
지 욕천하망기 불가득야 기한 절어

民之肌膚하니 欲其亡爲姦邪나 不可得也이니 可
민지기부 욕기망위간사 불가득야 가

爲長太息者,此也로소이다. 商君이 遺,禮義,棄仁恩
위장태식자차야 상군 유예의기인은

하고 并心於進取하여 行之二歲에 秦俗이 日敗故
병심어진취 행지이세 진속 일패고

로 秦人이 家富子壯則,出分하고 家貧子壯則,出贅
진인 가부자장즉출분 가빈자장즉출췌

하여 借父耰鉏에 慮有德色하고 母取箕箒에 立而
차부우서 려유덕색 모취기추 입이

誶語하고 抱哺其子에 與公倂倨하고 婦姑不,相說
수어 포포기자 여공병거 부고불상열

則,反脣而相稽하니 其慈子,耆利不同禽獸者,亡
즉 반 순 이 상 계 기 자 자 기 리 부 동 금 수 자 망

幾矣라. 今其遺風餘俗이 猶尙未改하여 棄,禮義
기 의 금 기 유 풍 여 속 유 상 미 개 기 예 의

捐,廉恥日甚하니 可謂,月異而歲不同矣라. 今之
연 염 치 일 심 가 위 월 이 이 세 부 동 의 금 지

盜者는 剟寢戶之簾하고 搴兩廟之器하고 白晝大
도 자 철 침 호 지 렴 건 량 묘 지 기 백 주 대

都之中에 剽吏而奪之金하니 此,其無行義之尤至
도 지 중 표 리 이 탈 지 금 차 기 무 행 의 지 우 지

者也,而大臣이 特以簿書,不報期會之間으로 以爲
자 야 이 대 신 특 이 부 서 불 보 기 회 지 간 이 위

大故하고 至於俗流,失世壞敗하야는 因恬而不知
대 고 지 어 속 류 실 세 괴 패 인 념 이 부 지

怪하여 慮,不動於耳目하고 以爲是,適然耳라 하니
괴 여 부 동 어 이 목 이 위 시 적 연 이

夫,移風易俗하여 使,天下로 回心而鄕道는 類非俗
부 이 풍 역 속 사 천 하 회 심 이 향 도 유 비 속

吏之所能爲也니라. 俗吏之所務는 在於刀筆筐篋
리 지 소 능 위 야 속 리 지 소 무 재 어 도 필 광 협

而不知大體하니 竊爲陛下惜之하나이다. 筦子曰,
이 부 지 대 체 절 위 폐 하 석 지 관 자 왈

禮義廉恥는 是謂四維니라. 四維不張이면 國乃滅
예 의 렴 치 시 위 사 유 사 유 부 장 국 내 멸

亡이라 하니 使,筦子로 愚人也則可어니와 筦子,而
망 사 관 자 우 인 야 즉 가 관 자 이

小知治體則是,豈可不爲,寒心哉리요. 今四維,猶
소 지 치 체 즉 시 기 가 불 위 한 심 재 금 사 유 유

未備也니라 豈如今에 定經制하여 令,君君臣臣하
미 비 야 기 여 금 정 경 제 영 군 군 신 신

여 上下有差하고 父子六親이 各得其宜리요. 此業
상하유차 부자육친 각득기의 차업

이 壹定이면 世世常安而後有所持循矣어니와 若
일정 세세상안이후유소지순의 약

夫經制不定이면 是는 猶渡江河亡維楫하여 中流
부경제부정 시 유도강하망유즙 중류

而遇風波면 船必覆矣리니 可爲.長太息者此也이
이우풍파 선필복의 가위 장태식자차야

리다. 夏.般.周는 爲.天子皆.數十世하고 秦은 爲.天
하은주 위천자개수십세 진 위천

子二世而亡하니 人性이 不甚相遠也로되 何.三代
자이세이망 인성 불심상원야 하삼대

之君은 有道之長而秦은 無道之暴也오? 其故로
지군 유도지장이진 무도지포야 기고

可知也니라. 古之王者는 太子乃生이어든 固擧以
가지야 고지왕자 태자내생 고거이

禮하여 有司.齊肅端冕하여 見之南郊하고 過闕則
례 유사제숙단면 견지남교 과궐즉

下하고 過廟則趨故로 自爲赤子而敎固已行矣요,
하 과묘즉추고 자위적자이교고이행의

孩提有識이어든 三公三少.固明孝仁禮義하여 以
해제유식 삼공삼소고명효인예의 이

道習之하고 逐去邪人하여 不使見惡行하니 於是에
도습지 축거사인 불사견악행 어시

皆選.天下之하여 端士로 孝悌博聞.有.道術者以
개선천하지 단사 효제박문유도술자이

衛翼之.使與太子.居處出入故로 太子.乃生而見
위익지사여태자거처출입고 태자내생이견

正事.聞正言.行正道하니 左右前後.皆正人也니라.
정사문정언행정도 좌우전후개정인야

夫,三代之所以長久者는 以其輔翼太子하여 有此
부 삼 대 지 소 이 장 구 자 이 기 보 익 태 자 유 차

具也러니 及,秦而不然하여 使,趙高로 傅,胡亥而教
구 야 급 진 이 불 연 사 조 고 부 호 해 이 교

之獄하여 所習者,非,斬劓人則,夷人之三族也니라.
지 옥 소 습 자 비 참 의 인 즉 이 인 지 삼 족 야

故로 胡亥,今日卽位而明日射人하여 忠諫者를 謂
고 호 해 금 일 즉 위 이 명 일 사 인 충 간 자 위

之誹謗하고 深計者를 謂之妖言이라 하여 其視殺
지 비 방 심 계 자 위 지 요 언 기 시 살

人을 若,艾草菅然하니 豈惟,胡亥之性惡哉리요?
인 약 애 초 관 연 기 유 호 해 지 성 악 재

彼其所以道之者,非,其理故也니다. 凡,人之智는
피 기 소 이 도 지 자 비 기 리 고 야 범 인 지 지

能見以然하고 不能見將然하나니 夫禮者는 禁於
능 견 이 연 불 능 견 장 연 부 례 자 금 어

將然之前而法者는 禁於已然之後니라. 是故로 法
장 연 지 전 이 법 자 금 어 이 연 지 후 시 고 법

之所爲用은 易見而禮之所爲生을 難知也니다. 若
지 소 위 용 역 견 이 례 지 소 위 생 난 지 야 약

夫慶賞以勸善하고 刑罰以懲惡은 先王이 執此之
부 경 상 이 권 선 형 벌 이 징 악 선 왕 집 차 지

政을 堅如金石하고 行此之令을 信如四時하고 據
정 견 여 금 석 행 차 지 령 신 여 사 시 거

此之公을 無私如天地하니 豈顧不用哉니까? 然而
차 지 공 무 사 여 천 지 기 고 불 용 재 연 이

曰, 禮云禮云者는 貴絶惡於未萌而起教於微眇
왈 예 운 예 운 자 귀 절 악 어 미 맹 이 기 교 어 미 묘

하여 使民으로 日遷善遠罪而不自知也니다. 孔子
사 민 일 천 선 원 죄 이 부 자 지 야 공 자

曰, 聽訟이 吾猶人也나 必也,使無訟乎아 하니 爲
왈 청송 오유인야 필야사무송호 위

人主計者,莫如先審取舍이니 取舍之極이 定於內
인주계자 막여선심취사 취사지극 정어내

而安危之萌이 應於外矣니다. 秦王之欲尊,宗廟而
이안위지맹 응어외의 진왕지욕존 종묘이

安子孫은 與,湯武同이니 然而湯武는 廣大其德行
안자손 여탕무동 연이탕무 광대기덕행

行하셔 六七百歲而弗失하고 秦王은 治天下十餘歲
행 육칠백세이불실 진왕 치천하십여세

에 則,大敗하니 此는 亡,他故矣라. 湯武之定은 取舍
즉대패 차 망타고의 탕무지정 취사

審而秦王之定하니 取舍不審矣이니다. 夫,天下는
심이진왕지정 취사불심의 부천하

大器也라. 今,人之置器,置諸安하고 處則安置諸,危
대기야 금인지치기치제안 처즉안치제위

處則危하나니 天下之情이 與器無以異하여 在,天子
처즉위 천하지정 여기무이이 재천자

之所置之하니 湯.武置,天下於仁義禮樂하여 累,子
지소치지 탕무치천하어인의예악 루자

孫數十世하니 此는 天下所共聞也요. 秦王은 置,天
손수십세 차 천하소공문야 진왕 치천

下於法令刑罰하여 禍幾及身하고 子孫이 誅絶하니
하어법령형벌 화기급신 자손 주절

此는 天下之所共見也니라. 是非其,明效大驗邪아!
차 천하지소공견야 시비기명효대험사

人之言曰, 聽言之道,必以其事로 觀之則,言者莫
인지언왈 청언지도필이기사 관지즉언자막

敢妄言이라 하니 今或言,禮義之不如法令하고 敎化
감망언 금혹언예의지불여법령 교화

之不如刑罰이어든 人主,胡不引,殷.周.秦事를 以,觀
지 불 여 형 벌 인 주 호 불 인 은 주 진 사 이 관

之也니까? 人主之尊은 譬如堂하고 羣臣은 如陛하
지 야 인 주 지 존 비 여 당 군 신 여 폐

고 衆庶는 如地故로 陛九級上에 廉遠地則堂高하
중 서 여 지 고 폐 구 급 상 염 원 지 즉 당 고

고 陛無級하여 廉,近地則堂卑하나니 高者는 難攀하
폐 무 급 염 근 지 즉 당 비 고 자 난 반

고 卑者는 易陵이니 理勢然也라. 故로 古者聖王이
비 자 이 릉 이 세 연 야 고 고 자 성 왕

制爲等列하여 內有公卿大夫士하고, 外有公侯伯
제 위 등 렬 내 유 공 경 대 부 사 외 유 공 후 백

子男然後에 有,官師,小吏,延及庶人하여 等級이 分
자 남 연 후 유 관 사 소 리 연 급 서 인 등 급 분

明而天子加焉이라. 故로 其尊을 不可及也이니라.
명 이 천 자 가 언 고 기 존 불 가 급 야

俚諺曰, 欲投鼠而忌器라 하니 此,善諭也니라. 鼠
이 언 왈 욕 투 서 이 기 기 차 선 유 야 서

近於器라도 尚憚不投는 恐傷其器어든 况於貴臣
근 어 기 상 탄 불 투 공 상 기 기 황 어 귀 신

之斤主乎리오. 廉恥節禮는 以治君子라. 故로 有賜
지 근 주 호 염 치 절 례 이 치 군 자 고 유 사

死而亡戮辱하니 是로 以,黥劓之辜,不及大夫는
사 이 망 륙 욕 시 이 경 의 지 고 불 급 대 부

以其離主上,不遠也이니라. 臣은 聞之하니 履雖鮮
이 기 리 주 상 불 원 야 신 문 지 이 수 선

이나 不加於枕하고 冠雖敝나 不以苴履라 하니 夫,
불 가 어 침 관 수 폐 불 이 저 리 부

嘗已在,貴寵之位하여는 天子改容而體貌之矣요,
상 이 재 귀 총 지 위 천 자 개 용 이 체 모 지 의

吏民이 嘗,俯伏,以敬畏之矣니 今而有過어든 帝令
이 민 상 부 복 이 경 외 지 의 금 이 유 과 제 령

廢之可也요, 退之라도 可也요, 賜之死라도 可也요,
폐 지 가 야 퇴 지 가 야 사 지 사 가 야

滅之라도 可也어늘 若夫束縛之하며 係緤之하여 輸
멸 지 가 야 약 부 속 박 지 계 설 지 수

之司寇하고 編之徒官하여 司寇小吏,詈罵而榜笞
지 사 구 편 지 도 관 사 구 소 리 이 매 이 방 태

之하니 殆,非所以令,衆庶見也이니다. 夫,卑賤者는
지 태 비 소 이 영 중 서 견 야 부 비 천 자

習知,尊貴者,之一朝에 吾亦,乃可以加此也라 하나
습 지 존 귀 자 지 일 조 오 역 내 가 이 가 차 야

니 非,所以尊尊貴貴之化也니라. 古者大臣이 有坐
비 소 이 존 존 귀 귀 지 화 야 고 자 대 신 유 좌

不廉而廢者를 不曰不廉이라 하고 曰, 簠簋不飾이
불 렴 이 폐 자 불 왈 불 렴 왈 보 궤 불 식

라 하며 坐,汙穢淫亂,男女無別者를 不曰汙穢라 하
좌 오 예 음 란 남 녀 무 별 자 부 왈 오 예

고 曰, 帷薄不脩라 하며 坐,罷軟不勝任者를 不曰
왈 유 박 불 수 좌 파 연 불 승 임 자 불 왈

罷軟이라 하고 曰, 下官不職이라 하니 故로 貴大臣
파 연 왈 하 관 불 직 고 귀 대 신

이 定有其辜矣요 猶未斥然하여 正以呼之也니다.
정 유 기 고 의 유 미 척 연 정 이 호 지 야

上이 設,廉恥禮義하여 以,遇其臣而臣不,以節行으
상 설 염 치 예 의 이 우 기 신 이 신 불 이 절 행

로 報其上者는 則非人類也니라. 故로 化,成俗定
보 기 상 자 즉 비 인 류 야 고 화 성 속 정

則,爲人臣者,皆顧行而忘利하고 守節而仗義故로
즉 위 인 신 자 개 고 행 이 망 리 수 절 이 장 의 고

可以託不御之權하고 可以寄,六尺之孤하니 此는
가 이 탁 불 어 지 권　가 이 기 륙 척 지 고　차

厲,廉恥行,禮義之所致也어늘 此之不爲而顧彼之
여 렴 치 행 례 의 지 소 치 야　차 지 불 위 이 고 피 지

久行하니 故로 曰, 可爲,長太息者,此也이니다. 誼,
구 행　고　왈　가 위 장 태 식 자 차 야　의

以絳侯,前逮繫獄하여 卒,無事實故로 以此譏上하
이 강 후 전 체 계 옥　졸 무 사 실 고　이 차 기 상

니 上이 深納其言하여 養,臣下有節하고 是後로 大
상　심 납 기 언　양 신 하 유 절　시 후　대

臣이 有罪에 皆自殺하고 不受刑하다.
신　유 죄　개 자 살　불 수 형

○辛未十年(B.C. 170년)에 將軍,薄昭,殺,漢使者어늘
신 미 십 년　장 군 박 소 살 한 사 자

帝,不忍加誅하여 使,公卿으로 從之飮酒하여 欲令
제 불 인 가 주　사 공 경　종 지 음 주　욕 령

自引分하니 昭,不肯이어늘 使,羣臣으로 喪服往哭
자 인 분　소 불 긍　사 군 신　상 복 왕 곡

之하니 乃,自殺하니라.
지　내 자 살

어려운 낱말 / 고사성어

[闚] : 엿볼(규). [莢] : 풀 열매(협). [憤恚(분에)] : 매우 성을 내다. [髖髀(관비)] : 허리뼈와 넓적다리뼈. [簠簋(보궤)] : 제기 이름. [汙穢(오예)] : 매우 더럽다.

통감절요 제8권

通鑑節要

漢紀:太宗孝文皇帝下
한기 태종효문황제하

○壬申十一年(B.C. 169년)에 匈奴,數爲邊患이어늘
임신십일년 흉노삭위변환
鼂錯이 上言兵事曰, 臣은 聞,用兵臨戰에 合刃之
조착 상언병사왈 신 문용병임전 합인지
急이 有三하니 一曰, 得地形이요, 二曰, 卒服習이
급 유삼 일왈 득지형 이왈 졸복습
요, 三曰, 器用利故로 兵法에 器械不利면 以其卒
삼왈 기용리고 병법 기계불리 이기졸
予敵也이요, 卒不可用이면 以其將予敵也요, 將不
여적야 졸불가용 이기장여적야 장불
知兵이면 以其主予敵也요, 君不擇將이면 以其國
지병 이기주여적야 군불택장 이기국
予敵也이니 四者는 兵之至要也이니다. 臣은 又聞
여적야 사자 병지지요야 신 우문
以蠻夷로 攻蠻夷는 中國之形也라 하니 今,匈奴地
이만이 공만이 중국지형야 금흉노지
形이 技藝與中國異하니 上下山阪하고 出入溪澗
형 기예여중국이 상하산판 출입계간
은 中國之馬,弗與也요, 險道傾仄에 且馳且射는
중국지마불여야 험도경측 차치차사

中國之騎,弗與也이요, 風雨罷勞하고 飢渴不困은
중 국 지 기 불 여 야 풍 우 파 로 기 갈 불 곤

中國之人이 弗與也이니 此는 匈奴之長技也이요,
중 국 지 인 불 여 야 차 흉 노 지 장 기 야

若夫,平原易地에 輕車突騎則,匈奴之衆이 易撓
약 부 평 원 이 지 경 거 돌 기 즉 흉 노 지 중 이 요

亂也요, 勁弩長戟이 射疏及遠則,匈奴之弓이 弗
란 야 경 노 장 극 사 소 급 원 즉 흉 노 지 궁 불

能格也요, 堅甲利刃이 長短相雜하고 遊弩往來하
능 격 야 견 갑 이 인 장 단 상 잡 유 노 왕 래

여 什伍俱前則,匈奴之兵이 弗能當也요, 材官이
십 오 구 전 즉 흉 노 지 병 불 능 당 야 재 관

騶發하여 矢道同的則,匈奴之革笥,木薦이 弗能支
추 발 시 도 동 적 즉 흉 노 지 혁 사 목 천 불 능 지

也요, 下馬地鬪에 劍戟이 相接하고 去就相薄則,匈
야 하 마 지 투 검 극 상 접 거 취 상 박 즉 흉

奴之足이 弗能給也이니 此는 中國之長技也니라.
노 지 족 불 능 급 야 차 중 국 지 장 기 야

以此觀之면 匈奴之長技는 三이요, 中國之長技는
이 차 관 지 흉 노 지 장 기 삼 중 국 지 장 기

五이니 帝王之道,出於萬全이니다. 今,降胡義渠,來
오 제 왕 지 도 출 어 만 전 금 항 호 의 거 래

歸義者,數千이라 長技與,匈奴同하니 可賜之堅甲,
귀 의 자 수 천 장 기 여 흉 노 동 가 사 지 견 갑

利兵하고 益以邊郡之良騎하여 平地通道則,以輕
이 병 익 이 변 군 지 양 기 평 지 통 도 즉 이 경

車材官으로 制之하여 兩軍이 相爲表裏면 此는 萬
거 재 관 제 지 양 군 상 위 표 리 차 만

全之術이니다. 帝嘉之하여 賜書寵答焉하다. 錯又,
전 지 술 제 가 지 사 서 총 답 언 착 우

上言曰, 胡貉之人은 其性이 耐寒하고 揚粵之人
상 언 왈 호 맥 지 인 기 성 내 한 양 월 지 인
은 其性이 耐暑하고 秦之戍卒은 不耐其,水土하여
기 성 내 서 진 지 수 졸 불 내 기 수 토
戍者死於邊하고 輸者僨於道하여 秦民이 見行을
수 자 사 어 변 수 자 분 어 도 진 민 현 행
如往棄市하니 陳勝이 先倡에 天下從之者는 秦이
여 왕 기 시 진 승 선 창 천 하 종 지 자 진
以,威劫而行之之敝也니라. 不如選,常居者하여
이 위 겁 이 행 지 지 폐 야 불 여 선 상 거 자
爲,室屋,具田器하고 乃募民하되 免罪拜爵하여 復
위 실 옥 구 전 기 내 모 민 면 죄 배 작 복
其家하고 予,冬夏衣廩하고 胡人은 入驅而能止其,
기 가 여 동 하 의 름 호 인 입 구 이 능 지 기
所驅者는 以其半予之니 如是則,邑里相救助하여
소 구 자 이 기 반 여 지 여 시 즉 읍 리 상 구 조
赴胡不避死하니 非,以德上也니라. 欲全親戚而利
부 호 불 피 사 비 이 덕 상 야 욕 전 친 척 이 이
其財也이니 此與東方之戍卒이 不習地勢,而心畏
기 재 야 차 여 동 방 지 수 졸 불 습 지 세 이 심 외
胡者를 功相萬也이니다. 上이 從其言하여 募民,徙
호 자 공 상 만 야 상 종 기 언 모 민 사
塞下하다.
새 하

○癸酉十二年(B.C. 168년)에 錯,復言於上曰, 堯有
계 유 십 이 년 착 부 언 어 상 왈 요 유
九年之水하고 湯有七年之旱에 而,國亡捐瘠者는
구 년 지 수 탕 유 칠 년 지 한 이 국 망 연 척 자

以蓄積이 多而備,先具也니라. 今,海內爲一하여 土
이 축 적 다 이 비 선 구 야 금 해 내 위 일 토

地人民之衆이 不減湯,禹하고 加以無,天災數年之
지 인 민 지 중 불 감 탕 우 가 이 무 천 재 수 년 지

水旱而蓄積이 未及者는 何也오? 地有遺利하고 民
수 한 이 축 적 미 급 자 하 야 지 유 유 리 민

有餘力하여 生穀之土,未盡墾하고 山澤之利가 未
유 여 력 생 곡 지 토 미 진 간 산 택 지 리 미

盡出하고 游食之民이 薇盡歸農也이니다. 夫,寒至
진 출 유 식 지 민 미 진 귀 농 야 부 한 지

於衣에 不待輕暖하고 飢之於食에 不待甘旨요, 飢
어 의 부 대 경 난 기 지 어 식 부 대 감 지 기

寒이 至身에 不顧廉致라 人情이 一日 不再食則,
한 지 신 불 고 렴 치 인 정 일 일 부 재 식 즉

飢하고 從歲하나니 不製衣하며 則,寒夫腹飢,不 得
기 종 세 부 제 의 즉 한 부 복 기 부 득

食하며 膚寒不得衣면 雖,慈父나 不能保其子이니
식 부 한 부 득 의 수 자 부 불 능 보 기 자

君,安能以有其民哉리까? 是故로 明君은 貴,五穀
군 안 능 이 유 기 민 재 시 고 명 군 귀 오 곡

而賤金玉하나니 方今之務,莫若使民으로 務農而
이 천 금 옥 방 금 지 무 막 약 사 민 무 농 이

已니 欲民務農이면 在於貴粟이요, 貴粟之道는 在
이 욕 민 무 농 재 어 귀 속 귀 속 지 도 재

於使民,以粟爲賞罰이니 今募天下하되 入粟縣官
어 사 민 이 속 위 상 벌 금 모 천 하 입 속 현 관

하여 得以拜爵하고 得以除罪니 如此면 富人은 有
득 이 배 작 득 이 제 죄 여 차 부 인 유

爵하고 農民은 有錢하여 粟有所渫이니 爵者는 上
작 농 민 유 전 속 유 소 설 작 자 상

之所擅이라. 出於口而无窮이요, 粟者는 民之所
지 소 천 출 어 구 이 무 궁 속 자 민 지 소

種이라. 生於地而不乏이니 夫,得高爵與免罪는
종 생 어 지 이 불 핍 부 득 고 작 여 면 죄

人之所甚欲也니라. 使,天下人으로 入粟於邊하여
인 지 소 심 욕 야 사 천 하 인 입 속 어 변

以,受爵免罪면 不過三歲하여 塞下之粟이 必多
이 수 작 면 죄 불 과 삼 세 새 하 지 속 필 다

矣이리다. 帝,從之하여 令民으로 入粟邊,拜爵하되
의 제 종 지 영 민 입 속 변 배 작

各以多少級受로 爲差하다. 錯이 復奏하되 陛下,幸
각 이 다 소 급 수 위 차 착 복 주 폐 하 행

使天下로 入粟以拜爵하시니 甚大惠也니라. 邊食
사 천 하 입 속 이 배 작 심 대 혜 야 변 식

이 足以支,五歲어든 可令,入粟郡縣하고 郡縣이
족 이 지 오 세 가 령 입 속 군 현 군 현

足支,一歲以上이어든 可時赦하고 勿收農民租하
족 지 일 세 이 상 가 시 사 물 수 농 민 조

소서. 如此면 德澤이 加於萬民하고 民愈勤農하여
여 차 덕 택 가 어 만 민 민 유 근 농

大富樂矣이리다. 上이 復從其言하여 詔賜農民하여
대 부 락 의 상 부 종 기 언 조 사 농 민

今年租稅之半하다.
금 년 조 세 지 반

○錯의 爲人이 峭直刻深하여 以其辯으로 得幸하니
착 위 인 초 직 각 심 이 기 변 득 행

太子가 號曰, 智囊이라 하다.
태 자 호 왈 지 낭

○齊,太倉令,淳于,意,有罪當刑하여 詔,獄逮繫長
제 태 창 령 순 우 의 유 죄 당 형 조 옥 체 계 장
安하니 其少女,緹縈이 上書曰, 妾父爲吏에 齊中
안 기 소 녀 제 영 상 서 왈 첩 부 위 리 제 중
이 皆稱其,廉平이러니 今,坐法當刑하니 妾이 傷이
개 칭 기 염 평 금 좌 법 당 형 첩 상
라. 夫,死者는 不可復生이요, 刑者는 不可復屬이니
부 사 자 불 가 부 생 형 자 불 가 부 속
雖,後欲,改過自新이나 其道,無繇也니라. 妾이 願,
수 후 욕 개 과 자 신 기 도 무 요 야 첩 원
沒入爲官婢하여 以贖,父刑罪하여 使得自新케하소
몰 입 위 관 비 이 속 부 형 죄 사 득 자 신
서. 天子,憐悲其意하여 詔除肉刑하다.
천 자 련 비 기 의 조 제 육 형

○上이 旣,躬修,玄默,而將相하니 皆舊功臣이라. 少
상 기 궁 수 현 묵 이 장 상 개 구 공 신 소
文多質하여 懲惡亡秦之政하여 論議를 務在寬厚
문 다 질 징 악 망 진 지 정 논 의 무 재 관 후
하고 恥言,人之過失하니 化行天下하여 告訐之俗
치 언 인 지 과 실 화 행 천 하 고 알 지 속
이 易하고 吏安其官하고 民樂其業하여 畜積이 歲增
역 이 안 기 관 민 락 기 업 축 적 세 증
하고 戶口寖息하여 風流篤厚하고 禁罔이 疏闊하여
호 구 침 식 풍 류 독 후 금 망 소 활
罪疑者를 予民하니 是以로 刑罰을 大省하여 至於,
죄 의 자 여 민 시 이 형 벌 대 성 지 어
斷獄四百하니 有,刑錯之風焉이러라.
단 옥 사 백 유 형 착 지 풍 언

○六月에 詔曰, 農은 天下之本이라 務莫大焉이어
유월 조왈 농 천하지본 무막대언
늘 今,勤身從事而有,租稅之賦하니 是爲本末者,
금 근신종사이유 조세지부 시위본말자
無以異也니라. 其於勸農之道에 未備하니 其除,田
무이이야 기어권농지도 미비 기제전
之租稅하라 하다.
지조세

○乙亥十四年(B.C. 166년), 冬에 匈奴가 老上單于,
을해십사년 동 흉노 노상선우
十四萬騎로 入朝那,蕭關하여 殺,北地都尉하고 遂
십사만기 입조나소관 살,북지도위 수
至彭陽이어늘 上이 親勞軍하여 自欲征,匈奴하니 皇
지팽양 상 친로군 자욕정흉노 황
太后,固要乃止하고 於是에 以,張相如로 爲,大將
태후고요내지 어시 이장상여 위대장
軍하여 擊之하여 逐出塞,卽還하다.
군 격지 축출새즉환

○上이 輦過郎署라가 問,馮唐曰, 父家何在오? 對
상 연과랑서 문빙당왈 부가하재 대
曰, 臣의 大父는 趙人이로이다. 上曰, 昔有爲,我言
왈 신 대부 조인 상왈 석유위아언
趙將,李齊之賢이 戰於鉅鹿下라 하니 今吾,每飯에
조장이제지현 전어거록하 금오매반
意未嘗,不在鉅鹿也로라. 唐,對曰, 尙不如,廉頗,
의미상부재거록야 당대왈 상불여염파

李牧之爲將也니다. 上이 拊髀曰, 嗟乎라! 吾,獨不
이 목 지 위 장 야 상 부 비 왈 차 호 오 독 부

得이로다. 廉頗,李牧으로 爲將이면 吾豈憂,匈奴哉
득 염 파 이 목 위 장 오 기 우 흉 노 재

리요. 唐曰, 陛下,雖得廉頗.李牧이라도 弗能用也
당 왈 폐 하 수 득 염 파 이 목 불 능 용 야

리다. 上이 怒하여 讓唐하니 唐曰, 上古,王者之遣
상 노 양 당 당 왈 상 고 왕 자 지 견

將也에 跪而推轂曰, 閫以內는 寡人이 制之하고
장 야 궤 이 추 곡 왈 곤 이 내 과 인 제 지

閫以外는 將軍이 制之라 하여 軍功爵賞을 皆決於
곤 이 외 장 군 제 지 군 공 작 상 개 결 어

外하니 李牧이 是以로 北逐單于하고 破,東胡,滅,澹
외 이 목 시 이 북 축 선 우 파 동 호 멸 담

林하고 西抑强秦하고 南支韓.魏하니 今,魏尙이 爲
림 서 억 강 진 남 지 한 위 금 위 상 위

雲中守하여 其軍市租를 盡以饗士卒하니 匈奴,遠
운 중 수 기 군 시 조 진 이 향 사 졸 흉 노 원

避하여 不敢近塞하고 虜曾一入에 尙이 率車騎擊
피 불 감 근 새 노 증 일 입 상 솔 거 기 격

之하여 所殺이 甚衆이로되 上功幕府에 一言이 不相
지 소 살 심 중 상 공 막 부 일 언 불 상

應이라 하여 文吏以法繩之하고 其賞이 不行하니 陛
응 문 리 이 법 승 지 기 상 불 행 폐

下,賞太輕하고 罰太重이라. 魏尙이 坐,上功首虜,
하 상 태 경 벌 태 중 위 상 좌 상 공 수 로

差六級으로 陛下,下之吏하여 削其爵하고 罰作之
차 륙 급 폐 하 하 지 리 삭 기 작 벌 작 지

하니 由此言之하니 陛下,雖得廉頗.李牧이나 弗能
유 차 언 지 폐 하 수 득 렴 파 이 목 불 능

用也이니다. 上이 說하여 是日에 令唐으로 持節赦
용 야 상 설 시 일 영 당 지 절 사

魏尚하여 復以爲,雲中守,而拜唐하여 爲,車騎都尉
위 상 부 이 위 운 중 수 이 배 당 위 거 기 도 위

하다.

○春에 詔,廣增諸祀壇場,珪幣하고 且曰, 吾聞祠
춘 조 광 증 제 사 단 장 규 폐 차 왈 오 문 사

官이 祝釐에 皆,歸福於朕躬하고 不爲百姓이라 하니
관 축 리 개 귀 복 어 짐 궁 불 위 백 성

朕,甚愧之하다. 夫以朕之不德而專饗,獨美其福
짐 심 괴 지 부 이 짐 지 부 덕 이 전 향 독 미 기 복

하고 百姓은 不與焉하니 是는 重,吾不德也니라. 其
백 성 불 여 언 시 중 오 부 덕 야 기

令祠官으로 致敬에 無有所祈하라 하다.
령 사 관 치 경 무 유 소 기

어려운 낱말 / 고사성어

[鼂錯(조착)] : 사람 이름. [傾仄(경측)] : 기울다. 경사. [閫] : 문지방(곤). 외척을 이르는 말.

○丁丑十六年(B.C. 164년)에 得,玉杯하고 於是에 始
정축십육년 득옥배 어시 시
更,以十七年으로 爲元年하다.
경이십칠년 위원년

○戊寅後元年(B.C. 163년)에 詔曰, 間者에 數年不
무인후원년 조왈 간자 수년부
登하고 又有水旱,疾疫之災하니 朕,甚憂之로다. 愚
등 우유수한질역지재 짐심우지 우
而不明하여 未達其咎하나니 意者컨대 朕之政이 有,
이불명 미달기구 의자 짐지정 유
所失而行이 有過與아? 乃,天道有不順하고 地利
소실이행 유과여 내천도유불순 지리
或,不得하고 人事,多失和하고 鬼神이 廢不享與아?
혹부득 인사다실화 귀신 폐불향여
何以致此요? 將,百官之奉養이 或廢하고 無用之
하이치차 장백관지봉양 혹폐 무용지
事,或多與아? 何,其民食之,寡乏也오? 夫,度田에
사혹다여 하기민식지과핍야 부도전
非益하니 寡而計民未加益,以口量地컨대 其於古
비익 과이계민미가익이구량지 기어고
에 猶有餘而食之甚不足者는 其咎安在아? 無乃
유유여이식지심부족자 기구안재 무내
百姓之,從事於末하고 以害農者,蕃하고 爲,酒醪하
백성지종사어말 이해농자번 위주료
여 以,靡穀者,多하고 六畜之食焉者,衆與아? 細大
이미곡자다 육축지식언자중여 세대
之義를 吾未得,其中이라. 其與丞相,列侯吏,二千
지의 오미득기중 기여승상열후리이천

石博士로 議之하여 有可以佐,百姓者어든 率意遠
석 박 사 의 지 유 가 이 좌 백 성 자 솔 의 원

思하여 無有所隱하라.
사 무 유 소 은

本紀曰, 二年에 匈奴和親이어늘 詔曰, 朕旣不
본 기 왈 이 년 흉 노 화 친 조 왈 짐 기 불

明하여 不能遠德하여 使,方外之國으로 或不寧食하
명 불 능 원 덕 사 방 외 지 국 혹 불 녕 식

고 憂苦萬民하니 爲之惻怛,不安故로 遣,使者하여
우 고 만 민 위 지 측 달 불 안 고 견 사 자

冠蓋相望하여 結徹於道하여 以,諭朕志於單于러
관 개 상 망 결 철 어 도 이 유 짐 지 어 선 우

니 今,單于,新與朕으로 俱棄細過하고 偕之大道하
금 선 우 신 여 짐 구 기 세 과 해 지 대 도

여 以全天下元元之民이라 하니 和親已定이 始於
이 전 천 하 원 원 지 민 화 친 이 정 시 어

今年이라.
금 년

○己卯二年(B.C. 162년)에 帝,以皇后弟,竇廣國이
기 묘 이 년 제 이 황 후 제 두 광 국

賢有行이라 하여 欲相之하되 曰, 恐天下,以吾私廣
현 유 행 욕 상 지 왈 공 천 하 이 오 사 광

國하여 久念不可라. 乃以申屠嘉로 爲相하니 嘉,爲
국 구 념 불 가 내 이 신 도 가 위 상 가 위

人이 廉直하여 門不受私謁이라. 是時에 鄧通이 方
인 염 직 문 불 수 사 알 시 시 등 통 방

愛幸하여 賞賜累鉅萬이요, 寵幸이 無比러니 嘉,嘗
애 행 상 사 루 거 만 총 행 무 비 가 상

入朝而通居上旁하여 有,怠慢之禮어늘 嘉,奏事畢
입 조 이 통 거 상 방 유 태 만 지 례 가 주 사 필

에 因言曰, 陛下,愛幸羣臣則,富貴之어니와 至於
인 언 왈 폐 하 애 행 군 신 즉 부 귀 지 지 어

朝廷之禮하여는 不可以不肅이라 하고 罷朝에 嘉坐
조 정 지 례 불 가 이 불 숙 파 조 가 좌

府中하여 上曰, 汝第往하라. 通이 詣,丞相府하여
부 중 상 왈 여 제 왕 통 예 승 상 부

免冠徒跣하고 頓首謝하며 嘉,坐自如하여 弗爲禮
면 관 도 선 돈 수 사 가 좌 자 여 불 위 례

하고 責曰, 夫,朝廷者는 高帝之朝廷也어늘 通은
책 왈 부 조 정 자 고 제 지 조 정 야 통

小臣이라 戲殿上하니 大不敬이라. 當斬이라 하고 吏
소 신 희 전 상 대 불 경 당 참 이

今行斬之하니 通이 頓首出血하되 不解라. 上이 度
금 행 참 지 통 돈 수 출 혈 불 해 상 도

丞相이 已困通하고 使使持節하여 召通而謝,丞相
승 상 이 곤 통 사 시 지 절 소 통 이 사 승 상

曰, 此는 吾弄臣이라. 君은 釋之하라 鄧通이 旣至에
왈 차 오 롱 신 군 석 지 등 통 기 지

爲,上泣曰, 丞相이 幾,殺臣이니다.
위 상 읍 왈 승 상 기 살 신

○癸未六年(B.C. 158년) 冬에 匈奴三萬騎는 入,上
계 미 육 년 동 흉 노 삼 만 기 입 상

郡하고 三萬騎는 入,雲中하여 烽火,通於甘泉,長安
군 삼 만 기 입 운 중 봉 화 통 어 감 천 장 안

이어늘 以,周亞夫로 爲,將軍하여 次,細柳하고 劉禮
이 주 아 부 위 장 군 차 세 류 유 례

로 爲,將軍하여 次,霸上하고 徐厲로 爲將軍하여 次,
위장군 차패상 서려 위장군 차

棘門하여 以,備胡하고 上이 自勞軍할새 至,霸上及
극문 이비호 상 자로군 지패상급

棘門軍하여 直馳入하니 將,以下騎送迎이러니 已
극문군 직치입 장이하기송영 이

而오 之,細柳軍하니 軍士吏被,甲銳兵刃하고 彀弩
이 지세류군 군사리피갑예병인 구노

持滿이라. 天子,先驅,至不得入하여 先驅曰, 天子
지만 천자선구지부득입 선구왈 천자

且至니라. 軍門都尉曰, 將軍令曰, 軍中聞,將軍
차지 군문도위왈 장군령왈 군중문장군

令이요 不聞天子詔라 하다. 上이 至하여 又不得入이
령 불문천자조 상 지 우부득입

라. 於是에 上이 使,使로 持節,詔將軍하되 吾欲,入
어시 상 사사 지절조장군 오욕입

營勞軍하노라. 亞夫,乃傳言開壁門하니 壁門士,請
영로군 아부내전언개벽문 벽문사청

車騎曰, 將軍約,軍中에 不得馳驅하라. 於是에 天
거기왈 장군약군중 부득치구 어시 천

子,按轡,徐行至營하니 將軍,亞夫,持兵揖曰, 介胄
자안비서행지영 장군아부지병읍왈 개주

之士不拜하니 請以軍禮로 見하나이다. 天子,改容
지사불배 청이군례 견 천자개용

式車하여 使人稱謝하고 皇帝,敬勞將軍하고 成禮
식거 사인칭사 황제경로장군 성례

而去할새 旣出,軍門에 羣臣이 皆驚이어늘 上曰, 嗟
이거 기출군문 군신 개경 상왈 차

乎라 此,眞將軍矣로다. 曩者에 霸上,棘門軍은 若
호 차진장군의 낭자 패상극문군 약

兒戲爾라. 其將은 固,可襲而虜也어니와 至於亞夫
아희이 기장 고가습이노야 지어아부

하여는 可得而犯邪야아! 稱善者,久之러니 月餘에
가득이범사 칭선자구지 월여

漢兵이 至邊하니 匈奴,亦遠塞어늘 漢兵이 亦罷하
한병 지변 흉노역원새 한병 역파

고 乃拜,周亞夫하여 爲,中尉하다.
내배주아부 위중위

○甲申七年(B.C. 157년), 夏六月에 帝崩하다.
갑신칠년 하유월 제붕

어려운 낱말 / 고사성어

[竇] : 구덩(두). 물길, 수도(水道). [彀] : 당길(구). 활을 쏘다. [馳驅(치구)] : 수레를 몰다. [曩] : 접 때(낭). 앞서. 이전에.

{孝景皇帝, 在位十六年에 壽四十八}
효경황제 재위십육년 수사십팔

○乙酉元年(B.C. 156년)이라. 五月에 復收,民田半租
을유원년 오월 부수 민전반조

하되 三十而稅一하다.
삼십이세일

○初에 文帝,除肉刑하니 外有,輕刑之名이나 內實
초 문제제육형 외유경형지명 내실

殺人이라. 斬,右趾者는 又,當死하고 斬,左趾者는
살인 참우지자 우당사 참좌지자

笞五百하고 當劓者는 笞,三百하니 率,多死라. 是歲
태오백 당의자 태삼백 솔다사 시세

에 下詔曰, 加笞는 重罪로 無異하니 幸而不死라도
하조왈 가태 중죄 무이 행이불사

不可爲人이니 其定律하되 笞五百曰, 三百하고 笞
불가위인 기정률 태오백왈 삼백 태

三百曰, 二百하라 하다.
삼백왈 이백

○秋에 與,匈奴로 和親하다.
추 여흉노 화친

○梁孝王이 以,竇太后,幼子故로 有寵하여 王四十
양효왕 이두태후유자고 유총 왕사십

餘城하여 居,天下膏腴地하고 賞賜는 不可勝紀러
여성 거천하고유지 상사 불가승기

라.

○丁亥三年(B.C. 154년)에 梁孝王이 來朝하니 時에
정해삼년 양효왕 내조 시

上이 未置太子라. 與,梁王으로 宴飮에 從容言曰,
상 미치태자 여양왕 연음 종용언왈

千秋萬歲後에 傳於王하리니 王이 辭謝하고 雖,知
천추만세후 전어왕 왕 사사 수지

非至言이나 然이나 心內喜하고 太后,亦然之하니 詹
비지언 연 심내희 태후역연지 첨

事,竇嬰이 引,卮酒進曰, 天下者는 高祖之天下요,
사두영 인치주진왈 천하자 고조지천하

父子相傳은 漢之約也어늘 上,何以得傳,梁王이니
부자상전 한지약야 상하이득전양왕

까! 太后,由此로 憎嬰하고 王은 以此,益驕러라.
태후유차 증영 왕 이차익교

○初, 孝文時에 吳太子,入見하여 得侍,皇太子,飮
초 효문시 오태자입현 득시황태자음

博할새 吳太子,博에 爭道不恭이어늘 皇太子,引,博
박 오태자박 쟁도불공 황태자인박

局,提殺之하니 吳王이 由此로 稍失,藩臣之禮하여
국제살지 오왕 유차 초실번신지례

稱疾,不朝京師하고 始有反謀어늘 文帝賜,吳王几
칭질부조경사 시유반모 문제사오왕궤

杖하고 老不朝하라 하니 吳,得釋其罪하고 謀亦益解
장 노부조 오득석기죄 모역익해

나 然이나 其居國에 以,銅鹽故로 百姓이 無,佗賦하
연 기거국 이동염고 백성 무타부

고 郡國吏,欲來捕亡人者를 公共禁弗予하니 如此
군국리욕래포망인자 공공금불여 여차

者,四十餘年이라. 鼂錯,數,上書言,吳過可削이라
자사십여년 조착수상서언오과가삭

하되 文帝寬,不忍罰하니 以此로 吳日益橫이러라.
문제관불인벌 이차 오일익횡

及,帝卽位에 錯說上曰, 昔에 高帝,初定天下에 昆
급제즉위 착설상왈 석 고제초정천하 곤

弟少하고 諸子弱이라 하여 大封同姓하시니 齊는
제소 제자약 대봉동성 제

七十餘城이요, 楚는 四十餘城이요, 吳는 五十餘城
칠십여성 초 사십여성 오 오십여성

이라. 封,三庶孽하여 分,天下半이러니 今,吳王이 前
봉삼서얼 분천하반 금오왕 전

有,太子之郤이라 하여 詐,稱病不朝하니 於,古法當
유태자지극 사칭병부조 어고법당

에 誅하되 文帝不忍하시어 因賜几杖하시니 德이 至
주 문제불인 인사궤장 덕 지

厚也니라. 當,改過自新이어늘 反益驕溢하여 卽山
후야 당개과자신 반익교일 즉산

鑄錢하고 煮海爲鹽하고 誘,天下亡人하여 謀作亂
주전 자해위염 유천하망인 모작란

하니 今削之라도 亦反이요, 不削이라도 亦反이로되
금삭지 역반 불삭 역반

削之면 反亟禍小요, 不削이 反遲禍大이리다. 上이
삭지 반극화소 불삭 반지화대 상

令.公卿.列侯.宗室로 雜議하니 莫敢難이러라.
영 공 경 렬 후 종 실 잡 의 막 감 난

○初에 楚元王이 好書하여 與.魯申公.穆生으로 白
초 초 원 왕 호 서 여 노 신 공 목 생 백
生.俱受詩於浮丘伯이러니 及.王楚에 以.三人으로
생 구 수 시 어 부 구 백 급 왕 초 이 삼 인
爲.中大夫하다. 穆生이 不嗜酒어늘 元이 王每置酒
위 중 대 부 목 생 불 기 주 원 왕 매 치 주
에 常爲穆生.設醴러니 及.子夷王하고 孫王戊.卽位
상 위 목 생 설 례 급 자 이 왕 손 왕 무 즉 위
에 常設하다가 後乃忘設焉이어늘 穆生이 退曰, 可
상 설 후 내 망 설 언 목 생 퇴 왈 가
以逝矣醴酒를 不設하니 王之意怠라. 不去면 楚人
이 서 의 례 주 불 설 왕 지 의 태 불 거 초 인
이 將.鉗我於市라 하고 遂謝疾去하다.
장 겸 아 어 시 수 사 질 거

○楚王.戊.來朝하니 錯이 因言.戊.往年에 爲薄太
초 왕 무 내 조 착 인 언 무 왕 년 위 박 태
后服에 私奸服舍라 하여 削.東海郡하고 前年에 趙
후 복 사 간 복 사 삭 동 해 군 전 년 조
王이 有罪하여 削其常山郡하고 膠西王.卬은 以賣
왕 유 죄 삭 기 상 산 군 교 서 왕 앙 이 매
爵事로 有奸하여 削其六縣하고 廷臣이 方議削吳
작 사 유 간 삭 기 육 현 정 신 방 의 삭 오
하니 吳王이 恐.削地無已하여 因.發謀擧事하여 說
오 왕 공 삭 지 무 이 인 발 모 거 사 설

膠西王하고 約齊菑川,膠東.濟南.楚.趙.皆反하여
교서왕 약제치천교동제남초조개반

發使遺,諸侯書하되 罪狀晁錯하여 欲,合兵誅之하
발사유제후서 죄상조착 욕합병주지

다.

○初에 文帝且崩에 戒,太子曰, 卽有緩急이어든
초 문제차붕 계태자왈 즉유완급

周亞夫는 眞,可任將兵이라 하더니 及,七國反書聞
주아부 진가임장병 급칠국반서문

에 上이 乃拜中尉,周亞夫하여 爲太尉하여 將,
상 내배중위주아부 위태위 장

三十六將軍하고 往擊吳.楚하고 遣,酈寄하여 擊趙
삼십육장군 왕격오초 견역기 격조

하고 欒布,擊齊하다.
난포격제

○錯이 素與吳相으로 爰盎하여 不善이러니 盎이 夜
착 소여오상 원앙 불선 앙 야

見,竇嬰하고 爲言,吳所以反하고 願至上前하여 口
견두영 위언오소이반 원지상전 구

對狀이어늘 嬰이 入言하니 上이 乃召盎하니 盎이 入
대상 영 입언 상 내소앙 앙 입

見에 上이 方與錯으로 調兵食하다가 上이 問盎하되
현 상 방여착 조병식 상 문앙

今,吳楚反하니 於公意에 何如오? 對曰, 願屛左右
금오초반 어공의 하여 대왈 원병좌우

하소서 錯,趍避東廂,甚恨이라. 上이 卒問,盎하니 對
착 추 피 동 상 심 한 상 졸 문 앙 대

曰, 吾楚相遺書言,高帝王子弟하여 各有分地어
왈 오 초 상 유 서 언 고 제 왕 자 제 각 유 분 지

늘 今,賊臣鼂錯이 擅適諸侯하고 削奪其地하니 以
금 적 신 조 착 천 적 제 후 삭 탈 기 지 이

故로 反하여 欲共誅錯하고 復,故地而罷하니 方今
고 반 욕 공 주 착 부 고 지 이 파 방 금

計,獨有斬錯하고 發使赦七國하여 復其故地則,兵
계 독 유 참 착 발 사 사 칠 국 복 기 고 지 즉 병

可毋血刃而俱罷이리다. 上이 默然良久曰, 顧誠
가 무 혈 인 이 구 파 상 묵 연 양 구 왈 고 성

何如오? 吾,不愛一人하여 以謝天下이리요 錯殊不
하 여 오 불 애 일 인 이 사 천 하 착 수 부

知러라. 上이 使,中尉로 召錯하여 紿載行市하니 錯
지 상 사 중 위 소 착 태 재 행 시 착

衣하고 朝衣斬東市하다. 謁者僕射,鄧公이 上書言,
의 조 의 참 동 시 알 자 복 야 등 공 상 서 언

軍事曰, 吳爲,反計數十歲矣라. 發怒削地하여 以
군 사 왈 오 위 반 계 수 십 세 의 발 노 삭 지 이

誅錯,爲名이니 其意는 不在錯也라. 夫,鼂錯은 患,
주 착 위 명 기 의 부 재 착 야 부 조 착 환

諸侯彊大不하여 可制故로 請削之하여 以尊京師
제 후 강 대 부 가 제 고 청 삭 지 이 존 경 사

하니 萬世之利也어늘 計畫이 始行에 卒受大戮하여
만 세 지 리 야 계 획 시 행 졸 수 대 륙

內杜,忠臣之口하고 外爲,諸侯報仇하니 臣은 竊爲
내 두 충 신 지 구 외 위 제 후 보 구 신 절 위

陛下,不取也하나이다. 帝,喟然曰, 吾亦恨之라 하다.
폐 하 불 취 야 제 위 연 왈 오 역 한 지

○亞夫,言於上曰, 楚兵이 剽輕하니 難與爭鋒이라
아 부 언 어 상 왈 초 병 표 경 난 여 쟁 봉

願以梁으로 委之하여 絶其食道면 乃,可制也이리다.
원 이 양 위 지 절 기 식 도 내 가 제 야

上이 許之하다. 亞夫,乘傳하고 將,會兵滎陽할새 發
상 허 지 아 부 승 전 장 회 병 형 양 발

至霸上하니 趙涉이 遮說亞夫曰, 吳王이 知,將軍
지 패 상 조 섭 차 설 아 부 왈 오 왕 지 장 군

且行하고 必置人於殽澠之間이니 且,兵事는 尙神
차 행 필 치 인 어 효 민 지 간 차 병 사 상 신

密하니 將軍은 何不右去하여 走藍田出武關,抵洛
밀 장 군 하 불 우 거 주 람 전 출 무 관 저 낙

陽하여 直入武庫하라 諸侯聞之하고 以爲將軍이
양 직 입 무 고 제 후 문 지 이 위 장 군

從天而下也리라. 太尉如其計하여 至,洛陽하니 喜
종 천 이 하 야 태 위 여 기 계 지 낙 양 희

曰, 今,吾據,滎陽하니 滎陽以東은 無足憂者라 하
왈 금 오 거 형 양 형 양 이 동 무 족 우 자

고 使使搜殽澠間하여 果,得吳伏兵하다. 吳攻梁急
사 시 수 효 민 간 과 득 오 복 병 오 공 양 급

이어늘 亞夫,堅壁不出하고 使,輕騎로 出淮泗口하여
아 부 견 벽 불 출 사 경 기 출 회 사 구

絶吳하고 楚兵後,塞其饟道하니 吳,糧絶卒飢하여
절 오 초 병 후 새 기 양 도 오 량 절 졸 기

數,挑戰이나 終不出하다. 條侯軍中이 夜驚하여 內
수 도 전 종 불 출 조 후 군 중 야 경 내

相攻擊하여 擾亂至,帳下어늘 亞夫,堅臥不起하니
상 공 격 요 란 지 장 하 아 부 견 와 불 기

頃之에 復定이라. 吳,犇壁東南陬어늘 亞夫,使備西
경 지 부 정 오 분 벽 동 남 추 아 부 사 비 서

北이러니 已而요, 果,犇西北,不得入이라. 吳楚士卒
북 이이 과 분 서 북 부 득 입 오 초 사 졸
이 多飢死叛散하여 乃,引去어늘 亞夫,出精兵하여
다 기 사 반 산 내 인 거 아 부 출 정 병
追擊大破之하니 吳王이 棄軍走,度淮하여 保,東越
추 격 대 파 지 오 왕 기 군 주 도 회 보 동 월
이어늘 東越이 殺之하다. 楚王은 自殺하고 齊王은 飮
동 월 살 지 초 왕 자 살 제 왕 음
藥死하고 膠西王은 自殺하고 膠東.菑川.濟南王은
약 사 교 서 왕 자 살 교 동 치 천 제 남 왕
皆,伏誅하다.
개 복 주

○辛卯七年(B.C. 150년)에 廢,太子榮하여 爲,臨江王
신 묘 칠 년 폐 태 자 영 위 임 강 왕
하고 立膠東王,徹하여 爲,皇太子하다.
입 교 동 왕 철 위 황 태 자

○丁酉,中元,六年(B.C. 144년)이라. 上이 旣減,笞法하
정 유 중 원 육 년 상 기 감 태 법
니 笞者,猶不全이라. 乃更減하여 笞,三百曰, 二百
태 자 유 부 전 내 갱 감 태 삼 백 왈 이 백
하고 笞,二百, 曰一百하고 又定箠令하니 自是로 笞
태 이 백 왈 일 백 우 정 추 령 자 시 태
者,得全이나 然이나 死刑을 旣重而生刑하여 又輕
자 득 전 연 사 형 기 중 이 생 형 우 경
하니 民易犯之하니라.
민 이 범 지

○戊戌,後元,元年(B.C. 143년)에 直不疑로 爲,御史
무 술 후 원 원 년 직 불 의 위 어 사
大夫하다. 初에 不疑,爲郎에 同舍에 有,告歸하여 誤
대 부 초 불 의 위 랑 동 사 유 고 귀 오
持其,同舍郎,金去러니 已而요, 同舍郎이 覺亡하고
지 기 동 사 랑 금 거 이 이 동 사 랑 각 망
意,不疑어늘 不疑,謝有之하고 買金償이러니 後에
의 불 의 불 의 사 유 지 매 금 상 후
告歸者,至而歸金하니 亡金郎이 大慙이라. 以此로
고 귀 자 지 이 귀 금 망 금 랑 대 참 이 차
稱爲,長者라 하다.
칭 위 장 자

○庚子三年(B.C. 141년)이라. 十二月에 帝崩하고 太
경 자 삼 년 십 이 월 제 붕 태
子,卽皇帝位하니 年이 六이러라. 接秦之弊하여 天
자 즉 황 제 위 년 육 접 진 지 폐 천
子로 不能具,勻駟하고 而將相이 或乘牛車하고 齊
자 불 능 구 균 사 이 장 상 혹 승 우 거 제
民은 無盖藏이러니 天下已平에 高祖,乃令賈人으
민 무 개 장 천 하 이 평 고 조 내 령 가 인
로 不得衣絲,乘車하고 重,租稅以困辱之러니 孝惠
부 득 의 사 승 거 중 조 세 이 곤 욕 지 효 혜
高后時에 爲,天下初定이라 하여 復弛商賈之律이
고 후 시 위 천 하 초 정 부 이 상 고 지 률
나 然이나 市井之子孫이 亦不得,仕宦爲吏하고 量
연 시 정 지 자 손 역 부 득 사 환 위 리 양
吏,祿度官用하여 以賦於民而山川,園池,市井租
리 록 도 관 용 이 부 어 민 이 산 천 원 지 시 정 조

稅之入을 自,天子로 以至於,封君,湯沐邑히 皆各
세 지 입 자 천 자 이 지 어 봉 군 탕 목 읍 개 각

爲,私奉養焉하여 不領於天子之經費하고 漕轉,山
위 사 봉 양 언 불 령 어 천 자 지 경 비 조 전 산

東粟하여 以給中都官하니 歲不過,數十萬石이러니
동 속 이 급 중 도 관 세 불 과 수 십 만 석

繼以孝文.孝景이 清淨恭儉하여 安養天下,七十
계 이 효 문 효 경 청 정 공 검 안 양 천 하 칠 십

餘年之間에 國家無事하고 非遇,水旱之災하여 民
여 년 지 간 국 가 무 사 비 우 수 한 지 재 민

則,人給家足하고 都鄙廩庾,皆滿而府庫에 餘,貨
즉 인 급 가 족 도 비 늠 유 개 만 이 부 고 여 화

財하고 京師之錢이 累巨萬이라. 貫朽而不可校하
재 경 사 지 전 루 거 만 관 후 이 불 가 교

고 太倉之粟이 陳陳相因하여 充溢,露積於外하여
태 창 지 속 진 진 상 인 충 일 노 적 어 외

至,腐敗不可食하고 衆庶街巷에 有馬而阡陌之間
지 부 패 불 가 식 중 서 가 항 유 마 이 천 맥 지 간

에 成羣하여 乘馬牝者는 擯而不得聚會하고 守,閭
성 군 승 마 빈 자 빈 이 부 득 취 회 수 여

閻者,食粱肉하고 爲吏者,長子孫하고 居官者以爲
염 자 식 량 육 위 리 자 장 자 손 거 관 자 이 위

姓號라. 故로 人人이 自愛而重犯法하고 先行義而
성 호 고 인 인 자 애 이 중 범 법 선 행 의 이

後詘辱焉하니 當此之時하여 罔疏而民富하고 役
후 굴 욕 언 당 차 지 시 망 소 이 민 부 역

財驕溢하여 或至兼幷하고 護黨之徒,以武斷於鄉
재 교 일 혹 지 겸 병 호 당 지 도 이 무 단 어 향

曲하고 宗室有土와 公卿大夫以下가 爭事奢侈하
곡 종 실 유 토 공 경 대 부 이 하 쟁 사 사 치

여 室廬與服僭于上하여 無限度하니 物盛而衰는
실려여복참우상 무한도 물성이쇠

固其變也니라. 自是之後에 孝武,內窮侈靡하고 外
고기변야 자시지후 효무내궁치미 외

攘夷狄하니 天下蕭然하여 財力이 耗矣하다.
양이적 천하소연 재력 모의

어려운 낱말 / 고사성어

[當劓(당의)] : 코를 베는 형벌. [膏腴(고유)] : 기름진 땅. [盎] : 동이(앙), 가득 찰(앙).

통감절요 제9권

通鑑節要

漢紀：世宗.孝武皇帝, 在位五十四年, 壽七十
한기 세종 효무황제 재위오십 사년 수칠십

○辛丑,建元,元年(B.C. 140년)이라. 冬十月에 詔擧,
신축 건원 원년 동시월 조거

賢良方正,直言極諫之士하여 上이 親策問以古今
현량방정 직언극간지사 상 친책문이고금

治道하니 廣川,董仲舒,對曰, 臣은 觀,天人相與之
치도 광천 동중서 대왈 신 관 천인상여지

際하니 甚可畏也니다. 自非,太亡道之世면 天이 盡
제 심가외야 자비 태망도지세 천 진

欲扶持全安之하나니 事在,彊勉而已라. 彊勉,學問
욕부지전안지 사재 강면이이 강면 학문

則,聞見博而知益明하고 彊勉,行道則,德日起而
즉 문견박이지익명 강면 행도즉 덕일기이

大有功이리다. 道者는 所繇適於,治之路也니 仁義
대유공 도자 소요적어 치지로야 인의

禮樂이 皆其具也니라. 故로 聖王이 已沒에 而子孫
예악 개기구야 고 성왕 이몰 이자손

이 長久安寧,數百歲는 此皆,禮樂教化之功也니다.
장구안녕 수백세 차개 예악교화지공야

夫,周道衰於,幽厲는 非,道亡也니라. 幽厲,不繇也
부 주도쇠어 유려 비 도망야 유려 불요야

요 至於宣王하여 思昔,先王之德하여 興滯補敝하
지어선왕 사석선왕지덕 홍체보폐

여 明,文武之功業하니 周道,粲然復興은 此,夙夜
명문무지공업 주도찬연부흥 차숙야

不懈하여 行善之所致也니다. 爲,人君者는 正心,以
불해 행선지소치야 위인군자 정심이

正朝廷하고 正,朝廷以,正百官하고 正,百官以正,
정조정 정조정이정백관 정백관이정

萬民하고 正,萬民以正,四方이니 四方이 正이면 遠
만민 정만민이정사방 사방 정 원

近이 莫敢,不壹於正하고 而亡,有邪氣奸하여 其間
근 막감불일어정 이망유사기간 기간

者이니 是以로 陰陽이 調而風雨時하고 羣生和而
자 시이 음양 조이풍우시 군생화이

萬民殖하여 諸福之物이 可致之祥이 莫不畢至而
만민식 제복지물 가치지상 막불필지이

王道가 終矣리다. 今,陛下는 貴爲天子하시고 富有
왕도 종의 금폐하 귀위천자 부유

四海하시며 居,得致之位하시고 操,可致之勢하시며
사해 거득치지위 조가치지세

又有,能致之資하시어 行高而恩厚하고 知明而意
우유능치지자 행고이은후 지명이의

美하고 愛民而好士하시니 可謂,誼主矣라. 然而,天
미 애민이호사 가위의주의 연이천

地未應而,美祥이 莫至者는 何也요? 凡以敎化가
지미응이미상 막지자 하야 범이교화

不立而萬民이 不正也이리다. 夫,萬民之趍利也에
불립이만민 부정야 부만민지추리야

如,水之走下하여 不以敎化로 隄,防之면 不能止也
여수지주하 불이교화 제방지 불능지야

니라. 古之王者가 明於此故로 南面而,治天下에 莫
고지왕자 명어차고 남면이치천하 막

不以敎化로 爲,大務하여 立,太學以敎於國하고 設,
불이교화 위대무 입태학이교어국 설

庠序以,化於邑하여 漸民以仁하고 摩民以誼하고
상서이화어읍 점민이인 마민이의

節民,以禮故로 其,刑罰甚輕而禁,不犯者는 敎化
절민이례고 기형벌심경이금불범자 교화

가 行而習俗이 美也니다. 聖王之繼,亂世也에 掃除
행이습속 미야 성왕지계난세야 소제

其迹而,悉去之면 竊,譬之琴瑟이 不調甚者는 必,
기적이실거지 절비지금슬 부조심자 필

解而更張之하여 乃可鼓也요, 爲政而不行甚者는
해이경장지 내가고야 위정이불행심자

必變而更化之라야 乃,可理也니라. 故로 漢이 得,天
필변이경화지 내가리야 고 한 득천

下以來로 常欲治而,至今,不可善治者는 失之於
하이래 상욕치이지금불가선치자 실지어

當,更化而不更化也니다. 古人이 有言曰, 臨淵羨
당경화이불경화야 고인 유언왈 임연선

魚면 不如退而結網이라 하니 今,臨政願治는 不如,
어 불여퇴이결망 금임정원치 불여

退而更化니 更化則,可善治요, 善治則,災害日去
퇴이경화 경화즉가선치 선치즉재해일거

하고 福祿이 日來하리다. 臣은 聞,聖王之,治天下也
복록 일래 신 문성왕지치천하야

에 爵祿以養其德하고 刑罰,以威其惡故로 民,曉於
작록이양기덕 형벌이위기악고 민효어

禮義而,恥犯其上하나니 武王이 行大誼면 平,殘賊
례의이치범기상 무왕 행대의 평잔적

하시고 周公이 作,禮樂以文之하시니 至於,成康之
주공 작예악이문지 지어성강지

隆하여 囹圄空虛,四十餘年하니 此는 亦,敎化之漸
륭 영어공허사십여년 차 역교화지점

而,仁義之流也니다. 今,陛下는 幷有天下而功不
이인의지류야 금폐하 병유천하이공불

加於百姓者는 殆,王心이 未加焉이니다. 曾子曰,
가어백성자 태왕심 미가언 증자왈

尊其所聞則,高明矣요, 行其所知則,光大矣라시니
존기소문즉고명의 행기소지즉광대의

高明光大는 不在乎他니라. 在乎加之意而已니
고명광대 부재호타 재호가지의이이

願,陛下는 設誠於內而致,行之則,三王에 何異哉
원폐하 설성어내이치행지즉삼왕 하이재

리요, 夫,不素養士而欲求賢이면 譬猶不琢玉而求,
부불소양사이욕구현 비유불탁옥이구

文采也니라. 養士之大者는 莫大乎太學하니 太學
문채야 양사지대자 막대호태학 태학

者는 賢士之所關也니라. 數考問하니 以盡其材則,
자 현사지소관야 수고문 이진기재즉

英俊을 宜可得矣요, 徧得天下之賢人則,三王之
영준 의가득의 편득천하지현인즉삼왕지

盛을 易爲而堯舜之名을 可及也리다. 道者는 萬世
성 이위이요순지명 가급야 도자 만세

亡敝하니 敝者는 道之失也니라. 夏,上忠하고 殷,上
망폐 폐자 도지실야 하상충 은상

敬하고 周,上文者는 所繼之捄,當用此也니라. 道之
경 주상문자 소계지구당용차야 도지

大原이 出于天하니 天不變이면 道亦不變하나니 是
대원 출우천 천불변 도역불변 시

以로 禹繼舜하시고 舜繼堯하시어 三聖相授而守一
이 우계순 순계요 삼성상수이수일

道하여 亡救敝之政이라. 故로 不言其所損益也이
도 망구폐지정 고 불언기소손익야

니 繇是觀之하면 繼,治世者는 其道同하고 繼,亂世
요시관지 계치세자 기도동 계란세

者는 其道變하니 今,漢이 繼,大亂之後하니 若宜少
자 기도변 금한 계대란지후 약의소

損周之文하고 致,用夏之忠者니다. 春秋,大一統者
손주지문 치용하지충자 춘추대일통자

는 天地之常經이요, 古今之通誼也어늘 今師異道
천지지상경 고금지통의야 금사이도

하고 人異論하여 百家殊方하여 指意不同하니 是以
인이론 백가수방 지의부동 시이

로 上無以持一統이라. 臣愚는 以爲,諸不在六藝之
상무이지일통 신우 이위제부재육예지

科와 孔子之術者는 皆,絶其道하여 勿使並進然後
과 공자지술자 개절기도 물사병진연후

에 統紀를 可一而法度可明하여 民知所從矣리다.
통기 가일이법도가명 민지소종의

○及爲,江都相하여 事易王하니 王은 帝兄이라 素
급위강도상 사역왕 왕 제형 소

驕好勇이러니 仲舒,以禮匡正하니 王이 敬重焉하여
교호용 중서이례광정 왕 경중언

嘗問之曰, 越王句踐이 與,大夫泄庸.種.蠡로 伐,
상문지왈 월왕구천 여대부설용종려 벌

吳滅之라 하니 寡人이 以爲,越有三仁이라 하니 何
오멸지 과인 이위월유삼인 하

如오? 仲舒,對曰, 夫,仁人者는 正其誼,不謀其利
여 중서대왈 부인인자 정기의불모기리

하며 明其道,不計其功하나니 是以로 仲尼之門에
명기도불계기공 시이 중니지문

五尺之童이 羞稱五伯은 爲其先이니 詐力而後,仁
오척지동 수칭오백 위기선 사력이후인

義也니 繇此言之則,越未嘗有,一仁也이니다. 上이
의야 요차언지즉월미상유일인야 상

雅向儒術하니 丞相,竇嬰과 太尉,田蚡이 俱好儒術
아향유술 승상두영 태위전분 구호유술

하여 推轂,趙綰으로 爲,御史大夫하고 王藏으로 爲,
추곡조관 위어사대부 왕장 위

郎中令하다. 綰이 請立明堂하여 以朝諸侯하고 且
랑중령 관 청립명당 이조제후 차

薦其師,申公이어늘 天子,使使로 束帛加璧하고 安
천기사신공 천자사시 속백가벽 안

車駟馬로 以迎申公하여 旣至에 天子,問治亂之事
거사마 이영신공 기지 천자문치란지사

하니 申公의 年이 八十餘에 對曰, 爲,治者는 不在
신공 년 팔십여 대왈 위치자 부재

多言이요 顧,力行何如耳니다. 是時에 天子,方好文
다언 고역행하여이 시시 천자방호문

詞러니 見,申公對하고 默然이나 然이나 已招致라.
사 견신공대 묵연 연 이초치

則以爲,太中大夫하고 舍魯邸하여 議,明堂巡狩,改
즉이위태중대부 사노저 의명당순수개

歷服色事하니라.
력복색사

○壬寅二年(B.C. 139년)에 太皇.竇太后.好黃老言하
임 인 이 년 태 황 두 태 후 호 황 로 언
고 不悅儒術하니 趙綰.王藏이 以.文學으로 獲罪하
불 열 유 술 조 관 왕 장 이 문 학 획 죄
다. 竇太后.以爲儒子는 文多質少하되 今.萬石君
두 태 후 이 위 유 자 문 다 질 소 금 만 석 군
家라도 不言而躬行이라 하여 乃以其長子.建으로
가 불 언 이 궁 행 내 이 기 장 자 건
爲.郎中令하고 少子.慶으로 爲.內史하다.
위 랑 중 령 소 자 경 위 내 사

○癸卯三年(B.C. 138년)에 上이 自初卽位로 招選.天
계 묘 삼 년 상 자 초 즉 위 초 선 천
下文學.材智之士하여 待以不次之位하니 四方에
하 문 학 재 지 지 사 대 이 불 차 지 위 사 방
上書言.得失하여 自.眩鬻者.以千數러라. 上이 簡
상 서 언 득 실 자 현 죽 자 이 천 수 상 간
拔.其俊異者하여 寵用之하니 莊助.最先進이요, 後
발 기 준 이 자 총 용 지 장 조 최 선 진 후
에 又得.吳人.朱買臣과 趙人.吾丘.壽王과 蜀人.司
우 득 오 인 주 매 신 조 인 오 구 수 왕 촉 인 사
馬相如와 平原.東方朔과 吳人.枚皐와 濟南.終軍
마 상 여 평 원 동 방 삭 오 인 매 고 제 남 종 군
等하여 並在左右하여 每令與大臣으로 辨論하여 中
등 병 재 좌 우 매 령 여 대 신 변 론 중
外相應.以義理之文하니 大臣이 數屈焉이라. 然이
외 상 응 이 의 리 지 문 대 신 삭 굴 언 연
나 相如는 特以辭賦로 得幸하고 朔.皐는 不根持論
상 여 특 이 사 부 득 행 삭 고 불 근 지 론

하고 好,詼諧어늘 上이 以,俳優畜之하여 雖數賞賜
호회해 상 이배우축지 수삭상사

나 終不任以事也하고 朔이 亦,觀上顏色하여 時時
종불임이사야 삭 역관상안색 시시

直諫하여 有所補益이러라.
직간 유소보익

어려운 낱말 / 고사성어

[囹圄(영오)] : 감옥을 말하며, 죄인을 가두어 두는 곳. [鬻] : 죽(죽). 묽은. [時時直諫(시시직간)] : 때때로 바른 말을 하다.

○丙午六年(B.C. 135년)에 武安侯.田蚡이 爲.丞相하
병 오 육 년 무 안 후 전 분 위 승 상

다. 蚡이 驕侈하여 治宅이 甲諸第하고 田園이 極膏
분 교 치 치 댁 갑 제 제 전 원 극 고

腴하고 市買郡縣物하여 相屬於道하고 多受.四方
유 시 매 군 현 물 상 속 어 도 다 수 사 방

賂遺하여 其家에 金玉.婦女.狗馬.聲樂.玩好가 不
뢰 유 기 가 금 옥 부 녀 구 마 성 악 완 호 불

可勝數러라. 每入奏事에 坐語移日하되 所言을 皆
가 승 수 매 입 주 사 좌 어 이 일 소 언 개

聽하고 薦人에 或.起家至.二千石하니 權移主上이
청 천 인 혹 기 가 지 이 천 석 권 이 주 상

라. 上이 乃曰, 君이 除吏盡未냐? 吾亦欲.除吏하노
상 내 왈 군 제 리 진 미 오 역 욕 제 리

라. 嘗.請考.工地益宅이어늘 上이 怒曰, 君이 何不
상 청 고 공 지 익 댁 상 노 왈 군 하 불

遂取.武庫요 是後로 乃.稍退하다. 東海太守.汲黯
수 취 무 고 시 후 내 초 퇴 동 해 태 수 급 암

으로 爲.主爵都尉하다. 始에 黯이 爲.謁者하여 以嚴
위 주 작 도 위 시 암 위 알 자 이 엄

見憚이러니 河內失火하여 延燒千餘家어늘 上이 使
견 탄 하 내 실 화 연 소 천 여 가 상 사

黯으로 往視之한대 還이 報曰, 家人이 失火하여 屋
암 왕 시 지 환 보 왈 가 인 실 화 옥

比延燒는 不足憂也로되 臣이 過.河南하니 貧人이
비 연 소 부 족 우 야 신 과 하 남 빈 인

傷水旱하여 萬餘家가 或.父子相食이어늘 臣이 謹
상 수 한 만 여 가 혹 부 자 상 식 신 근

以便宜로 持節.發倉粟하여 以賑貧民하니 請歸節
이 편 의 지 절 발 창 속 이 진 빈 민 청 귀 절

하고 伏,矯制之罪하노이다. 上이 賢而釋之니라. 其
복 교 제 지 죄 상 현 이 석 지 기

在東海에 治官理民을 好淸靜하여 其治,務在無爲
재 동 해 치 관 리 민 호 청 정 기 치 무 재 무 위

하고 引大體하여 不拘文法하다. 黯의 爲人이 性倨
인 대 체 불 구 문 법 암 위 인 성 거

少禮하여 面折,不能容人之過니라. 時에 天子,方招
소 례 면 절 불 능 용 인 지 과 시 천 자 방 초

文學儒者하시니 上曰, 吾欲云云하노라. 黯이 對
문 학 유 자 상 왈 오 욕 운 운 암 대

曰, 陛下,內多欲而外施仁義하시니 奈何欲效,唐.
왈 폐 하 내 다 욕 이 외 시 인 의 내 하 욕 효 당

虞之治乎이니까? 上이 默然이러니 怒,變色而罷朝
우 지 치 호 상 묵 연 노 변 색 이 파 조

하니 公卿이 皆爲黯懼하더니 上退에 謂,左右曰, 甚
공 경 개 위 암 구 상 퇴 위 좌 우 왈 심

矣이라 汲黯之戇也여! 羣臣이 或數黯하니 黯이
의 급 암 지 당 야 군 신 혹 수 암 암

曰, 天子,置公卿,輔弼之臣은 寧令從諛承意하여
왈 천 자 치 공 경 보 필 지 신 녕 영 종 유 승 의

陷主於不義乎아? 且已在其位하니 縱,愛身이나 奈
함 주 어 불 의 호 차 이 재 기 위 종 애 신 내

辱朝廷에 何오! 黯이 多病하여 莊助,爲請告하니 上
욕 조 정 하 암 다 병 장 조 위 청 고 상

曰, 汲黯은 何如人哉오? 助曰, 使黯으로 任職居
왈 급 암 하 여 인 재 조 왈 사 암 임 직 거

官하되 無以踰人이나 然이나 至其輔少主,守城深
관 무 이 유 인 연 지 기 보 소 주 수 성 심

堅하여는 招之不來하고 麾之不去하여 雖,自謂賁育
견 초 지 불 래 휘 지 불 거 수 자 위 분 육

이라도 亦不能奪之矣리다. 上曰, 然하다. 古有社稷
역불능탈지의 상왈 연 고유사직

之臣이러니 至如黯하여는 近之矣로다.
지신 지여암 근지의

○丁未,元光,元年(B.C. 134년)이라. 冬十一月에 初令
정미원광원년 동십일월 초령

郡國으로 擧,孝廉各,一人하니 從,董仲舒之言也니라.
군국 거효염각일인 종동중서지언야

○戊申二年(B.C. 133년), 李少君이 以,祠竈却,老方
무신이년 이소군 이사조각로방

으로 見上하니 上이 尊之하니 少君이 言曰, 祠竈則,
현상 상 존지 소군 언왈 사조즉

致物而丹砂를 可化爲黃金이니 壽可益이요 蓬萊
치물이단사 가화위황금 수가익 봉래

仙者를 可見이니 見之면 以封禪則,不死이리다. 於
선자 가견 견지 이봉선즉불사 어

是에 天子,始親祠竈하고 遣,方士하여 入海求,蓬
시 천자시친사조 견방사 입해구봉

萊,安期生之屬하니 海上燕齊,迂怪之士가 多更來
래안기생지속 해상연제우괴지사 다경래

言으로 神仙事矣러라. 鴈門馬邑,豪聶壹이 因,大行
언 신선사의 안문마읍호섭일 인대행

王恢하여 言,匈奴初和親하여 親信邊하니 可誘,以
왕회 언흉노초화친 친신변 가유이

利致之하여 伏兵襲擊이면 必,破之道也이니다. 上
리치지 복병습격 필파지도야 상

이 召問公卿하니 韓安國이 曰, 臣은 聞.高皇帝.嘗
소 문 공 경 한 안 국 왈 신 문 고 황 제 상

圍於平城하여 七日不食이더니 及.解圍反位而無.
위 어 평 성 칠 일 불 식 급 해 위 반 위 이 무

忿怒之心하시니 夫.聖人은 以.天下로 爲度者也니
분 노 지 심 부 성 인 이 천 하 위 도 자 야

라. 不以己私怒로 傷.天下之功故로 遣.劉敬하여
불 이 기 사 노 상 천 하 지 공 고 견 유 경

結.和親하여 至今爲.五世利하니 臣은 竊以爲勿擊
결 화 친 지 금 위 오 세 리 신 절 이 위 물 격

이 便이라 하나이다. 恢曰, 不然하다. 高帝.身被堅.執
편 회 왈 불 연 고 제 신 피 견 집

銳하여 行幾十年하시니 所以不報.平城之怨者는
예 행 기 십 년 소 이 불 보 평 성 지 원 자

非力不能이라. 所以休天下之心也이니 今.邊境이
비 력 불 능 소 이 휴 천 하 지 심 야 금 변 경

數驚하고 士卒이 傷死하니 此는 仁人之所隱也니
수 경 사 졸 상 사 차 인 인 지 소 은 야

라. 故로 曰, 擊之便이라 하나이다. 上이 從.恢議하여
고 왈 격 지 편 상 종 회 의

使.韓安國.李廣.公孫賀.王恢.李息으로 將車騎.材
사 한 안 국 이 광 공 손 하 왕 회 이 식 장 거 기 재

官三十餘萬하여 匿.馬邑旁谷中하고 陰使.聶壹로
관 삼 십 여 만 닉 마 읍 방 곡 중 음 사 섭 일

爲間하여 亡入匈奴하여 謂.單于曰, 吾能斬.馬邑
위 간 망 입 흉 노 위 선 우 왈 오 능 참 마 읍

令丞하고 以城降이면 財物을 可盡得이리라 하니 單
령 승 이 성 항 재 물 가 진 득 선

于.以爲然而許之어늘 聶壹이 乃.詐斬死罪囚하여
우 이 위 연 이 허 지 섭 일 내 사 참 사 죄 수

縣其頭.馬邑城下하고 示.單于使者.爲信하니 於是
현 기 두 마 읍 성 하 시 선 우 사 자 위 신 어 시

에 單于.穿塞將十萬騎하고 入.武州塞하여 得.鴈
선 우 천 새 장 십 만 기 입 무 주 새 득 안

門.尉史欲殺之하니 尉史.乃告單于.漢兵所居하니
문 위 사 욕 살 지 위 사 내 고 선 우 한 병 소 거

單于大驚하여 引兵還이어늘 漢兵이 追至塞하여 度
선 우 대 경 인 병 환 한 병 추 지 새 도

不及하고 乃皆罷兵하니 上이 怒하여 下恢廷尉하니
불 급 내 개 파 병 상 노 하 회 정 위

自殺이라. 自是로 匈奴.絶和親하니 然.尚貪樂關市
자 살 자 시 흉 노 절 화 친 연 상 탐 락 관 시

하고 嗜漢財物하고 漢이 亦.關市不絶하여 以中其
기 한 재 물 한 역 관 시 부 절 이 중 기

意하니라.
의

○食貨志에 云, 帝承文.景之蓄하고 憤胡.粵之害
식 화 지 운 제 승 문 경 지 축 분 호 월 지 해

하여 卽位數年에 用嚴.助朱.買臣等하여 招.東甌事
즉 위 수 년 용 엄 조 주 매 신 등 초 동 구 사

兩越하니 江淮之間이 蕭然煩費하고 唐蒙.司馬相
양 월 강 회 지 간 소 연 번 비 당 몽 사 마 상

如로 開.西南夷하여 鑿山通道千餘里하여 以廣巴
여 개 서 남 이 착 산 통 도 천 여 리 이 광 파

蜀하니 巴蜀之民이 罷焉하고 彭吳穿.穢貊하고 以
촉 파 촉 지 민 파 언 팽 오 천 예 맥 이

廣巴蜀하니 巴蜀之民이 罷焉朝鮮하여 置.滄海郡
광 파 촉 파 촉 지 민 파 언 조 선 치 창 해 군

하니 燕齊之間이 靡然發動이러니 及王恢,謀馬邑
연 제 지 간 미 연 발 동 급 왕 회 모 마 읍
에 匈奴,絶和親하고 侵擾北邊하니 兵連而不解하
흉 노 절 화 친 침 요 북 변 병 련 이 불 해
여 天下共其勞하고 干戈日滋하여 行者齎하고 居
천 하 공 기 로 간 과 일 자 행 자 재 거
者送하고 中外騷然하여 百姓이 刓敝하고 財力이 衰
자 송 중 외 소 연 백 성 완 폐 재 력 쇠
耗하여 法嚴令具하니 興利之臣이 自此而始니라.
모 법 엄 령 구 흥 리 지 신 자 차 이 시

○己酉三年(B.C. 132년)에 上이 以,張湯으로 爲,太中
기 유 삼 년 상 이 장 탕 위 태 중
大夫하고 與,趙禹로 共定諸律令하니 務在深文이
대 부 여 조 우 공 정 제 율 령 무 재 심 문
라 拘,守職之吏하고 作見知法하여 吏傳相監司하
구 수 직 지 리 작 견 지 법 이 전 상 감 사
니 用法益刻이 自此始하다.
용 법 익 각 자 차 시

○是歲에 徵,吏民에 有,明當世之務하고 習,先聖
시 세 징 리 민 유 명 당 세 지 무 습 선 성
之術者하여 縣次續食하고 令與計偕하라. 菑川人,
지 술 자 현 차 속 식 영 여 계 해 치 천 인
公孫弘이 對策曰, 臣은 聞,上古堯舜之時에 不貴
공 손 홍 대 책 왈 신 문 상 고 요 순 지 시 불 귀
爵賞而民勸善하고 不重刑罰而民不犯은 躬率以
작 상 이 민 권 선 부 중 형 벌 이 민 불 범 궁 솔 이

正而遇民信也러니 末世에 貴爵厚賞而民不勸하
정 이 우 민 신 야 말 세 귀 작 후 상 이 민 불 권

고 深刑重罰而姦不止는 其上이 不正하여 遇民不
심 형 중 벌 이 간 부 지 기 상 부 정 우 민 불

信也니라. 夫,厚賞重罰이 未足以勸善而禁非요,
신 야 부 후 상 중 벌 미 족 이 권 선 이 금 비

必信而已矣리다. 是故로 因能任官則,分職이 治하
필 신 이 이 의 시 고 인 능 임 관 즉 분 직 치

고 去,無用之言則,事情이 得하고 不作無用之器
거 무 용 지 언 즉 사 정 득 부 작 무 용 지 기

則,賦斂이 省하고 不奪民時하며 不妨民力則,百姓
즉 부 렴 성 불 탈 민 시 불 방 민 력 즉 백 성

이 富하고 有德者,進하고 無德者,退則,朝廷이 尊하
부 유 덕 자 진 무 덕 자 퇴 즉 조 정 존

고 有功者는 上하고 無功者下則,群臣이 逡하고 罰,
유 공 자 상 무 공 자 하 즉 군 신 준 벌

當罪則,姦邪止하고 賞當賢則,臣下가 勸하리니 凡
당 죄 즉 간 사 지 상 당 현 즉 신 하 권 범

此八者는 治之本也니라. 故로 民者는 業之則,不爭
차 팔 자 치 지 본 야 고 민 자 업 지 즉 부 쟁

하고 理得則,不怨하고 有禮則,不暴하고 愛之則,親
이 득 즉 불 원 유 례 즉 불 포 애 지 즉 친

上하나니 此는 有,天下之急者也니다. 禮義者는 民
상 차 유 천 하 지 급 자 야 예 의 자 민

之所服也而賞罰이 順之則,民不犯禁矣니 故로
지 소 복 야 이 상 벌 순 지 즉 민 불 범 금 의 고

畫衣冠,異章服而民不犯禁者는 此道,素行也니
화 의 관 이 장 복 이 민 불 범 금 자 차 도 소 행 야

다. 臣은 聞之하니 氣同則,從하고 聲比則,應이라 하
신 문 지 기 동 즉 종 성 비 즉 응

니 今,人主,和德於上이면 百姓이 和合於下하리니
금 인 주 화 덕 어 상 백 성 화 합 어 하

故로 心和면 則,氣和하고 氣和則,形和하고 形和則,
고 심 화 즉 기 화 기 화 즉 형 화 형 화 즉

聲和하고 聲和則,天地之和應矣라. 故로 陰陽이 和
성 화 성 화 즉 천 지 지 화 응 의 고 음 양 화

하고 風雨時하고 甘露,降하고 五穀이 登하고 六畜蕃
풍 우 시 감 로 강 오 곡 등 육 축 번

이 嘉禾興하고 朱草生하고 山은 不童(민둥산)하고 澤
가 화 흥 주 초 생 산 부 동 택

은 不涸하나니 此는 和之至也니다. 臣은 聞之하니
불 학 차 화 지 지 야 신 문 지

堯遭洪水하여 使禹治之요, 未聞禹之有水也니
요 조 홍 수 사 우 치 지 미 문 우 지 유 수 야

若,湯之旱則,桀之餘烈也니라 桀紂는 行惡하여 受,
약 탕 지 한 즉 걸 지 여 렬 야 걸 주 행 악 수

天之罰하고 禹湯은 積德하여 以王天下하시니 由此
천 지 벌 우 탕 적 덕 이 왕 천 하 유 차

觀之라도 天德이 無私親하여 順之면 和起하고 逆
관 지 천 덕 무 사 친 순 지 화 기 역

之면 害生하나니 此는 天文地理,人事之紀也이니
지 해 생 차 천 문 지 리 인 사 지 기 야

다. 時에 對者,百餘人이라. 太常이 奏弘,第居下러니
시 대 자 백 여 인 태 상 주 홍 제 거 하

策奏에 天子,擢弘對爲,第一하여 拜爲博士하고 待
책 주 천 자 탁 홍 대 위 제 일 배 위 박 사 대

詔,金馬門하다.
조 금 마 문

어려운 낱말 / 고사성어

[黯] : 어둡다(암). 검다. 슬퍼하다(암). [食貨志(식화지)] : 책 이름. 중국 역대 정사 속에 들어 있는 재정 관계 기록의 책자. [鑿山(착산)] : 산을 뚫다. [擢] : 뽑다(탁).

○齊人,轅固가 年이 九十餘라. 亦以賢良으로 徵이
제 인 원 고 년 구 십 여 역 이 현 량 징
러니 公孫弘이 仄目而事固어늘 固曰, 公孫子는 務
공 손 홍 측 목 이 사 고 고 왈 공 손 자 무
正學以言하고 無,曲學以阿世라 하니 諸儒가 多疾
정 학 이 언 무 곡 학 이 아 세 제 유 다 질
毁固者어늘 固遂以老罷歸하다.
훼 고 자 고 수 이 노 파 귀

○弘이 每朝會議에 開陳其端하여 使,人主自擇하
홍 매 조 회 의 개 진 기 단 사 인 주 자 택
고 不肯面折廷爭하니 於是에 上이 察其行이 愼厚
불 긍 면 절 정 쟁 어 시 상 찰 기 행 신 후
하고 辯論이 有餘하고 習,文法吏事하고 緣飾以儒
변 론 유 여 습 문 법 리 사 연 식 이 유
術하고 大說之하여 一歲中에 遷至左內史하다. 弘
술 대 열 지 일 세 중 천 지 좌 내 사 홍
이 奏事에 有不加,不靜辯이면 常與,汲黯으로 請間
주 사 유 불 가 부 정 변 상 여 급 암 청 간
하여 黯이 先發之하고 弘이 推其後하니 天子常說하
암 선 발 지 홍 추 기 후 천 자 상 열
여 所言을 皆聽하니 以此로 日益親貴하니라. 弘이
소 언 개 청 이 차 일 익 친 귀 홍
嘗與公卿으로 約議하고 至,上前하여 皆,倍其約하고
상 여 공 경 약 의 지 상 전 개 배 기 약
以順上旨어늘 汲黯이 廷詰弘曰, 齊人이 多詐而
이 순 상 지 급 암 정 힐 홍 왈 제 인 다 사 이
無情實하여 始與臣等으로 建此議하다가 今皆倍之
무 정 실 시 여 신 등 건 차 의 금 개 배 지

하니 不忠이니다. 上이 問弘하니 弘이 謝曰, 夫,知臣
불충 상 문홍 홍 사왈 부 지 신

者는 以臣爲忠이요, 不知臣者는 以臣爲不忠이니
자 이 신 위 충 부 지 신 자 이 신 위 불 충

다. 上이 然,弘言하여 益厚遇之하다.
상 연 홍 언 익 후 우 지

○壬子六年(B.C. 129년)이라. 冬에 初算商車하다. 匈
임 자 육 년 동 초 산 상 거 흉

奴,入上谷하여 殺略吏民이어늘 遣,將軍,衛青하여
노 입 상 곡 살 략 리 민 견 장 군 위 청

出,上谷하고 公孫敖는 出代하고 公孫賀는 出,雲中
출 상 곡 공 손 오 출 대 공 손 하 출 운 중

하고 李廣은 出,雁門하여 各,萬騎擊胡하니 衛青은
이 광 출 안 문 각 만 기 격 호 위 청

至,龍城하여 得,胡秀,虜七百하고 公孫賀는 無所得
지 용 성 득 호 수 로 칠 백 공 손 하 무 소 득

하고 公孫敖,李廣,皆爲胡所敗라 唯青을 賜爵關内
공 손 오 이 광 개 위 호 소 패 유 청 사 작 관 내

侯하다. 青이 雖,出於奴虜나 然이나 善,騎射하고 材
후 청 수 출 어 노 로 연 선 기 사 재

力이 絶人하고 遇,士大夫以禮하고 與,士卒有恩하
력 절 인 우 사 대 부 이 례 여 사 졸 유 은

니 衆樂爲用하고 有,將帥材故로 每出에 輒有功하
중 락 위 용 유 장 수 재 고 매 출 첩 유 공

니 天下由此로 服,上之知人하니라.
천 하 유 차 복 상 지 지 인

○癸丑.元朔.元年(B.C. 128년)이라. 冬에 詔曰, 朕이
계 축 원 삭 원 년 동 조 왈 짐
深詔執事하여 興廉擧孝하여 庶幾成風하여 紹休
심 조 집 사 흥 렴 거 효 서 기 성 풍 소 휴
聖緖하나니 夫.十室之邑에 必有忠信이어늘 今.或
성 서 부 십 실 지 읍 필 유 충 신 금 혹
至.闔郡而不薦一人하니 是는 化不下究而.積行之
지 합 군 이 불 천 일 인 시 화 불 하 구 이 적 행 지
君子.壅於上聞也니라. 且.進賢에 受.上賞하고 蔽
군 자 옹 어 상 문 야 차 진 현 수 상 상 폐
賢에 蒙顯戮은 古之道也니 其議.二千石.不擧者
현 몽 현 륙 고 지 도 야 기 의 이 천 석 불 거 자
罪하라. 有司奏하되 不擧孝는 不奉詔이니 當以不
죄 유 사 주 불 거 효 불 봉 조 당 이 불
敬으로 論하고 不察廉은 不勝任이니 當免이니다. 奏
경 론 불 찰 렴 불 승 임 당 면 주
可라 하다.
가

○李廣으로 召拜爲.右北平太守하니 匈奴號曰,
이 광 소 배 위 우 북 평 태 수 흉 노 호 왈
漢之飛將軍이라 하여 避之數歲에 不敢入.右北平
한 지 비 장 군 피 지 수 세 불 감 입 우 북 평
이러라.

○臨淄人.主父偃.嚴安과 無終人.徐樂이 皆.上書
임 치 인 주 부 언 엄 안 무 종 인 서 악 개 상 서

言事하니라. 始에 偃이 遊齊하니 燕趙皆,莫能厚遇
언사 시 언 유제 연조개 막능후우

하고 諸生이 相與排擯不容하고 家貧하여 假貸無
제생 상여배빈불용 가빈 가대무

所得이라. 乃,西入關하여 上書闕下하여 朝奏,暮召
소득 내 서입관 상서궐하 조주 모소

入하니 所言九事에 其,八事는 爲,律令이요, 一事는
입 소언구사 기 팔사 위 률령 일사

諫伐匈奴니라. 嚴安은 上書言하되 今,天下人民이
간벌흉노 엄안 상서언 금 천하인민

用財侈靡하고 又今徇南夷하여 朝夜郎,降羌僰하
용재치미 우금순남이 조야랑 강강북

고 略薉州,建城邑하고 深入匈奴하여 燔其龍城하
약예주 건성읍 심입흉노 번기용성

니 此는 人臣之利요 非,天下之長策也니다. 徐樂은
차 인신지리 비 천하지장책야 서악

上書言,天下之患이 在於土崩하니 秦之本世是也
상서언 천하지환 재어토붕 진지본세시야

니라. 間者에 關東이 不登하여 民多窮困하고 重之
간자 관동 부등 민다궁곤 중지

以,邊境之事하니 推數,循理而觀之하면 民,不安者
이 변경지사 추수 순리이관지 민 불안자

는 土崩之勢也니라. 故로 賢主는 獨觀,萬化之原하
토붕지세야 고 현주 독관 만화지원

고 明於安危之機하여 脩之廟堂之上而,銷未形之
명어안위지기 수지묘당지상이 소미형지

患也이니 其要는 期使天下로 無,土崩之勢而已矣
환야 기요 기사천하 무 토붕지세이이의

니다. 書奏天子하니 召見三人하고 謂曰, 公等은 安
서주천자 소견삼인 위왈 공등 안

在며 何相見之晩也오! 皆拜爲,郎中하다. 主父偃
재 하 상 견 지 만 야 개 배 위 랑 중 주 부 언

이 尤親幸하여 一歲中에 凡四遷하여 爲,中大夫하
우 친 행 일 세 중 범 사 천 위 중 대 부

니 大臣이 畏其口하여 賂遺,累千金하니라.
대 신 외 기 구 뢰 유 루 천 금

어려운 낱말 / 고사성어

[臨淄(임치)] : 춘추시대 산동성에 있었던 齊(제)나라의 수도. [土崩(토붕)] : 흙이 무너진다는 뜻으로, 일이 잘못되어 손쓸 수도 없게 됨.

통감절요 제10권

通鑑節要

漢紀 : 世宗, 孝武皇帝中
한기 세종 효무황제중

○甲寅二年(B.C. 127년)에 主父偃이 說上曰, 古者
갑인이년 주부언 세상왈 고자
에 諸侯, 不過百里하여 彊弱之形이 易制러니 今, 諸
제후 불과백리 강약지형 역제 금 제
侯或, 連城數十하여 地方이 千里라. 緩則, 驕奢하여
후혹 연성수십 지방 천리 완즉 교사
易爲淫亂하고 急則, 阻其彊而合從하여 以逆京師
이위음란 급즉 조기강이합종 이역경사
하니 以, 法割削之則, 逆節이 萌起하나니 前日, 鼂錯
이법할삭지즉 역절 맹기 전일 조착
이 是也니라. 今, 諸侯子弟或, 十數而適嗣代立하고
시야 금 제후자제혹 십수이적사대립
餘無尺地之封則, 仁孝之道가 不宣하니 願, 陛下는
여무척지지봉즉 인효지도 불선 원 폐하
令, 諸侯로 得推恩分子弟하여 以地侯之면 彼人人
영 제후 득추은분자제 이지후지 피인인
이 喜得所願하니 上以德施하되 實分其國하여 不
희득소원 상이덕시 실분기국 불
削而稍弱矣리다. 上이 從之하고 春正月, 詔曰, 諸
삭이초약의 상 종지 춘정월 조왈 제

侯王이 或欲推,私恩하여 分,子弟邑이어든 令各條
후 왕 혹 욕 추 사 은 분 자 제 읍 영 각 조

上하라. 朕이 且臨定,號名하리라. 於是에 藩國이 始
상 짐 차 림 정 호 명 어 시 번 국 시

分而子弟畢侯矣러라.
분 이 자 제 필 후 의

○軹人郭解는 關東,大俠也니라. 平生睚眦에 殺
지 인 곽 해 관 동 대 협 야 평 생 애 자 살

人甚衆이어늘 上이 聞之하고 下吏捕治하여 遂,族解
인 심 중 상 문 지 하 리 포 치 수 족 해

하다.

○漢書,遊俠傳序曰, 周室이 旣微하여 桓文之後
한 서 유 협 전 서 왈 주 실 기 미 환 문 지 후

에 大夫世權하고 陪臣이 執命하여 陵夷至於戰國
대 부 세 권 배 신 집 명 릉 이 지 어 전 국

하여 合從連衡하니 繇是로 列國公子에 魏有,信陵
합 종 연 횡 요 시 열 국 공 자 위 유 신 릉

하고 趙有,平原하고 齊有,孟嘗하고 楚有,春申하니
조 유 평 원 제 유 맹 상 초 유 춘 신

皆,藉王公之勢하여 競爲游俠하여 鷄鳴狗盜,無不
개 자 왕 공 지 세 경 위 유 협 계 명 구 도 무 불

賓禮而,趙相虞卿은 棄國捐君하여 以,周窮交,魏
빈 례 이 조 상 우 경 기 국 연 군 이 주 궁 교 위

齊之厄하고 信陵.無忌는 竊符矯命하고 戮將專師
제 지 액 신 릉 무 기 절 부 교 명 육 장 전 사

하여 以赴,平原之急하니 皆以取重諸侯하고 顯名
이 부 평 원 지 급 개 이 취 중 제 후 현 명

天下하여 搤腕而游談者가 以,四豪로 爲稱首하니
천 하 액 완 이 유 담 자 이 사 호 위 칭 수

於是에 背公,死黨之議成하고 守職奉上之義廢矣
어 시 배 공 사 당 지 의 성 수 직 봉 상 지 의 폐 의

러니 及至漢興에 禁網疏闊하여 未之匡改也니라.
급 지 한 흥 금 망 소 활 미 지 광 개 야

是故로 代相陳豨는 從車千乘而吳濞.淮南이 皆
시 고 대 상 진 희 종 거 천 승 이 오 비 회 남 개

招賓客이 以千數하고 外戚大臣에 魏其,武安之屬
초 빈 객 이 천 수 외 척 대 신 위 기 무 안 지 속

이 競逐於京師하고 布衣游俠에 劇孟.郭解之徒,馳
경 축 어 경 사 포 의 유 협 극 맹 곽 해 지 도 치

騖於閭閻하여 權行州城하고 力折公侯하니 衆庶
무 어 여 염 권 행 주 성 역 절 공 후 중 서

榮其名迹하여 覬而慕之하여 雖陷於刑辟이니 自
영 기 명 적 기 이 모 지 수 함 어 형 벽 자

與,殺身成名을 若,季路.仇牧이 死而不悔하니 故로
여 살 신 성 명 약 계 로 구 목 사 이 불 회 고

曾子曰, 上失其道하여 民散이 久矣라 하시니 非,明
증 자 왈 상 실 기 도 민 산 구 의 비 명

王在上하여 示之以好惡하고 齊之以禮法이면 民
왕 재 상 시 지 이 호 오 제 지 이 례 법 민

曷,由知禁而反正乎아.
갈 유 지 금 이 반 정 호

○乙卯三年(B.C. 126년)에 公孫弘으로 爲,御史大夫
을 묘 삼 년 공 손 홍 위 어 사 대 부

하다. 是時에 方通,西南夷하고 東置蒼海하고 北築,
시시 방통서남이 동치창해 북축

朔方之郡하니 弘이 數諫,願罷之어늘 天子使,朱買
삭방지군 홍 수간원파지 천자사주가

臣으로 等難以置,朔方之便하여 發,十策하되 弘은
신 등난이치삭방지편 발십책 홍

不得一이라. 弘이 乃謝曰, 山東鄙人이 不知其便
부득일 홍 내사왈 산동비인 부지기편

이 若是라 하다.
약시

○弘이 爲,布被하고 食,不重肉하니 汲黯이 曰, 弘이
홍 위포피 식부중육 급암 왈 홍

位在三公하여 奉祿이 甚多나 然이나 爲,布被하니
위재삼공 봉록 심다 연 위포피

此는 詐也니다. 上이 問弘하니 弘이 謝曰, 有之하니
차 사야 상 문홍 홍 사왈 유지

다. 夫以,三公으로 爲,布被하니 誠飾詐,以釣名이요,
부이삼공 위포피 성식사이조명

且無,汲黯忠이면 陛下,安得聞此言이리까 天子,以
차무급암충 폐하안득문차언 천자이

爲謙讓이라 하여 愈益尊之니라.
위겸양 유익존지

○是歲에 張湯으로 爲,廷尉하다. 湯의 爲人이 多詐
시세 장탕 위정위 탕 위인 다사

하여 舞智以,御人이어늘 汲黯이 數,質責,湯於上前
무지이어인 급암 삭질책탕어상전

曰，公이 爲,正卿하여 上不能褒,先帝之功業하고
왈 공 위정경 상불능포선제지공업

下不能抑,天下之邪心하니 何空取,高皇帝約束하
하불능억천하지사심 하공취고황제약속

여 紛更之爲요, 黯이 時與湯으로 論議에 湯辯이 常
분경지위 암 시여탕 논의 탕변 상

在文深小苛하니 黯이 伉厲守高하되 不能屈하여
재문심소가 암 항려수고 불능굴

忿發罵曰，天下謂,刀筆吏는 不可以爲公卿이라
분발매왈 천하위도필리 불가이위공경

하더니 果然必湯也로다. 今,天下,重足而立하고 側
과연필탕야 금천하중족이립 측

目而視矣라 하다.
목이시의

○丙辰四年(B.C. 125년)에 匈奴入,代郡.定襄.上
병진사년 흉노입대군정양상

郡.各,三萬騎하여 殺略,數千人하다.
군 삼만기 살략수천인

○丁巳五年(B.C. 124년)에 公孫弘으로 爲,丞相하고
정사오년 공손홍 위승상

封,平津侯하니 丞相封侯,自弘이 始니라. 時에 上이
봉평진후 승상봉후자홍 시 시 상

方興功業이라. 弘이 於是에 開,東閤以延,賢人하여
방흥공업 홍 어시 개동합이연현인

與,參謀議하다. 弘의 性이 意忌하고 外寬內深하여
여참모의 홍 성 의기 외관내심

諸相與,弘으로 有隙이면 無,近遠하고 雖,陽與善이
제 상 여 홍 유 극 무 근 원 수 양 여 선
나 後竟報其過니라. 董仲舒,爲人이 廉直하여 以,弘
후 경 보 기 과 동 중 서 위 인 염 직 이 홍
爲,從諛라 하니 弘이 嫉之하니 膠西王,端이 驕恣하
위 종 유 홍 질 지 교 서 왕 단 교 자
여 數,犯法하고 所殺傷,二千石이 甚衆이어늘 弘이
삭 범 법 소 살 상 이 천 석 심 중 홍
乃薦,仲舒爲,膠西相하니 仲舒,以病免하다. 汲黯이
내 천 중 서 위 교 서 상 중 서 이 병 면 급 암
常毁儒하여 面觸,弘하니 弘이 欲,誅之以事하여 乃
상 훼 유 면 촉 홍 홍 욕 주 지 이 사 내
言上曰, 右內史界部中에 多,貴人宗室하여 難治
언 상 왈 우 내 사 계 부 중 다 귀 인 종 실 난 치
하니 非素重臣이면 不能任이니 請徙,黯으로 爲,右
비 소 중 신 불 능 임 청 사 암 위 우
內史하소서. 上이 從之하다.
내 사 상 종 지

○匈奴,右賢王이 數侵擾,朔方하니 天子,令將軍,
흉 노 우 현 왕 수 침 요 삭 방 천 자 영 장 군
衛青等으로 出,右北平,擊之하여 得,右賢裨王,十
위 청 등 출 우 북 평 격 지 득 우 현 비 왕 십
餘人重과 男女萬五千餘人과 畜,數十百萬하여 引
여 인 중 남 녀 만 오 천 여 인 축 수 십 백 만 인
還至塞하니 天子使,使者로 持,大將軍印하고 卽,軍
환 지 새 천 자 사 사 자 지 대 장 군 인 즉 군
中하여 拜,衛青하여 爲,大將軍하고 諸將,皆屬焉하
중 배 위 청 위 대 장 군 제 장 개 속 언

니 尊寵이 於羣臣에 無二라. 公卿以下,皆卑奉之
존총 어군신 무이 공경이하 개비봉지

하되 獨,汲黯이 與,亢禮하니 人或說,黯曰, 大將軍
독급암 여항례 인혹설암왈 대장군

이 尊重하니 君이 不可以不拜니라. 黯曰, 以,大將
존중 군 불가이불배 암왈 이대장

軍으로 有揖客이면 反不重耶아? 大將軍이 聞하고
군 유읍객 반부중야 대장군 문

愈賢黯하여 數,請問國家,朝廷所疑하고 遇黯을 加
유현암 수청문국가조정소의 우암 가

於平日이니라.
어평일

○大將軍,靑이 雖貴나 有時侍中에 上이 踞厠而視
대장군청 수귀 유시시중 상 거측이시

之하시고 丞相,弘이 燕見이어든 上이 或時不冠하고
지 승상홍 연견 상 혹시불관

至如汲黯見하여는 上이 不冠不見也하시다. 上이
지여급암견 상 불관불견야 상

嘗坐,武帳中이어늘 黯이 前奏事러니 上이 不冠하고
상좌무장중 암 전주사 상 불관

望,見黯하고 避帷中하여 使人可其奏하니 其見,敬
망견암 피유중 사인가기주 기견경

禮如此하니라.
례여차

○夏六月에 詔曰, 蓋聞,導民以禮하고 風之以樂
하유월 조왈 개문도민이례 풍지이락

이라 하니 今,禮壞樂崩하니 朕甚閔焉하여 其令禮官
금 례 괴 악 붕 짐 심 민 언 기 령 예 관
으로 勸學興禮하여 以爲天下先하다. 於是에 丞相,
권 학 흥 례 이 위 천 하 선 어 시 승 상
弘等이 奏請爲博士官하여 置,弟子五十人하여 復
홍 등 주 청 위 박 사 관 치 제 자 오 십 인 복
其身하고 太常이 擇民,年十八已上으로 儀狀端正
기 신 태 상 택 민 년 십 팔 이 상 의 상 단 정
者하여 補,博士弟子하고 詣,太常受業하여 能通一
자 보 박 사 제 자 예 태 상 수 업 능 통 일
藝以上이어든 補,文學掌故하고 卽有,秀才異等이
예 이 상 보 문 학 장 고 즉 유 수 재 이 등
어든 輒以名聞하리이다. 上이 從之하니 自此로 公卿
첩 이 명 문 상 종 지 자 차 공 경
大夫,士吏彬彬하여 多文學之士矣니라.
대 부 사 리 빈 빈 다 문 학 지 사 의

○戊午六年(B.C. 123년), 夏에 衛青이 復,將六將軍
무 오 육 년 하 위 청 부 장 육 장 군
하고 出定襄하여 擊,匈奴하여 斬首虜,萬餘人하다.
출 정 양 격 흉 노 참 수 로 만 여 인

○是時에 漢比歲發,十餘萬衆,擊胡하여 斬捕首虜
시 시 한 비 세 발 십 여 만 중 격 호 참 포 수 로
之士,受賜黃金이 二千餘萬斤而漢軍士馬死者가
지 사 수 사 황 금 이 천 여 만 근 이 한 군 사 마 사 자
十餘萬이요, 兵甲轉漕之費는 不與焉이라. 於是에
십 여 만 병 갑 전 조 지 비 불 여 언 어 시

大司農經用이 竭하여 不足以奉戰士니라. 六月에
대 사 농 경 용 갈 부 족 이 봉 전 사 유 월

詔令民으로 得買爵及贖禁錮하고 免藏罪置賞官
조 령 민 득 매 작 급 속 금 고 면 장 죄 치 상 관

하여 名曰, 武功爵이라 하니 吏道,雜而多端하고 官
명 왈 무 공 작 이 도 잡 이 다 단 관

職이 耗廢矣러라.
직 모 폐 의

어려운 낱말 / 고사성어

[軹] : 굴대머리(지). [睚眦(애자)] : 눈을 흘기다. 도량이 극히 좁은 것을 비유하기도 함. [鷄鳴狗盜(계명구도)] : 닭을 울게 하고 개를 훔치는 도둑. 즉 도둑질을 잘하는 사람. – 맹상군 이야기. [搤腕(액완)] : 팔을 걷어붙임. [伉厲(항려)] : 강직하고 호되다. [踞厠(거측)] : 뒷간에 걸터앉아서. [禁錮(금고)] : ~을 못하게 가로막다.

○己未,元狩,元年(B.C. 122년)에 淮南王,安이 謀反
기 미 원 수 원 년 회 남 왕 안 모 반
하고 且曰, 限廷大臣에 獨,汲黯이 好,直諫하고 守
차 왈 한 정 대 신 독 급 암 호 직 간 수
節死義하니 難惑以非어니와 至如說,丞相,弘等하
절 사 의 난 혹 이 비 지 여 설 승 상 홍 등
여는 如發蒙振落爾라 하더니 會에 伍被詣吏하여 自
여 발 몽 진 락 이 회 오 피 예 리 자
告與,淮南王,謀反이어늘 上이 下,公卿治하니 十一
고 여 회 남 왕 모 반 상 하 공 경 치 십 일
月에 安은 自殺하고 衡山王도 亦,自頸死하다.
월 안 자 살 형 산 왕 역 자 경 사

○五月에 匈奴萬人이 入,上谷하여 殺,數百人하다.
오 월 흉 노 만 인 입 상 곡 살 수 백 인

○張騫이 自,月氏歸하여 西域諸國風俗하되 大宛
장 건 자 월 지 귀 서 역 제 국 풍 속 대 완
에 多善馬하고 大夏에 邛竹杖하고 大夏에 安息之
다 선 마 대 하 공 죽 장 대 하 안 식 지
屬이 皆,大國이라. 多奇物이라 하거늘 天子,欣然以
속 개 대 국 다 기 물 천 자 흔 연 이
騫言으로 爲然하여 乃復事,西南夷하다.
건 언 위 연 내 복 사 서 남 이

○秋에 匈奴,渾邪王이 降이어늘 漢이 發車三萬乘
추 흉 노 혼 사 왕 항 한 발 거 삼 만 승

하여 以迎之할새 縣官이 無錢하여 從民貰馬하니 民
이 영 지 현 관 무 전 종 민 세 마 민
或匿馬하여 馬不具니라. 上이 怒하여 欲斬,長安令
혹 닉 마 마 불 구 상 노 욕 참 장 안 령
하니 右內史,汲黯曰, 長安令은 無罪하니 獨斬臣
우 내 사 급 암 왈 장 안 령 무 죄 독 참 신
黯이라 하여 民乃肯出馬요, 且,匈奴,畔其主而降漢
암 민 내 긍 출 마 차 흉 노 반 기 주 이 항 한
이어늘 何至罷敝中國하여 以事,夷狄之人乎니까?
하 지 파 폐 중 국 이 사 이 적 지 인 호
上이 默然曰, 吾,久不聞,汲黯之言이러니 今,又復
상 묵 연 왈 오 구 불 문 급 암 지 언 금 우 부
妄發矣로다. 居頃之에 乃命徙降者,邊五郡하고 因
망 발 의 거 경 지 내 명 사 항 자 변 오 군 인
其故俗하여 爲,五屬國하다.
기 고 속 위 오 속 국

○休屠王의 太子,日磾沒入官하여 輸,黃門養馬러
휴 도 왕 태 자 일 제 몰 입 관 수 황 문 양 마
니 久之에 日磾牽馬過殿下할새 容貌甚嚴하거늘
구 지 일 제 견 마 과 전 하 용 모 심 엄
上이 奇焉하여 卽日에 拜爲侍中하고 甚信愛之하여
상 기 언 즉 일 배 위 시 중 심 신 애 지
賜姓金氏하다.
사 성 금 씨

○辛酉三年(B.C. 120년)이라. 得,神馬於,渥洼水中하
신 유 삼 년 득 신 마 어 악 와 수 중

고 次以爲歌하고 上이 方立樂府하여 使,司馬相如
차이위가 상 방립악부 사사마상여

等으로 造爲詩賦하고 以宦者,李延年으로 爲,協律
등 조위시부 이환자이연년 위협률

都尉하니 汲黯曰, 凡,王者,作樂에 上以承祖宗하
도위 급암왈 범왕자작악 상이승조종

고 下以化兆民이어늘 今,陛下得馬하고 詩以爲歌
하이화조민 금폐하득마 시이위가

하여 協於宗廟하시니 先帝百姓이 豈,能知其,音邪
협어종묘 선제백성 기능지기음사

이니까? 上이 默然不說하다.
상 묵연불열

○上이 招,延士大夫하되 常如不足이나 然이나 性이
상 초연사대부 상여부족 연 성

嚴峻하여 羣臣이 雖,素所愛信者라도 或小有犯法
엄준 군신 수소소애신자 혹소유범법

이나 或欺罔이면 輒按誅하니 汲黯諫曰, 陛下,求賢
혹기망 첩안주 급암간왈 폐하구현

甚勞하여 未盡其用하고 輒以殺之하시니 以,有限
심로 미진기용 첩이살지 이유한

之士로 恣無已之誅하면 臣은 恐,天下賢才,將盡이
지사 자무이지주 신 공천하현재장진

니 陛下,誰與共爲治乎리까? 上曰, 所謂賢者는 猶
폐하수여공위치호 상왈 소위현자 유

有用之器也니라. 有才不肯盡用이면 與,無才로 同
유용지기야 유재불긍진용 여무재 동

이니 不殺何施리요 하다.
불살하시

○壬戌四年(B.C. 119년)에 有司言하되 縣官用度,太
임 술 사 년 유 사 언 현 관 용 도 태
空而富商大賈,冶鑄煮鹽하여 財或絫萬金이로되
공 이 부 상 대 고 야 주 자 염 재 혹 류 만 금
不佐,國家之急하니 請更錢,造幣하여 以贍用하소
부 좌 국 가 지 급 청 경 전 조 폐 이 섬 용
서. 於是에 以,東郭,咸陽과 孔僅으로 爲,大農丞하여
어 시 이 동 곽 함 양 공 근 위 대 농 승
領,鹽鐵事하고 桑弘羊으로 以,計筭하니 三人이 言,
영 염 철 사 상 홍 양 이 계 산 삼 인 언
利事에 析,秋毫矣러라. 公卿이 又,請筭及民車船하
리 사 석 추 호 의 공 경 우 청 산 급 민 거 선
니 其法이 大抵出,張湯이라. 百姓이 不安其生하여
기 법 대 저 출 장 탕 백 성 불 안 기 생
咸指怨湯이니라.
함 지 원 탕

○初에 河南人,卜式이 數請,輸財縣官하여 以,助
초 하 남 인 복 식 수 청 수 재 현 관 이 조
邊이어늘 天子,使使로 問式欲官乎아? 曰, 不願也니
변 천 자 사 시 문 식 욕 관 호 왈 불 원 야
다. 有,寃欲言事乎아? 曰, 無所欲言也러이다. 天子,
유 원 욕 언 사 호 왈 무 소 욕 언 야 천 자
誅,匈奴하시니 愚는 以爲賢者는 宜,死節於邊이요,
주 흉 노 우 이 위 현 자 의 사 절 어 변
有財者는 宜輸委니 如此면 而匈奴를 可滅也리다.
유 재 자 의 수 위 여 차 이 흉 노 가 멸 야
上이 由是賢之하여 欲,尊顯以風,百姓하여 乃,召
상 유 시 현 지 욕 존 현 이 풍 백 성 내 소

拜,式하여 爲,中郞하고 賜田十頃하여 布告天下하여
배 식 위 중 랑 사 전 십 경 포 고 천 하

使明知之하고 未幾에 又擢,式하여 爲,齊太傅하다.
사 명 지 지 미 기 우 탁 식 위 제 태 부

○上이 與,諸將議曰, 翕侯,趙信이 爲,單于畫計하
상 여 제 장 의 왈 흡 후 조 신 위 선 우 획 계

되 常,以爲漢兵이 不能度,幕輕留라 하니 令,大發士
상 이 위 한 병 불 능 도 막 경 류 영 대 발 사

卒이면 其勢必得所欲이라 하고 乃,粟馬十萬하여
졸 기 세 필 득 소 욕 내 속 마 십 만

令,大將軍,靑과 驃騎將軍,去病으로 各將,五萬騎
영 대 장 군 청 표 기 장 군 거 병 각 장 오 만 기

하니 大將軍은 出塞,千餘里度幕하여 捕斬首虜,萬
대 장 군 출 새 천 여 리 도 막 포 참 수 로 만

九千級하고 遂至,窴顏山,趙信城하여 得,匈奴積粟
구 천 급 수 지 전 안 산 조 신 성 득 흉 노 적 속

하여 食軍留一日에 悉燒其城,餘粟而歸하고 驃騎
식 군 류 일 일 실 소 기 성 여 속 이 귀 표 기

將軍은 出代右北平,二千餘里하여 封狼居胥山하
장 군 출 대 우 북 평 이 천 여 리 봉 랑 거 서 산

고 禪於姑衍하고 登臨翰海하여 鹵獲七萬
선 어 고 연 등 림 한 해 로 획 칠 만

四百四十三級하니 兩軍之出塞에 塞閱官及私馬,
사 백 사 십 삼 급 양 군 지 출 새 새 열 관 급 사 마

凡十四萬匹이라. 而後入塞者,不滿三萬匹이라.
범 십 사 만 필 이 후 입 새 자 불 만 삼 만 필

乃,益置,大司馬位하고 大將軍이 驃騎將軍皆爲,
내 익 치 대 사 마 위 대 장 군 표 기 장 군 개 위

大司馬하니라. 是時에 漢所殺虜匈奴의 合이 八九
대사마 시시 한소살로흉노 합 팔구
萬이요, 而漢士卒,物故亦數萬이라. 是後에 匈奴遠
만 이한사졸물고역수만 시후 흉노원
遁而幕南에 無王庭이라 漢이 渡河하여 自,朔方以
둔이막남 무왕정 한 도하 자삭방이
西로 至,令居히 往往通渠하고 置田官吏,卒五六萬
서 지영거 왕왕통거 치전관리졸오륙만
人하여 稍蠶食匈奴以北이나 然이나 亦以馬少로
인 초잠식흉노이북 연 역이마소
不復大出擊,匈奴矣러라.
불부대출격흉노의

○齊人少翁이 以,鬼神方으로 見上이어늘 上이 拜
제인소옹 이귀신방 견상 상 배
爲,文成將軍이러니 歲餘에 其方이 益衰하여 神不
위문성장군 세여 기방 익쇠 신부
至라. 於是에 誅,文成將軍而隱之하다.
지 어시 주문성장군이은지

○癸亥五年(B.C. 118년)에 上이 乃召拜,汲黯하여 爲,
계해오년 상 내소배급암 위
淮陽太守하니 黯이 曰, 臣이 常有狗馬之心이러니
회양태수 암 왈 신 상유구마지심
今病하여 力不能,任郡事이니 臣으로 願爲中郎하여
금병 역불능임군사 신 원위중랑
出入禁闥하여 補過拾遺,臣之願也니다. 上이 曰,
출입금달 보과습유신지원야 상 왈

君이 薄,淮陽邪아? 吾今,召君矣니라. 顧,淮陽吏民
군 박회양사 오금소군의 고회양이민
이 不相得일새 吾徒得君之重하여 臥而治之라 하더
불상득 오도득군지중 와이치지
니 居,淮陽十載而卒하다.
거회양십재이졸

○甲子六年(B.C. 117년)이라. 是歲에 大農令,顏異,誅
갑자육년 시세 대농령안이주
하다. 初에 異以廉直으로 稍遷至,九卿이러니 張湯이
초 이이염직 초천지구경 장탕
與異로 有郤이라. 人이 有告異以他事어늘 下湯治,
여이 유극 인 유고이이타사 하탕치
異하니 異,與客으로 語初令下에 有,不便者어늘 異,
이 이여객 어초령하 유불편자 이
不應하고 微反脣이러니 湯이 奏當하되 異는 九卿이
불응 미반순 탕 주당 이 구경
라 見令不便하고 不入言而腹誹라 하여 論死하니 自
견령불편 불입언이복비 논사 자
是之後로 有,腹誹之法比하여 而,公卿大夫하고 多,
시지후 유복비지법비 이공경대부 다
諂諛取容矣하다.
첨유취용의

○丙寅,元鼎,二年(B.C. 115년)이라. 冬十一月에 張
병인원정이년 동십일월 장
湯이 有罪自殺하다.
탕 유죄자살

○春에 起,柏梁臺하고 作,承露盤하니 高,二十丈이
춘 기백량대 작승로반 고이십장
라. 以銅爲之하고 有,仙人掌하여 以承露하여 和玉
이동위지 유선인장 이승로 화옥
屑飮之면 云,可以長生이라 하니 宮室之修가 自此
설음지 운가이장생 궁실지수 자차
日盛하다.
일성

○渾邪王이 既降漢에 自,鹽澤以東으로 空無匈奴
혼사왕 기항한 자염택이동 공무흉노
하니 西域道를 可通이라. 於是에 張騫이 言하되 厚
서역도 가통 어시 장건 언 후
幣招,烏孫하여 以斷匈奴右臂하소서. 既連,烏孫이
폐초오손 이단흉노우비 기연오손
면 自,其西大夏之屬은 皆可招來리다. 天子,以爲
자기서대하지속 개가초래 천자이위
然하여 使騫으로 使,烏孫하고 因分遣,副使하여 使,
연 사건 사오손 인분견부사 사
大宛.大夏諸國하니 於是에 西域이 始通於漢矣하다.
대완대하제국 어시 서역 시통어한의

어려운 낱말 / 고사성어

[稍蠶(초잠)] : 조금씩 먹어치우다. [諂諛(첨유)] : 매우 아첨함. 알랑거림.

○戊辰四年(B.C. 113년)에 丁義,薦,方士,欒大하여 云
무진사년 정의천방사난대 운
하되 與,文成將軍으로 同師라 하니 上이 方悔誅文
여문성장군 동사 상 방회주문
成하다가 得,欒大,大說하여 拜爲,五利將軍하니 貴
성 득란대대열 배위오리장군 귀
震天下라. 於是에 海上,燕齊之間이 莫不搤腕하여
진천하 어시 해상연제지간 막불액완
自言有禁方이 能,神仙矣러니 後에 竟坐誣罔,要斬
자언유금방 능신선의 후 경좌무망요참
하다.

○是時에 吏治,皆以慘刻相尚하되 獨左乃史,兒寬
시시 이치개이참각상상 독좌내사아관
이 勸農業,緩刑罰,理獄訟하여 務在得,人心하고 擇
권농업완형벌이옥송 무재득인심 택
用仁厚士하여 推情與下하고 不求名聲하니 吏民大
용인후사 추정여하 불구명성 이민대
信愛之러라. 收,租稅施에 裁濶狹하여 與民相假貸
신애지 수조세시 재활협 여민상가대
하니 以故로 租多不入이라. 後有軍發에 左内史以
이고 조다불입 후유군발 좌내사이
負租로 課殿當免하니 民聞當免하고 皆恐失之하여
부조 과전당면 민문당면 개공실지
大家는 牛車하고 小家는 擔負하여 輸租,繈屬不絶
대가 우거 소가 담부 수조강속부절
하니 課更以最라. 上이 由此로 愈奇寬이러라.
과경이최 상 유차 유기관

○本紀에 曰, 六月에 得,寶鼎,后土祠旁하고 秋에
본기 왈 유월 득보정후토사방 추

馬生,渥洼水中이어늘 作,寶鼎,天馬之歌하고 元封
마생악와수중 작보정천마지가 원봉

元年에 詔曰, 甘泉宮內에 產芝,九莖連葉이어늘
원년 조왈 감천궁내 산지구경연엽

作,芝房之歌하고 太始三年에 幸東海하여 獲,赤鴈
작지방지가 태시삼년 행동해 획적안

하고 作,朱鴈之歌하다.
작주안지가

○己巳五年(B.C. 112년)에 以,御史大夫,石慶으로 爲,
기사오년 이어사대부석경 위

丞相하니 時에 國家多事하여 桑弘羊等은 致利하고
승상 시 국가다사 상홍양등 치리

王溫舒之屬은 峻法하고 而兒寬等은 推文學하여
왕온서지속 준법 이아관등 추문학

皆爲九卿하여 更進用事하니 事不關決於丞相이라
개위구경 경진용사 사불관결어승상

丞相,慶은 醇謹而已니라.
승상경 순근이이

○庚午六年(B.C. 111년)에 南越이 平하거늘 以其地
경오육년 남월 평 이기지

로 爲,南海.珠厓等,九郡하고 遂平,南夷하여 以其
위남해주애등구군 수평남이 이기

地로 爲,牂柯郡하다.
지 위장가군

○是歲에 齊相,卜式으로 爲,御史大夫하니 乃言郡
시세 제상복식 위어사대부 내언군

國이 多不便하여 縣官이 作,鹽鐵에 苦惡價貴하고
국 다불편 현관 작염철 고악가귀

或强令民으로 買之而船有筭하니 商者,少하여 物
혹강령민 매지이선유산 상자소 물

貴라 하거늘 上이 由是로 不悅,卜式하니 以,卜式이
귀 상 유시 불열복식 이복식

不習文章으로 貶秩爲,太子太傅하고 以,兒寬으로
불습문장 폄질위태자태부 이아관

代爲,御史大夫하다. 初에 司馬相如,病且死에 有,
대위어사대부 초 사마상여병차사 유

遺書하여 頌,功德言,符瑞하고 勸,上封泰山이어늘
유서 송공덕언부서 권상봉태산

上이 感其言하여 令,諸儒로 草封禪儀하니 數年不
상 감기언 영제유 초봉선의 수년불

成하거늘 上이 以問,左內史,兒寬하니 對曰, 封,泰
성 상 이문좌내사아관 대왈 봉태

山,禪梁父하여 昭姓考瑞는 帝王之盛節也이니다.
산선양보 소성고서 제왕지성절야

臣은 以爲封,禪告成하여 合祛於天地神祇하니 唯,
신 이위봉선고성 합거어천지신기 유

聖王所由,制定其當이요 非,羣臣之所能列이라.
성왕소유 제정기당 비군신지소능렬

今,將擧大事에 優游數年하여 使,羣臣으로 得人,人
금장거대사 우유수년 사군신 득인인

自盡이라도 終莫能成하니 唯,天子는 建,中和之極
자진 종막능성 유천자 건중화지극

하셔 兼總條貫하고 金聲而玉振之하여 以,順成天
겸총조관 금성이옥진지 이순성천

慶하고 垂萬世之基하소서. 上이 乃自制儀하여 頗
경　　수만세지기　　　상　내자제의　　파

采儒術로 以文之하다.
채유술　이문지

참고사항

* 전국시대 秦(진)나라 장의의 連衡說(연횡설) - 소진의 합종설.
* 衡 : (1) 저울대(형)자인데, (2) 가로(횡)으로 통함(橫通).
* 月氏國 : 〈월지국〉으로 읽음. 2세기경 중앙아시아에서 활약한 민족임.

통감절요 제11권

通鑑節要

漢紀 : 世宗,孝武皇帝,中之下
한기 세종 효무황제 중지하

○辛未,元封,元年(B.C. 110년)이라. 詔曰, 南越,東
신미 원봉 원년 조왈 남월 동
甌,咸伏,其辜하되 西蠻.北夷.頗未輯睦하니 朕이
구 함복 기고 서만 북이 파미집목 짐
將巡邊陲하여 擇兵振旅하여 躬秉武節하여 置,
장순변수 택병진려 궁병무절 치
十二部將軍하고 親帥師焉하리라. 乃行自,雲陽으
십이부장군 친솔사언 내행자 운양
로 北歷上郡.西河.五原하여 北登,單于臺하고 至,
북력상군 서하 오원 북등 선우대 지
朔方.臨北河하여 勒兵十八萬騎하니 旌旗,徑千餘
삭방 림북하 늑병십팔만기 정기 경천여
里하여 威振匈奴하다. 遣使告,單于曰, 南越王頭
리 위진흉노 견사고 선우왈 남월왕두
를 已懸於,漢北闕矣라. 單于,能戰이면 天子,自將
이현어 한북궐의 선우 능전 천자 자장
待邊이요 不能이면 亟來臣服하라. 何但亡匿幕北,
대변 불능 극래신복 하단망닉막북
寒苦之地爲요 匈奴,讋이 終不敢出하거늘 上이 乃
한고지지위 흉노 섭 종불감출 상 내

還하다. 東越王,餘善이 反하거늘 漢兵이 擊之하니
환 동월왕여선 반 한병 격지

東越이 殺,餘善하고 以其衆降하니라. 上이 以,閩地
동월 살여선 이기중항 상 이민지

險阻하여 數反覆하니 終爲後世患하여 乃徙其民
험조 삭반복 종위후세환 내사기민

於江淮之間하고 遂,虛其地하다.
어강회지간 수허기지

○正月에 上이 行幸緱氏하여 禮祭,中嶽太室할새
정월 상 행행구씨 예제중악태실

從官이 在山下하여 聞若有言,萬歲者,三이어늘 詔
종관 재산하 문약유언만세자삼 조

加增,太室祠하고 上이 遂,東巡海上하여 行禮,祠,八
가증태실사 상 수동순해상 행례사팔

神하니 公孫卿이 見,大人하고 迹甚大羣臣이 有言,
신 공손경 견대인 적심대군신 유언

見一老夫하여 牽狗,忽不見이어늘 上이 以爲仙人
견일로부 견구홀불견 상 이위선인

也라 하여 宿留海上하고 還封禪하니 其,封禪祠夜
야 숙류해상 환봉선 기봉선사야

에 若,有光하고 晝有白雲이 出封中이어늘 天子,還
약유광 주유백운 출봉중 천자환

하니 羣臣이 上壽頌,功德하니라. 天子旣已에 封泰
군신 상수송공덕 천자기이 봉태

山하니 無,風雨而方士,更言蓬萊諸神을 若將可得
산 무풍우이방사경언봉래제신 약장가득

이어늘 於是에 上이 欣然庶幾遇之하여 復至,海上
어시 상 흔연서기우지 부지해상

望焉하니라. 上이 欲自,浮海求,蓬萊하니 東方朔曰,
망 언 상 욕 자 부 해 구 봉 래 동 방 삭 왈
陛下,第還宮하셔 靜處以須之면 仙人이 將自至하
폐 하 제 환 궁 정 처 이 수 지 선 인 장 자 지
리다. 乃止하여 遂去幷海上하여 北至碣石하고 巡
내 지 수 거 병 해 상 북 지 갈 석 순
自遼西하여 歷,北邊至,九原하여 五月에 至,甘泉하
자 요 서 역 북 변 지 구 원 오 월 지 감 천
니 凡,周行이 萬八千里云이라 하다.
범 주 행 만 팔 천 리 운

○先是에 桑弘羊이 領,大農하여 盡管,天下鹽鐵하
선 시 상 홍 양 영 대 농 진 관 천 하 염 철
여 作,平準之法하니 令,遠方으로 各以其物하여 如,
작 평 준 지 법 영 원 방 각 이 기 물 여
異時商賈,所轉販者,爲賦而相灌輸하고 置,平準
이 시 상 고 소 전 판 자 위 부 이 상 관 수 치 평 준
于京師하여 都受,天下委輸하고 盡籠,天下之貨物
우 경 사 도 수 천 하 위 수 진 롱 천 하 지 화 물
하여 貴卽賣之하고 賤則買之하여 欲使,富商大賈
귀 즉 매 지 천 즉 매 지 욕 사 부 상 대 고
도 無所,牟大利而萬物이 不得騰踴하더니 至是에
무 소 모 대 리 이 만 물 부 득 등 용 지 시
天子,巡狩,郡縣할새 所過에 賞賜,用帛이 百餘萬
천 자 순 수 군 현 소 과 상 사 용 백 백 여 만
匹이요 錢金이 以巨萬計로되 皆,取足大農하더라.
필 전 금 이 거 만 계 개 취 족 대 농
弘羊이 又,請令吏로 得入粟補官하고 及,罪人은 贖
홍 양 우 청 영 리 득 입 속 보 관 급 죄 인 속

罪하니 山東漕粟이 益歲,六百萬石이라. 一歲之中
죄 산 동 조 속 익 세 육 백 만 석 일 세 지 중

에 太倉이 甘泉倉滿하고 邊,餘穀하며 諸物均輸帛
태 창 감 천 창 만 변 여 곡 제 물 균 수 백

이 五百萬匹이라 民不益賦而天下用饒하다. 於是
오 백 만 필 민 불 익 부 이 천 하 용 요 어 시

에 弘良을 賜爵,左庶長하다. 是時에 小旱이어늘 上
홍 양 사 작 좌 서 장 시 시 소 한 상

이 令官求雨하니 卜式이 言曰, 縣官이 當,食租衣
영 관 구 우 복 식 언 왈 현 관 당 식 조 의

稅而已어늘 今,弘羊이 令吏로 坐市列肆하여 販物
세 이 이 금 홍 양 영 리 좌 시 열 사 판 물

求利하니 烹,弘羊이라야 天,乃雨하리라 하다.
구 리 팽 홍 양 천 내 우

○壬申二年(B.C. 109년)에 上이 以旱爲憂하니 公孫
임 신 이 년 상 이 한 위 우 공 손

卿이 曰, 黃帝時에 封則天旱하니 乾封三年이니다.
경 왈 황 제 시 봉 즉 천 한 건 봉 삼 년

上이 乃,下詔曰, 天旱이 意,乾封乎인가!
상 내 하 조 왈 천 한 의 건 봉 호

○癸酉三年(B.C. 108년)에 將軍趙,破奴擊,車師하고
계 유 삼 년 장 군 조 파 노 격 거 사

因,擧兵威하여 以困,烏孫.大宛之屬하니 於是에 酒
인 거 병 위 이 곤 오 손 대 완 지 속 어 시 주

泉에 列,亭障하여 至,玉門矣러라.
천 열 정 장 지 옥 문 의

○乙亥五年(B.C. 106년)에 上이 旣攘卻胡越하고 開
을 해 오 년 상 기 양 각 호 월 개
地斥境하여 乃置交趾,朔方之州와 及,冀.幽.幷.兗.
지 척 경 내 치 교 지 삭 방 지 주 급 기 유 병 연
徐.靑.揚.荊.豫.益.涼等州와 凡十三部하고 皆置,
서 청 양 형 예 익 량 등 주 범 십 삼 부 개 치
刺史焉하다.
자 사 언

○上이 以,名臣文武欲盡하여 乃,下詔曰, 蓋有,非
상 이 명 신 문 무 욕 진 내 하 조 왈 개 유 비
常之功이면 必待,非常之人이라. 故로 馬或,奔踶而
상 지 공 필 대 비 상 지 인 고 마 혹 분 제 이
致千里하고 士,或有,負俗之累而立,功名하니 夫,泛
치 천 리 사 혹 유 부 속 지 루 이 입 공 명 부 범
駕之馬와 跅弛之士도 亦在,御之而已라. 其令州
가 지 마 탁 이 지 사 역 재 어 지 이 이 기 령 주
郡으로 察,吏民有茂,才異等하여 可爲,將相及使,絶
군 찰 이 민 유 무 재 이 등 가 위 장 상 급 사 절
國者하라.
국 자

○丁丑,太初,元年(B.C. 104년)이라. 大中大夫,公孫
정 축 태 초 원 년 대 중 대 부 공 손
卿과 壺遂와 太史令,司馬遷等이 言,曆紀壞廢하니
경 호 수 태 사 령 사 마 천 등 언 력 기 괴 폐
宜改正朔이라 하거늘 上이 詔,兒寬하여 與,博士,賜
의 개 정 삭 상 조 아 관 여 박 사 사

等으로 共議하니 以爲,宜用夏正이어늘 夏,五月에
등 공의 이위의용하정 하오월
詔卿,遂遷等하여 共造,漢太初曆하여 以正月로 爲
조경수천등 공조한태초력 이정월 위
歲首하고 色,上黃하고 數,用五하고 定,官名하고 協,
세수 색상황 수용오 정관명 협
音律하다.
음률

○漢使入,西域하여 言宛有,善馬하니 在貳師城이
한사입서역 언완유선마 재이사성
라. 匿,不肯與漢이라 하거늘 天子,欲侯,寵姬,李氏러
닉불긍여한 천자욕후총희이씨
니 乃拜,李夫人兄,廣利하여 爲,貳師將軍하여 以伐
내배이부인형광리 위이사장군 이벌
宛하니 期至貳師城하여 取,善馬故로 號를 貳師將
완 기지이사성 취선마고 호 이사장
軍이라 하다.
군

어려운 낱말 / 고사성어

[西蠻(서만)] : 서쪽 오랑캐. [騰踴(등용)] : 뛰어오르다. [刺史(자사)] : 우리나라 군수에 해당하는 관직. [犇] : 소가 놀라 달아날(분).

○戊寅二年(B.C. 103년)에 太僕,公孫賀로 爲,丞相하
무 인 이 년 태 복 공 손 하 위 승 상
니 時에 朝廷이 多事하여 督責大臣하니 自,公孫弘,
시 조 정 다 사 독 책 대 신 자 공 손 홍
後로 丞相이 比坐事死하고 石慶이 雖以謹으로 得
후 승 상 비 좌 사 사 석 경 수 이 근 득
終이나 然이나 數,被譴이라. 賀,引拜에 不受印綬하
종 연 삭 피 견 하 인 배 불 수 인 수
고 頓首涕泣하여 不肯起어늘 上이 乃起去하니 賀,
돈 수 체 읍 불 긍 기 상 내 기 거 하
不得已拜出曰, 我,從是殆矣라 하니라.
부 득 이 배 출 왈 아 종 시 태 의

○己卯三年(B.C. 102년)에 睢陽侯,張昌이 坐爲,太
기 묘 삼 년 휴 양 후 장 창 좌 위 태
常乏祠하여 國除하다. 初에 高祖封,功臣하여 爲,列
상 핍 사 국 제 초 고 조 봉 공 신 위 렬
侯,百四十有三人하니 時에 兵革之餘니라. 大城名
후 백 사 십 유 삼 인 시 병 혁 지 여 대 성 명
都에 民人이 散亡하여 戶口,裁什에 二三이라. 大侯
도 민 인 산 망 호 구 재 십 이 삼 대 후
는 不過萬家요 小者는 五六百戶니라. 其封爵之誓
불 과 만 가 소 자 오 육 백 호 기 봉 작 지 서
에 曰, 使,黃河로 如帶하고 泰山이 若礪토록 國以
왈 사 황 하 여 대 태 산 약 려 국 이
永存하여 爰及苗裔라 하더니 逮文.景世하여 流民旣
영 존 원 급 묘 예 체 문 경 세 유 민 기
歸하여 戶口亦息하니 列侯大者는 至,三四萬戶요
귀 호 구 역 식 열 후 대 자 지 삼 사 만 호

小國은 自倍라. 富厚如之하니 子孫이 驕逸하여 多
소국 자배 부후여지 자손 교일 다

抵法禁하여 隕身失國하니 至是에 見侯,纔四人이
저법금 운신실국 지시 견후재사인

요 罔亦少密焉하다.
망역소밀언

○貳師,西行至宛하여 圍其城하니 宛,貴人이 持,王
이사서행지완 위기성 완귀인 지왕

毋寡頭하고 出善馬하여 令漢自擇이어늘 乃,下詔하
무과두 출선마 영한자택 내하조

여 封,李廣利하여 爲,海西侯하다.
봉이광리 위해서후

○自,大宛破後로 西域이 震懼하여 漢使入,西域者
자대완파후 서역 진구 한사입서역자

하여 益得職이라. 於是에 自,燉煌으로 西至,鹽澤히
익득직 어시 자돈황 서지염택

往往,起亭而輪臺.渠犁에 皆,有田卒,數百人하고
왕왕기정이륜대거리 개유전졸수백인

置,使者,校尉하여 領護하다.
치사자교위 영호

○天子,因伐宛之威하여 欲遂困胡하여 下詔曰,
천자인벌완지위 욕수곤호 하조왈

高帝,遺朕,平城之憂하시고 高后時에 單于,書絶悖
고제유짐평성지우 고후시 선우서절패

逆이라. 昔에 齊襄公이 復.九世之讐하니 春秋에
역 석 제양공 복구세지수 춘추

大之하니라. 時에 單于.初立이라 恐.漢襲之하여 乃
대지 시 선우초립 공한습지 내

曰, 我는 兒子라 安敢望.漢天子리요. 漢天子는 我
왈 아 아자 안감망한천자 한천자 아

丈人行也라 하고 因盡.歸路.充國等하고 遣使來獻
장인행야 인진귀로충국등 견사래헌

하다.

○辛巳.天漢.元年(B.C. 100년)이라. 遣.中郎將.蘇武.
신사천한원년 견중랑장소무

張勝.常惠하여 使.匈奴하니 單于使.衛律로 召武欲
장승상혜 사흉노 선우사위률 소무욕

降之어늘 律이 謂武曰, 律前에 負漢歸.匈奴하여 幸
항지 율 위무왈 율전 부한귀흉노 행

蒙大恩하여 賜號稱王하고 擁衆이 數萬이요, 馬畜
몽대은 사호칭왕 옹중 수만 마축

이 彌山하여 富貴如此하니 蘇君이 今日降이면 明日
미산 부귀여차 소군 금일항 명일

復然이니 空以身으로 膏草野면 誰復知之리오? 武.
복연 공이신 고초야 수부지지 무

不應하니 律曰, 不聽吾計면 後雖欲復見我이나 尙
불응 률왈 불청오계 후수욕부견아 상

可得乎리오! 武.罵律曰, 汝爲人臣子하여 不顧恩
가득호 무매률왈 여위인신자 불고은

義하고 畔主背親하여 爲.降虜於蠻夷하니 何以.汝
의 반주배친 위항로어만이 하이여

爲見이리요. 律이 知武를 終不可脅하고 白,單于하니
위견 률 지무 종불가협 백선우

單于乃,幽武置,大窖中하고 絶不飮食하니 天이 雨
선우내유무치대교중 절불음식 천 우

雪이어늘 武臥,齧雪,與,旃毛하여 幷咽之하니 數日
설 무와설설여전모 병인지 수일

不死니라. 匈奴,以爲神이라 하여 乃,徙武北海上하
불사 흉노이위신 내사무북해상

고 使,牧羝曰, 羝乳라야 乃得歸라 하고 別其,官屬,
사목저왈 저유 내득귀 별기관속

常惠等하여 各置他所하다.
상혜 각치타소

○壬午二年(B.C. 99년)이라. 初에 李廣이 有,孫陵하여
임오이년 초 이광 유손릉

爲,侍中하니 善,騎射하고 愛人下士하니 帝以爲,有
위시중 선기사 애인하사 제이위유

廣之風이라 하여 拜騎,都尉러니 貳師擊,匈奴에 陵
광지풍 배기도위 이사격흉노 능

이 自請曰, 臣의 所將屯邊者는 皆,荊楚勇士,奇材
자청왈 신 소장둔변자 개형초용사기재

劍客也니라. 力扼,虎射命中하니 願得自當一隊하
검객야 역액호사명중 원득자당일대

여 以少擊衆하리다. 上이 壯而許之하니 於是에 將
이소격중 상 장이허지 어시 장

其步卒五千人하고 至浚稽山하여 與,單于로 相擊
기보졸오천인 지준계산 여선우 상격

하여 殺,數千人하니 單于,大驚不利하여 欲居러니
살수천인 선우대경불리 욕거

會에 陵의 軍侯管敢이 爲,校尉所辱하여 亡降匈奴
회 릉 군후관감 위교위소욕 망항흉노

하여 具言陵軍이 無後救하고 射矢且盡이니라. 單
구언릉군 무후구 사시차진 선

于,得敢大喜하여 使,騎並攻,漢軍하고 疾呼曰, 李
우득감대희 사기병공한군 질호왈 이

陵,韓延年아 趣降하라. 遂,遮道急,攻陵하니 陵은 居
릉한연년 취항 수차도급공릉 능 거

谷中하고 虜在山上하여 四面,射矢如雨下하니 韓
곡중 노재산상 사면사시여우하 한

延年이 戰死하니 陵曰, 無面目,報陛下라 하고 遂
연년 전사 능왈 무면목보폐하 수

降하니 邊塞以聞이어늘 上이 怒하여 問,太史令,司
항 변새이문 상 노 문태사령사

馬遷하니 遷이 盛言陵이 事親孝하고 與士信하고
마천 천 성언릉 사친효 여사신

常奮不顧身하여 以徇國家之急이 其,素所畜積也
상분불고신 이순국가지급 기소소축적야

니라. 有,國士之風이러니 今,擧事一不幸에 全軀
유국사지풍 금거사일불행 전구

保,妻子之臣이 隨而媒孽其短하니 誠可痛也요,
보처자지신 수이매벽기단 성가통야

且陵이 提步卒,不滿五千하고 深蹂戎馬之地하여
차릉 제보졸불만오천 심유융마지지

却,數萬之師하니 虜,救死扶傷不暇하여 悉,擧引
각수만지사 로구사부상불가 실거인

弓之하여 民共攻圍之어늘 轉鬪千里하여 矢盡道
궁지 민공공위지 전투천리 시진도

窮이라. 士,張空.弮冒.白刃하여 北首爭死敵하니
궁 사장공환모백인 북수쟁사적

得人之死力은 雖古名將이라도 不過也니라. 身雖
득인지사력 수고명장 불과야 신수
陷敗나 然이나 其所摧敗는 亦足暴於天下이니 彼
함패 연 기소최패 역족포어천하 피
之不死는 宜欲得當으로 以報漢也니다. 上이 以遷
지불사 의욕득당 이보한야 상 이천
爲誣罔하여 欲沮貳師하고 爲陵游說이라 하여 下
위무망 욕저이사 위릉유세 하
遷腐刑하다.
천부형

○上이 以,法制御下하여 好尊用酷吏而郡國二千
상 이법제어하 호존용혹리이군국이천
石하여 爲,治者大抵,多酷暴하니 吏民이 益輕犯法
석 위치자대저다혹포 이민 익경범법
하고 東方盜賊이 滋起하여 大羣은 攻,城邑하고 小
동방도적 자기 대군 공성읍 소
羣은 掠鄕里어늘 上이 乃使,范昆.張德等으로 衣繡
군 약향리 상 내사범곤장덕등 의수
衣,持節虎符하고 發兵以擊斬하여 或至,萬餘級하
의지절호부 발병이격참 혹지만여급
되 散亡이 聚黨하여 無可奈何니라. 於是에 作,沈命
산망 취당 무가내하 어시 작침명
法하여 曰, 羣盜起에 不發覺이나 發覺而捕弗,品
법 왈 군도기 불발각 발각이포불품
者는 二千石以下로 至,小吏히 主者,皆死라 하니 其
자 이천석이하 지소리 주자개사 기
後에 小吏畏誅하여 雖,有盜나 不敢發하고 上下相
후 소리외주 수유도 불감발 상하상

匿하여 以,文辭로 避法焉하다.
닉 이 문 사 피 법 언

○是時에 暴勝之爲,直指使者하여 所,誅殺二千石
시 시 폭 승 지 위 직 지 사 자 소 주 살 이 천 석

以下로 尤多라. 威震州郡이러니 至,勃海하여 聞,郡
이 하 우 다 위 진 주 군 지 발 해 문 군

人,雋不疑,賢하고 請與相見하니 不疑曰, 竊伏海
인 준 불 의 현 청 여 상 견 불 의 왈 절 복 해

瀕하여 聞,暴公子,舊矣러니 今乃,承顔接辭로다. 凡
빈 문 포 공 자 구 의 금 내 승 안 접 사 범

爲吏에 太剛則折하고 太柔則廢하나니 威行施之
위 리 태 강 즉 절 태 유 즉 폐 위 행 시 지

以恩然後에 樹功揚名하여 永終天祿이니라. 勝之
이 은 연 후 수 공 양 명 영 종 천 록 승 지

深納其戒러니 及還에 表薦不疑어늘 上이 召拜,不
심 납 기 계 급 환 표 천 불 의 상 소 배 불

疑하고 爲,靑州刺吏하다.
의 위 청 주 자 리

○王賀,亦爲,繡衣御史하여 逐,捕魏郡,羣盜하니
왕 하 역 위 수 의 어 사 축 포 위 군 군 도

多所縱捨라. 以,奉使不稱으로 免하니 歎曰, 吾聞,
다 소 종 사 이 봉 사 불 칭 면 탄 왈 오 문

活千人이면 子孫이 有封이라 하니 吾所活者는 萬
활 천 인 자 손 유 봉 오 소 활 자 만

餘人이라 後世에 其興乎로다!
여 인 후 세 기 흥 호

어려운 낱말 / 고사성어

[頓首(돈수)] : 머리를 조아리다. [若礪(약려)] : 숫돌과 같음. [扼(액)] : 누르다. 멍에. 가지다.

○癸未三年(B.C. 98년)에 初榷酒酤하다.
계 미 삼 년 초 각 주 고

○丁亥,太始,三年(B.C. 94년)에 皇太子,弗陵이 生하
정 해 태 시 삼 년 황 태 자 불 릉 생
니 弗陵母曰, 河間,趙倢伃라. 居,鉤弋宮하여 任身
불 릉 모 왈 하 간 조 첩 여 거 구 익 궁 임 신
十四月에 而生하니 上曰, 聞昔에 堯,十四月而生
십 사 월 이 생 상 왈 문 석 요 십 사 월 이 생
이라 하더니 今,鉤弋이 亦然이라 하고 乃,命其所生門
금 구 익 역 연 내 명 기 소 생 문
曰, 堯母門이라 하다.
왈 요 모 문

○趙人,江充이 初에 爲,趙敬肅,王客하여 得罪於
조 인 강 충 초 위 조 경 숙 왕 객 득 죄 어
太子,丹하고 亡逃詣闕하여 苦,趙太子陰事하여 太
태 자 단 망 도 예 궐 고 조 태 자 음 사 태
子,坐廢라. 上이 召,充入與語하고 大悅하여 拜爲,
자 좌 폐 상 소 충 입 여 어 대 열 배 위
直指繡衣使者하여 使,督察貴戚으로 近臣하다.
직 지 수 의 사 자 사 독 찰 귀 척 근 신

○庚寅,征和,二年(B.C. 91년)이라. 上이 十九에 戾太
경 인 정 화 이 년 상 십 구 여 태
子,生之하니 性이 溫謹이라. 上이 能不類己하니 太
자 생 지 성 온 근 상 능 불 류 기 태
子寵衰하여 常有不,自安之意어늘 上이 覺之하고
자 총 쇠 상 유 불 자 안 지 의 상 각 지

謂大將軍青曰, 漢家庶事草創하고 加,四夷,侵陵
위 대 장 군 청 왈 한 가 서 사 초 창 가 사 이 침 릉

中國하니 朕,不變更制度면 後世에 無法이요, 不出
중 국 짐 불 변 경 제 도 후 세 무 법 불 출

師征伐이면 天下不安이니 爲此者는 不得不,勞民
사 정 벌 천 하 불 안 위 차 자 불 득 불 로 민

이요, 若後世에 又如朕所爲면 是는 襲亡,秦之迹也
약 후 세 우 여 짐 소 위 시 습 망 진 지 적 야

니라. 太子,敦厚好靜하니 必能安天下이니 欲求守
태 자 돈 후 호 정 필 능 안 천 하 욕 구 수

文之主이면 安有賢於太子者乎리요. 聞,皇后,與太
문 지 주 안 유 현 어 태 자 자 호 문 황 후 여 태

子로 有,不安之意라 하니 可以意曉之하라. 大將軍
자 유 불 안 지 의 가 이 의 효 지 대 장 군

이 頓首謝하다. 太子,每諫征伐四夷어늘 上이 笑
돈 수 사 태 자 매 간 정 벌 사 이 상 소

曰, 吾當其勞하여 以逸遺汝,不亦可乎아! 上이 用
왈 오 당 기 로 이 일 유 여 불 역 가 호 상 용

法이 嚴하여 多任深刻吏하되 太子寬厚하여 多所
법 엄 다 임 심 각 리 태 자 관 후 다 소

平反하니 雖得百姓心이나 而用法大臣은 皆不悅
평 반 수 득 백 성 심 이 용 법 대 신 개 불 열

이라. 是時에 方士及諸神巫,多聚京師하여 率皆左
시 시 방 사 급 제 신 무 다 취 경 사 솔 개 좌

道로 惑衆變幻하고 女巫,往來宮中하여 敎,美人度
도 혹 중 변 환 여 무 왕 래 궁 중 교 미 인 도

厄하여 每屋에 輒埋,木人祭祀之러니 因,妬忌恚詈
액 매 옥 첩 매 목 인 제 사 지 인 투 기 에 리

하여 更相告訐하여 以爲祝詛上,無道하니 上이 怒
경 상 고 알 이 위 축 저 상 무 도 상 노

하여 所殺이 數百人이라. 上이 心旣以爲疑러니 嘗
소살 수백인 상 심기이위의 상

晝寢夢에 木人數千이 持杖欲擊上이어늘 上이 驚
주침몽 목인수천 지장욕격상 상 경

寤하여 因是體不平이라. 江充이 自以與,太子及,衛
오 인시체불평 강충 자이여태자급위

氏로 有隙이라. 見上年老하고 恐晏駕後에 爲,太子
씨 유극 견상년로 공안가후 위태자

所誅하여 因,言上疾祟,在巫蠱라 하거늘 於是에 上
소주 인언상질수재무고 어시 상

이 以充으로 爲,使者하여 治巫蠱獄하니 充云, 於,
이충 위사자 치무고옥 충운 어

太子宮에 得,木人이 尤多하고 又有帛書하여 所言
태자궁 득목인 우다 우유백서 소언

이 不道하니 當奏聞이라 하고 江充이 持太子甚急이
부도 당주문 강충 지태자심급

어늘 太子가 計,不知所出이러니 從其少로 傅石德
태자 계부지소출 종기소 부석덕

計하여 收捕充等하여 太子가 自臨斬充하니 罵曰,
계 수포충등 태자 자림참충 매왈

趙虜야! 前亂乃國王父子,不足邪아! 乃,復亂吾,
조로 전란내국왕부자부족야 내부란오

父子也로다! 太子,出武庫兵하고 發,長樂宮,衛卒하
부자야 태자출무고병 발장락궁위졸

니 長安이 擾亂이라. 言,太子反이어늘 帝在甘泉이라
장안 요란 언태자반 제재감천

가 詔,捕斬反者하니 太子,兵敗南犇이라. 上이 怒甚
조포참반자 태자병패남분 상 노심

하니 壺關,三老茂,上書曰, 皇太子,承萬世之業하
호관삼로무상서왈 황태자승만세지업

니 親則,皇帝之宗子也어늘 江充은 閭閻之隷臣으
친 즉 황 제 지 종 자 야 강 충 여 염 지 예 신
로 御至尊之命하여 迫蹴太子하고 造飾姦詐하니
어 지 존 지 명 박 축 태 자 조 식 간 사
太子,進不得見上하고 退困於亂臣하여 冤結無告
태 자 진 부 득 견 상 퇴 곤 어 란 신 원 결 무 고
하여 不忍忿忿之心하여 起而殺充하니 子盜父兵하
불 인 분 분 지 심 기 이 살 충 자 도 부 병
여 以,救難自免耳니 臣은 竊以爲,無邪心이니다. 書
이 구 난 자 면 이 신 절 이 위 무 사 심 서
奏에 天子感悟나 然이나 尙未顯言赦之也니라. 太
주 천 자 감 오 연 상 미 현 언 사 지 야 태
子,自度不得脫하고 卽,自經이러라. 初에 上이 爲,太
자 자 도 부 득 탈 즉 자 경 초 상 위 태
子하여 立,博望苑하고 使,通賓客으로 從其所好故
자 입 박 망 원 사 통 빈 객 종 기 소 호 고
로 賓客이 多以,異端進者하니라.
빈 객 다 이 이 단 진 자

○吏民이 以,巫蠱로 相告言者를 案,驗多不實이라.
이 민 이 무 고 상 고 언 자 안 험 다 불 실
上이 頗知太子,惶恐無它意러니 會에 高寢,郎田千
상 파 지 태 자 황 공 무 타 의 회 고 침 랑 전 천
秋,上急變하여 訟,太子冤曰, 子弄父兵이 罪當笞
추 상 급 변 송 태 자 원 왈 자 롱 부 병 죄 당 태
니 天子之子,過誤殺人이어늘 當,何罪哉오! 上이
천 자 지 자 과 오 살 인 당 하 죄 재 상
乃,大感悟하여 召見,千秋하고 謂曰, 父子之間은
내 대 감 오 소 견 천 추 위 왈 부 자 지 간

人所難言也어늘 公이 獨明其,不然하니 此는 高廟
인 소 난 언 야 공 독 명 기 불 연 차 고 묘

神靈이 使公敎我로다. 公은 當遂,爲吾輔佐라 하고
신 령 사 공 교 아 공 당 수 위 오 보 좌

立拜,千秋하여 爲,大鴻臚,而族滅,江充家하다. 上
입 배 천 추 위 대 홍 려 이 족 멸 강 충 가 상

이 憐,太子無辜하여 乃,作思子宮하고 爲,歸來望思
련 태 자 무 고 내 작 사 자 궁 위 귀 래 망 사

之臺於湖하니 天下聞而悲之러라.
지 대 어 호 천 하 문 이 비 지

○壬辰四年(B.C. 89년)에 上이 乃言曰, 朕이 卽位以
임 진 사 년 상 내 언 왈 짐 즉 위 이

來로 所爲狂悖하여 使,天下로 愁苦하니 不可追悔
래 소 위 광 패 사 천 하 수 고 불 가 추 회

라. 今,事有,傷害百姓하고 縻費天下者어든 悉罷之
금 사 유 상 해 백 성 미 비 천 하 자 실 파 지

하라. 田千秋曰, 方士言,神仙者,甚하니 衆而無顯
전 천 추 왈 방 사 언 신 선 자 심 중 이 무 현

功臣은 請,皆罷斥遣之하나이다. 上曰, 大鴻臚,言
공 신 청 개 파 척 견 지 상 왈 대 홍 려 언

이 是也라 하고 於是에 悉罷,方士候,神人者하고 是
시 야 어 시 실 파 방 사 후 신 인 자 시

後에 上이 每對羣臣에 自歎,嚮時愚惑하여 爲,方士
후 상 매 대 군 신 자 탄 향 시 우 혹 위 방 사

所欺라. 天下에 豈有仙人이리요 盡,妖妄耳라. 節食
소 기 천 하 기 유 선 인 진 요 망 이 절 식

服藥이면 差可少病而已라 하다.
복 약 차 가 소 병 이 이

○六月에 以,大鴻臚,田千秋로 爲丞相하여 封,富
유월 이대홍려전천추 위승상 봉부
民侯하다. 千秋無它,材能術學하고 又無,伐閱功勞
민후 천추무타재능술학 우무벌열공로
하되 特以一言으로 寤意하여 數月에 取,宰相封侯
특이일언 오의 수월 취재상봉후
하니 世,未嘗有也러라.
세미상유야

○上이 乃,下詔하여 深陳,旣往之悔曰, 前有司奏
상 내하조 심진기왕지회왈 전유사주
請,遠田輪臺하고 欲起亭隧하니 是는 擾勞天下요,
청원전륜대 욕기정수 시 요로천하
非,所以安民夜이니 朕은 不忍聞하노라. 當今에 務
비소이안민야 짐 불인문 당금 무
在禁,苛暴止,擅賦하고 力,本農하고 修,馬復令以補
재금가폭지천부 역본농 수마부령이보
缺하여 毋乏武備而已라 하고 由是로 不復出軍而
결 무핍무비이이 유시 불부출군이
封,田千秋,爲富民侯하니 以明休息,富養民也오.
봉전천추위부민후 이명휴식부양민야
又以趙過로 爲,搜粟都尉하니 過能代田하고 其,耕
우이조과 위수속도위 과능대전 기경
耘田,器皆有,便巧하여 以敎民하니 用力少而得穀
운전기개유편교 이교민 용력소이득곡
多라 民皆便之하니라.
다 민개편지

○癸巳,後元,元年(B.C. 88년)이라. 時에 鉤弋夫人之
계사후원원년 시 구익부인지

子,弗陵이 年數歲에 形體壯大하고 多知하니 上이
자 불 릉 년 수 세 형 체 장 대 다 지 상

奇愛之하여 心欲立焉하되 以其年穉,母少로 猶與
기 애 지 심 욕 입 언 이 기 년 치 모 소 유 여

久之러니 察,羣臣하니 唯,奉車都尉,霍光이 忠厚하
구 지 찰 군 신 유 봉 거 도 위 곽 광 충 후

여 可任大事니라. 上이 乃使,黃門으로 畫,周公負成
가 임 대 사 상 내 사 황 문 화 주 공 부 성

王하고 朝諸侯하여 以賜,光하다.
왕 조 제 후 이 사 광

○甲午二年(B.C. 87년)이라. 春正月에 上이 病篤하여
갑 오 이 년 춘 정 월 상 병 독

霍光이 涕泣問曰, 如有不諱면 誰當嗣者요? 上
곽 광 체 읍 문 왈 여 유 불 휘 수 당 사 자 상

曰, 君이 未諭前畫意邪아? 立少子하고 君이 行,周
왈 군 미 유 전 화 의 사 입 소 자 군 행 주

公之事하라. 光이 頓首讓曰, 臣이 不如金日磾이
공 지 사 광 돈 수 양 왈 신 불 여 금 일 제

니다. 日磾, 亦曰, 臣은 外國人이라 不如,光이요, 且
일 제 역 왈 신 외 국 인 불 여 광 차

使,匈奴로 輕漢矣리다. 乙丑(B.C. 92년)에 詔立,弗陵
사 흉 노 경 한 의 을 축 조 립 불 릉

하여 爲,皇太子하니 時年이 八歲라. 丙寅에 以光으
위 황 태 자 시 년 팔 세 병 인 이 광

로 爲,大司馬,大將軍하고 日磾로 爲,車騎將軍하고
위 대 사 마 대 장 군 일 제 위 거 기 장 군

太僕上官,桀로 爲,左將軍하여 受遺詔,輔少主하다.
태 복 상 관 걸 위 좌 장 군 수 유 조 보 소 주

光이 出入禁闥,二十餘年에 出則奉車하고 入侍左
광 출입금달이십여년 출즉봉거 입시좌
右하여 小心謹愼하여 未嘗有過하니라. 爲人이 沈
우 소심근신 미상유과 위인 침
靜詳審하고 每,出入下殿門에 進止有常處하더니
정상심 매출입하전문 진지유상처
郞,僕射,竊識視之하니 不失尺寸하니라. 日磾,在上
랑복야절식시지 불실척촌 일제재상
左右하여 目不忤視者,數十年이요, 賜出宮女하되
좌우 목불오시자수십년 사출궁녀
不敢近하고 上이 欲內,其女後宮하되 不肯하니 其,
불감근 상 욕내기녀후궁 불긍 기
篤愼이 如此니라. 上이 尤奇異之하니라.
독신 여차 상 우기이지

○丁酉(B.C. 84년)에 帝崩于,五柞宮이어늘 太子卽
정유 제붕우오작궁 태자즉
位하고 霍光이 輔幼主하여 政自己出하니 天下,想
위 곽광 보유주 정자기출 천하상
聞其風采하니라.
문기풍채

어려운 낱말 / 고사성어

[酒酤(주고)] : 계명주(鷄鳴酒). 하룻밤 사이에 익은 술. [陰事(음사)] : 남녀 간의 잠자리. [蠱] : 독벌레(고). [鄕] : 앞서(향), 이전에(향). [霍] : 빠를(곽). 갑자기.

{孝昭皇帝, 在位十三年, 壽二十一}
효소황제 재위십삼년 수이십일

○己亥,始元,五年(B.C. 82년)에 有,男子하여 乘,黃犢
기해시원오년 유남자 승황독

車하고 詣,北闕하여 自謂,衛太子어늘 詔使,公卿將
거 예북궐 자위위태자 조사공경장

軍,中으로 二千石雜識視하니 至者,莫敢發言이라.
군중 이천석잡식시 지자막감발언

京兆,尹雋이 不疑後到하여 叱,從吏收縛曰, 昔에
경조윤준 불의후도 질종리수박왈 석

蒯聵出奔에 輒이 距而不納하니 春秋에 是之라. 衛
괴외출분 첩 거이불납 춘추 시지 위

太子,得罪先帝하여 亡不卽死하고 今來自詣하니
태자득죄선제 망불즉사 금래자예

此는 罪人也라. 遂送詔獄하니 天子,與,大將軍,霍
차 죄인야 수송조옥 천자여대장군곽

光으로 聞而嘉之曰, 公卿大臣을 當用有經術,明
광 문이가지왈 공경대신 당용유경술명

於大誼者라 하니 繇是로 不疑名聲이 重於朝廷하
어대의자 요시 불의명성 중어조정

여 在位者,皆,自以不及也하다. 廷尉驗治하여 竟得
재위자개자이불급야 정위험치 경득

奸詐하여 坐,誣罔不道要斬하다.
간사 좌무망부도요참

○諫大夫,杜延年이 見,國家承武帝하여 奢侈師旅
간대부두연년 견국가승무제 사치사려

之後하고 數爲,大將軍,光言하되 年歲,比不登하고
지 후 수 위 대 장 군 광 언 년 세 비 부 등
流民,未盡還하니 宜修,孝文時政하여 示以儉約寬
유 민 미 진 환 의 수 효 문 시 정 시 이 검 약 관
和하여 順天,心說民意면 年歲宜應하리다 하니 光이
화 순 천 심 설 민 의 년 세 의 응 광
納其言하니라.
납 기 언

○庚子六年(B.C. 81년)이라. 春二月에 詔有司하여
경 자 육 년 춘 이 월 조 유 사
問,郡國所擧,賢良과 文學民所,疾苦와 敎化之要
문 군 국 소 거 현 량 문 학 민 소 질 고 교 화 지 요
하니 皆對願罷,鹽鐵,酒榷,均輸官하여 毋與天下爭
개 대 원 파 염 철 주 각 균 수 관 무 여 천 하 쟁
利하여 示以儉節然後에 敎化를 可興이리다. 桑弘
리 시 이 검 절 연 후 교 화 가 흥 상 홍
羊이 難以爲此는 國家大業이라. 所以制,四夷와 安
양 난 이 위 차 국 가 대 업 소 이 제 사 이 안
邊足用之本이니 不可廢也라 하니 於是에 鹽鐵之
변 족 용 지 본 불 가 폐 야 어 시 염 철 지
議起焉이러라.
의 기 언

○初에 蘇武,旣徙北海上하여 杖,漢節牧羊하여 臥
초 소 무 기 사 북 해 상 장 한 절 목 양 와
起操持하니 節旄盡落이라. 及,壺衍鞮하니 單于,立
기 조 지 절 모 진 락 급 호 연 제 선 우 립

에 國內乖離하니 於是에 衛律이 謀與漢으로 和親
국내괴리 어시 위률 모여한 화친

이어늘 漢使至하여 求,武等하니 匈奴,詭言武死어늘
한사지 구무등 흉노궤언무사

常,惠私敎使者하여 謂,單于言하되 武等이 在某,澤
상혜사교사자 위선우언 무등 재모택

中이라 하다. 使者,如惠語하여 以讓,單于하니 單于,
중 사자여혜어 이양선우 선우

驚謝하고 乃歸,武하니 武留,匈奴가 凡,十九歲라 始
경사 내귀무 무류흉노 범십구세 시

以彊壯出이러니 及還에 鬚髮이 盡白이러라. 秋에
이강장출 급환 수발 진백 추

罷榷酤官하니 從賢良,文學之議也러라. 武帝之末
파각고관 종현량문학지의야 무제지말

에 海內虛耗하여 戶口減半이어늘 霍光이 知時,務
해내허모 호구감반 곽광 지시무

之要하여 輕傜薄賦하여 與民休息하니 至是에 匈奴
지요 경요박부 여민휴식 지시 흉노

和親하고 百姓이 充實,稍復文하여 景之業焉하니라.
화친 백성 충실초부문 경지업언

○辛丑,元鳳,元年(B.C. 80년)이라. 上이 官桀之子,安
신축원봉원년 상 관걸지자안

이 有女하니 卽,霍光의 外孫이라. 安이 因,光欲內之
유녀 즉곽광 외손 안 인광욕내지

어늘 光이 以其幼로 不聽하니 安이 遂,因帝姊,蓋長
광 이기유 불청 안 수인제자개장

主하여 內入宮爲,婕妤하다가 月餘에 立爲皇后하니
주 내입궁위첩여 월여 입위황후

年甫六歲라. 於是에 桀安이 深怨,光而德蓋主러니
년보육세 어시 걸안 심원광이덕개주

知,燕王旦,以帝兄으로 不得立하여 亦怨望하고 乃令
지연왕단이제형 부득립 역원망 내령

人으로 詐爲,燕王上書하여 欲共執,退光하더니 書奏
인 사위연왕상서 욕공집퇴광 서주

에 光이 聞之不入하니 上問하고 大將軍은 安在오?
광 문지불입 상문 대장군 안재

桀이 對以燕王이 告其罪하여 不敢入이니다. 有,詔
걸 대이연왕 고기죄 불감입 유조

召大將軍하니 光이 入하여 免冠頓首어늘 上曰, 將
소대장군 광 입 면관돈수 상왈 장

軍은 冠하라. 朕이 知是書詐也로다. 將軍은 無罪하고
군 관 짐 지시서사야 장군 무죄

將軍이 調,校尉,未十日에 燕王이 何以知之리오. 是
장군 조교위미십일 연왕 하이지지 시

時에 帝年이 十四라. 尙書,左右皆驚而上書者果亡
시 제년 십사 상서좌우개경이상서자과망

하니라. 後에 桀黨이 與有譖光者어늘 上이 輒怒曰,
후 걸당 여유참광자 상 첩노왈

大將軍은 忠臣이요, 先帝所屬이라. 以輔朕身이니 有
대장군 충신 선제소속 이보짐신 유

毁者면 坐之하리다. 自是로 桀等이 不敢復言이러라.
훼자 좌지 자시 걸등 불감부언

○上官,桀等이 謀令,長公主로 置酒請光하여 伏兵
상관걸등 모령장공주 치주청광 복병

格殺之하고 因,廢帝하여 迎立, 燕王爲,天子하고
격살지 인폐제 영립 연왕위천자

安이 又謀誘,燕王至而誅之하고 因,廢帝,立桀이러
안 우모유 연왕지이주지 인 폐제 립걸

니 會에 蓋主舍人이 知,其謀하고 以告하니 詔捕,桀
회 개주사인 지기모 이고 조포걸

安等,宗族하여 悉誅之하니 蓋主는 自殺하고 燕王
안등종족 실주지 개주 자살 연왕

은 自絞死하고 皇后는 以,年少로 不與謀하고 亦,霍
자교사 황후 이년소 불여모 역곽

光의 外孫故로 得,不廢하니라.
광 외손고 득불폐

○甲辰四年(B.C. 77년)에 樓蘭國이 最在東垂하여 近
갑진사년 누란국 최재동수 근

漢當,白龍堆하여 數遮殺,漢使어늘 傅介子,使大宛에
한당 백룡퇴 수차살한사 부개자 사대완

詔,因令責,樓蘭,龜茲하니 其王이 皆,謝服이러라. 介
조인령책누란구자 기왕 개사복 개

子還謂,大將軍,霍光曰, 樓蘭,龜茲,數反覆하니 不
자환위대장군곽광왈 누란구자수반복 부

誅면 無所懲艾니 願往刺之하여 以威示諸國하리라.
주 무소징애 원왕자지 이위시제국

大將軍이 於是에 白遣之러니 介子,與士卒로 俱齎
대장군 어시 백견지 개자여사졸 구재

金幣하여 以賜外國爲名하니 王이 貪,漢物하여 來見
금폐 이사외국위명 왕 탐한물 내견

使者어늘 介子使,壯士로 刺死之하고 諭以,王負,漢
사자 개자사장사 자사지 유이왕부한

罪하고 更立王弟,尉屠耆하여 爲王하고 更名其國하
죄 경립왕제위도기 위왕 경명기국

여 爲,鄯善이라 하고 封傳介子하여 爲,義陽侯하다.
위 선 선 봉 부 개 자 위 의 양 후

○丁未,元平,元年(B.C. 74년)이라. 四月에 帝崩하니
정 미 원 평 원 년 사 월 제 붕

無嗣라. 大將軍,光이 與,羣臣으로 議,迎昌邑,王賀
무 사 대 장 군 광 여 군 신 의 영 창 읍 왕 하

하니 賀는 哀王之子니라. 在國에 素,狂縱하여 動作
하 애 왕 지 자 재 국 소 광 종 동 작

無節하고 嘗遊方與하니 不半日에 馳二百里어늘
무 절 상 유 방 여 불 반 일 치 이 백 리

中尉,王吉이 上疏諫曰, 夫,廣厦之下와 細旃之上
중 위 왕 길 상 소 간 왈 부 광 하 지 하 세 전 지 상

에 明師居前하고 勸誦이 在後하여 上論,唐虞之際
명 사 거 전 권 송 재 후 상 론 당 우 지 제

하고 下及殷周之盛하여 考,仁聖之風하고 習,治國
하 급 은 주 지 성 고 인 성 지 풍 습 치 국

之道하여 於以養生이 豈不長哉닛까? 王이 終不改
지 도 어 이 양 생 기 부 장 재 왕 종 불 개

節하니라. 六月에 王受,皇帝璽綬하고 襲,尊號하다.
절 유 월 왕 수 황 제 새 수 습 존 호

어려운 낱말 / 고사성어

[雋] : 영특할(준). [繇] : 부역할(요), 따르다(요). [鞮] : 가죽신(제).
[樓蘭國(누란국)] : 중국 고대 서부에 있었던 작은 나라. 서역36국 중의 하나.

○昌邑王이 旣立에 淫戲無度하고 諫多不聽이라.
창 읍 왕 기 립 음 희 무 도 간 다 불 청

光이 憂懣하여 問所親故吏,田延年하니 延年曰,
광 우 만 문 소 친 고 리 전 연 년 연 년 왈

將軍이 爲國柱石하니 審,此人不可어늘 何不建,白
장 군 위 국 주 석 심 차 인 불 가 하 불 건 백

太后하여 更選賢而立之요? 光曰, 於古에 有此不
태 후 경 선 현 이 립 지 광 왈 어 고 유 차 부

아? 延年曰, 伊尹이 相殷에 廢,太甲하고 以安宗廟
연 년 왈 이 윤 상 은 폐 태 갑 이 안 종 묘

하니 後世,稱其忠이라 將軍이 若能行此면 亦漢之,
후 세 칭 기 충 장 군 약 능 행 차 역 한 지

伊尹也니라. 光이 乃,陰與,張安世圖計하다.
이 윤 야 광 내 음 여 장 안 세 도 계

○王이 出遊하니 光祿大夫,夏侯勝이 當乘輿前하
왕 출 유 광 록 대 부 하 후 승 당 승 여 전

여 諫曰, 天이 陰不雨하니 臣下,有謀上者니라. 陛
간 왈 천 음 불 우 신 하 유 모 상 자 폐

下,出欲何之닛까? 王이 怒하여 謂,勝爲妖言이라 하
하 출 욕 하 지 왕 노 위 승 위 요 언

여 縛以屬吏어늘 光이 乃,召問勝하니 勝이 對言하되
박 이 속 리 광 내 소 문 승 승 대 언

在,鴻範傳하니 曰, 皇之不極은 厥罰이 常陰이라 하
재 홍 범 전 왈 황 지 불 극 궐 벌 상 음

니 時則下人이 有伐上者이니라. 光이 安世,大驚하
시 즉 하 인 유 벌 상 자 광 안 세 대 경

여 以此로 益重,經術士하니라.
이 차 익 중 경 술 사

○光이 安世,旣定議에 乃使,田延年으로 報,丞相,
광 안 세 기 정 의 내 사 전 연 년 보 승 상

楊敞하니 敞이 驚懼,不知所言하여 汗出沾背하고
양 창 창 경 구 부 지 소 언 한 출 첨 배

徒唯唯而已라. 光이 卽與羣臣으로 俱見,白太后
도 유 유 이 이 광 즉 여 군 신 구 견 백 태 후

하고 具,陳昌邑,王이 不可以承,宗廟狀하니 皇太
구 진 창 읍 왕 불 가 이 승 종 묘 상 황 태

后,詔,昌邑王하여 伏前聽詔하니 光이 令,王起,拜
후 조 창 읍 왕 복 전 청 조 광 영 왕 기 배

受詔하고 光이 持其手하여 解脫,其璽組하고 扶王
수 조 광 지 기 수 해 탈 기 새 조 부 왕

下殿하여 送至,昌邑邸하다.
하 전 송 지 창 읍 저

○初에 衛太子之子,史皇孫이 生子病已하니 號를
초 위 태 자 지 자 사 황 손 생 자 병 이 호

皇曾孫이라. 皇曾孫이 生,數月에 遭巫蠱事하여
황 증 손 황 증 손 생 수 월 조 무 고 사

太子男女妻妾이 皆,遇害하되 獨,皇曾孫이 在하
태 자 남 녀 처 첩 개 우 해 독 황 증 손 재

여 亦坐收繫獄이러니 丙吉이 受詔,治巫蠱獄하거
역 좌 수 계 옥 병 길 수 조 치 무 고 옥

늘 吉이 心知,太子無辜하고 重哀,皇曾孫無辜하
길 심 지 태 자 무 고 중 애 황 증 손 무 고

여 擇謹厚女徒하여 令,乳養曾孫하여 置閒燥러니
택 근 후 녀 도 영 유 양 증 손 치 한 조

曾孫이 高材好學이나 然이나 亦喜游俠하니 以是
증 손 고 재 호 학 연 역 희 유 협 이 시

로 具知,閭里奸邪와 吏治得失하니라. 及,昌邑王
구 지 여 리 간 사 이 치 득 실 급 창 읍 왕

이 廢에 霍光이 與,張安世와 諸大臣으로 議所立未
폐 곽 광 여 장 안 세 제 대 신 의 소 입 미

定이러니 丙吉이 奏記光曰, 武帝曾孫,名,病已者
정 병 길 주 기 광 왈 무 제 증 손 명 병 이 자

로 至今,十八九矣라. 通經術,有美材하고 行安而
지 금 십 팔 구 의 통 경 술 유 미 재 행 안 이

節和하니 願,將軍은 定,大策하라! 光이 與,丞相,敞
절 화 원 장 군 정 대 책 광 여 승 상 창

으로 上奏曰, 武帝曾孫, 病已가 年이 十八이라. 師
상 주 왈 무 제 증 손 병 이 년 십 팔 사

受,詩,論語,孝經하고 躬行節儉하고 慈仁愛人하니
수 시 논 어 효 경 궁 행 절 검 자 인 애 인

可以嗣,孝昭皇帝後이니다. 皇太后,詔曰, 可하다.
가 이 사 효 소 황 제 후 황 태 후 조 왈 가

迎,曾孫하여 卽,皇帝位하니 侍御史,嚴延年이 劾奏
영 증 손 즉 황 제 위 시 어 사 엄 연 년 핵 주

하되 大將軍,光이 擅廢,立主하니 無,人臣禮라 不道
대 장 군 광 천 폐 입 주 무 인 신 례 부 도

이니다. 奏雖寢然이나 朝廷이 肅然敬憚之하다.
주 수 침 연 조 정 숙 연 경 탄 지

어려운 낱말 / 고사성어

[憂懣(우만)] : 근심하고 빈번히 화를 내다. [鴻範傳(홍범전)] : 한 나라 유자(儒者)가 지은 책 이름. [憚] : 성낼(탄), 꺼릴(탄).

통감절요 제12권

通鑑節要

漢紀:中宗.孝宣皇帝.上, 在位,
한기 중종 효선황제 상 재위
二十五年, 壽,四十二
이십오년 수 사십이

○戊申,本始,元年(B.C. 73년)에 大將軍,光이 稽首歸
무신본시원년 대장군광 계수귀
政하니 上이 謙讓不受하고 諸事를 皆,先關白光,然
정 상 겸양불수 제사 개선관백광연
後에 奏御하다. 自,昭帝時로 光의 黨親이 連體根據
후 주어 자소제시 광 당친 연체근거
於朝廷이러니 及,昌邑王이 廢에 光權이 益重이라.
어조정 급창읍왕 폐 광권 익중
每朝見에 上이 虛己斂容하여 禮,下之已甚하니라.
매조견 상 허기렴용 예하지이심

○初에 上官,桀이 與,霍光으로 爭權이러니 光이 旣
초 상관걸 여곽광 쟁권 광 기
誅,桀에 遂遵,武帝法度하여 以,刑罰로 痛繩羣下하
주걸 수준무제법도 이형벌 통승군하
니 由是로 俗吏皆,尙嚴酷하여 以,爲能而河南太
유시 속리개상엄혹 이위능이하남태
守,丞이 黃霸,獨用寬和爲名이라. 上이 在,民間時
수승 황패독용관화위명 상 재민간시

에 知,百姓이 苦吏急迫이러니 聞霸持法平하고 乃
지 백 성 고 리 급 박 문 패 지 법 평 내
召爲,廷尉正하여 數決疑獄하니 庭中이 稱平이러라.
소 위 정 위 정 수 결 의 옥 정 중 칭 평

○己酉二年(B.C. 72년), 夏에 詔曰, 孝武皇帝,穹仁
기 유 이 년 하 조 왈 효 무 황 제 궁 인
誼厲,威武할새 功德이 茂盛而廟樂이 未稱하니 朕
의 려 위 무 공 덕 무 성 이 묘 악 미 칭 짐
甚悼焉하나니 其與列侯,二千石博士로 議하라. 羣
심 도 언 기 여 열 후 이 천 석 박 사 의 군
臣이 皆曰, 如詔라 하되 獨,夏侯勝이 曰, 武帝,雖
신 개 왈 여 조 독 하 후 승 왈 무 제 수
有攘,四夷廣土境之功이나 然이나 多殺士衆하고
유 양 사 이 광 토 경 지 공 연 다 살 사 중
竭民財力하여 奢泰無度하여 無,德澤於民하니 不
갈 민 재 력 사 태 무 도 무 덕 택 어 민 불
宜,爲立廟樂이니다. 於是에 丞相,御史,劾,奏하되 勝
의 위 립 묘 악 어 시 승 상 어 사 핵 주 승
이 非議詔書하고 毁,先帝하니 不道요, 及,丞相長
비 의 조 서 훼 선 제 부 도 급 승 상 장
史,黃霸는 阿縱,勝하고 不擧,劾이라 하여 俱,下獄하
사 황 패 아 종 승 불 거 핵 구 하 옥
고 有司,遂請尊,孝武帝廟하여 爲,世宗廟하다.
유 사 수 청 존 효 무 제 묘 위 세 종 묘

○夏侯勝,黃霸旣久繫에 霸,欲從,勝受,尚書어늘
하 후 승 황 패 기 구 계 패 욕 종 승 수 상 서

勝이 辭以罪死하니 霸曰, 朝,聞道면 夕死라도 可
승 사이죄사 패왈 조문도 석사 가
矣니라. 勝이 賢其言하여 遂,授之하여 繫再更冬하되
의 승 현기언 수수지 계재경동
講論不怠하니라.
강론불태

○庚戌三年(B.C. 71년)에 霍光의 夫人,顯이 欲,貴其
경술삼년 곽광 부인현 욕귀기
小女,成君이러니 會에 許后當,娠病이라. 女醫,淳于
소녀성군 회 허후당신병 여의순우
衍者는 霍氏所愛라. 嘗,入宮侍疾이어늘 顯이 使衍
연자 곽씨소애 상입궁시질 현 사연
으로 因投,毒藥하여 以飮皇后러니 有頃에 遂加,煩
인투독약 이음황후 유경 수가번
懣崩하다.
만붕

○冬에 匈奴單于,自將數萬騎,擊烏孫하여 頗得,
동 흉노선우 자장수만기 격오손 파득
老弱欲還이러니 會에 天이 大,雨雪하여 一日에 深
노약욕환 회 천 대우설 일일 심
丈餘이라. 人民畜産이 凍死하고 還者,不能什에 一
장여 인민축산 동사 환자불능십 일
이라. 於是에 丁令이 乘,弱攻其北하고 烏桓은 入其
어시 정령 승약공기북 오환 입기
東하고 烏孫은 擊其西하여 凡,三國所殺이 數萬級
동 오손 격기서 범삼국소살 수만급

이요, 馬,數萬匹이요, 牛羊이 甚衆이라. 匈奴,大虛
마 수 만 필 우 양 심 중 흉 노 대 허
弱하더니 其後에 漢이 出,三千餘騎하여 爲,三道並
약 기 후 한 출 삼 천 여 기 위 삼 도 병
入,匈奴하여 捕虜得,數千人還하니 匈奴,終不敢取
입 흉 노 포 로 득 수 천 인 환 흉 노 종 불 감 취
當하여 滋欲鄉,和親而邊境이 少事矣하니라.
당 자 욕 향 화 친 이 변 경 소 사 의

○是歲에 潁川太守,趙廣漢이 爲,京兆尹하다. 潁
시 세 영 천 태 수 조 광 한 위 경 조 윤 영
川俗에 豪傑이 相朋黨하거늘 廣漢이 爲,缿筩하여
천 속 호 걸 상 붕 당 광 한 위 항 용
受,吏民投書하여 使相告訐하니 於是에 更相怨咎
수 이 민 투 서 사 상 고 알 어 시 갱 상 원 구
하여 姦黨이 散落하고 盜賊이 不得發이라. 尤善爲,
간 당 산 락 도 적 부 득 발 우 선 위
鉤距하여 以得事情하여 閭里,銖兩之姦을 皆,知之
구 거 이 득 사 정 여 리 수 량 지 간 개 지 지
러라. 長安,少年數人이 會,窮里空舍하여 謀共劫人
장 안 소 년 수 인 회 궁 리 공 사 모 공 겁 인
하더니 坐語未訖에 廣漢이 使吏捕治具服하니 其,
좌 어 미 흘 광 한 사 리 포 치 구 복 기
發姦擿伏,如神이라. 京兆政清하니 吏民이 稱之不
발 간 적 복 여 신 경 조 정 청 이 민 칭 지 불
容口하고 長老는 傳以爲,自漢興으로 治,京兆者,莫
용 구 장 로 전 이 위 자 한 흥 치 경 조 자 막
能及이라 하니라.
능 급

○辛亥四年(B.C. 70년), 春에 立,霍光,女하여 爲,皇
신해사년 춘 입곽광녀 위황
后하다.
후

○壬子,地節,元年(B.C. 69년)에 于,定國이 爲,廷尉하
임자지절원년 우정국 위정위
다. 定國이 決疑平法하여 務在哀,鰥寡하고 罪疑를
정국 결의평법 무재애환과 죄의
從輕하여 加,審愼之心하니 朝廷이 稱之曰, 張釋
종경 가심신지심 조정 칭지왈 장석
之로 爲,廷尉하여 天下에 無,冤民하더니 于,定國이
지 위정위 천하 무원민 우정국
爲,廷尉에 民이 自以不冤이라 하니라.
위정위 민 자이불원

○癸丑二年(B.C. 68년), 春에 霍光이 病篤하여 薨하다.
계축이년 춘 곽광 병독 훙

○上이 思報,大將軍德하여 乃,封光兄,孫山으로 爲,
상 사보대장군덕 내봉광형손산 위
樂平侯하고 使以奉車都尉로 領,尚書事하니 魏相
낙평후 사이봉거도위 영상서사 위상
이 奏,封事言하되 春秋에 譏世卿하고 惡宋三世하여
주봉사언 춘추 기세경 오송삼세
爲,大夫하니 今光이 死에 子復爲,右將軍하고 兄子,
위대부 금광 사 자부위우장군 형자

秉,樞機하고 昆弟諸壻,據,權勢在兵官하여 驕奢放
병 추 기 곤 제 제 서 거 권 세 재 병 관 교 사 방
縱하니 宜,有以損奪其權하고 破散陰謀하여 以全,
종 의 유 이 손 탈 기 권 파 산 음 모 이 전
功臣之世하소서. 又,故事에 諸上書者,皆爲二封하
공 신 지 세 우 고 사 제 상 서 자 개 위 이 봉
여 署其一曰, 副어든 領尙書者,先發副封하여 所
서 기 일 왈 부 영 상 서 자 선 발 부 봉 소
言이 不善이면 屛去不奏하더니 相이 復因,許伯으로
언 불 선 병 거 부 주 상 부 인 허 백
白去副封하여 以防,壅蔽하소서. 帝善之하여 詔,相
백 거 부 봉 이 방 옹 폐 제 선 지 조 상
給事中하고 皆從其議하다.
급 사 중 개 종 기 의

○帝興于,閭閻하여 知民事之艱難하더니 霍光이
제 흥 우 여 염 지 민 사 지 간 난 곽 광
旣薨에 始親政事하여 厲精爲治하여 五日에 一聽
기 훙 시 친 정 사 여 정 위 치 오 일 일 청
事하니 自,丞相以下로 各,奉職奏事하여 敷奏其言
사 자 승 상 이 하 각 봉 직 주 사 부 주 기 언
하고 考試功能하여 侍中,尙書功勞,當遷과 及,有異
고 시 공 능 시 중 상 서 공 로 당 천 급 유 이
善이어든 厚加賞賜하여 至于子孫이 終不改易하니
선 후 가 상 사 지 우 자 손 종 불 개 역
樞機周密하고 品式이 備具하여 上下相安하여 莫
추 기 주 밀 품 식 비 구 상 하 상 안 막
有苟且之意하다. 及拜,刺史,守相에 輒,親見問하니
유 구 차 지 의 급 배 자 사 수 상 첩 친 견 문

觀其所由하여 退而考察所行하여 以質其言하여
관 기 소 유 퇴 이 고 찰 소 행 이 질 기 언

有名實이 不相應이어든 必知其,所以然이러라. 嘗
유 명 실 불 상 응 필 지 기 소 이 연 상

稱曰, 庶民所以,安其田里而亡,嘆息愁恨之心者
칭 왈 서 민 소 이 안 기 전 리 이 망 탄 식 수 한 지 심 자

는 政平訟理也이니 與我共此者는 其惟良,二千石
정 평 송 리 야 여 아 공 차 자 기 유 양 이 천 석

乎인저 以爲太守는 吏民之本이라. 數變易則,下不
호 이 위 태 수 이 민 지 본 삭 변 역 즉 하 불

安하고 民知,其將久면 不可欺罔하여 乃,服從其敎
안 민 지 기 장 구 불 가 기 망 내 복 종 기 교

化故로 二千石이 有,致理效어든 輒以璽書로 勉厲
화 고 이 천 석 유 치 리 효 첩 이 새 서 면 려

하여 增秩賜金하고 或爵至,關内侯하고 公卿이 缺
증 질 사 금 혹 작 지 관 내 후 공 경 결

則,選諸所表하여 以次用之하니 是故로 漢世良吏
즉 선 제 소 표 이 차 용 지 시 고 한 세 양 리

라. 於是에 爲盛하여 稱,中興焉이라 하다.
어 시 위 성 칭 중 흥 언

어려운 낱말 / 고사성어

[煩懣崩(번만붕)] : 번민하고 괴로워서 죽다. [京兆尹(경조윤)] : 관직의 하나. 한나라 때 지방장관 명칭. 군수와 동일함. 한대(漢代) 경사(京師)의 지방장관 명칭으로서 그 자격은 태수〔太守(郡守)〕와 동격. [缿筩(항용)] : 고대 한나라 관직의 하나.

○甲寅三年(B.C. 67년), 春에 詔曰, 有功不賞하고
갑 인 삼 년 춘 조 왈 유 공 불 상
有罪不誅면 雖,唐虞라도 不能以化天下하나니 今,
유 죄 부 주 수 당 우 불 능 이 화 천 하 금
膠東相,王成이 勞來不怠하여 流民自占이 八萬餘
교 동 상 왕 성 노 래 불 태 유 민 자 점 팔 만 여
口요, 治有異等之效하니 其,賜成爵,關乃侯하고 秩
구 치 유 이 등 지 효 기 사 성 작 관 내 후 질
中,二千石하라. 未及徵用하여 會病卒官이러니 後
중 이 천 석 미 급 징 용 회 병 졸 관 후
에 詔使,丞相御史로 問,郡國上計長史,守丞以攻
조 사 승 상 어 사 문 군 국 상 계 장 사 수 승 이 공
令得失하니 或對言하되 前,膠東相,成이 僞自增加
령 득 실 혹 대 언 전 교 동 상 성 위 자 증 가
하여 以蒙顯賞이라 하니 其後에 俗吏多爲,虛名云
이 몽 현 상 기 후 속 리 다 위 허 명 운
하니라.

○丞相,韋賢이 以老病으로 乞,骸骨이어늘 賜,黃金
승 상 위 현 이 로 병 걸 해 골 사 황 금
百斤과 安車駟馬하여 罷就第하니 丞相致仕,自賢
백 근 안 거 사 마 파 취 제 승 상 치 사 자 현
始라 以,魏相으로 爲,丞相하다.
시 이 위 상 위 승 상

○霍氏가 驕侈縱橫이어늘 上이 頗聞,霍氏,毒殺許
곽 씨 교 치 종 횡 상 파 문 곽 씨 독 살 허

后而未察하더니 乃,徙光諸壻하여 收其印綬하고
후이미찰 내사광제서 수기인수

諸領,羽林及,兩宮衛將,屯兵을 悉易하여 以所親,
제령우림급량궁위장둔병 실역 이소친

許史子弟代之하다.
허사자제대지

○初에 孝武之世에 徵發이 煩數하여 百姓이 貧耗
초 효무지세 징삭 번수 백성 빈모

하고 窮民이 犯法하여 姦軌不勝이라. 於是에 使,張
궁민 범법 간궤불승 어시 사장

湯,趙禹之屬으로 條定法令하니 作,見知故縱,監臨
탕조우지속 조정법령 작견지고종감림

部主之法하고 緩深故之罪하고 急縱出之誅하나
부주지법 완심고지죄 급종출지주

其後에 姦猾巧法하여 轉相比況하여 禁網이 寖密
기후 간활교법 전상비황 금망 침밀

하고 律令이 煩苛하여 文書盈於几閣하니 典者,不
율령 번가 문서영어궤각 전자불

能徧睹니라. 是以로 郡國承用者,駮或罪同而論
능편도 시이 군국승용자박혹죄동이론

異하니 姦吏,因緣爲市하여 所欲活則,傅生議하고
이 간리인연위시 소욕활즉부생의

所欲陷則,予死比하니 議者,咸冤傷之하다. 廷尉史
소욕함즉여사비 의자함원상지 정위사

路溫舒,上書曰, 陛下,初登至尊하시니 宜改前世
로온서상서왈 폐하초등지존 의개전세

之失하고 正始受命之統하셔 滌煩文,除民疾하여
지실 정시수명지통 척번문제민질

以應天意하소서. 臣은 聞,秦有十失에 其一이 尚存
이 응 천 의 신 문 진 유 십 실 기 일 상 존

하니 治屋之吏是也니라. 夫,獄者는 天下之大命也
치 옥 지 리 시 야 부 옥 자 천 하 지 대 명 야

라 死者는 不可復生이요, 絶者는 不可復屬이니 書
사 자 불 가 부 생 절 자 불 가 부 속 서

曰,「與其殺不辜로는 寧失不經」이라 하니 今治獄
왈 여 기 살 불 고 녕 실 불 경 금 치 옥

吏則,不然하여 上下相毆하여 以刻爲明하여 深者,
리 즉 불 연 상 하 상 구 이 각 위 명 심 자

獲公名하고 平者는 多後患故로 治獄之吏,皆欲人
획 공 명 평 자 다 후 환 고 치 옥 지 리 개 욕 인

死는 非,憎人也니라. 自安之道,在人之死하니 太平
사 비 증 인 야 자 안 지 도 재 인 지 사 태 평

之未洽,凡以此也이니다. 俗語曰,「畫地爲獄이라
지 미 흡 범 이 차 야 속 어 왈 획 지 위 옥

도 議不入하고 刻木爲吏라도 期不對」라 하니 此皆
의 불 입 각 목 위 리 기 부 대 차 개

疾吏之風이요 悲痛之辭也니라. 唯,陛下는 省,法制
질 리 지 풍 비 통 지 사 야 유 폐 하 성 법 제

하시고 寬,刑罰則,太平之風을 可興於世이리다. 上
관 형 벌 즉 태 평 지 풍 가 흥 어 세 상

이 善其言하다.
선 기 언

○十二月에 詔曰, 間者에 吏用法이 巧하고 文寖
십 이 월 조 왈 간 자 이 용 법 교 문 침

深하여 使不辜로 蒙戮하니 朕甚傷之하노라. 今遣
심 사 불 고 몽 륙 짐 심 상 지 금 견

廷史하여 與郡鞠獄하니 任輕祿薄이라. 其爲置,
정사 여군국옥 임경록박 기위치

廷尉平하여 秩六百石하고 員四人하여 其務平之
정위평 질육백석 원사인 기무평지

하여 以稱朕意하라. 於是에 每,季秋後,請讞時에
이칭짐의 어시 매계추후 청얼시

上이 常幸宣室하여 齋居而決事하니 獄刑이 號爲
상 상행선실 재거이결사 옥형 호위

平矣라 하니라. 涿郡太守,鄭昌이 上疏言하되 今,
평의 탁군태수정창 상소언 금

明主는 躬垂明聽하시니 雖不置,廷平이나 獄將自
명주 궁수명청 수불치정평 옥장자

正이니 若開後嗣하면 不若删定律令이니 律令이
정 약개후사 불약산정율령 율령

一定이면 愚民이 知所避하고 姦吏無所弄矣이리
일정 우민 지소피 간리무소롱의

다. 今,不正其本하여 而置廷平,以理其末하다가
금부정기본 이치정평이리기말

政衰聽怠則,廷平將,招權而爲亂首矣리다.
정쇠청태즉정평장초권이위란수의

○乙卯四年(B.C. 66년)에 霍顯及禹,山雲이 自見日
을묘사년 곽현급우산운 자견일

侵削하고 數,相對啼泣,自怨하여 謀廢天子하다가
침삭 삭상대제읍자원 모폐천자

事發覺하여 雲山自殺하고 禹는 要斬하고 顯及諸
사발각 운산자살 우 요참 현급제

女昆弟는 皆棄市하고 皇后霍氏는 廢하다.
녀곤제 개기시 황후곽씨 폐

○初에 霍氏奢侈하니 茂陵徐生이 上疏言하되 宜,
초 곽씨사치 무릉서생 상소언 의
以時抑制라 하더니 其後에 霍氏,誅滅而告者,皆封
이시억제 기후 곽씨 주멸이고자 개봉
하니 人이 爲,徐生上書曰, 臣은 聞,客有過,主人者
인 위 서생상서왈 신 문 객유과 주인자
는 見其竈直突하고 傍有積薪하고 客이 謂,主人하
견기조직돌 방유적신 객 위 주인
되 更爲曲突하고 遠徙其薪하라. 不者면 且有火患
갱위곡돌 원사기신 부자 차유화환
이리라. 主人이 不應이러니 俄而요, 家果失火하여 隣
주인 불응 아이 가과실화 인
里共救之하여 幸而得息이라. 於是에 殺牛置酒하
리공구지 행이득식 어시 살우치주
고 謝其隣人하니 灼爛者,在於上行하고 餘는 各以
사기인인 작란자 재어상행 여 각이
功으로 次坐而不錄言이면 曲突 者라 하니 人이 謂,
공 차좌이불록언 곡돌 자 인 위
主人曰, 鄕使聽客之言이면 不費牛酒하고 終亡
주인왈 향사청객지언 불비우주 종망
人患하거늘 今,論功而請賓에 「曲突徙薪」은 無,恩
인환 금논공이청빈 곡돌사신 무은
澤하고 燋頭爛額이 爲,上客邪야아? 主人이 乃,寤
택 초두란액 위상객야 주인 내오
而請之니라. 今,茂陵,徐福이 數,上書言하되 霍氏
이청지 금무릉서복 수상서언 곽씨
且有變이니 宜防絶之라 하니 鄕使福說로 得行則,
차유변 의방절지 향사복설 득행즉
國無裂土하여 出爵之費하고 臣無逆亂,誅滅之敗
국무열토 출작지비 신무역란 주멸지패

어늘 往事는 旣已而福이 獨不蒙其功하니 唯,陛下
왕 사 기 이 이 복 독 불 몽 기 공 유 폐 하
는 察之하시어 貴徙薪,曲突之策하여 使居,焦髮灼
찰 지 귀 사 신 곡 돌 지 책 사 거 초 발 작
爛之右하소서. 上이 乃賜,福帛十匹하고 後遷爲郎
란 지 우 상 내 사 복 백 십 필 후 천 위 랑
하다.

○帝,初立에 謁見高廟하니 大將軍,光이 驂乘하니
제 초 립 알 현 고 묘 대 장 군 광 참 승
上이 內嚴憚之하여 若有,芒刺在背하고 後에 車騎
상 내 엄 탄 지 약 유 망 자 재 배 후 거 기
將軍,張安世,代光驂乘하니 天子,從容肆體하여 甚
장 군 장 안 세 대 광 참 승 천 자 종 용 사 체 심
安近焉이라. 及,光이 身死而宗族이 竟誅故로 俗傳
안 근 언 급 광 신 사 이 종 족 경 주 고 속 전
霍氏之禍가 萌於驂乘이라 하다.
곽 씨 지 화 맹 어 참 승

○北海太守,朱邑이 以,治行第一로 入爲大司農하
북 해 태 수 주 읍 이 치 행 제 일 입 위 대 사 농
다.

○渤海太守,龔遂가 入爲,水衡都尉하다. 先是에
발 해 태 수 공 수 입 위 수 형 도 위 선 시

渤海左右郡이 歲飢하여 盜賊이 並起하여 二千石
발 해 좌 우 군 세 기 도 적 병 기 이 천 석

이 不能擒制라. 上이 選,能治者하니 丞相御史,擧
불 능 금 제 상 선 능 치 자 승 상 어 사 거

遂어늘 上이 拜爲,渤海太守하고 召見問,何以治渤
수 상 배 위 발 해 태 수 소 견 문 하 이 치 발

海하여 息其盜賊고? 對曰, 海瀕이 遐遠하여 不霑
해 식 기 도 적 대 왈 해 빈 하 원 불 점

聖化하니 其民이 困於飢寒而吏不恤故로 使,陛下
성 화 기 민 곤 어 기 한 이 리 불 휼 고 사 폐 하

赤子로 盜弄,陛下之兵於潢池中耳니 今欲使臣으
적 자 도 롱 폐 하 지 병 어 황 지 중 이 금 욕 사 신

로 勝之邪닛까 將安之也리요? 上曰, 選用賢良은
승 지 사 장 안 지 야 상 왈 선 용 현 량

固欲安之也니라. 遂曰, 治,亂民이 猶治亂繩하여
고 욕 안 지 야 수 왈 치 란 민 유 치 란 승

不可急也요, 唯緩之然後에 可治니 臣은 願,丞相
불 가 급 야 유 완 지 연 후 가 치 신 원 승 상

御史,且無拘臣以文法하고 得,一切便宜로 終事하
어 사 차 무 구 신 이 문 법 득 일 절 편 의 종 사

소서 하니 上이 許焉하고 加賜黃金하여 乘傳至渤海
상 허 언 가 사 황 금 승 전 지 발 해

界하니 郡이 聞,新太守至하고 發兵以迎이어늘 遂,
계 군 문 신 태 수 지 발 병 이 영 수

皆遣還하고 移書敕屬縣하여 悉罷逐捕盜賊吏하고
개 견 환 이 서 칙 속 현 실 파 축 포 도 적 리

諸持鉏鉤,田器者는 皆爲良民이니 吏毋得問하고
제 지 서 구 전 기 자 개 위 량 민 이 무 득 문

持兵者는 乃爲賊이라 하고 遂,單車獨行으로 至府하
지 병 자 내 위 적 수 단 거 독 행 지 부

니 盜賊이 聞遂敎令하고 卽時解散하고 棄其,兵弩
도 적 문 수 교 령 즉 시 해 산 기 기 병 노

而持鉤鉏하니 於是에 悉平이라. 遂,乃開萌하여 假
이 지 구 서 어 시 실 평 수 내 개 맹 가

貧民하여 選用良吏하여 慰安,牧養焉하다. 遂見齊
빈 민 선 용 량 리 위 안 목 양 언 수 견 제

俗이 奢侈하여 好末技不田作하고 乃,躬率以儉約
속 사 치 호 말 기 부 전 작 내 궁 솔 이 검 약

하여 勸民務,農桑하고 民有帶持刀劍者면 使,賣劍
권 민 무 농 상 민 유 대 지 도 검 자 사 매 검

買牛하고 賣刀買犢曰, 何爲帶牛佩犢이요! 勞來
매 우 매 도 매 독 왈 하 위 대 우 패 독 노 래

循行하니 郡中이 皆有畜積하고 獄訟이 止息하니라.
순 행 군 중 개 유 축 적 옥 송 지 식

어려운 낱말 / 고사성어

[煩苛(번가)] : 번거롭고 가혹하다. [棄市(기시)] : 옛날 형벌의 하나. 시장거리에서 사형을 함. [曲突徙薪(곡돌사신)] : 굴뚝을 구부려놓고 굴뚝 가까이 있는 땔감마저 다른 곳으로 옮긴다는 말. 화근을 미리 막는다는 말. [驂乘(참승)] : 참마를 타다.

○丙辰,元康,元年(B.C. 65년)이라. 趙가 廣漢好用,世
병진 원강 원년 조 광한호용 세
吏子孫,新進年少者하니 專厲,彊壯蜂氣하여 見事
리자손 신진년소자 전려 강장봉기 견사
風生하고 無所回避하여 率多果敢之計로 莫爲持
풍생 무소회피 솔다과감지계 막위지
難하니 終以此敗라. 廣漢이 以私怨으로 論殺南子
난 종이차패 광한 이사원 논살남자
榮畜이더니 人이 上書言之하여 事下,丞相御史,按
영축 인 상서언지 사하 승상어사 안
驗하니 廣漢이 疑,丞相夫人이 殺,侍婢하여 欲以此
험 광한 의승상부인 살시비 욕이차
로 脅,丞相하니 帝惡之하여 下,廣漢廷尉하니 吏民
협승상 제오지 하광한정위 이민
이 守闕號泣者,數萬人이요, 或,言臣이 生無益縣
수궐호읍자 수만인 혹언신 생무익현
官하니 願,代趙,京兆死하여 使牧養小民하나이다.
관 원대조경조사 사목양소민
廣漢이 竟坐要斬하다. 廣漢이 爲,京兆尹하여 廉明
광한 경좌요참 광한 위경조윤 염명
하여 威制豪彊하니 小民이 得職이라 百姓이 追思
위제호강 소민 득직 백성 추사
歌之하다.
가지

○上이 選,博士,諫大夫通政事者하여 補,郡國守
상 선박사간대부통정사자 보군국수
相하니 以,蕭望之로 爲,平原太守하니 望之,上疏
상 이소망지 위평원태수 망지상소

曰, 陛下,哀愍百姓하여 恐德化之不究,悉出諫官
왈 폐하 애민백성 공덕화지불구 실출간관
하여 以補郡吏하시니 朝無爭臣則,不知過이니 所謂
이보군리 조무쟁신즉부지과 소위
憂其末而忘其本者也로다. 上이 乃徵,望之하여 入
우기말이망기본자야 상 내징망지 입
守少府하다.
수소부

○東海太守,尹翁歸,以治郡高第로 入爲右扶風하
동해태수윤옹귀이치군고제 입위우부풍
다. 翁歸,爲人이 公廉明察하여 郡中吏民賢不肖와
옹귀위인 공렴명찰 군중리민현불초
及,奸邪罪名을 盡知之하여 各有記籍하여 披籍取
급간사죄명 진지지 각유기적 피적취
人하여 以,一警百하니 吏民이 皆服恐懼하여 改行
인 이일경백 이민 개복공구 개행
自新이러라. 其爲扶風에 選用廉平하여 疾奸吏以
자신 기위부풍 선용염평 질간리이
爲右職하고 接待以禮하여 好惡與同之하고 其負
위우직 접대이례 호오여동지 기부
翁歸면 罰亦必行이나 然이나 溫良謙退하여 不以
옹귀 벌역필행 연 온량겸퇴 불이
行能,驕人故로 得,名譽於朝廷하다.
행능교인고 득명예어조정

○馮,奉世使西域하니 會에 莎車王弟呼,屠徵이 自
풍봉세사서역 회 사거왕제호도징 자

立爲王하여 叛漢이어늘 奉世遂以節로 發,諸國兵
립위왕 반한 봉세수이절 발제국병

하여 擊斬之하니 上이 甚說하여 議封奉世하니 蕭望
격참지 상 심열 의봉봉세 소망

之曰, 奉世, 矯制發兵하여 要功萬里之外하여 爲,
지왈 봉세 교제발병 요공만리지외 위

國家生事於夷狄하니 漸不可長이라 奉世,不宜受
국가생사어이적 점불가장 봉세불의수

封이니다. 上이 善望之議하여 以,奉世로 爲,光祿大
봉 상 선망지의 이봉세 위광록대

夫하다.
부

○丁巳二年(B.C. 64년)에 上이 與,趙充國等으로 議,
정사이년 상 여조충국등 의

欲因匈奴衰弱하여 出兵擊其右地하여 使,不敢復
욕인흉노쇠약 출병격기우지 사불감부

擾,西域이어늘 魏相이 上書諫曰, 救亂誅暴를 謂
요서역 위상 상서간왈 구란주포 위

之義兵이니 兵義者는 王하고 敵加於己하여 不得
지의병 병의자 왕 적가어기 부득

已而起者를 謂之應兵이니 兵應者는 勝하고 爭恨
이이기자 위지응병 병응자 승 쟁한

小故하여 不忍憤怒者를 謂之忿兵이니 兵忿者는
소고 불인분노자 위지분병 병분자

敗하고 利人土地,貨寶者를 謂之貪兵이니 兵貪者
패 이인토지화보자 위지탐병 병탐자

는 破하고 恃國家之大하고 務,民人之衆하여 欲見
파 시국가지대 무민인지중 욕견

威於敵者를 謂之驕兵이니 兵驕者는 滅하니 間者
위어적자 위지교병 병교자 멸 간자

에 匈奴,未有犯於邊境하거늘 今聞欲,興兵,入其地
흉노미유범어변경 금문욕흥병입기지

하니 臣愚는 不知此兵을 何名者也로소이다. 今年에
신우 부지차병 하명자야 금년

計,子弟殺,父兄妻,殺夫者가 凡,二百二十二人이
계자제살부형처살부자 범이백이십이인

라. 臣愚는 以爲非,小變也어늘 今,左右不憂此하고
신우 이위비소변야 금좌우불우차

乃欲發兵하여 報纖介之忿於遠夷하니 殆,孔子所
내욕발병 보섬개지분어원이 태공자소

謂, 吾恐,季孫之憂가 不在,顓臾而在,蕭牆之內
위 오공계손지우 부재전유이재소장지내

也이니다. 上이 從相言하다.
야 상 종상언

○魏相이 好,觀漢故事及便宜章奏하여 數條漢興
위상 호관한고사급편의장주 수조한흥

已來로 國家便宜行事와 及,賢臣,賈誼,鼂錯,董仲
이래 국가편의행사 급현신가의조착동중

舒等所言하여 奏請施行之하고 相이 敕掾史하여
서등소언 주청시행지 상 칙연사

按事郡國,及休告에 從,家還至府하여 輒白四方異
안사군국급휴고 종가환지부 첩백사방이

聞하라 하고 或有逆賊,風雨災變이 郡不上이면 相
문 혹유역적풍우재변 군불상 상

이 輒奏言之하여 與,御史大夫,丙吉로 同心輔政하
첩주언지 여어사대부병길 동심보정

니 上이 皆重之하니라.
상 개중지

○丙吉의 爲人이 深厚,不伐善하여 自,曾孫,遭遇로
병길 위인 심후불벌선 자증손조우
言絶口,不道前恩이러니 會에 掖庭宮婢,自陳嘗有
언절구부도전은 회 액정궁비자진상유
阿保之功하고 辭引使者,丙吉이 知狀이어늘 上이
아보지공 사인사자병길 지상 상
親見問,然後에 知吉이 有,舊恩而終不言하고 上이
친견문연후 지길 유구은이종불언 상
大賢之하니라.
대현지

○帝,以蕭望之經明持重하고 議論有餘하여 材任
제이소망지경명지중 의론유여 재임
宰相이라 하여 欲詳試其政事하여 復以爲,左馮翊
재상 욕상시기정사 부이위좌풍익
하니 望之從少府出하여 爲,左遷이라. 恐有不合意
망지종소부출 위좌천 공유불합의
하여 卽,移病허거늘 上이 聞之하고 使,侍中,金安世
즉이병 상 문지 사시중금안세
로 諭意曰, 所用은 皆更,治民以考功이니 君이 前
유의왈 소용 개경치민이고공 군 전
爲,平原太守,日淺故로 復試之於三輔요, 非有所
위평원태수일천고 부시지어삼보 비유소
聞也이니라. 望之,卽起視事하니라.
문야 망지즉기시사

○戊午三年(B.C. 63년)이라. 張安世,以爲父子封侯,
무오삼년 장안세 이위부자봉후
在位大盛이라 하여 乃辭祿이어늘 詔都內하여 別
재위대성 내사록 조도내 별
藏張氏無名錢이 以,百萬數라. 安世,勤愼周密하
장장씨무명전 이 백만수 안세 근신주밀
여 每定大政已決에 輒移病出하고 聞有詔令에
매정대정이결 첩이병출 문유조령
乃驚하여 使吏之丞相府問焉하니 自朝廷大臣으
내경 사리지승상부문언 자조정대신
로 莫知其與議也니라. 嘗有所薦이러니 其人이 來
막지기여의야 상유소천 기인 래
謝어늘 安世大恨하여 以爲,擧賢達能에 豈有私謝
사 안세대한 이위 거현달능 기유사사
邪아? 絶弗復爲通하고 有郎功高不調하여 自言
사 절불부위통 유랑공고부조 자언
安世어늘 安世應曰, 君之功高는 明主所知라. 人
안세 안세응왈 군지공고 명주소지 인
臣執事,何長短이리요 而自言乎아! 絶不許러니
신집사 하장단 이자언호 절불허
已而오 郎이 果遷하니라.
이이 랑 과천

○皇太子, 年이 十二에 通,論語.孝經이어늘 太傅,
황태자 년 십이 통 논어 효경 태부
疏廣이 謂少傅受曰, 吾聞,知足이면 不辱이요 知
소광 위소부수왈 오문 지족 불욕 지
止면 不殆라 하니 今,仕宦至,二千石하여 官成名立
지 불태 금 사환지 이천석 관성명립

하니 如此不去면 懼有後悔라 하고 卽日에 父子俱
여차불거 구유후회 즉일 부자구

移病하고 上疏乞,骸骨하니 上이 皆,許之하고 加賜
이병 상소걸해골 상 개허지 가사

黃金二十斤하고 皇太子,贈五十斤하다. 公卿故人
황금이십근 황태자증오십근 공경고인

이 設,祖道供,張東都,門外하니 送者車,數百兩이요,
설조도공장동도문외 송자거수백량

道路觀者,皆曰, 賢哉라. 二大夫여! 或,歎息爲之
도로관자개왈 현재 이대부 혹탄식위지

下泣하니라. 廣이 受,歸鄕里하여 賣金請族人,故舊,
하읍 광 수귀향리 매금청족인고구

賓客하여 與相娛樂하니 或이 勸廣하여 以金으로 爲,
빈객 여상오락 혹 권광 이금 위

子孫하여 頗立産業者어늘 廣曰, 吾豈老誖하여 不
자손 파립산업자 광왈 오기로패 불

念子孫哉리요. 顧自有舊田廬하니 令,子孫勤力其
념자손재 고자유구전려 영자손근력기

中이면 足以共衣食하여 與凡人齊하리니 今復增益
중 족이공의식 여범인제 금부증익

之하여 以爲贏餘면 但,敎子孫怠惰耳니라. 賢而多
지 이위영여 단교자손태타이 현이다

財則,損其志하고 愚而多財則,益其過하니 且富者
재즉손기지 우이다재즉익기과 차부자

는 衆之怨也니라. 吾旣無以敎化子孫이요, 不欲益
중지원야 오기무이교화자손 불욕익

其過而生怨하노라. 又此金者는 聖主,所以惠養,老
기과이생원 우차금자 성주소이혜양로

臣이니 故로 樂與鄕黨宗族으로 共饗其賜하여 以,
신 고 낙여향당종족 공향기사 이

盡吾餘日이 不亦可乎아? 於是에 族人이 悅服하니
진오여일 불역가호 어시 족인 열복

라.

○潁川太守.黃霸.力行教化而後誅罰하여 務.在
영천태수 황패 역행교화이후주벌 무 재

成就全安之러니 長吏.許丞이 老病聾이어늘 督郵
성취전안지 장리 허승 노병롱 독우

白欲逐之하니 霸曰, 許丞은 廉吏라. 雖老나 尚能
백욕축지 패왈 허승 염리 수로 상능

拜起送迎하니 重聽이 何傷이리오. 或이 問其故하니
배기송영 중청 하상 혹 문기고

霸曰, 數易長吏면 送故迎新之費와 及姦吏因緣,
패왈 수이장리 송고영신지비 급간리인연

絶簿書.盜財物하여 公私費耗甚多하니 皆出於民
절부서 도재물 공사비모심다 개출어민

이요, 所易新吏又未必賢하여 或不如其故면 徒相
소이신리우미필현 혹불여기고 도상

益爲亂이니 凡.治道는 去泰甚者耳니라. 霸.以.外
익위란 범 치도 거태심자이 패 이 외

寬内明으로 得吏民心하여 戶口歲增하니 治爲天
관내명 득리민심 호구세증 치위천

下第一이라 徵守京兆尹하다.
하제일 징수경조윤

○庚申.神爵.元年(B.C. 61년)이라. 春正月에 上이 始,
경신 신작 원년 춘정월 상 시

行幸甘泉하여 郊泰畤하고 幸,河東하여 祠后土하고
행 행 감 천 교 태 치 행 하 동 사 후 토
頗脩,武帝故事하여 謹齋祀之禮하고 以,方士言으
파 수 무 제 고 사 근 재 사 지 례 이 방 사 언
로 增置神祠하니라. 聞,益州에 有金馬,碧鷄之神하
증 치 신 사 문 익 주 유 금 마 벽 계 지 신
여 可醮祭而致하다. 於是에 遣,諫大夫,蜀郡王褒하
가 초 제 이 치 어 시 견 간 대 부 촉 군 왕 포
여 使持節求之하다.
사 지 절 구 지

○初에 上이 聞,褒有俊才하고 召見하여 使爲聖主,
초 상 문 포 유 준 재 소 견 사 위 성 주
得,賢臣頌하니 其辭曰, 夫,賢者는 國家之器用也
득 현 신 송 기 사 왈 부 현 자 국 가 지 기 용 야
라 故로 君人者는 勤於求賢而逸於得人하나니 昔,
고 군 인 자 근 어 구 현 이 일 어 득 인 석
賢者之未遭遇也에 圖事揆策則,君不用其謀하고
현 자 지 미 조 우 야 도 사 규 책 즉 군 불 용 기 모
陳見悃誠則,上不然其信이라. 是故로 伊尹은 勤
진 견 곤 성 즉 상 불 연 기 신 시 고 이 윤 근
於鼎俎하고 太公은 困於鼓刀하고 百里는 自鬻하고
어 정 조 태 공 곤 어 고 도 백 리 자 죽
甯子는 飯牛하여 離此患也니라. 及其遇明君,遭聖
녕 자 반 우 이 차 환 야 급 기 우 명 군 조 성
主也에 運籌合上意하고 諫諍卽見聽에 進退得關
주 야 운 주 합 상 의 간 쟁 즉 견 청 진 퇴 득 관
其忠하고 任職,得行其,術故로 世必有,聖知之君
기 충 임 직 득 행 기 술 고 세 필 유 성 지 지 군

而後에 有,賢明之臣故로 虎嘯而風洌하고 龍興而
이 후 유 현 명 지 신 고 호 소 이 풍 렬 용 흥 이

致雲하고 蟋蟀은 俟秋唫하고 蜉蝤는 出以陰하나니
치 운 실 솔 사 추 금 부 추 출 이 음

易曰, 飛龍在天에 利見大人이라 하고 詩曰, 思皇
역 왈 비 룡 재 천 이 견 대 인 시 왈 사 황

多士,生此王國이라 하니 故로 世平主聖이면 俊艾
다 사 생 차 왕 국 고 세 평 주 성 준 애

將自至하여 明明在朝하고 穆穆布列하여 聚精會
장 자 지 명 명 재 조 목 목 포 렬 취 정 회

神하여 相得益章이면 雖,伯牙,操遞鍾하고 逢門子,
신 상 득 익 장 수 백 아 조 체 종 봉 문 자

彎烏號라도 猶未足以,喩其意也라. 故로 聖主는 必
만 오 호 유 미 족 이 유 기 의 야 고 성 주 필

待賢臣而弘功業하고 俊士는 亦俟明主하여 以顯
대 현 신 이 홍 공 업 준 사 역 사 명 주 이 현

其德하나니 上下俱欲하여 驩然交欣을 翼乎如,鴻
기 덕 상 하 구 욕 환 연 교 흔 익 호 여 홍

毛遇順風하고 沛乎如,巨魚縱大壑하여 休徵이 自
모 우 순 풍 패 호 여 거 어 종 대 학 휴 징 자

至하고 壽考無疆이니 何必偃仰屈伸을 若彭祖하고
지 수 고 무 강 하 필 언 앙 굴 신 약 팽 조

呴噓呼吸을 如僑松哉닛까? 是時에 上이 頗好神
구 허 호 흡 여 교 송 재 시 시 상 파 호 신

僊故로 褒對及之하니라.
선 고 포 대 급 지

○京兆尹,張敞이 亦上疏諫曰, 願,明主는 時忘車
경 조 윤 장 창 역 상 소 간 왈 원 명 주 시 망 거

馬之好하시고 斥,遠方士之虛語하사 游心帝王之
마 지 호 척 원 방 사 지 허 어 유 심 제 왕 지
術이면 太平을 庶幾可興也하리다. 上이 由是로 悉
술 태 평 서 기 가 흥 야 상 유 시 실
罷하고 尙方待詔하다.
파 상 방 대 조

○初에 趙廣漢이 死後에 爲,京兆尹者하여 皆不稱
초 조 광 한 사 후 위 경 조 윤 자 개 불 칭
職이로되 惟敞이 能繼其迹하여 其方略,耳目은 不
직 유 창 능 계 기 적 기 방 략 이 목 불
及廣漢이나 然이나 頗以經術儒雅로 文之하니라.
급 광 한 연 파 이 경 술 유 아 문 지

○上이 頗,脩飾宮室하고 車服하여 盛於昭帝時하고
상 파 수 식 궁 실 거 복 성 어 소 제 시
外戚許,史王氏貴寵이어늘 王吉이 上疏曰, 陛下,
외 척 허 사 왕 씨 귀 총 왕 길 상 소 왈 폐 하
躬聖質總萬方하사 惟思世務하여 將興太平하시니
궁 성 질 총 만 방 유 사 세 무 장 흥 태 평
詔西每下에 民이 欣然若更生하되 臣은 伏而思之
조 서 매 하 민 흔 연 약 갱 생 신 복 이 사 지
하니 可謂至恩이요 未可謂,本務也니다. 欲治之主
가 위 지 은 미 가 위 본 무 야 욕 치 지 주
는 不世出하나니 公卿이 幸得遭遇其時하여 言聽
불 세 출 공 경 행 득 조 우 기 시 언 청
諫從이나 然이나 未有建,萬世之長策하여 擧,明主
간 종 연 미 유 건 만 세 지 장 책 거 명 주

於三代之隆也요, 其務在於期會簿書와 斷獄聽
어 삼 대 지 륭 야 기 무 재 어 기 회 부 서 단 옥 청
訟而已하니 此非太平之基也니라. 臣은 願陛下는
송 이 이 차 비 태 평 지 기 야 신 원 폐 하
承天心發大業하여 與,公卿大臣으로 延及儒生히
승 천 심 발 대 업 여 공 경 대 신 연 급 유 생
述,舊禮明王制하여 敺,一世之民하여 躋之仁壽之
술 구 례 명 왕 제 구 일 세 지 민 제 지 인 수 지
域則,俗何以不若成康이며 壽何以不若高宗이리
역 즉 속 하 이 불 약 성 강 수 하 이 불 약 고 종
까? 上이 以其言으로 爲,迂闊이라 하여 不甚寵異也
상 이 기 언 위 우 활 불 심 총 이 야
하니 吉이 謝病歸하다.
길 사 병 귀

○先零이 與,諸羌으로 劫略小種하여 皆畔이어늘 時
선 령 여 제 강 겁 략 소 종 개 반 시
에 趙充國의 年이 七十餘라. 上이 老之하여 使,丙吉
조 충 국 년 칠 십 여 상 노 지 사 병 길
로 問,誰可將者오? 充國이 對曰, 無踰於老臣者
문 수 가 장 자 충 국 대 왈 무 유 어 노 신 자
矣이니다. 復問將軍이 度羌虜何如이며 當用幾人
의 부 문 장 군 도 강 로 하 여 당 용 기 인
고? 充國曰, 兵難遙度이니 願至金城하여 圖上方
충 국 왈 병 난 요 도 원 지 금 성 도 상 방
略하리다. 乃,大發兵하여 詣,金城하다. 充國이 常以
략 내 대 발 병 예 금 성 충 국 상 이
遠斥堠로 爲務하고 行必爲戰備하며 止必堅,營壁
원 척 후 위 무 행 필 위 전 비 지 필 견 영 벽

하고 尤能持重愛士卒하여 先計而後戰하니라. 遂,
우능지중애사졸 선계이후전 수

西至,西部都尉府하여 日饗軍士하니 士皆欲爲用
서지 서부도위부 일향군사 사개욕위용

하고 虜數挑戰하되 充國이 欲以威信으로 招降,罕
노삭도전 충국 욕이위신 초항 한

幵及劫略者하여 解散虜謀하고 徼其疲劇하여 乃
견급겁략자 해산로모 요기피극 내

擊之러니 酒泉太守,辛武賢이 奏以七月로 出兵擊,
격지 주천태수 신무현 주이칠월 출병격

罕幵이어늘 充國이 以爲先零이 首爲畔逆하니 先
한견 충국 이위선령 수위반역 선

誅先零已則,罕幵之屬은 之不煩兵而服矣리다.
주선령이즉 한견지속 지불번병이복의

璽書報從,充國計焉이러니 後에 罕幵은 竟不煩兵
새서보종 충국계언 후 한견 경불번병

而下러라. 上이 詔,進擊先零하니 時에 羌降者萬餘
이하 상 조 진격선령 시 강항자만여

人矣라. 充國이 度其必壞하고 欲罷騎兵,屯田하여
인의 충국 도기필괴 욕파기병 둔전

以待其敝러니 作奏未上에 會得進兵璽書하니 充
이대기폐 작주미상 회득진병새서 충

國子使客으로 諫令出兵이어늘 充國이 歎曰, 本用
국자사객 간령출병 충국 탄왈 본용

吾言이면 羌虜,得至是邪아? 往者金城,湟中에 穀
오언 강로 득지시야 왕자금성 황중 곡

斛에 八錢이라. 吾謂耿中丞하되 糴,三百萬斛,穀이
곡 팔전 오위경중승 적 삼백만곡 곡

면 羌人이 不敢動矣라 하되 耿中丞이 請糴百萬斛
강인 불감동의 경중승 청적백만곡

하여 乃得四十萬斛耳러니 義渠再使에 且費其半
내 득 사 십 만 곡 이 의 거 재 사 차 비 기 반

하니 失此二冊하여 羌人이 故敢爲逆이라 하고 遂,上
실 차 이 책 강 인 고 감 위 역 수 상

屯田奏曰, 臣의 所將吏士,馬牛食所用糧穀,茭
둔 전 주 왈 신 소 장 리 사 마 우 식 소 용 량 곡 교

藁,調度甚廣하니 徭役이 不息이면 恐生它變이요,
고 조 도 심 광 요 역 불 식 공 생 타 변

且羌은 易以計破어니와 難用兵碎也니라. 故로 愚
차 강 이 이 계 파 난 용 병 쇄 야 고 우

는 以爲擊之不便이라 하나이다. 計度臨羌으로 東至
이 위 격 지 불 편 계 도 임 강 동 지

浩亹히 羌虜故로 田及公田이 民所未墾으로 可二千
호 미 강 로 고 전 급 공 전 민 소 미 간 가 이 천

頃以上이니 臣은 願罷騎兵하고 留,步兵萬二百八
경 이 상 신 원 파 기 병 류 보 병 만 이 백 팔

十一人하여 分屯要害處하여 浚溝渠하고 人二十
십 일 인 분 둔 요 해 처 준 구 거 인 이 십

畝면 省大費이리다. 帝報曰, 卽如將軍計면 虜當
무 성 대 비 제 보 왈 즉 여 장 군 계 노 당

何時伏誅오? 熟計復奏하라. 充國이 上狀曰, 臣은
하 시 복 주 숙 계 부 주 충 국 상 상 왈 신

聞,帝王之兵은 以全取勝이라. 是以로 貴謀而賤戰
문 제 왕 지 병 이 전 취 승 시 이 귀 모 이 천 전

하나니 百戰而百勝이라도 非,計之善者也니라. 故로
백 전 이 백 승 비 계 지 선 자 야 고

先爲不可勝하여 以,待敵之可勝이니 謹條不,出兵
선 위 불 가 승 이 대 적 지 가 승 근 조 불 출 병

留田,便宜十二事하노이다. 奏每上이 輒下公卿하
류 전 편 의 십 이 사 주 매 상 첩 하 공 경

니 議臣이 初,是,充國計者,什三이요 中에 什에 五
의신 초시충국계자십삼 중 십 오

요, 最後에 什에 八이 有,詔詰,前言,不便者하니 皆,
최후 십 팔 유조힐전언불편자 개

頓首服하니라. 魏相曰, 臣愚는 不習兵事利害로되
돈수복 위상왈 신우 불습병사이해

後將軍이 數畫軍册에 其言이 常是하니 臣은 任其
후장군 삭화군책 기언 상시 신 임기

計必,可用也하리다. 上이 於是에 報,充國,嘉納之하
계필가용야 상 어시 보충국가납지

고 留,屯田하다.
유둔전

어려운 낱말 / 고사성어

[京兆尹(경조윤)] : 중국의 관명. [辭祿(사록)] : 벼슬에서 물러나다.

통감절요 제13권

通鑑節要

漢紀:中宗.孝宣皇帝.下
한기 중종 효선황제 하

○辛酉二年(B.C. 60년)이라. 夏에 充國이 奏言하되
신유이년 하 충국 주언
羌이 本可五萬人이어늘 軍,已降幷하여 斬首級,溺
강 본가오만인 군이항병 참수급닉
河湟,飢餓死者가 四萬有餘니라. 請罷屯兵하니다.
하황 기아사자 사만유여 청파둔병
奏를 可라 하니 充國이 振旅而還하다. 秋에 羌人이
주 가 충국 진려이환 추 강인
降漢이어늘 初置,金城屬國하여 以處降羌하다.
항한 초치금성속국 이처항강

○司隷校尉,蓋寬饒,剛直公淸하여 數干犯上意러
사례교위 개관요 강직공청 수간범상의
니 時에 上이 方用刑法하여 任中書官이어늘 寬饒,
시 상 방용형법 임중서관 관요
奏封事曰, 方今聖道,浸微하고 儒術이 不行하여
주봉사왈 방금성도 침미 유술 불행
以,刑餘로 爲,周召하고 以,法律로 爲詩書라 하고 又
이형여 위주소 이법률 위시서 우

引,易傳言하되 五帝는 官,天下하고 三王은 家,天下
인 역 전 언 오 제 관 천 하 삼 왕 가 천 하
하니 家以傳,子孫이요 官以傳,賢聖이니다. 書奏에
가 이 전 자 손 관 이 전 현 성 서 주
上이 以爲寬饒,怨謗이라 하여 九月에 下,寬饒吏하
상 이 위 관 요 원 방 구 월 하 관 요 리
니 寬饒,引佩刀하여 自剄北闕下하니 衆이 莫不憐
관 요 인 패 도 자 경 북 궐 하 중 막 불 련
之하다.
지

○日逐王이 素與,握衍朐鞮,單于로 有隙하여 率其
일 축 왕 소 여 악 연 구 제 선 우 유 극 솔 기
衆,降漢이어늘 騎,都尉鄭吉이 發渠犁,龜茲諸國五
중 항 한 기 도 위 정 길 발 거 리 구 자 제 국 오
萬人하여 迎,日逐王하여 將詣京師하니 漢이 封,日
만 인 영 일 축 왕 장 예 경 사 한 봉 일
逐王하여 爲,歸德侯하다. 吉이 旣破車師降,日逐하
축 왕 위 귀 덕 후 길 기 파 거 사 항 일 축
니 威震西域,遂幷,護車師,以西北道라. 故로 號를
위 진 서 역 수 병 호 거 사 이 서 북 도 고 호
都護라 하고 都護之置가 自吉始焉하니라.
도 호 도 호 지 치 자 길 시 언

○壬戌三年(B.C. 59년), 春에 魏相이 薨하고 丙吉
임 술 삼 년 춘 위 상 훙 병 길
로 爲,丞相하니 吉이 上,寬大好禮讓하고 不親小
위 승 상 길 상 관 대 호 례 양 불 친 소

事하니 時人이 以爲,知大體라 하니라.
사 시인 이위지대체

○八月에 詔曰, 吏不廉平則,治道衰하나니 今,小
팔월 조왈 이불렴평즉치도쇠 금소
吏皆勤事而俸祿이 薄하니 欲無,侵漁百姓이나 難
리개근사이봉록 박 욕무침어백성 난
矣라. 其,益吏百石已下,俸十五하라 하다.
의 기익리백석이하봉십오

○是歲에 東郡太守,韓延壽로 爲,左馮翊하다. 始,
시세 동군태수한연수 위좌풍익 시
延壽로 爲,潁川太守하니 潁川丞,趙廣漢이 構會吏
연수 위영천태수 영천승조광한 구회리
民之後하여 俗多怨讎어늘 延壽,改更하여 敎以禮
민지후 속다원수 연수개경 교이예
讓이러니 黃霸代延壽居,潁川에 霸,因其迹而大治
양 황패대연수거영천 패인기적이대치
러라. 延壽爲吏에 上禮義,好古敎化하고 接待下吏
연수위리 상례의호고교화 접대하리
하여 恩施甚厚而約誓明하고 或欺負之者면 延壽
은시심후이약서명 혹기부지자 연수
痛,自刻責曰, 豈其負之하여 何以至此리요. 吏聞
통자각책왈 기기부지 하이지차 이문
者,自傷悔하여 至自,刺自剄하니라. 其在,東郡三歲
자자상회 지자자자경 기재동군삼세
에 令行禁止하고 斷獄이 大減이라 由是로 入爲馮
영행금지 단옥 대감 유시 입위풍

翊하다. 延壽,出行縣至高陵하니 民有昆弟,相與訟
익 연 수 출 행 현 지 고 릉 민 유 곤 제 상 여 송
田自言이어늘 延壽,大傷之曰, 幸得備位爲,郡表率
전 자 언 연 수 대 상 지 왈 행 득 비 위 위 군 표 솔
하여 不能宣明教化하고 至,令民으로 有,骨肉爭訟하
불 능 선 명 교 화 지 령 민 유 골 육 쟁 송
니 旣傷風化니라. 咎在馮翊이라 하고 因,閉閤思過하
기 상 풍 화 구 재 풍 익 인 폐 합 사 과
니 於是에 訟者自悔하여 願,以田相移하고 終死,不
어 시 송 자 자 회 원 이 전 상 이 종 사 불
敢復爭하니 郡中이 歙然相敕厲하여 不敢犯이러라.
감 부 쟁 군 중 흡 연 상 칙 려 불 감 범
延壽,恩信周徧,二十四縣하여 莫復以辭訟으로 自
연 수 은 신 주 편 이 십 사 현 막 부 이 사 송 자
言者리오. 推其至誠하여 吏民이 不忍欺紿하니라.
언 자 추 기 지 성 이 민 불 인 기 태

○癸亥四年(B.C. 58년)에 潁川太守,黃霸,在郡,前後
계 해 사 년 영 천 태 수 황 패 재 군 전 후
八年에 政事愈治라. 是時에 鳳皇神爵이 數集郡
팔 년 정 사 유 치 시 시 봉 황 신 작 수 집 군
國하여 潁川에 尤多라. 詔賜爵,關內侯하고 後數月
국 영 천 우 다 조 사 작 관 내 후 후 수 월
에 徵霸爲,太子太傅하다.
징 패 위 태 자 태 부

○時에 河南太守,嚴延年이 爲治,陰鷙酷烈하여 素
시 하 남 태 수 엄 연 년 위 치 음 지 혹 렬 소

輕,黃霸爲人이러니 及,比郡爲守에 褒賞이 反在己
경 황 패 위 인 　 급 비 군 위 수 　 포 상 　 반 재 기

前하니 心內不服이라. 河南界中에 又有蝗蟲이어늘
전 　 심 내 불 복 　 하 남 계 중 　 우 유 황 충

府丞,義出行蝗하고 還見延年하니 延年曰, 「此蝗
부 승 의 출 행 황 　 환 견 연 년 　 연 년 왈 　 차 황

이 豈,鳳皇食耶아?」 義年老하고 素畏延年이러니 恐
기 봉 황 식 야 　 의 년 로 　 소 외 연 년 　 공

見中傷하여 上書言,延年罪하여 驗得怨望,誹謗數
견 중 상 　 상 서 언 연 년 죄 　 험 득 원 망 비 방 수

事하여 延年이 坐不道,棄市하다. 初에 延年의 母從,
사 　 연 년 　 좌 부 도 기 시 　 초 　 연 년 　 모 종

東海來하여 欲從延年이러니 臘到洛陽하여 適見報
동 해 래 　 욕 종 연 년 　 랍 도 낙 양 　 적 견 보

囚하고 母,大驚하여 謂,延年曰, 天道神明하여 人
수 　 모 대 경 　 위 연 년 왈 　 천 도 신 명 　 인

不可獨殺이니 我不意當老하여 見,壯子,被刑戮也
불 가 독 살 　 아 불 의 당 로 　 견 장 자 피 형 육 야

하니 行矣라. 去汝東歸하여 掃除,墓地耳라 하고 遂
행 의 　 거 여 동 귀 　 소 제 묘 지 이 　 수

去歸郡이러니 後歲餘에 果敗하니 東海,莫不賢,智
거 귀 군 　 후 세 여 　 과 패 　 동 해 막 불 현 지

其母하니라.
기 모

○甲子,五鳳,元年(B.C. 57년)이라. 韓延壽,代蕭望之
갑 자 오 봉 원 년 　 한 연 수 대 소 망 지

하여 爲,左馮翊하다. 望之聞,延壽,在東郡時에 放,
위 좌 풍 익 　 망 지 문 연 수 재 동 군 시 　 방

散官錢,千餘萬하고 使御史로 案之하니 延壽聞知
산관전천여만 사어사 안지 연수문지

하고 卽,部吏하여 案,校望之在,馮翊時에 廩犧官
즉부리 안교망지재풍익시 름희관

錢,放散百餘萬이어늘 望之自奏하되 職在總領하여
전방산백여만 망지자주 직재총령

天下聞事를 不敢不問而,爲延壽,所拘持로소이다.
천하문사 불감불문이위연수소구지

上이 由是로 不直,延壽하여 各令窮考하고 望之하니
상 유시 부직연수 각령궁고 망지

卒,無事實而延壽는 以在東郡에 奢僭逾制하고 鑄
졸무사실이연수 이재동군 사참유제 주

刀效,尙方等事로 竟坐棄市하니 百姓이 莫不流涕
도효상방등사 경좌기시 백성 막불유체

러라.

○丙寅三年(B.C. 55년), 春에 丙吉이 薨하고 黃霸로
병인삼년 춘 병길 홍 황패

爲,丞相하니 霸,材長於治民이 及爲,丞相하여 功名
위승상 패재장어치민 급위승상 공명

이 損於治郡時라. 京兆尹,張敞이 舍鶡雀이 飛集
손어치군시 경조윤장창 사갈작 비집

丞相府어늘 霸,以爲神雀이라 하여 議欲以聞이라가
승상부 패이위신작 의욕이문

後知從敞,舍來하고 乃止나 然이나 自,漢興으로 言
후지종창사래 내지 연 자한흥 언

治民吏에 以霸爲首하다.
치민리 이패위수

○丁卯四年(B.C. 54년)에 大司農丞,耿壽昌이 奏言
정 묘 사 년 대 사 농 승 경 수 창 주 언

하되 歲數豐穰하여 穀賤하니 農人이 少利라. 故事
세 삭 풍 양 곡 천 농 인 소 리 고 사

에 歲漕,關東穀,四百萬斛하고 以給京師하니 用卒
세 조 관 동 곡 사 백 만 곡 이 급 경 사 용 졸

六萬人이라. 宜糴三輔弘農,河東上黨,太原郡穀
육 만 인 의 적 삼 보 홍 농 하 동 상 당 태 원 군 곡

이면 足供京師요, 可以省,關東漕卒過半이니다. 上
족 공 경 사 가 이 성 관 동 조 졸 과 반 상

이 從其計하니 壽昌이 又白하되 令,邊郡으로 皆築
종 기 계 수 창 우 백 영 변 군 개 축

倉하여 以穀賤이어든 增其賈而糴하여 以利農하고
창 이 곡 천 증 기 가 이 적 이 이 농

穀貴時에 減賈而糶하여 名曰, 常平倉이라 하면
곡 귀 시 감 가 이 조 명 왈 상 평 창

民이 便之리다. 上이 乃,詔賜하되 壽昌爵,關內侯
민 편 지 상 내 조 사 수 창 작 관 내 후

하다.

○光祿勳,楊惲이 廉潔無私나 然이나 伐其行能하
광 록 훈 양 운 염 결 무 사 연 벌 기 행 능

고 又性이 刻害하여 好,發人陰伏하니 由是로 怨於
우 성 각 해 호 발 인 음 복 유 시 원 어

朝廷이라. 與,太僕戴,長樂으로 相失이러니 長樂이
조 정 여 태 복 대 장 락 상 실 장 락

上書,告惲罪하되 怨望爲,妖惡言이어늘 上이 不忍
상 서 고 운 죄 원 망 위 요 악 언 상 불 인

加誅하여 免爲庶人하니 惲이 旣失爵位에 家居治,
가주 면위서인 운 기실작위 가거치

産業하여 以財自娛하니 其友人,安定太守,孫會宗
산업 이재자오 기우인안정태수손회종

이 與,惲書諫戒之하여 爲言大臣이 廢에 當,闔門惶
여운서간계지 위언대신 폐 당합문황

懼요, 不當治,産業,通賓客,有稱譽니라. 惲은 宰相,
구 부당치산업통빈객유칭예 운 재상

子니라 有,材能하여 少顯朝廷이러니 一朝에 以,晻
자 유재능 소현조정 일조 이엄

昧語言으로 見廢하니 內懷不服하여 報會宗書曰,
매어언 견폐 내회불복 보회종서왈

過大行虧에 當爲農夫하여 以,沒世,田家作苦하여
과대행휴 당위농부 이몰세전가작고

歲時伏臘에 烹羊하여 炰羔斗酒自勞하고 酒後耳
세시복랍 팽양 포고두주자로 주후이

熱이어든 仰天,拊缶而呼烏하니 烏其詩에 曰, 田彼
열 앙천부부이호오 오기시 왈 전피

南山하니 蕪穢不治로다. 種一頃豆하니 落而爲萁로
남산 무예불치 종일경두 낙이위기

다. 人生行樂耳라 須,富貴何時오! 誠,荒淫無度하
인생행락이 수부귀하시 성황음무도

여 不知其,不可也하니라. 會有日食之變이어늘 騶
부지기불가야 회유일식지변 추

馬猥佐成이 上書告惲이 驕奢,不悔過하니 日食之
마외좌성 상서고운 교사불회과 일식지

咎는 此人所致라 하거늘 章下廷尉하여 按,驗得所
구 차인소치 장하정위 안험득소

子,會宗書하여 帝見而惡之하여 惲以大逆無道로
자회종서 제견이오지 운이대역무도

腰斬하다.
요 참

○戊辰,甘露,元年(B.C. 53년)이라. 楊惲之誅也에 公
무진감로원년 양운지주야 공

卿이 奏하되 京兆尹,張敞은 惲之黨友라. 不宜處位
경 주 경조윤 장창 운지당우 불의처위

라 하되 上이 惜敞材하여 獨寢其奏不下라. 敝이 使
상 석창재 독침기주불하 폐 사

椽,絮舜으로 有所案驗이러니 舜이 私歸其家曰, 五
연서순 유소안험 순 사귀기가왈 오

日京兆耳라 安能復按事리요 敞이 聞舜語하고 卽
일경조이 안능복안사 창 문순어 즉

部吏하여 收舜繫獄하여 晝夜驗治하여 竟致其死하
부리 수순계옥 주야험치 경치기사

다. 舜이 當出死에 敞이 使,主簿로 持敎告,舜曰, 五
순 당출사 창 사주부 지교고순왈 오

日京兆면 竟何如요? 冬月이 已盡하니 延命乎아?
일경조 경하여 동월 이진 연명호

乃棄舜市러니 會,立春에 行冤獄使者出이어늘 舜
내기순시 회입춘 행원옥사자출 순

家載尸하고 幷,編敞敎自言이어늘 使者奏敞이 賊
가재시 병편창교자언 사자주창 적

殺不辜라 하여 免爲庶人하니 敞이 詣闕上印綬하고
살불고 면위서인 창 예궐상인수

便從闕下하여 亡命數月에 京師吏民이 解弛하여
변종궐하 망명수월 경사이민 해이

枹鼓數起而冀州部中에 有大賊이라. 天子,思敞功
포고삭기이기주부중 유대적 천자사창공

效하여 使者로 卽,家召敞하니 敞이 身被重劾이라.
효 사자 즉가소창 창 신피중핵

及,使者至에 妻子,皆泣而敞이 獨笑曰, 吾身이 亡
급사자지 처자개읍이창 독소왈 오신 망

命爲民하니 郡吏,當就捕어늘 今,使者來하니 此는
명위민 군리당취포 금사자래 차

天子,欲用我也라 하고 裝隨使者하여 詣,公車,上書
천자욕용아야 장수사자 예공거상서

曰, 臣이 前에 幸得,備位列卿하여 待罪京兆러니
왈 신 전 행득비위열경 대죄경조

坐殺椽絮舜하니 舜은 本臣敞,素所厚吏라. 以,臣
좌살연서순 순 본신창소소후리 이신

有章劾,當免으로 謂臣,五日京兆라 하여 背恩忘義
유장핵당면 위신오일경조 배은망의

어늘 臣이 枉法誅之하니 雖,伏明法이나 死無所恨
신 왕법주지 수복명법 사무소한

이로소이다. 天子,引見敞하고 拜爲,冀州刺史하니 敞
천자인견창 배위기주자사 창

이 到部에 盜賊이 屛迹하니라.
도부 도적 병적

○皇太子,柔仁好儒러니 見上所用이 多文法吏하
황태자유인호유 견상소용 다문법리

여 以,刑名繩下하고 嘗,侍燕에 從容言하되 陛下,持
이형명승하 상시연 종용언 폐하지

刑太深하시니 宜用儒生하소서. 帝,作色曰, 漢家自
형태심 의용유생 제작색왈 한가자

有制度하여 本,以霸王道로 雜之어늘 柰何오? 純任
유제도 본이패왕도 잡지 내하 순임

德敎하여 用,周政乎아! 且俗儒,不達時宜하여 好
덕 교 용 주 정 호 차 속 유 부 달 시 의 호
是,古非今하고 使人眩於名實하여 不知所守하니
시 고 비 금 사 인 현 어 명 실 부 지 소 수
何足委任이리요, 乃,歎曰, 亂,我家者는 太子也라
하 족 위 임 내 탄 왈 난 아 가 자 태 자 야
하니라.

○己巳二年(B.C. 52년)에 匈奴,呼韓邪,單于款,五原
기 사 이 년 흉 노 호 한 야 선 우 관 오 원
塞하고 願,奉國珍朝어늘 詔議其儀하니 丞相御史
새 원 봉 국 진 조 조 의 기 의 승 상 어 사
曰, 宜如諸侯王하되 位次는 在下이니다. 太傅蕭望
왈 의 여 제 후 왕 위 차 재 하 태 부 소 망
之以爲,宜待以不臣之禮하여 位,諸侯王上이니다.
지 이 위 의 대 이 불 신 지 례 위 제 후 왕 상
天子采之하여 令,單于로 位在,諸侯王上하고 贊謁
천 자 채 지 영 선 우 위 재 제 후 왕 상 찬 알
에 稱臣而不名하다.
칭 신 이 불 명

○庚午三年(B.C. 51년)에 匈奴呼,韓邪,單于하여 來
경 오 삼 년 흉 노 호 한 야 선 우 내
朝하다. 先是에 自,烏孫以西로 至,安息諸國히 近,
조 선 시 자 오 손 이 서 지 안 식 제 국 근
匈奴者,皆畏匈奴而輕漢이러니 及呼韓邪아! 單
흉 노 자 개 외 흉 노 이 경 한 급 호 한 야 선

于,朝漢後로 咸尊漢矣러라. 上이 以,戎狄賓服으로
우 조 한 후 함 존 한 의 상 이 융 적 빈 복
思,股肱之美하여 乃,圖畫其人於麒麟閣하여 法其
사 고 굉 지 미 내 도 화 기 인 어 기 린 각 법 기
形貌하고 署其官爵,姓名하되 唯,霍光은 不名하고
형 모 서 기 관 작 성 명 유 곽 광 불 명
曰, 大司馬,大將軍,博陸侯姓,霍氏其次는 張安
왈 대 사 마 대 장 군 박 육 후 성 곽 씨 기 차 장 안
世,韓增,趙充國,魏相,丙吉,杜延年,劉德,梁丘賀,
세 한 증 조 충 국 위 상 병 길 두 연 년 유 덕 양 구 하
蕭望之,蘇武,凡十一人이니 皆以功德으로 知名當
소 망 지 소 무 범 십 일 인 개 이 공 덕 지 명 당
世라. 是以로 表而揚之하여 明著,中興輔佐하여 列
세 시 이 표 이 양 지 명 저 중 흥 보 좌 열
於,方叔,召虎,仲山甫焉이러라.
어 방 숙 소 호 중 산 보 언

○詔,諸儒하여 講,五經同異하니 蕭望之等이 平奏
조 제 유 강 오 경 동 이 소 망 지 등 평 주
其議어늘 上이 親稱,制臨決焉하고 乃立,梁丘易,大
기 의 상 친 칭 제 림 결 언 내 입 양 구 이 대
小,夏侯尚書,穀梁을 春秋博士하다.
소 하 후 상 서 곡 량 춘 추 박 사

○壬申,黃龍,元年(B.C. 49년)에 帝崩하고 太子卽,
임 신 황 룡 원 년 제 붕 태 자 즉
皇帝位하다.
황 제 위

어려운 낱말 / 고사성어

[剄] : 목벨(경). [糴] : 쌀 사들일(적). [糶] : 쌀 내다팔(조). [騶] : 말 먹이는 사람(추). [屛迹(병적)] : 자취를 감추어 버림.

통감절요 제14권

通鑑節要

漢紀:孝元皇帝,在位十六年,
한기 효원황제 재위십육년
壽四十三
수사십삼

○癸酉,初元,元年(B.C. 48년)이라. 上이 素聞,王吉,貢
계유초원원년 상 소문왕길공
禹,皆,明經潔行하고 遣使者,徵之하니 吉은 道病卒
우개명경결행 견사자징지 길 도병졸
하고 禹는 至어늘 拜爲,諫大夫하고 上이 數虛,己問
우 지 배위간대부 상 수허기문
以政事하니 禹,奏言하되 古者에 人君이 節儉하여
이정사 우주언 고자 인군 절검
什一而稅하고 亡他,賦役故로 家給人足하니 臣愚
십일이세 망타부역고 가급인족 신우
는 以爲如,太古는 難이어니와 宜少放古하여 以自節
이위여태고 난 의소방고 이자절
焉하소서. 天子,納善其言하여 詔令,諸宮館,希御幸
언 천자납선기언 조금제궁관희어행
者,勿繕治하고 太僕에 減穀食馬하고 水衡에 省肉
자물선치 태복 감곡식마 수형 생육
食獸하다.
식수

○甲戌二年(B.C. 47년)에 史高는 以外屬으로 領,尚
갑술이년 사고 이외속 영상
書事하고 蕭望之周堪皆,以師傅,舊恩으로 天子가
서사 소망지주감개 이사부구은 천자
任之하여 數宴見에 言治亂,陳王事러라. 望之選白
임지 수연견 언치란진왕사 망지선백
하되 宗室明經有行,劉更生이 與,金敞으로 並拾遺
종실명경유행유경생 여금창 병습견
左右하고 史高는 充位而已라 하니 由此로 與望之
좌우 사고 충위이이 유차 여망지
有隙하다. 弘恭,石顯이 自,宣帝時로 久典樞機하여
유극 홍공석현 자선제시 구전추기
明習文法이러니 帝,卽位에 多疾하여 委以政事하니
명습문법 제즉위 다질 위이정사
望之等이 患苦,許史放縱하고 又疾恭,顯擅權하여
망지등 환고허사방종 우질공현천권
建白以爲,中書는 政本이요 國家樞機라. 宜以,通
건백이위중서 정본 국가추기 의이통
明公正으로 處之하소서. 武帝,游宴,後庭故로 用宦
명공정 처지 무제유연후정고 용환
者하시니 非古制也니라. 宜罷,中書宦官하여 應古,
자 비고제야 의파중서환관 응고
不近刑人之義하소서. 由是로 大與,高恭顯,忤하니
불근형인지의 유시 대여고공현오
라. 恭顯이 因奏望之堪,更生이 朋黨하여 毁離親戚
공현 인주망지감경생 붕당 훼리친척
하고 欲以,專擅權勢하니 請召致廷尉하소서. 上이
욕이전천권세 청소치정위 상
曰, 蕭太傅,素剛하니 安肯就吏리오. 顯等이 曰, 人
왈 소태부소강 안긍취리 현등 왈 인

命이 至重하니 望之所坐는 語言薄罪라 必無所憂
명 지중 망지소좌 어언박죄 필무소우

이리다. 上이 乃可其奏하여 使者로 召望之하니 望
상 내가기주 사자 소망지 망

之仰天,歎曰, 吾嘗備位,將相하여 年踰六十矣라.
지앙천탄왈 오상비위장상 년유육십의

老入牢獄하여 苟求生活이 不亦鄙乎아? 飮鴆自
노입뇌옥 구구생활 불역비호 음짐자

殺하니 天子聞之하고 驚拊手曰, 曩固疑其不就,
살 천자문지 경부수왈 낭고의기불취

牢獄이러니 果然殺,吾賢傅하다. 初에 武帝,滅南越
뇌옥 과연살오현부 초 무제멸남월

하고 置,珠厓儋耳郡하니 在,海中洲上에 率,數年一
치주애담이군 재해중주상 솔수년일

反이라. 上이 卽位之明年에 珠厓山,南縣이 反이어
반 상 즉위지명년 주애산남현 반

늘 上이 博謀於羣臣하여 欲大發軍擊之하니 待詔,
상 박모어군신 욕대발군격지 대조

賈捐之曰, 臣은 聞,堯舜禹之聖德으로 地方이 不
가연지왈 신 문요순우지성덕 지방 불

過,數千里하여 東漸于海하고 西被流沙하고 朔南
과수천리 동점우해 서피유사 삭남

에 曁聲敎하니 言欲,預聲敎則,治之하고 不欲預者
기성교 언욕예성교즉치지 불욕예자

는 不强治也니 臣은 願,遂棄珠厓하고 專用恤關東
불강치야 신 원수기주애 전용휼관동

으로 爲憂하소서. 上이 從之하다.
위우 상 종지

○乙亥三年(B.C. 46년), 春에 詔罷,株厓하다.
을 해 삼 년 춘 조 파 주 애

○戊寅,永光,元年(B.C. 43년)이라. 秋에 上이 酎祭宗
무 인 영 광 원 년 추 상 주 제 종
墓할새 出,便門하여 欲御樓船하니 薛廣德이 當乘
묘 출 편 문 욕 어 누 선 설 광 덕 당 승
輿車하여 免冠頓首曰, 宜,從橋이리다. 詔曰, 大夫,
여 거 면 관 돈 수 왈 의 종 교 조 왈 대 부
冠하라. 廣德이 曰, 陛下,不聽臣하시면, 臣이 自刎
관 광 덕 왈 폐 하 불 청 신 신 자 문
하여 以血汙,車輪하리니 陛下,不得入廟矣리다. 上
이 혈 오 거 륜 폐 하 부 득 입 묘 의 상
이 不說하니 光祿大夫,張猛이 進曰, 臣은 聞,主聖
불 열 광 록 대 부 장 맹 진 왈 신 문 주 성
臣直이라 하니 乘船은 危하고 就橋는 安이라. 聖主는
신 직 승 선 위 취 교 안 성 주
不乘危하나니 御史大夫言을 可聽이리다. 上曰, 曉
불 승 위 어 사 대 부 언 가 청 상 왈 효
人을 不當如是邪아 乃從橋하다.
인 부 당 여 시 사 내 종 교

○石顯이 憚,周堪,張猛等하여 數,譖毀之어늘 劉更
석 현 탄 주 감 장 맹 등 수 참 훼 지 유 경
生이 懼其傾危하여 上書曰, 臣은 聞,舜命九官에
생 구 기 경 위 상 서 왈 신 문 순 명 구 관
濟濟相讓은 和之至也라. 衆臣이 和於朝則,萬物
제 제 상 양 화 지 지 야 중 신 화 어 조 즉 만 물

이 和於野故로 簫韶九成而鳳皇이 來儀러니 至,周
화어야고 소소구성이봉황 내의 지주
幽,厲之際하여 朝廷이 不和하여 轉相非怨則,日月
유려지제 조정 불화 전상비원즉일월
이 薄蝕하고 水泉이 沸騰하고 山谷이 易處하고 霜
박식 수천 비등 산곡 역처 상
降이 失節하니 由此觀之하니 和氣는 致祥하고 乖
강 실절 유차관지 화기 치상 괴
氣는 致異라. 祥多者는 其國安하고 異衆者는 其國
기 치이 상다자 기국안 이중자 기국
이 危는 天地之常經이요 古今之通義也니다. 正臣
위 천지지상경 고금지통의야 정신
이 進者는 治之表요, 正臣이 陷者는 亂之機也니라.
진자 치지표 정신 함자 난지기야
夫,執狐疑之心者는 來讒賊之口하고 持不斷之意
부집호의지심자 내참적지구 지부단지의
者는 開,羣枉之門하나니 讒邪,進則,衆賢退하고 羣
자 개군왕지문 참사진즉중현퇴 군
枉이 成則,正士消故로 易有否泰하니 小人道長하
왕 성즉정사소고 역유부태 소인도장
고 君子道消則,政日亂하고 君子道長하고 小人道
군자도소즉정일란 군자도장 소인도
消則,政日治하나니 今以陛下明知로 誠深思,天地
소즉정일치 금이폐하명지 성심사천지
之心하사 杜閉,羣枉之門하고 廣開衆正之路하여
지심 두폐군왕지문 광개중정지로
使,是非로 炳然可知면 則百異消滅而衆祥이 並
사시비 병연가지 즉백이소멸이중상 병
至하리니 太平之基요 萬世之利也이리다. 顯이 見
지 태평지기 만세지리야 현 견

其書하고 兪與許史를 比而怨, 更生等이러라.
기서 유여허사 비이원경생등

어려운 낱말 / 고사성어

[擅] : 멋대로(천), [鴆] : 짐새(짐), 독조(짐). [曁] : 미칠(기), 함께(기). [酎] : 진한술(주). [輿] : 수레(여). [汙] : 더러울(오). [主聖臣直(주성신직)] : 임금이 어질면 신하는 곧다. [讒毁(참훼)] : 거짓말을 하여 헐뜯다. [傾危(경위)] : 기울어져 위태로움. [簫韶(소소)] : 중국 고대 순(舜)임금의 음악인 소소(簫韶)와 황제(黃帝)의 음악인 함지(咸池)를 함께 부르는 말. [薄蝕(박식)] : 일식이나 월식으로, 해나 달이 흐려지거나 이지러짐. [沸騰(비등)] : 끓어오르다. [讒邪(참사)] : 거짓으로 간사함을 말함.

○己卯二年(B.C. 42년)에 匡衡이 上疏曰, 治天下
기묘이년 광형 상소왈 치천하
者는 審所上而已니 教化之流는 非家至而人說之
자 심소상이이 교화지류 비가지이인설지
也니라. 賢者는 在位하고 能者는 布職하여 朝廷이
야 현자 재위 능자 포직 조정
崇禮하고 百僚敬讓하여 道德之行이 由內及外하여
숭례 백료경양 도덕지행 유내급외
自近者始然後에 民知所法하여 遷善日進而不自
자근자시연후 민지소법 천선일진이부자
知也이니다. 上이 好,儒術文辭하여 頗改,宣帝之政
지야 상 호유술문사 파개선제지정
하니 言事者는 多,進見하여 人人이 自以爲得上意
언사자 다진현 인인 자이위득상의
라 하니라.

○甲申,建昭,二年(B.C. 37년), 是時에 石顯이 顓權
갑신건소이년 시시 석현 전권
이라. 房이 嘗宴見하니 問上曰, 幽厲之君은 何以
방 상연견 문상왈 유려지군 하이
危며 所任者는 何人也닛고? 上曰, 君不明而所任
위 소임자 하인야 상왈 군불명이소임
者는 巧佞이니라. 房曰, 陛下는 視今爲,治邪닛까?
자 교녕 방왈 폐하 시금위치사
亂邪닛까? 上이 曰, 亦極亂耳今爲亂者는 誰哉오?
난사 상 왈 역극란이금위란자 수재
房이 曰, 明主는 宜自知之이리다. 上이 曰, 不知也
방 왈 명주 의자지지 상 왈 부지야

로다. 如知면 何故用之리요. 房이 曰, 上의 最所信
여지 하고용지 방 왈 상 최소신

任하여 與圖事帷幄之中하여 進退天下之士者는
임 여도사유악지중 진퇴천하지사자

是矣라하고 房이 指謂石顯하니 上亦知之하고 謂房
시의 방 지위석현 상역지지 위방

曰, 已諭라 하되 房이 罷出後에 上이 亦不能退顯
왈 이유 방 파출후 상 역불능퇴현

也하니라. 初에 京房이 對曰, 古之帝王이 以功擧
야 초 경방 대왈 고지제왕 이공거

賢則,萬化成하고 瑞應이 著러니 末世에 以毁譽取
현즉만화성 서응 저 말세 이훼예취

人故로 功業이 廢而致災異하니 宜令百官으로 各
인고 공업 폐이치재이 의령백관 각

試其功이면 災異可息이리다. 詔使房으로 作其事하
시기공 재이가식 조사방 작기사

니 房이 奏考功課吏法이어늘 上이 令,公卿朝臣으로
방 주고공과리법 상 영공경조신

與房會議溫室하니 皆以房言이 煩碎하여 令,上下
여방회의온실 개이방언 번쇄 영상하

相司하니 不可許라 하거늘 帝,於是에 以房으로 爲,
상사 불가허 제어시 이방 위

魏郡太守하여 得以考功法으로 治郡하다.
위군태수 득이고공법 치군

○乙酉三年(B.C. 36년)이라. 冬에 西域都護,甘延壽와
을유삼년 동 서역도호감연수

副校尉,陳湯이 共誅斬,郅支하고 單于於康居하다.
부교위진탕 공주참질지 선우어강거

○戊子.竟寧.元年(B.C. 33년)이라. 河南太守.召.信
무 자 경 녕 원 년 하 남 태 수 소 신

臣이 爲.少府하다. 信臣이 先爲.南陽太守하고 後遷
신 위 소 부 신 신 선 위 남 양 태 수 후 천

河南하여 治行이 常第一이라. 視民如子하고 好爲
하 남 치 행 상 제 일 시 민 여 자 호 위

民興利하여 躬勸耕稼하고 開通溝瀆하니 户口增
민 흥 리 궁 권 경 가 개 통 구 독 호 구 증

倍라 吏民이 親愛하여 號曰,「召父」라 하니라.
배 이 민 친 애 호 왈 소 부

어려운 낱말 / 고사성어

[顓權(전권)] : 스스로 임금의 뜻을 얻었다고 여겼다. [瑞應(서응)] : 임금의 선정을 하늘이 감응하여 나타나는 길한 징조. [郅] : 고을 이름(질). [康居(강거)] : 지명. 현재 우즈베키스탄과 카자흐스탄 남부 인근 지역에 세워진 고대 국가. [溝瀆(구독)] : 개천과 수렁.

○甘延壽,陳湯이 旣至論功하니 石顯,匡衡이 以爲
감 연 수 진 탕 기 지 론 공 석 현 광 형 이 위

延壽,湯이 擅興師矯制하니 幸得不誅어니와 如復
연 수 탕 천 흥 사 교 제 행 득 부 주 여 부

加爵土則,後奉使者가 爭欲乘危徼幸하여 生事於
가 작 토 즉 후 봉 사 자 쟁 욕 승 위 요 행 생 사 어

蠻夷하여 爲國招難하다. 帝內嘉延壽, 湯功而重
만 이 위 국 초 난 제 내 가 연 수 탕 공 이 중

違衡顯之議하여 久之不決이라. 故로 宗正劉向이
위 형 현 지 의 구 지 불 결 고 종 정 유 향

上疏曰, 貳師將軍,李廣利,損五萬之師하고 靡,億
상 소 왈 이 사 장 군 이 광 리 손 오 만 지 사 미 억

萬之費하여 經四하고 年之勞而僅獲駿馬三十匹
만 지 비 경 사 년 지 로 이 근 획 준 마 삼 십 필

하고 雖,斬宛王母寡之首나 猶不足以復費요, 其私
수 참 완 왕 모 과 지 수 유 부 족 이 부 비 기 사

罪惡이 甚多하되 孝武, 以爲萬里征伐에 不錄其
죄 악 심 다 효 무 이 위 만 리 정 벌 불 록 기

過라 하여 遂封拜,兩侯하니 今,康居之國이 彊於大
과 수 봉 배 량 후 금 강 거 지 국 강 어 대

宛하고 郅支之號,重於宛王하고 殺使者罪,甚於留
완 질 지 지 호 중 어 완 왕 살 사 자 죄 심 어 류

馬而延壽.湯이 不煩漢士하고 不費斗糧하니 比於
마 이 연 수 탕 불 번 한 사 불 비 두 량 비 어

貳師컨대 功德이 百之니라. 於是에 天子, 下詔하여
이 사 공 덕 백 지 어 시 천 자 하 조

赦,延壽.湯罪勿治하고 令公卿으로 議封焉하여 封,
사 연 수 탕 죄 물 치 영 공 경 의 봉 언 봉

延壽爲,義成侯하고 賜湯爵關內侯하다. 夏五月에
연 수 위 의 성 후 사 탕 작 관 내 후 하 오 월

帝崩하고 太子卽,皇帝位하여 以,元舅平陽侯,王鳳
제 붕 태 자 즉 황 제 위 이 원 구 평 양 후 왕 봉
으로 爲,大司馬大將軍하여 領,尙書事하다.
위 대 사 마 대 장 군 영 상 서 사

{孝成皇帝, 在位二十六年, 壽四十五}
효 성 황 제 재 위 이 십 육 년 수 사 십 오

○己丑,建始,元年(B.C. 32년)이라. 十二月,朔에 日食
기 축 건 시 원 년 십 이 월 삭 일 식
하고 其夜에 地震,未央宮,殿中이어늘 詔擧,賢良方
기 야 지 진 미 앙 궁 전 중 조 거 현 량 방
正하여 能,直言極諫之士하니 杜欽及谷永이 上對
정 능 직 언 극 간 지 사 두 흠 급 곡 영 상 대
하되 乃皆以爲,後宮女寵이 太盛하여 嫉妬專上하
내 개 이 위 후 궁 녀 총 태 성 질 투 전 상
니 將害繼嗣之咎라 하니라. 匡衡이 坐取封邑四百
장 해 계 사 지 구 광 형 좌 취 봉 읍 사 백
頃할새 監臨에 盜,所主守直,十金以上하여 免爲庶
경 감 림 도 소 주 수 직 십 금 이 상 면 위 서
人하고 以,王商으로 爲,丞相하다.
인 이 왕 상 위 승 상

어려운 낱말 / 고사성어

[蠻夷(만이)] : 오랑캐. [宛] : 굽을(완), 완연히(완). [元舅(원구)] : 왕의 장인. [極諫(극간)] : 지극히 간함. [嫉妬(질투)] : 투기하고 시샘하다.

○壬辰四年(B.C. 29년) 夏에 召前所擧,直言之士하
임 진 사 년 하 소 전 소 거 직 언 지 사

여 詣,白虎殿,對策하니 是時에 上이 委政王鳳이라.
예 백 호 전 대 책 시 시 상 위 정 왕 봉

議者,多歸咎焉하니 谷永.知鳳이 方見柄用하고 飮
의 자 다 귀 구 언 곡 영 지 봉 방 견 병 용 음

欲自託하여 乃曰, 方今四夷賓服에 皆爲臣妾하여
욕 자 탁 내 왈 방 금 사 이 빈 복 개 위 신 첩

北無葷粥,冒頓之患하고 南無趙佗,呂嘉之難하여
북 무 훈 죽 모 돈 지 환 남 무 조 타 려 가 지 난

三垂晏然에 靡有兵革之警하고 諸侯大者는 乃食
삼 수 안 연 미 유 병 혁 지 경 제 후 대 자 내 식

數縣이어늘 漢吏制其權柄하여 無,吳楚燕梁之勢
수 현 한 리 제 기 권 병 무 오 초 연 량 지 세

하고 骨肉大臣에 有,申伯之忠하여 洞洞屬屬하고
골 육 대 신 유 신 백 지 충 동 동 속 속

小心畏忌하여 無重合,安陽,博陸之亂하니 三者에
소 심 외 기 무 중 합 안 양 박 륙 지 란 삼 자

無,毛髮之辜어늘 切恐陛下,舍昭昭之白過하고 忽,
무 모 발 지 고 절 공 폐 하 사 소 소 지 백 과 홀

天地之明戒하며 聽晻昧之瞽說하고 歸咎乎無辜
천 지 지 명 계 청 엄 매 지 고 설 귀 구 호 무 고

하고 倚異乎政事하여 重失天心하시니 不可之大者
의 이 호 정 사 중 실 천 심 불 가 지 대 자

也이니다. 上이 以其書로 示後宮하고 擢永爲,光祿
야 상 이 기 서 시 후 궁 탁 영 위 광 록

大夫하다.
대 부

어려운 낱말 / 고사성어

[議者(의자)] : 어떤 사람. [葷] : 비린내(훈). [辜] : 허물(고). [瞽] : 장님(고). [咎] : 허물(구). [無辜(무고)] : 무고하다. [擢] : 뽑을(탁). 발탁.

○乙未,河平,三年(B.C. 26년)이라. 上이 以,中秘書,頗
을미 하평 삼년 상 이 중비서 파

散亡이라 하여 使謁者,陳農으로 求遺書於天下하다.
산망 사알자 진농 구유서어천하

○劉向이 以,王氏權位太盛而上이 方嚮詩書古文
유향 이 왕씨권위태성이상 방향시서고문

이라 하여 向이 乃因尙書洪範하여 執合上古以來로
향 내인상서홍범 집합상고이래

歷,春秋六國至,秦.漢히 符瑞,災異之記하여 推迹
역 춘추육국지 진 한 부서 재이지기 추적

行事하고 連傳禍福하여 著其占驗하여 比類相從하
행사 영부화복 저기점험 비류상종

여 各有條目하니 凡十一篇이라. 號曰,洪範五行傳
각유조목 범십일편 호왈 홍범오행전

論이라 하고 奏之하니 天子,心知向忠精이라. 故로
론 주지 천자 심지향충정 고

爲,鳳兄弟,起此論也나 然이나 終不能奪,王氏權하
위 봉형제 기차론야 연 종불능탈 왕씨권

니라.

○丁酉,陽朔,元年(B.C. 24년)이라. 京兆尹,王章이 素,
정유 양삭 원년 경조윤 왕장 소

剛直敢言하여 雖爲鳳所擧하나 非鳳專權하여 不
강직감언 수위봉소거 비봉전권 불

親附鳳하고 乃奏封事言하되 日食之咎는 皆鳳專
친부봉 내주봉사언 일식지구 개봉전

權蔽主之過이니다. 於是에 章이 遷馮野王의 忠信
권 폐 주 지 과 어 시 장 천 풍 야 왕 충 신

質直하니 上이 自爲,太子時로 數聞野王名이라. 方
질 직 상 자 위 태 자 시 수 문 야 왕 명 방

倚欲以代鳳이러니 鳳이 聞之하고 使,尚事劾奏章
의 욕 이 대 봉 봉 문 지 사 상 사 핵 주 장

하여 致其大逆하여 竟死獄中하니 自是로 公卿이
치 기 대 역 경 사 옥 중 자 시 공 경

見鳳에 側目而視하니라.
견 봉 측 목 이 시

어려운 낱말 / 고사성어

[洪範(홍범)] : 널리 베풀다. [災(재)] : 재앙. [洪範五行傳論(홍범오행전론)] : 우유향이 황제께 올린 전서. 외척의 세력이 강성하기 때문이라고 생각하여 홍범오행전론(洪範五行傳論)을 지어 천자에게 올림으로써 왕씨의 권력을 빼앗도록 유도하였다. [剛直(강직)] : 올곧은 마음. [側目(측목)] : 곁눈질.

○戊戌二年(B.C. 23년)에 以,王音으로 爲,御史大夫
무 술 이 년 이 왕 음 위 어 사 대 부
하니 於是에 王氏愈盛이 郡國守相,刺史하니 皆出
어 시 왕 씨 유 성 군 국 수 상 자 사 개 출
其門下하고 五侯羣弟,爭爲奢侈하니 賂遺珍寶,四
기 문 하 오 후 군 제 쟁 위 사 치 뢰 유 진 보 사
面而至하니라. 音이 通敏人事하여 好士養賢하고
면 이 지 음 통 민 인 사 호 사 양 현
傾財施予하여 以相高尙하니 賓客이 滿門하여 競
경 재 시 여 이 상 고 상 빈 객 만 문 경
爲之聲譽하니라. 劉向이 上封事,極諫하니 書奏에
위 지 성 예 유 향 상 봉 사 극 간 서 주
天子,召見向하고 歎息悲傷其意하여 謂曰, 君且
천 자 소 견 향 탄 식 비 상 기 의 위 왈 군 차
休矣어다! 吾,將思之하리라. 然이나 終不能,用其言
휴 의 오 장 사 지 연 종 불 능 용 기 언
하니라.

○己亥三年(B.C. 22년), 秋에 王鳳이 疾以薨하고 以,
기 해 삼 년 추 왕 봉 질 이 훙 이
王音으로 爲,大司馬하다.
왕 음 위 대 사 마

○乙巳,永始,元年(B.C. 16년)이라. 五侯子,乘時侈靡
을 사 영 시 원 년 오 후 자 승 시 치 미
하여 以,輿馬聲色,佚游로 相高하되 王曼의 子,莽이
이 여 마 성 색 일 유 상 고 왕 만 자 망
因,折節爲恭儉하여 勤身博學하여 外交英俊하고
인 절 절 위 공 검 근 신 박 학 외 교 영 준

內事諸父하여 曲有禮意러라. 鳳이 死에 以,莽으로
내 사 제 부 곡 유 례 의 봉 사 이 망
託,太后及帝러니 久之에 封莽爲,新都侯하니 爵位
탁 태 후 급 제 구 지 봉 망 위 신 도 후 작 위
益尊하되 節操愈謙하고 振施賓客하여 家無所餘하
익 존 절 조 유 겸 진 시 빈 객 가 무 소 여
니 虛譽隆洽하여 傾其諸父矣하니라.
허 예 륭 흡 경 기 제 부

○丙午二年(B.C. 15년)에 王音이 薨하고 以,王商으
병 오 이 년 왕 음 홍 이 왕 상
로 爲,大司馬하다.
위 대 사 마

○故로 南昌尉,梅福이 上書曰, 昔에 高祖, 納善
고 남 창 위 매 복 상 서 왈 석 고 조 납 선
若不及하시고 從諫若轉圜하사 陳平이 起於亡命
약 불 급 종 간 약 전 환 진 평 기 어 망 명
而爲謀主하고 韓信이 拔於行陳而建上將故로 爵
이 위 모 주 한 신 발 어 행 진 이 건 상 장 고 작
祿束帛者는 天下之砥石이니 高祖所以厲世摩鈍
록 속 백 자 천 하 지 지 석 고 조 소 이 려 세 마 둔
也요, 至秦則,不然하여 張,誹謗之罔하여 以爲漢敺
야 지 진 즉 불 연 장 비 방 지 망 이 위 한 구
除하고 倒持泰阿하여 授楚其柄故로 誠能勿失其
제 도 지 태 아 수 초 기 병 고 성 능 물 실 기
柄이면 天下,雖有不順이나 今,陛下는 既不納天下
병 천 하 수 유 불 순 금 폐 하 기 불 납 천 하
之言하시고 又加戮焉하여 天下,以言爲戒하니 最,
지 언 우 가 륙 언 천 하 이 언 위 계 최

國家之大患也이니다. 方今君命을 犯而主威奪하
국가지대환야 방금군명 범이주위탈

여 外戚之權이 日以益隆하니 陛下,不見其形이어
외척지권 일이익륭 폐하 불견기형

든 願察其景하소서 埶陵於君하고 權隆於主,然後
원찰기경 예릉어군 권륭어주 연후

에 防之면 亦無及已리다. 上이 不納하다.
방지 역무급이 상 불납

어려운 낱말 / 고사성어

[賂(뢰)] : 뇌물. [薨] : 죽을(훙). 붕(崩), 훙(薨), 몰(歿), 사(死) . 모두 '죽다'이다. 여기서 황제의 죽음을 '붕(崩)', 왕의 죽음을 '훙(薨)'이라 했다. [佚(일)] : 편하다. [砥] : 숫돌(지). 평평하다.

○戊申四年(B.C. 13년)에 司隸校尉,何武로 爲,京兆
무신사년 사례교위하무 위경조

尹하다. 武,爲吏에 守法盡公하고 進善退惡하니 其,
윤 무위리 수법진공 진선퇴악 기

所居에 無,赫赫名하되 去後에 常見思하니라.
소거 무혁혁명 거후 상견사

○己酉,元延,元年(B.C. 12년)이라. 王商이 薨하고 以
기유원연원년 왕상 훙 이

弟,根으로 爲,大司馬하다. 安昌侯,張禹,雖,家居나
제근 위대사마 안창후장우수가거

以,特進으로 爲,天子師하여 國家,每有大政에 必與
이특진 위천자사 국가매유대정 필여

定議하니라. 時에 吏民이 多,上書言,災異之應하여
정의 시 이민 다상서언재이지응

譏切王氏,專政所致라 하니 上意頗然之하여 親問,
기절왕씨전정소치 상의파연지 친문

禹以天變하니 禹曰, 春秋에 日食地震이 或爲諸
우이천변 우왈 춘추 일식지진 혹위제

侯相殺과 夷狄侵,中國하니 災變之意,深遠難見이
후상살 이적침중국 재변지의심원난견

어늘 新學小生이 亂道誤人하니 宜無信用이니다.
신학소생 난도오인 의무신용

上이 雅信愛禹라 由此로 不疑王氏러라. 故로 槐里
상 아신애우 유차 불의왕씨 고 괴리

令,朱雲이 上書求見하니 公卿在前이라. 云曰, 今,
령주운 상서구견 공경재전 운왈 금

朝廷大臣이 皆,尸位素餐하니 臣은 願賜,尚方斬馬
조정대신 개시위소찬 신 원사상방참마

劒이면 斷佞,一人頭하여 以厲其餘하리이다. 上問에
검 단 녕 일 인 두 이 려 기 여 상 문

誰也오? 對曰, 安昌侯,張禹로소이다. 上이 大怒曰,
수 야 대 왈 안 창 후 장 우 상 대 노 왈

小臣이 居下訕上하고 廷辱師傅하니 罪死不赦로
소 신 거 하 산 상 정 욕 사 부 죄 사 불 사

다. 御史,將雲下하니 雲이 攀殿檻하여 檻折이라 雲
어 사 장 운 하 운 반 전 함 함 절 운

이 呼曰, 臣이 得,下從龍逄,比干하여 遊於地下足
호 왈 신 득 하 종 룡 방 비 간 유 어 지 하 족

矣로이다. 御史,遂將雲去하니 於是에 左將軍,辛慶,
의 어 사 수 장 운 거 어 시 좌 장 군 신 경

忌免冠,叩頭殿下曰, 此臣이 素著狂直하니 使其
기 면 관 고 두 전 하 왈 차 신 소 저 광 직 사 기

言이 是면 不可誅요, 其言이 非라도 固當容之이니
언 시 불 가 주 기 언 비 고 당 용 지

다. 上이 意解하여 及,後當治檻에 上이 曰, 勿易하
상 의 해 급 후 당 치 함 상 왈 물 역

고 因而輯之하여 以旌直訕하라 하다.
인 이 집 지 이 정 직 산

어려운 낱말 / 고사성어

[灾(재)] : 재앙. 재(災)와 동자(同字)임. [槐] : 홰나무(괴). [尸位素餐(시위소찬)] : 하는 일 없이 자리만 차지하고 있으면서 녹을 받아먹음을 비유적으로 이르는 말. [赦] : 용서하다(사). [檻折(함절)] : 부러뜨릴 절. [狂直(광직)] : 미치광이처럼 뜻이 크기만 하고 곧지 못함을 말함. [檻] : 난간(함). 난간을 부러뜨린다. 간곡하게 충간(忠諫)하는 것을 비유하는 말. [訕] : 헐뜯을(산).

○壬子四年(B.C. 9년)에 王根이 薦,谷永하여 徵入
임자사년 왕근 천곡영 징입

爲,大司農하다. 永이 前後所上,四十餘事를 略相
위대사농 영 전후소상사십여사 약상

反覆하여 專攻上身與,後宮黨於王氏하니 上亦知
반복 전공상신여후궁당어왕씨 상역지

之하고 不甚,親信也하니라.
지 불심친신야

○癸丑,綏和,元年(B.C. 8년)이라. 二月에 立定,陶王
계축수화원년 이월 입정도왕

欣하여 爲,皇太子하다.
흔 위황태자

○十二月에 王根이 薦,莽自代어늘 丙寅에 以莽으
십이월 왕근 천망자대 병인 이망

로 爲,大司馬하니 年時,三十八이라. 莽이 旣拔,出
위대사마 년시삼십팔 망 기발출

同列하여 繼,四父而輔政하여 欲令名譽로 過,前人
동렬 계사보이보정 욕령명예 과전인

하여 聘諸賢良하여 以爲掾史,賞賜邑錢을 悉,享士
빙제현량 이위연사상사읍전 실향사

하고 愈爲儉約하니라.
유위검약

○犍爲郡의 於,水濱에 得,古磬十六枚어늘 議者권
건위군 어수빈 득고반십육매 의자

데 以爲善詳이라 하니 劉向이 因是說上하되 宜興
이위선상 유향 인시설상 의흥
辟雍,設庠序,陳禮樂하여 以風化天下이니 如此而
벽옹 설상서 진례악 이풍화천하 여차이
不治면 未之有也이니다. 或曰, 不能具禮라 하니 禮
불치 미지유야 혹왈 불능구례 예
는 以,養人爲本하니 如有過差라도 是는 過而養人
이 양인위본 여유과차 시 과이양인
也어니와 刑罰之過는 或至死傷하니 今之刑이 非,
야 형벌지과 혹지사상 금지형 비
皐陶之法也니 而有司,請定法하여 削則削,筆則筆
고도지법야 이유사 청정법 삭즉삭 필즉필
하되 至於禮樂則曰, 不敢이라 하니 是는 敢於殺人
지어예악즉왈 불감 시 감어살인
이요 不敢於養人也로이다. 夫,敎化之,比於刑法에
불감어양인야 부 교화지 비어형법
刑法이 輕하니 是는 舍所重而急所輕也니라. 敎化
형법 경 시 사소중이급소경야 교화
는 所恃以爲治요, 刑法은 所以助治也어늘 今,廢所
소시이위치 형법 소이조치야 금 폐소
恃而獨立은 其所助하니 非,所以致,太平也이니다.
시이독립 기소조 비 소이치 태평야
帝以向言으로 下,公卿議하니 丞相,翟方進과 大司
제이향언 하 공경의 승상 적방진 대사
空,何武가 奏請立辟雍이러니 未作而罷하다.
공 하무 주청립벽옹 미작이파

○劉向이 自見得信於上,故로 常顯訟宗室하고 譏
유향 자견득신어상 고 상현송종실 기

刺王氏,及在位大臣하여 其言이 多痛切하여 發於
자왕씨 급재위대신 기언 다통절 발어

至誠이라. 上이 數欲用,向으로 爲,九卿하되 爲,王氏
지성 상 수욕용향 위구경 위왕씨

居位者와 及丞相御史所持故로 終不遷하고 居列
거위자 급승상어사소지고 종불천 거렬

大夫,官前後,三十餘年而卒하니 後,十三歲而王
대부관전후삼십여년이졸 후십삼세이왕

氏代漢하니라.
씨대한

○甲寅二年(B.C. 7년), 三月에 帝崩하고 夏四月,丙
갑인이년 삼월 제붕 하사월병

午에 太子가 卽,皇帝位하다. 哀帝初立에 躬行儉約
오 태자 즉황제위 애제초립 궁행검약

하여 省減諸用하고 政事,由己出하니 朝廷이 翕然
성감제용 정사유기출 조정 흡연

望至治焉하니라. 初에 董仲舒,說武帝하되 以,秦用
망지치언 초 동중서세무제 이진용

商鞅之法하여 除井田하니 民得賣買하여 富者는
상앙지법 제정전 민득매매 부자

田連阡陌하고 貧者는 亡立錐之地라. 邑有,人君之
전련천맥 빈자 망립추지지 읍유인군지

尊하고 里有公侯之富하니 小民이 安得不困이리요,
존 리유공후지부 소민 안득불곤

古井田法은 雖難卒行이나 宜少近古하여 限民名
고정전법 수난졸행 의소근고 한민명

前하여 以贍不足하고 塞竝兼之路하고 薄賦斂,省
전 이섬부족 새병겸지로 박부렴성

繇役하여 以.寬民力.然後에 可.善治也라 하더니 及
요 역 이 관 민 력 연 후 가 선 치 야 급

上이 卽位에 師丹이 復建言하되 今.累世承平하여
상 즉 위 사 단 부 건 언 금 누 세 승 평

豪富吏民은 訾數鉅萬而貧弱은 愈困하니 宜略爲
호 부 이 민 자 삭 거 만 이 빈 약 유 곤 의 략 위

限하소서. 天子.下其議하니 丞相光과 大司空.武가
한 천 자 하 기 의 승 상 광 대 사 공 무

奏請하되 自諸侯王.列侯公主로 名田을 各有限하
주 청 자 제 후 왕 열 후 공 주 명 전 각 유 한

고 關內侯吏民.名田은 皆毋過三十頃하고 奴婢는
관 내 후 리 민 명 전 개 무 과 삼 십 경 노 비

毋過三十人하고 期盡三年하여 犯者는 沒入官하소
무 과 삼 십 인 기 진 삼 년 범 자 몰 입 관

서. 時에 田宅.奴婢.賈爲減賤하여 貴戚近習이 皆
시 전 택 노 비 가 위 감 천 귀 척 근 습 개

不便也하고 詔書.且須後러니 遂寢不訾하니라.
불 편 야 조 서 차 수 후 수 침 불 자

어려운 낱말 / 고사성어

[莽] : 우거질(망). [聘(빙)] : 방문하여 안부를 묻다. [犍] : 불깐 소(건). [譏刺(기자)] : 남을 헐뜯고 비꼬아 말함. [儉約(검약)] : 돈이나 물건, 자원 따위를 낭비하지 않고 아껴 씀. [贍] : 넉넉할(섬). [訾] : 헐뜯을(자).

{孝哀皇帝, 在位六年, 壽三十五}
효애황제 재위육년 수삼십오

○丁巳,建平,三年(B.C. 4년), 四月에 王嘉,爲丞相하
정사 건평 삼년 사월 왕가 위승상

다. 嘉,以時政이 苛急하여 郡國守相이 數有變動이
가 이시정 가급 군국수상 수유변동

라 하여 乃,上疏曰, 孝文時에 吏居官者,或長子孫
내 상소왈 효문시 이거관자 혹장자손

하여 以官爲氏하니 倉氏,庫氏則,倉庫吏之後也
이관위씨 창씨 고씨즉 창고리지후야

니라. 其,二千石,長吏亦安,官樂職하여 然後에 上
기 이천석 장리역안 관낙직 연후 상

下相望하니 莫有苟且之意라. 其後에 稍稍變易
하상망 막유구차지의 기후 초초변역

하여 公卿以下,或居官,數月而退하니 中材苟容
공경이하 혹거관 수월이퇴 중재구용

求全하고 下材는 懷危內顧하니 唯,陛下는 留神
구전 하재 회위내고 유 폐하 유신

於擇賢하사 記善忘過하소서 此,方今急務也이니다.
어택현 기선망과 차 방금급무야

○戊午四年(B.C. 3년), 二月에 駙馬都尉,侍中董
무오사년 이월 부마도위 시중동

賢이 得幸於上하여 出則參乘하고 入御左右하니
현 득행어상 출즉참승 입어좌우

賞賜累鉅萬이라 貴震朝廷이러라.
상사루거만 귀진조정

○匈奴單于, 上書願朝,五年이라. 公卿이 以爲虛
흉노선우 상서원조오년 공경 이위허

費府帑하니 可且勿許이니다. 揚雄이 上書諫曰, 臣
비부탕 가차물허 양웅 상서간왈 신

은 聞,六經之治,貴於未亂이요, 兵家之勝은 貴於
문육경지치귀어미란 병가지승 귀어

未戰이라 하니 今,單于가 上書求朝어늘 國家,不許
미전 금선우 상서구조 국가불허

而辭之면 臣愚는 以爲漢이 與,匈奴로 從此隙矣라
이사지 신우 이위한 여흉노 종차극의

하나이다. 匈奴는 本,五帝所不能臣이요, 三王,所不
흉노 본오제소불능신 삼왕소불

能制니 其不可使隙이 明甚이라. 以,秦始皇之彊과
능제 기불가사극 명심 이진시황지강

蒙恬之威나 然이나 不敢窺西河하여 乃築,長城以
몽념지위 연 불감규서하 내축장성이

界之하고 會,漢初興에 以高祖之威靈과 三十萬衆
계지 회한초흥 이고조지위령 삼십만중

으로 困於平城하고 高皇后時에 匈奴,悖慢이어늘 大
곤어평성 고황후시 흉노패만 대

臣이 權書遺之然後에 得解하고 及,孝文時에 匈奴,
신 권서유지연후 득해 급효문시 흉노

侵暴北邊하여 候騎至雍,甘泉이어늘 京師大駭하여
침폭북변 후기지옹감천 경사대해

發,三將軍하여 屯細柳,棘門霸上하여 以,備之數月
발삼장군 둔세류극문패상 이비지수월

에 乃罷하고 孝武卽位에 設,馬邑之權하여 欲誘匈
내파 효무즉위 설마읍지권 욕유흉

奴하여 徒費財勞師하고 一虜를 不可得見이어든
노 도비재로사 일로 불가득견

況,單于之面乎잇까? 其後에 深惟社稷之計하고 規
황 선 우 지 면 호 기 후 심 유 사 직 지 계 규

恢,萬載之策하여 乃大,興師數十萬하여 使,衛青.
회 만 재 지 책 내 대 흥 사 수 십 만 사 위 청

霍去病으로 操兵前後十餘年이라. 於是에 浮,西河
곽 거 병 조 병 전 후 십 여 년 어 시 부 서 하

絶,大幕하고 破寘顔,襲王庭하고 窮極其地하여 追
절 대 막 파 전 안 습 왕 정 궁 극 기 지 추

犇逐北하여 封狼居胥山하고 禪於姑衍하고 以臨
분 축 북 봉 랑 거 서 산 선 어 고 연 이 림

瀚海하니 自是之後로 匈奴震怖하여 益求和親이나
한 해 자 시 지 후 흉 노 진 포 익 구 화 친

然而,未肯稱臣也이니다. 且夫前世에 豈樂傾無量
연 이 미 긍 칭 신 야 차 부 전 세 기 락 경 무 량

之費하고 役無罪之人하여 快心於狼望地北哉아?
지 비 역 무 죄 지 인 쾌 심 어 랑 망 지 북 재

以爲不一勞者는 不久佚이요, 不暫費者는 不永寧
이 위 불 일 로 자 불 구 일 불 잠 비 자 불 영 녕

이니 是以로 忍,百萬之師하고 以,摧餓虎之喙하고
시 이 인 백 만 지 사 이 최 아 호 지 훼

運府庫之財하여 塡,盧山之壑而不悔也이니다. 至
운 부 고 지 재 전 로 산 지 학 이 불 회 야 지

本始之初하여 匈奴,有桀心하여 欲掠烏孫하고 侵
본 시 지 초 흉 노 유 걸 심 욕 략 오 손 침

公主어늘 乃發五將之師十五萬騎하여 以擊之하니
공 주 내 발 오 장 지 사 십 오 만 기 이 격 지

時에 鮮有所獲이요, 徒奮揚威武하여 明漢兵을 若
시 선 유 소 획 도 분 양 위 무 명 한 병 약

雷風耳라. 雖,空行空反이나 尙誅兩將軍故로 北狄
뢰 풍 이 수 공 행 공 반 상 주 량 장 군 고 북 적

이 不服하고 中國이 未得,高枕安寢也러니 逮至元
불복 중국 미득고침안침야 체지원

康神爵之間하여 大化神明하고 鴻恩이 溥洽而匈
강신작지간 대화신명 홍은 부흡이흉

奴,內亂하여 五單于,爭立하고 日逐呼韓邪,攜國歸
노내란 오선우쟁립 일축호한사휴국귀

死하여 扶伏稱臣이나 然이나 尙羈縻之하여 計不顓
사 부복칭신 연 상기미지 계부부

制하니 自此之後로 欲朝者는 不距하고 不欲者는
제 자차지후 욕조자 불거 불욕자

不彊이니 今,單于歸義어늘 奈何疑而隙之하여 使
불강 금선우귀의 내하의이극지 사

有恨心하여 因以自絶하여 終無北面之心이니까?
유한심 인이자절 종무북면지심

書奏에 天子,寤焉하여 更報,單于書而遣之하다.
서주 천자오언 경보선우서이견지

○己未,元壽,元年(B.C. 2년)이라. 以孔光으로 爲,丞
기미원수원년 이공광 위승

相하다. 光이 知上이 欲尊寵,董賢하고 下車拜謁하
상 광 지상 욕존총동현 하거배알

여 不敢以賓客鈞敵之禮하니 賢이 由是로 權,與人
불감이빈객균적지례 현 유시 권여인

主侔矣하니라.
주모의

○庚申二年(B.C. 1년), 六月에 帝崩하다. 帝睹孝成
경신이년 유월 제붕 제도효성

之世에 祿去王室이러니 及卽位에 屢誅大臣하여
지세 녹거왕실 급즉위 누주대신

欲彊主威하여 以則武宣이나 然而寵信讒諂하고
욕강주위 이칙무선 연이총신참첨

憎疾忠直하니 漢業이 由是遂瀚하니라.
증질충직 한업 유시수한

어려운 낱말 / 고사성어

[悖慢(패만)] : 사람됨이 온화하지 못하고 거칠며 거만함. [瀚海(한해)] : 고비사막을 이름. [攜] : 끌(휴). 携의 본 글자. [羈縻(기미)] : 말의 고삐, 소를 끄는 줄. 중국 왕조가 주변의 약소민족에 대한 지배 정책으로 그 유력자를 회유(懷柔)하여 자치(自治)를 허용해 간접통치한 것을 말한다. [顓制(전제)] : 전단(專斷)으로 일을 결정함. 제 마음대로 일을 처리함. [睹] : 볼(도). [讒諂(참첨)] : 참소와 아첨. [遂瀚(수한)] : 드디어 넓고 크게 되었다.

{孝平皇帝, 在位五年, 王莽이 弑之하니 壽十四라}
효평황제 재위오년 왕망 시지 수십사

○辛酉.元始.元年(서기 1년)이라. 春正月에 王莽이
신유 원시 원년 춘정월 왕망
風.益州하여 令.塞外蠻夷로 自稱越裳氏하고 重譯
풍익주 영새외만이 자칭월상씨 중역
獻, 白雉一, 黑雉二하니 於是에 羣臣이 盛.陳莽
헌 백치일 흑치이 어시 군신 성진망
功德하되 致.周成.白雉之瑞하니 莽을 宜賜號를 安
공덕 치주성백치지서 망 의사호 안
漢公이라 하니라.
한공

○壬戌二年(서기 2년) 春에 越嶲郡에 上.黃龍이 游.
임술이년 춘 월수군 상황룡 유
江中이어늘 太師.孔光과 大司徒.宮馬等이 咸稱莽
강중 태사공광 대사도궁마등 함칭망
功德하여 比.周公하니라. 梅福이 知.王莽이 必簒漢
공덕 비주공 매복 지왕망 필찬한
祚하고 一朝에 棄妻子去하여 不知所之러니 其後에
조 일조 기처자거 부지소지 기후
人이 有.見福於會稽者하니 變.名姓하고 爲.吳市門
인 유견복어회계자 변명성 위오시문
卒云이라 하다.
졸운

○癸亥三年(서기 3년)이라. 北海逢萌이 謂友人曰,
계해삼년 북해방맹 위우인왈

三綱이 絶矣라. 不去면 禍將及人이라 하고 卽,解冠

삼 강 절 의 불 거 화 장 급 인 즉 해 관

하여 掛,東都城門하고 歸將家屬하고 浮海,客於遼

괘 동 도 성 문 귀 장 가 속 부 해 객 어 요

東하니라.

동

○甲子四年(서기 4년), 夏에 采伊尹이 周公稱號하

갑 자 사 년 하 채 이 윤 주 공 칭 호

여 加,安漢公을 爲,宰衡하다.

가 안 한 공 위 재 형

○乙丑五年(서기 5년), 夏五月에 策命,安漢公하여

을 축 오 년 하 오 월 책 명 안 한 공

莽以九錫하다. 冬十二月에 莽이 因,臘日하여 上椒

망 이 구 석 동 십 이 월 망 인 랍 일 상 초

酒할새 置毒酒中하여 帝有疾이라. 莽이 作策하여

주 치 독 주 중 제 유 질 망 작 책

請命於泰畤하여 願以身代하고 藏策金縢하여 置

청 명 어 태 치 원 이 신 대 장 책 금 등 치

于前殿하니 敕,諸公莫敢言이러라. 丙午에 帝崩하

우 전 전 칙 제 공 막 감 언 병 오 제 붕

다. 是月에 前煇光謝囂奏하되 武功長,孟通이 浚井

시 월 전 휘 광 사 효 주 무 공 장 맹 통 준 정

이라가 得,白石하니 上圓下方하고 有,丹書著石文하

득 백 석 상 원 하 방 유 단 서 저 석 문

니 曰, 告,安漢公莽이 爲,皇帝라 하니 符命之起,自

왈 고 안 한 공 망 위 황 제 부 명 지 기 자

此始矣라. 於是에 羣臣이 奏,太后하여 請安,漢公
차 시 의　　어 시　　군 신　　주 태 후　　　청 안 한 공

踐阼하고 謂之攝,皇帝라 하소서 詔曰, 可라 하다.
천 조　　위 지 섭 황 제　　　　조 왈　가

어려운 낱말 / 고사성어

[簒(찬)] : 빼앗다. [宰衡(재형)] : 벼슬 이름. [臘日(납일)] : 12월 인일(寅日)을 말함. 중국에서는 세 번째 술일(戌日). [上椒酒(상초주)] : 중국에서 납일에 마셨던 독한 술 이름. [囂] : 시끄러운 소리(효). [浚井(준정)] : 깊은 우물. [阼] : 동편 층계(조).

통감절요 제15권

通鑑節要

【漢紀 : 孺子嬰, 在位三年. 附, 王莽.
한기 유자영 재위삼년 부 왕망
僭位十八年, 漢兵殺之라】
참위십팔년 한병살지

○丙寅,居攝,元年(서기 6년)이라. 三月에 莽이 立,宣
병인 거섭 원년 삼월 망 입 선
帝玄孫,嬰하여 爲,皇太子하고 號曰, 孺子라 하다.
제현손 영 위황태자 호왈 유자
五月에 詔,莽이 稱假,皇帝하다.
오월 조 망 칭가황제

○丁卯二年(서기 7년)에 東郡太守翟義가 擧兵西하
정묘이년 동군태수적의 거병서
여 誅,不當攝者라 하고 移檄郡國하니 衆十餘萬이
주 부당섭자 이격군국 중십여만
라. 莽이 聞之하고 惶懼不能食하여 乃使王邑等으
망 문지 황구불능식 내사왕읍등
로 擊義하고 莽이 依周書하여 作大誥하여 諭告天
격의 망 의주서 작대고 유고천
下,以當返位,孺子之意하니 於是에 吏士,攻義破
하 이당반위 유자지의 어시 이사 공의파
之하다.
지

○戊辰,始初,元年(서기 8년)이라. 莽이 自謂威德이
무진 시초 원년 망 자위위덕

日盛하니 大獲天人之助라 하여 遂謀卽,眞之事矣
일성 대획천인지조 수모즉 진지사의

리니 十一月에 以,居攝三年으로 爲,初始元年하고
십일월 이거섭삼년 위초시원년

卽,眞天子位하여 定有天下之號曰, 新이라 하다.
즉진천자위 정유천하지호왈 신

○己巳,始建國,一年(서기 9년)이라. 春正月에 莽이
기사 시건국 일년 춘정월 망

廢,孺子하여 爲,定安公하고 孝平皇后로 爲,定安太
폐유자 위정안공 효평황후 위정안태

后하다. 莽이 因,漢承平之業과 府庫百官之富하여
후 망 인한승평지업 부고백관지부

百蠻이 賓服하고 天下晏然이라 莽이 一朝有之하니
백만 빈복 천하안연 망 일조유지

其,心意未滿하여 陿小漢家制度하여 欲更爲疏闊
기심의미만 협소한가제도 욕경위소활

하여 乃曰, 古者에 一夫,田百畝하여 什一而稅하니
내왈 고자 일부전백무 십일이세

則,國給民富而頌聲이 作이러니 秦壞聖制하여 廢
즉국급민부이송성 작 진괴성제 폐

井田하니 是以로 兼幷이 起하고 貪鄙生하여 彊者는
정전 시이 겸병 기 탐비생 강자

規田以千數하고 弱者는 曾無立錐之居니라. 漢氏
규전이천수 약자 증무립추지거 한씨

減輕田租하여 三十而稅一하되 常有更賦하여 罷
감경전조 삼십이세일 상유경부 파

癃이 咸出而豪民이 侵陵하여 分田劫假하니 厥名
륭 함출이호민 침릉 분전겁가 궐명

은 三十稅一하되 實什에 稅伍也니라. 故로 富者는
삼십세일 실십 세오야 고 부자

犬馬도 餘菽粟하여 驕而爲邪하고 貧者는 不厭糟
견마 여숙속 교이위사 빈자 불염조

糠하여 窮而爲姦하여 俱陷于辜하여 刑用이 不錯하
강 궁이위간 구함우고 형용 불착

니 今更名,天下田, 曰,『王田이라 하고 奴婢曰, 私
금경명천하전 왈 왕전 노비왈 사

屬이라 하여 皆不得,賣買하고 其,男口不盈,八而田
속 개부득매매 기남구불영팔이전

過一井者는 分餘田하여 予,九族隣里鄉黨하고 敢
과일정자 분여전 여구족인리향당 감

有非,井田聖制하고 無法惑衆者어든 投諸四裔하
유비정전성제 무법혹중자 투제사예

여 以禦魑魅하라.』하다.
이어이매

어려운 낱말 / 고사성어

[諭告(유고)] : 알아듣도록 타이르다. [癃] : 느른할(륭). [糟糠(조강)] : 찌꺼기. 조강지처(糟糠之妻)로도 쓰임. [魑魅(이매)] : 도깨비.

○辛未三年(서기 11년)이라. 莽이 恃府庫之富하고
신미삼년 망 시부고지부

欲立威匈奴하여 乃遣孫建等하여 率十二將하고
욕립위흉노 내견손건등 솔십이장

分道並出하니 嚴尤,諫曰, 匈奴爲害,所從來久矣
분도병출 엄우 간왈 흉노위해 소종래구의

로되 未聞上世에 有必征之者也요, 後世三家周秦
미문상세 유필정지자야 후세삼가주진

漢이 征之나 然이나 而未有得上策者也니라. 周得
한 정지 연 이미유득상책자야 주득

中策하고 漢得下策하고 秦無策焉이라. 周宣王時
중책 한득하책 진무책언 주선왕시

에 獫狁이 內侵하여 至于涇陽이어늘 命將征之하여
험윤 내침 지우경양 명장정지

盡境而還하니 其視獫狁之侵을 譬猶蚊蝱하여 敺
진경이환 기시험윤지침 비유문맹 구

之而已라. 故로 天下稱明하니 是爲中策이요, 漢武
지이이 고 천하칭명 시위중책 한무

帝는 選將鍊兵하고 約齎輕糧하여 深入遠戍하여
제 선장련병 약재경량 심입원수

雖有克獲之功이나 胡輒報之라. 兵連禍結하여
수유극획지공 호첩보지 병련화결

三十餘年에 中國이 疲弊하고 匈奴,亦創艾而天下,
삼십여년 중국 피폐 흉노 역창애이천하

稱武하니 是爲下策이요, 秦皇은 不忍小恥而輕民
칭무 시위하책 진황 불인소치이경민

力,築長城하여 延袤萬里하니 轉輸之行이 起於負
력 축장성 연무만리 전수지행 기어부

海하여 疆境이 旣全하되 中國이 內竭하여 以喪社
해 강경 기전 중국 내갈 이상사

稷하니 是爲無策이라. 今,天下比年飢饉하여 北邊
직 시위무책 금천하비년기근 북변

이 尤甚하니 大用民力이라도 功不可必이니 臣伏憂
우심 대용민력 공불가필 신복우

之하나이다. 莽이 不聽하니라. 北邊이 自,宣帝以來로
지 망 불청 북변 자선제이래

數世不見煙火之警하니 人民이 熾盛하고 牛馬,布
수세불견연화지경 인민 치성 우마포

野러니 及莽이 撓亂匈奴하여 與之構難하여는 邊民
야 급망 요란흉노 여지구난 변민

이 死亡係劃하여 數年之間에 北邊이 虛하고 空野
사망계획 수년지간 북변 허 공야

有,暴骨矣하니 莽이 遣使者하여 奉璽書印綬하고
유폭골의 망 견사자 봉새서인수

迎龔勝하니 勝이 稱病篤이어늘 使者,以印綬로 就
영공승 승 칭병독 사자이인수 취

加勝身하니 勝이 輒推不受하고 謂,門人高暉等曰,
가승신 승 첩추불수 위문인고휘등왈

吾受漢家厚恩하여 無以報요 今年老矣라. 誼豈以
오수한가후은 무이보 금년로의 의기이

一身으로 事二姓이리요, 語畢에 遂,不復開口飮食
일신 사이성 어필 수불부개구음식

하고 積十四日에 死하다. 是時,淸名之士에 又有,紀
적십사일 사 시시청명지사 우유기

逡하니 薛方,郇越,郇相,唐林,唐尊하니 皆以明經
준 설방순월순상당림당존 개이명경

飭行으로 顯名於世라 紀逡,兩唐은 皆仕莽하고 郇
칙행 현명어세 기준양당 개사망 순

相은 爲,莽太子四友러라. 莽이 以,安車로 迎,薛方하
상 위망태자사우 망 이안거 영설방

니 方謝曰, 堯舜이 在上에 下有巢由하니 今明主
방 사 왈 요 순 재 상 하 유 소 유 금 명 주

는 方隆唐虞之德하시며 小臣은 欲守箕山之節이
방 륭 당 우 지 덕 소 신 욕 수 기 산 지 절

라 하니 莽이 說其言하여 不彊致하니라.
망 열 기 언 불 강 치

어려운 낱말 / 고사성어

[獫狁(험윤)] : 고대 중국 북방 및 서방에 존재하던 유목 민족. [涇陽(경양)] : 지금의 감숙성(甘肅省) 평량현(平涼縣) 서쪽에 있었던 현(縣)의 이름. [蚊蝱(문맹)] : 모기나 벌레가 소나 양에 붙어 쫓는다는 뜻, 아무리 약한 자라도 때로는 강한 자를 물리칠 수 있다는 뜻. [延袤(연무)] : 延(연)은 동서, 袤(무)는 남북으로 길게 뻗음. [轉輪之行(전륜지행)] : 바퀴가 굴러가다.

○丁丑四年(서기 17년)이라. 莽의 性이 躁擾하여 不
정축사년 망 성 조요 불
能無爲하고 每有所興造에 動欲慕古하여 不度時
능무위 매유소흥조 동욕모고 부도시
宜하고 制度를 又不定하니 吏緣爲姦하여 天下謷謷
의 제도 우부정 이연위간 천하오오
하여 陷刑者,衆하니라. 莽의 法令이 煩苛하니 民이
함형자중 망 법령 번가 민
搖手觸禁하여 不得耕桑하고 繇役이 煩劇而枯旱
요수촉금 부득경상 요역 번극이고한
하고 蝗蟲이 相因하고 獄訟이 不決하여 吏用苛暴立
황충 상인 옥송 불결 이용가포립
威하고 旁緣莽禁하여 侵刻小民하니 富者는 不能
위 방연망금 침각소민 부자 불능
自保하고 貧者는 無以自存이라. 於是에 並起爲盜
자보 빈자 무이자존 어시 병기위도
賊하니 荊州新市人,王匡王鳳과 南陽馬武와 潁川,
적 형주신시인 왕광왕봉 남양마무 영천
王常成丹이 共聚臧於綠林山中하여 至,七八千人
왕상성단 공취장어록림산중 지칠팔천인
이니라.

○戊寅五年(서기 18년)이라. 琅邪,樊崇이 起兵於莒
무인오년 낭야번숭 기병어거
하여 一歲間에 至,萬餘人이니라.
일세간 지만여인

어려운 낱말 / 고사성어

[躁擾(조요)] : 시끄럽고 요란하다. [謷謷(오오)] : 남의 말을 듣지 않고 농담만 하는 것. [蝗蟲(황충)] : 황충. 메뚜기. [琅邪(낭야)] : 중국의 지명. 춘추시대 제나라 고을 이름. 시황제가 이곳에 송덕비를 세움. '낭야'라고 읽음. [莒] : 감자(거). 여기서는 지명. 주(周)나라 때의 제후 이름.

○壬午三年(서기 22년)이라. 樊崇等이 聞莽將討之
임 오 삼 년 번 숭 등 문 망 장 토 지

하고 恐其衆이 與,莽兵으로 亂하여 乃皆,朱其眉하여
공 기 중 여 망 병 란 내 개 주 기 미

以相識別하니 由是로 號曰, 赤眉라 하다. 初에 長
이 상 식 별 유 시 호 왈 적 미 초 장

沙,定王發,四世孫,南頓令欽이 生,三男하니 縯,仲,
사 정 왕 발 사 세 손 남 돈 령 흠 생 삼 남 연 중

秀이라. 縯은 性이 剛毅慷慨하여 有大節하고 秀는
수 연 성 강 의 강 개 유 대 절 수

隆準日覺이요 性勤稼穡이라. 縯이 常非笑之하여
륭 준 일 각 성 근 가 색 연 상 비 소 지

比於高祖兄仲이라. 宛人李守는 好,星曆讖記러니
비 어 고 조 형 중 완 인 이 수 호 성 력 참 기

嘗謂其子通曰, 劉氏當興이니 李氏爲輔라 하더니
상 위 기 자 통 왈 유 씨 당 흥 이 씨 위 보

及,新市平林兵이 起에 南陽이 騷動이라. 通의 從弟
급 신 시 평 림 병 기 남 양 소 동 통 종 제

軼이 謂,通曰, 今四方이 擾亂하니 漢當復興이라.
질 위 통 왈 금 사 방 요 란 한 당 부 흥

南陽宗室에 獨,劉伯升兄弟,汎愛容衆하니 可與謀
남 양 종 실 독 유 백 승 형 제 범 애 용 중 가 여 모

大事니라. 通이 笑曰, 吾意也라 하고 遣軼往迎秀하
대 사 통 소 왈 오 의 야 유 질 왕 영 수

여 與相約하여 結定謀議하고 歸舂陵擧兵하되 於
여 상 약 결 정 모 의 귀 용 릉 거 병 어

是에 縯이 自發舂陵子弟하니 諸家子諸恐懼하여
시 연 자 발 용 릉 자 제 제 가 자 제 공 구

皆亡匿이러니 及見秀,絳衣大冠하고 皆驚曰, 謹厚
개 망 닉 급 견 수 강 의 대 관 개 경 왈 근 후

者는 亦復爲之라 하고 乃稍自安하여 凡得,子弟
자 역부위지 내초자안 범득자제
七八千人하여 與,下江將,王常及新市,平林兵으로
칠팔천인 여하강장왕상급신시평림병
合하니 於是에 諸部齊心하여 銳氣益壯하니라.
합 어시 제부제심 예기익장

{淮陽王, 在位二年}
회양왕 재위이년

○癸未年(서기 23년), 正月에 漢兵圍宛하니 舂陵戴
계미년 정월 한병위완 용릉대
侯曾孫玄이 在平林兵中하여 號를 更始將軍이라
후증손현 재평림병중 호 경시장군
하니 時에 漢兵이 已十餘萬이라. 欲立劉氏以從人
시 한병 이십여만 욕립유씨이종인
望하니 南陽豪桀及王常等은 皆欲立劉縯而新市,
망 남양호걸급왕상등 개욕립유연이신시
平林將帥는 樂放縱하여 憚縯威明하고 貪玄懦弱
평림장수 악방종 탄연위명 탐현나약
하여 先共定策立之하니 玄이 卽皇帝位하여 朝羣
선공정책립지 현 즉황제위 조군
臣할새 羞愧流汗하여 擧手不能言하니 由是로 豪
신 수괴류한 거수불능언 유시 호
桀이 失望하여 多不服하니라. 三月에 偏,將軍,劉秀,
걸 실망 다불복 삼월 편장군유수

徇昆陽定陵郾하여 皆下之하다. 莽이 遣王邑王尋
순 곤 양 정 릉 언 개 하 지 망 견 왕 읍 왕 심

하여 發兵平定山東하고 又驅諸猛獸虎豹犀象之
발 병 평 정 산 동 우 구 제 맹 수 호 표 서 상 지

屬하여 以助威武하고 號를 百萬이라 하고 縱兵圍昆
속 이 조 위 무 호 백 만 종 병 위 곤

陽하다.
양

○岑彭이 守宛이어늘 漢兵이 攻之하니 數月에 乃,
잠 팽 수 완 한 병 공 지 수 월 내

擧城降이어늘 更始入都之하다.
거 성 항 경 시 입 도 지

어려운 낱말 / 고사성어

[樊] : 울타리(번). [慷慨(강개)] : 울분을 참지 못함. 비분강개함. [隆準(융준)] : 융준용안. 콧대가 높고 얼굴이 반듯함. [軼] : 수레바퀴(질), 번갈아(질). [舂] : 절구(용). [益壯(익장)] : 더욱 씩씩함. 노익장(老益壯). [憚縯(탄연)] : 꺼려하다. [羞愧(수괴)] : 부끄러워하다. [虎豹犀象(호표서상)] : 범, 표범, 물소, 코끼리. [岑] : 높을(잠), 봉우리(잠).

○劉秀至,郾定陵하여 悉發,諸營俱進할새 自將步
유 수 지 언 정 릉 실 발 제 영 구 진 자 장 보

騎千餘하고 爲前鋒하니 尋邑이 亦遣兵數千하여
기 천 여 위 전 봉 심 읍 역 견 병 수 천

合戰이어늘 秀,犇之하여 斬首,數十級하니 諸將이
합 전 수 분 지 참 수 수 십 급 제 장

喜曰, 劉將軍平生에 見小敵怯이러니 今見大敵勇
희 왈 유 장 군 평 생 견 소 적 겁 금 견 대 적 용

하니 甚可怪也라 하니라. 秀復進하니 尋邑兵이 却이
심 가 괴 야 수 부 진 심 읍 병 각

라. 諸部共이 乘之하여 斬首數百千級하고 連勝遂
제 부 공 승 지 참 수 수 백 천 급 연 승 수

前하여 乘銳崩之하니 諸將膽氣益壯하여 無不一
전 승 예 붕 지 제 장 담 기 익 장 무 불 일

當百이라. 遂殺王尋하고 城中이 亦,鼓譟而出하여
당 백 수 살 왕 심 성 중 역 고 조 이 출

中外合勢하니 震呼動天地라 莽兵이 大潰러라. 會
중 외 합 세 진 호 동 천 지 망 병 대 궤 회

에 大雷風하여 屋瓦皆飛하고 雨下如注하여 滍川이
대 뢰 풍 옥 와 개 비 우 하 여 주 치 천

盛溢하여 虎豹,皆股戰하고 士卒이 赴水溺死者,以
성 일 호 표 개 고 전 사 졸 부 수 닉 사 자 이

萬數라 水爲不流러라. 王邑嚴尤,輕騎로 乘死人하
만 수 수 위 불 류 왕 읍 엄 우 경 기 승 사 인

고 渡水逃去어늘 盡獲其軍實輜重하니 於是에 海
도 수 도 거 진 획 기 군 실 치 중 어 시 해

內豪桀이 翕然響應하여 皆殺其牧守하고 自稱將
내 호 걸 흡 연 향 응 개 살 기 목 수 자 칭 장

軍하여 用,漢年號하고 以待詔命이러라.
군 용 한 년 호 이 대 조 명

○莽이 聞漢兵하니 言莽이 鴆殺平帝하고 乃會公
망 문한병 언망 짐살평제 내회공
卿하여 開所爲,平帝請命,金縢之策하여 泣以示羣
경 개소위평제청명금등지책 읍이시군
臣이러라.
신

○新市平林諸將이 以,劉縯兄弟威名이 益盛이라
신시평림제장 이유연형제위명 익성
하여 陰勸更始除之하되 更始不敢發이러니 部將劉
음권경시제지 경시불감발 부장유
稷이 聞更始立하고 怒曰, 本起圖大事者는 伯升
직 문경시립 노왈 본기도대사자 백승
兄弟也러니 今更始는 何爲者耶요, 更始收稷將誅
형제야 금경시 하위자야 경시수직장주
之어늘 縯이 固爭하니 李軼,朱鮪,勸更始,幷執縯하
지 연 고쟁 이질주유권경시병집연
여 卽日殺之하다.
즉일살지

○官屬이 迎,弔秀어늘 秀,不與交私語하고 惟深引
관속 영적수 수불여교사어 유심인
過而已요, 未嘗自伐昆陽之功하고 又不敢爲縯이
과이이 미상자벌곤양지공 우불감위연
服喪하고 陰,食言笑를 如平常하니 更始以是慙하
복상 음식언소 여평상 경시이시참
여 拜,秀爲破虜大將軍하고 封,武信侯하다.
배수위파로대장군 봉무신후

○莽이 憂懣,不能食하고 但,飮酒啗,鰒魚하고 讀軍
망 우 만 불 능 식 단 음 주 담 복 어 독 군
書라가 倦因馮几寐하고 不復就枕矣니라.
서 권 인 풍 궤 매 불 부 취 침 의

○成紀人,隗囂,與,周宗等으로 起兵以應漢하여 移
성 기 인 외 효 여 주 종 등 기 병 이 응 한 이
檄郡國하고 勒兵十萬하여 攻,隴西武都,皆下之하다.
격 군 국 륵 병 십 만 공 농 서 무 도 개 하 지

○茂陵,公孫述이 起兵成都하여 自稱,輔漢將軍하
무 릉 공 손 술 기 병 성 도 자 칭 보 한 장 군
고 兼,益州牧하다.
겸 익 주 목

○更始遣將攻,武關하니 三輔鄧曄于匡이 起兵應
경 시 견 장 공 무 관 삼 보 등 엽 우 광 기 병 응
漢하여 開,武關迎,漢兵하여 諸縣大姓이 亦各起兵
한 개 무 관 영 한 병 제 현 대 성 역 각 기 병
이 稱,漢將而長安旁兵四會城下하여 九月,戊申에
칭 한 장 이 장 안 방 병 사 회 성 하 구 월 무 신
兵從,宣平門入하니 火及掖庭承明이라. 莽이 避火
병 종 선 평 문 입 화 급 액 정 승 명 망 피 화
宣室하여 旋席隨斗柄而坐曰, 天生德於予시니
선 실 선 석 수 두 병 이 좌 왈 천 생 덕 어 여
漢兵이 其如予何리요. 庚戌旦明에 羣臣이 扶莽之
한 병 기 여 여 하 경 술 단 명 군 신 부 망 지

漸臺러니 晡時에 衆兵이 上臺하여 斬莽首,分莽身
점대 포시 중병 상대 참망수분망신

하여 節解臠分하니 爭相殺者數十人이라. 傳莽首
절해련분 쟁상살자수십인 전망수

詣宛하여 縣於市하니 百姓이 共提擊之하고 或切
예완 현어시 백성 공제격지 혹절

食其舌하니라.
식기설

어려운 낱말 / 고사성어

[劉秀(유수)] : 광무제(光武帝). 유수는 장안의 동쪽에 있는 낙양으로 수도를 옮김. 후한을 동한(東漢)이라 부름. 유수를 광무제라 함. [犇] : 달아날(분). [鼓譟(고조)] : 시끄럽게 떠드는 것. 싸움터에서 북을 치고, 함성을 지르는 것. [屋瓦皆飛(옥와개비)] : 지붕 위의 기와가 온통 날리다. [鴆] : 짐새(짐). 독조(毒鳥). [金縢之策(금등지책)] : 쇠줄로 단단히 봉(封)하여 비밀스런 문서를 넣어두는 계책. [劉縯(유연)] : 유수의 형. [鮪] : 다랑어(유). [吊] : 이르다(적), 조상할(적). 조(弔)는 조상조의 속자. [啗] : 먹이다(담), 속이다(담). [旦明(단명)] : 해돋이 무렵 밝은 상태. [晡時(포시)] : 신시(申時), 오후 4시 전후. [臠] : 저민 고기(련).

○更始,將都洛陽할새 以,劉秀로 行司隷校尉하여
경 시 장 도 낙 양 이 유 수 행 사 례 교 위
使前整脩宮府어늘 秀,乃置僚屬하여 作文移하여
사 전 정 수 궁 부 수 내 치 료 속 작 문 이
從事司察을 一如舊章하니 時에 三輔吏士,東迎更
종 사 사 찰 일 여 구 장 시 삼 보 리 사 동 영 경
始하니 見,諸將過에 皆冠幘而服婦人衣하고 莫不
시 견 제 장 과 개 관 책 이 복 부 인 의 막 불
笑之러니 及見司隷僚屬하고 皆歡喜不自勝하며
소 지 급 견 사 례 료 속 개 환 희 부 자 승
老吏는 或垂涕曰, 不圖今日에 復見漢官威儀라
노 리 혹 수 체 왈 부 도 금 일 부 견 한 관 위 의
하니 由是로 識者,皆屬心焉이러라.
유 시 식 자 개 속 심 언

○更始,拜,劉秀行,大司馬事하고 持節北度河하여
경 시 배 유 수 행 대 사 마 사 지 절 북 도 하
鎭慰州郡이어늘 秀至河北하여 所過郡縣에 考察
진 위 주 군 수 지 하 북 소 과 군 현 고 찰
官吏하여 黜陟能否하며 平遣囚徒하고 除,王莽苛
관 리 출 척 능 부 평 견 수 도 제 왕 망 가
政하고 復漢官名하니 吏民이 喜하여 悅爭持牛酒迎
정 부 한 관 명 이 민 희 열 쟁 지 우 주 영
勞어늘 秀皆不受하다.
로 수 개 불 수

○南陽,鄧禹,仗策追秀하여 及於鄴이어늘 秀曰,
남 양 등 우 장 책 추 수 급 어 업 수 왈

我,得專封拜하니 生이 遠來는 寧欲仕乎아? 禹曰,
아 득 전 봉 배 생 원 래 녕 욕 사 호 우 왈

不願也오 但願明公의 威德이 加於四海하니 禹,得
불 원 야 단 원 명 공 위 덕 가 어 사 해 우 득

效其尺寸하여 垂功名於竹帛爾로다. 秀,笑하고 因
효 기 척 촌 수 공 명 어 죽 백 이 수 소 인

留宿이러니 禹進說曰, 今,山東이 未安에 赤眉,青
류 숙 우 진 설 왈 금 산 동 미 안 적 미 청

犢之屬이 動以萬數요, 更始旣是常才而不自聽
독 지 속 동 이 만 수 경 시 기 시 상 재 이 부 자 청

斷하고 諸將이 皆,庸人屈起하여 志在財幣하고 爭
단 제 장 개 용 인 굴 기 지 재 재 폐 쟁

用威力하여 朝夕自快而已요, 非有忠良明智와 深
용 위 력 조 석 자 쾌 이 이 비 유 충 량 명 지 심

慮遠圖하여 欲,尊主安民者也니라. 明公이 素有盛
려 원 도 욕 존 주 안 민 자 야 명 공 소 유 성

德大功하여 爲,天下所嚮服이라. 軍政이 齊肅하고
덕 대 공 위 천 하 소 향 복 군 정 제 숙

賞罰이 明信하니 爲今之計컨대 莫如延攬英雄하고
상 벌 명 신 위 금 지 계 막 여 연 람 영 웅

務悅民心하여 立,高祖之業하고 救,萬民之命이니
무 열 민 심 입 고 조 지 업 구 만 민 지 명

以公而慮컨대 天下는 不足定也이니다. 秀,大悅하
이 공 이 려 천 하 부 족 정 야 수 대 열

여 因令禹로 常宿止於中하여 與定計議하고 每任
인 령 우 상 숙 지 어 중 여 정 계 의 매 임

使諸將에 多訪於禹하니 皆當其才하니라.
사 제 장 다 방 어 우 개 당 기 재

○秀自兄縯之死로 每獨居에 輒不禦酒肉하고 枕
수 자 형 연 지 사 매 독 거 첩 불 어 주 육 침
席에 有涕泣處어늘 立簿馮異獨寬譬之하니 秀止
석 유 체 읍 처 입 부 풍 이 독 관 비 지 수 지
之曰, 卿은 勿妄言하라. 異因進說曰, 更始政亂에
지 왈 경 물 망 언 이 인 진 설 왈 경 시 정 란
百姓이 無所依戴하니 夫人久飢渴이면 易爲充飽
백 성 무 소 의 대 부 인 구 기 갈 이 위 충 포
이니 今公이 專命方面하니 宜分遣官屬하여 循行
금 공 전 명 방 면 의 분 견 관 속 순 행
郡縣하여 宣布惠澤하소서 秀納之하다. 騎都尉耿
군 현 선 포 혜 택 수 납 지 기 도 위 경
純이 謁秀於邯鄲하고 退見官屬將兵法度不與
순 알 수 어 한 단 퇴 견 관 속 장 병 법 도 불 여
他將同하고 遂自結納하다.
타 장 동 수 자 결 납

○王莽時에 長安中에 有自稱成帝子子輿者어늘
왕 망 시 장 안 중 유 자 칭 성 제 자 자 여 자
莽이 殺之러니 邯鄲卜者王郞이 緣是詐稱眞子
망 살 지 한 단 복 자 왕 랑 연 시 사 칭 진 자
輿라 하고 百姓이 多信之하여 立郞爲天子하니 趙國
여 백 성 다 신 지 입 랑 위 천 자 조 국
以北과 遼東以西皆望風響應이러라.
이 북 요 동 이 서 개 망 풍 향 응

○甲申年(서기 24년)이라. 更始至長安하여 居長樂
갑 신 년 경 시 지 장 안 거 장 락

宮할새 升,前殿하니 郎吏,以次,列庭中이어늘 更始
궁 승전전 낭리이차열정중 경시

羞怍하여 俛首刮席하여 不敢視하고 委政於趙萌하
수작 면수괄석 불감시 위정어조맹

고 日夜飮讌後庭하여 以至羣小膳夫히 皆濫授官
일야음연후정 이지군소선부 개람수관

爵하니 長安이 爲之語曰, 竈下養은 中郎將이요 爛
작 장안 위지어왈 조하양 중랑장 난

羊胃는 騎都尉요 爛羊頭는 關內侯라 하니 由是로
양위 기도위 난양두 관내후 유시

關中이 離心하고 四海怨邯이러라.
관중 이심 사해원한

어려운 낱말 / 고사성어

[更始(경시)] : 다시 고쳐 시작함. 한나라의 연호. 경시 원년(元年)은 서기 23년. [幘] : 머리띠(책). [劉秀(유수)] : 광무제(光武帝). 유수는 장안의 동쪽에 있는 낙양에 도읍. 후한을 동한(東漢)이라 함. [黜陟(출척)] : 못된 사람을 내쫓고 착한 사람을 뽑아 씀. [鄴] : 지명(업). 춘추시대 제(齊)나라의 도읍지. [縯(연)] : 유수(劉秀)의 형. [邯鄲(한단)] : 지명. '한단'이라 읽음. [王莽(왕망)] : 중국 전한의 정치가.

○大司馬秀,至薊하니 會에 王子接이 起兵薊中하여 以應郎하니 城內擾亂이라. 秀,趣駕而出하여 不敢入城邑하고 舍食道傍하다. 至,蕪蔞亭하니 時에 天寒冽이라 馮異上豆粥하고 至,下曲陽傳하여 聞王郎兵이 在後하고 從者皆恐이라. 至,滹沱河하니 候吏還白하되 河水流澌하고 無船不可濟라 하거늘 秀,使王霸로 往視之하니 霸恐驚衆하고 欲且前阻水하여 還卽詭曰, 氷堅可度러라. 官屬이 皆喜하고 秀笑曰, 候吏果妄語也로다. 遂,前比至河하니 河氷亦合이라 乃令王霸로 護渡하여 未畢數騎而氷解하다.

○至南宮遇大風하여 秀引車入,道傍空舍하니 馮異는 抱薪하고 鄧禹는 爇火하고 秀는 對,竈燎衣러니 馮異復進,麥飯이어늘 馳赴信都하다. 是時에 郡國

이 皆,已降王郎하되 獨信都太守,任光과 和戎太
개 이 항 왕 랑 독 신 도 태 수 임 광 화 융 태
守,邳肜이 不肯從하니라. 光이 聞,秀至大喜하고 邳
수 비 융 불 긍 종 광 문 수 지 대 희 비
肜이 亦自和戎來會하니 議者,多言하되 可因信都
융 역 자 화 융 래 회 의 자 다 언 가 인 신 도
兵하여 自送西還長安이어늘 邳肜曰, 吏民이 歌吟
병 자 송 서 환 장 안 비 융 왈 이 민 가 음
思漢이 久矣라. 今卜者王郎이 假名因勢하여 驅集,
사 한 구 의 금 복 자 왕 랑 가 명 인 세 구 집
烏合之衆하여 遂振,燕趙之地나 無有,根本之固하
오 합 지 중 수 진 연 조 지 지 무 유 근 본 지 고
니 明公이 奮二郡之兵하여 以討之면 何患不克이
명 공 분 이 군 지 병 이 토 지 하 환 불 극
리요, 今釋此而歸면 豈徒空失河北이리요, 必更,驚
금 석 차 이 귀 기 도 공 실 하 북 필 경 경
動三輔하여 墮損威重이니 非計之得者也이니다.
동 삼 보 타 손 위 중 비 계 지 득 자 야
秀,乃止하니라. 任光이 發傍縣得,精兵四千人하여
수 내 지 임 광 발 방 현 득 정 병 사 천 인
衆이 稍合至萬人이라 移檄邊郡하여 共擊邯鄲하니
중 초 합 지 만 인 이 격 변 군 공 격 한 단
郡縣이 還復響應이러라.
군 현 환 부 향 응

○秀披輿地圖하여 指示鄧禹曰, 天下郡國이 如
수 피 여 지 도 지 시 등 우 왈 천 하 군 국 여
是어늘 今始乃得其一하니 子,前言以吾慮,天下不
시 금 시 내 득 기 일 자 전 언 이 오 려 천 하 부

足定은 何也오? 禹曰, 方今,海内殽亂에 人思明
족정 하야 우왈 방금해내효란 인사명

君을 猶,赤子之慕,慈母하니 古之興者는 在德薄厚
군 유적자지모자모 고지흥자 재덕박후

요 不以大小也니이다.
불이대소야

○四月에 秀,進攻邯鄲하여 連戰破之하다.
사월 수진공한단 연전파지

○五月에 王霸追斬王郎이 秀,收郎이어늘 文書하
오월 왕패추참왕랑 수수랑 문서

여 得吏民이 與郎,交關謗毁者,數千章하여 秀,不
득리민 여랑교관방훼자수천장 수불

省하고 會,諸將軍燒之曰, 令反側子로 自安하노라.
성 회제장군소지왈 영반측자 자안

○秀,部分吏卒各隷하니 諸軍士,皆言願屬大樹
수부분리졸각례 제군사개언원속대수

將軍이라 하니 大樹將軍者는 偏將軍,馮異也니라.
장군 대수장군자 편장군풍이야

爲人이 謙退不伐하고 勅吏士하여 非交戰受敵이
위인 겸퇴불벌 칙리사 비교전수적

면 常行諸營之後하고 每所止舍에 諸將이 竝論
상행제영지후 매소지사 제장 병론

功하되 異常獨屛樹下故로 軍中이 號曰, 大樹將
공 이상독병수하고 군중 호왈 대수장

軍이라 하다.
군

○更始遣使하여 立秀爲ˏ蕭王하고 悉令罷兵이어늘
경 시 견 사 입 수 위 소 왕 실 령 파 병

耿弇이 進曰, 百姓이 患苦王莽하여 復思劉氏러니
경 엄 진 왈 백 성 환 고 왕 망 부 사 유 씨

今ˏ更始爲ˏ天子而諸將이 擅命하고 貴戚이 縱橫하
금 경 시 위 천 자 이 제 장 천 명 귀 척 종 횡

여 虜掠自姿하니 元元이 叩心하여 更思莽朝하니 是
노 략 자 자 원 원 고 심 갱 사 망 조 시

以로 知其必敗也니라. 公은 功名이 已著하니 以義
이 지 기 필 패 야 공 공 명 이 저 이 의

征伐이면 天下를 可傳檄而定也이리다. 天下至重
정 벌 천 하 가 전 격 이 정 야 천 하 지 중

하니 公可自取하고 毋令他姓으로 得之하소서. 蕭王
공 가 자 취 무 령 타 성 득 지 소 왕

이 乃辭以ˏ河北未平하고 不就徵하니 始貳於更始
내 사 이 하 북 미 평 불 취 징 시 이 어 경 시

러라.

어려운 낱말 / 고사성어

[滹沱河(호타하)] : 하천 이름. 지금의 부양하(滏陽河)를 가리킨다. 지금의 하북성 남부를 흐른다. [竈燎衣(조료의)] : 부엌에서 불에 옷을 말리다. [稍合(초합)] : 작은 것을 모아서. [殽亂(효란)] : 뒤섞여 어지럽다. [弇] : 덮을 엄, 깊다(엄). [叩] : 두드릴(고).

○是時에 諸賊,銅馬鐵脛,尤來大槍上江에 青犢,
시 시 제 적 동 마 철 경 우 래 대 창 상 강 청 독
富平,獲索等이 各領部曲하니 衆이 合數百萬人이
부 평 획 색 등 각 령 부 곡 중 합 수 백 만 인
라. 所在寇掠이러니 秋에 蕭王이 擊,銅馬於鄡할새
소 재 구 략 추 소 왕 격 동 마 어 교
吳漢이 將突騎하고 來會清陽할새 士馬,甚盛이라.
오 한 장 돌 기 내 회 청 양 사 마 심 성
銅馬,食盡夜遁이어늘 蕭王이 追擊於館陶하여 悉
동 마 식 진 야 둔 소 왕 추 격 어 관 도 실
破降之하고 封其渠帥하여 爲列侯하니 諸將이 未
파 항 지 봉 기 거 수 위 열 후 제 장 미
能信하고 賊降者,亦不自安이어늘 王이 知其意하고
능 신 적 항 자 역 불 자 안 왕 지 기 의
敕令降者로 各歸營勒兵하고 自乘輕騎하여 按行
칙 령 항 자 각 귀 영 륵 병 자 승 경 기 안 행
部陳하니 降者,更相語曰, 蕭王이 推赤心하여 置
부 진 항 자 갱 상 어 왈 소 왕 추 적 심 치
人腹中하니 安得不投死乎리요 由是로 皆服이라.
인 복 중 안 득 불 투 사 호 유 시 개 복
悉以降人으로 分配諸將하니 衆이 遂數十萬이라.
실 이 항 인 분 배 제 장 중 수 수 십 만
故로 關西,號秀를 爲,銅馬帝러라.
고 관 서 호 수 위 동 마 제

○赤眉,樊崇等이 將兵攻,長安이어늘 蕭王이 將北
적 미 번 숭 등 장 병 공 장 안 소 왕 장 북
徇燕趙할새 度赤眉必破,長安하고 又欲乘釁幷,關
순 연 조 도 적 미 필 파 장 안 우 욕 승 흔 병 관

中而未知所寄하여 乃拜鄧禹,前將軍하고 中分麾
중 이 미 지 소 기 내 배 등 우 전 장 군 중 분 휘

下,精兵三萬人하여 遣西入關하다.
하 정 병 삼 만 인 견 서 입 관

○蕭王이 以河內로 險要富實이라 하여 欲擇諸將
소 왕 이 하 내 험 요 부 실 욕 택 제 장

이 守,河內者而難其人하여 問於,鄧禹하니 禹曰,
수 하 내 자 이 난 기 인 문 어 등 우 우 왈

寇恂이 文武備足하여 有,牧人御衆之才하니 非,此
구 순 문 무 비 족 유 목 인 어 중 지 재 비 차

子면 莫可使也이니다. 乃拜恂,河內太守하여 行,大
자 막 가 사 야 내 배 순 하 내 태 수 행 대

將軍事하고 蕭王이 謂,恂曰, 昔에 高祖,留蕭何守,
장 군 사 소 왕 위 순 왈 석 고 조 유 소 하 수

關中하시고 吾今委公以河內하노니 當,給足軍粮하
관 중 오 금 위 공 이 하 내 당 급 족 군 량

고 率厲士馬하여 防遏他兵하고 勿令北度而已하
솔 려 사 마 방 알 타 병 물 령 북 도 이 이

다.

○蕭王이 親送鄧禹하여 至,野王하고 禹旣西에 蕭
소 왕 친 송 등 우 지 야 왕 우 기 서 소

王이 乃復引兵而北하다. 寇恂이 調,餱糧,治器械하
왕 내 부 인 병 이 북 구 순 조 후 량 치 기 계

여 以供軍하니 軍雖遠征이나 未嘗乏絶이러라.
이 공 군 군 수 원 정 미 상 핍 절

어려운 낱말 / 고사성어

[鐵脛(철경)] : 매우 든든한 다리. [寇掠(구략)] : 외구의 노략질. [釁] : 틈(흔), 피 바를(흔). [餱] : 마른 양식(후).

통감절요 제16권

通鑑節要

【東漢紀：世祖,光武皇帝上, 在位 三十三年, 壽六十二】
동한기 세조 광무황제상 재위 삼십삼년 수육십이

○乙酉,建武,元年(서기 25년)이라. 蕭王,北擊尤來하
을 유 건 무 원 년 소 왕 북 격 우 래

여 大愴,五幡於元氏하니 追至北平하여 連破之하다.
대 창 오 번 어 원 씨 추 지 북 평 연 파 지

○馮異,寇恂,擊走朱鮪하니 吳漢率,耿弇이 景丹
풍 이 구 순 격 주 주 유 오 한 솔 경 엄 경 단

等,十三將軍,追尤來等하여 斬首萬三千餘級하니
등 십 삼 장 군 추 우 래 등 참 수 만 삼 천 여 급

賊이 散入遼西,遼東하여 爲,烏桓,貊人所,鈔擊略
적 산 입 료 서 요 동 위 오 환 맥 인 소 초 격 략

盡하다.
진

○都護將軍,賈復與,五校戰於眞定하니 復傷瘡甚
도 호 장 군 가 부 여 오 교 전 어 진 정 부 상 창 심

하여 王大가 驚曰, 我所以,不令賈復別將者가 爲
왕 대 경 왈 아 소 이 불 령 가 복 별 장 자 위

其輕敵也는 果然이로다. 失吾名將이여! 聞,其婦有
기 경 적 야 과 연 실 오 명 장 문 기 부 유
孕하여 生女耶아 하니 我子娶之라. 生男耶에 我女
잉 생 녀 야 아 자 취 지 생 남 야 아 녀
嫁之하고 不令其憂妻子也라 하다. 復病尋愈하고
가 지 불 령 기 우 처 자 야 부 병 심 유
追及於薊하여 相見甚讙이러라.
추 급 어 계 상 견 심 환

○還至中山하니 諸將이 請上尊號어늘 王이 不聽
환 지 중 산 제 장 청 상 존 호 왕 불 청
하다. 行到南平棘하니 諸將固請之어늘 王이 不許
행 도 남 평 극 제 장 고 청 지 왕 불 허
하다. 耿純,進曰, 「天下士大夫가 捐親戚하여 棄,土
경 순 진 왈 천 하 사 대 부 연 친 척 기 토
壤하니 從,大王於矢石之間者어늘 其計固,望攀龍
양 종 대 왕 어 시 석 지 간 자 기 계 고 망 반 용
鱗하고 附鳳翼하여 以成其志耳러라. 今,大王이 留
린 부 봉 익 이 성 기 지 이 금 대 왕 류
時逆衆하고 不正號位하니 純恐士大夫,望絶計窮
시 역 중 부 정 호 위 순 공 사 대 부 망 절 계 궁
하여 則有,去歸之思하니 無爲,久自苦也니라. 大衆
즉 유 거 귀 지 사 무 위 구 자 고 야 대 중
一散에 難可復合이라.」 하다. 王이 深感하여 曰, 「吾
일 산 난 가 부 합 왕 심 감 왈 오
將思之로다!」 行至鄗에 召馮異하여 四方動靜이러
장 사 지 행 지 호 소 풍 이 사 방 동 정
라. 異曰, 「更始必敗는 宗廟之憂,在於大王이니 宜
이 왈 경 시 필 패 종 묘 지 우 재 어 대 왕 의

終衆議로다!」會에 儒生彊華自,關中奉赤伏符,來
종 중 의 회 유 생 강 화 자 관 중 봉 적 복 부 내
詣王曰,「劉秀發兵,捕不道는 四夷雲集龍鬪野하
예 왕 왈 유 수 발 병 포 부 도 사 이 운 집 용 투 야
여 四七之際火爲主니라.」하니 羣臣이 因復奏請하
사 칠 지 제 화 위 주 군 신 인 부 주 청
다. 六月에 王이 卽,皇帝位于,鄗南하여 改元하고 大
유 월 왕 즉 황 제 위 우 호 남 개 원 대
赦러라.
사

○赤眉,西向帝城은 以名爲,羣賊이니 不可以久라.
적 미 서 향 제 성 이 명 위 군 적 불 가 이 구
乃立,宗室劉盆子로 爲,上將軍하다.
내 립 종 실 유 분 자 위 상 장 군

○秋에 帝使,使持節拜,鄧禹하여 爲,大司徒하고 封,
추 제 사 사 지 절 배 등 우 위 대 사 도 봉
酇侯하여 禹時二十四하다. 又議選,大司空하여 帝
찬 후 우 시 이 십 사 우 의 선 대 사 공 제
以赤伏符曰,「王梁이 主衛作玄武하다.」以野王令,
이 적 복 부 왈 왕 량 주 위 작 현 무 이 야 왕 령
王梁으로 爲,大司空하고 吳漢으로 爲,大司馬하다.
왕 량 위 대 사 공 오 한 위 대 사 마

○初에 更始以,伏湛으로 爲,平原太守하니 時,天下
초 경 시 이 복 담 위 평 원 태 수 시 천 하

兵起하여 湛獨晏然하여 撫循百姓하다. 門下,督謀
병기 담독안연 무순백성 문하독모

爲湛,起兵하고 湛收斬之하니 於是에 吏民信向하
위담기병 담수참지 어시 이민신향

여 平原一境,賴湛以全하다. 帝,徵湛하여 爲,尙書하
평원일경뢰담이전 제징담 위상서

고 使與定,舊制하다. 又以鄧禹로 西征하여 拜湛爲,
사여정구제 우이등우 서정 배담위

司直하고 行,大司徒事하여 車駕每出征伐하고 常
사직 행대사도사 거가매출정벌 상

留鎭守하다.
유진수

어려운 낱말 / 고사성어

[薊]: 찰풀(계), 삽주(계). [讙]: 시끄러울(환). [鄗]: 땅이름(호). [鄗南(호남)]: 지명. [大赦(대사)]: 대사면을 하다. [車駕(거가)]: 수레. [鎭(진)]: 군사들이 땅을 지키다. 군대가 주둔하다.

○九月에 赤眉入,長安하니 更始,走하고 將相이 皆
구월 적미입장안 경시주 장상 개
降이어늘 詔封,更始爲,淮陽王하다.
항 조봉경시위회양왕

○初에 宛人,卓茂는 寬仁恭愛하여 恬蕩樂道하니
초 완인탁무 관인공애 념탕락도
雅實不爲華貌라. 行己在於淸濁之間으로 自,束髮
아실불위화모 행기재어청탁지간 자속발
로 至,白首히 與人未嘗,有爭競하여 鄕黨故舊가 雖
지백수 여인미상유쟁경 향당고구 수
行能與,茂不同이나 而皆,愛慕,欣欣焉하다. 哀가
행능여무부동 이개애모흔흔언 애
平間爲,密令하여 視民如子하니 擧善而敎하여 口
평간위밀령 시민여자 거선이교 구
無惡言하고 吏民親愛하여 不忍欺之러라. 民常有
무악언 이민친애 불인기지 민상유
言하되 部亭長,受其米肉遺者하니 茂曰,「亭長은
언 부정장수기미육유자 무왈 정장
爲,從汝求乎아! 爲汝,有事囑之而受乎아! 將,平
위종여구호 위여유사촉지이수호 장평
居自以恩意遺之乎아?」하니 民曰,「往遺之耳로
거자이은의유지호 민왈 왕유지이
다.」茂曰,「遺之而受는 何故言耶오?」民曰,「切
무왈 유지이수 하고언야 민왈 절
聞,賢明之君은 使民不畏吏요 吏不取民이라. 今我
문현명지군 사민불외리 이불취민 금아
畏吏는 是以遺之이니 吏旣卒受는 故來言耳로다!」
외리 시이유지 이기졸수 고래언이

하다. 茂曰, 「汝爲敝民矣라! 凡人은 所以羣居不
무 왈 여 위 폐 민 의 범 인 소 이 군 거 불

亂이라 異於禽獸者는 以有,仁義禮愛하니 知,相敬
란 이 어 금 수 자 이 유 인 의 예 애 지 상 경

事也라. 汝獨不欲脩之는 寧能,高飛遠走라 不在
사 야 여 독 불 욕 수 지 녕 능 고 비 원 주 부 재

人間耶로다! 吏顧不當은 乘,威力彊請求耳리요,
인 간 야 이 고 부 당 승 위 력 강 청 구 이

亭長은 素善吏나 歲時遺之하니 禮也니라.」하니 民
정 장 소 선 리 세 시 유 지 예 야 민

曰, 「苟,如此하니 律何故禁之요?」 茂가 笑曰, 「律
왈 구 여 차 율 하 고 금 지 무 소 왈 율

設大法은 禮順人情이라. 今,我以禮敎汝는 汝必無
설 대 법 예 순 인 정 금 아 이 례 교 여 여 필 무

怨惡라. 以律治汝하니 汝何所,措其手足乎아! 一
원 오 이 율 치 여 여 하 소 조 기 수 족 호 일

門之內에 小者可論이요 大者可殺也라. 且歸念之
문 지 내 소 자 가 론 대 자 가 살 야 차 귀 념 지

여!」 初에 茂到縣에 有所廢置하니 吏民笑之라 鄰
초 무 도 현 유 소 폐 치 이 민 소 지 인

城聞者가 皆嗤其不能하다. 河南郡,爲置守令하니
성 문 자 개 치 기 불 능 하 남 군 위 치 수 령

茂不爲嫌이라 治事自若하다. 數年에 敎化大行하
무 불 위 혐 치 사 자 약 수 년 교 화 대 행

여 道不拾遺하고 遷京部丞에 密人老少皆,涕泣隨
도 불 습 유 천 경 부 승 밀 인 노 소 개 체 읍 수

送하다. 及,王莽居攝에 以病免歸하다. 上이 卽位하
송 급 왕 망 거 섭 이 병 면 귀 상 즉 위

니 先訪求茂하니 茂,時年이 七十餘하다. 甲申에 詔
선 방 구 무 무 시 년 칠 십 여 갑 신 조

曰,「夫,名冠天下는 當受天下重賞이라. 今以茂로
왈 부명관천하 당수천하중상 금이무

爲,太傅하고 封,褒德侯하다.」
위태부 봉포덕후

어려운 낱말 / 고사성어

[束髮(속발)] : 머리털을 묶다. [欣欣焉(흔흔언)] : 매우 기쁨. [嗤] : 웃을(치). [褒德侯(보덕후)] : 덕 있는 제후에게 포상으로 봉하는 제후.

○帝遣諸將,圍洛陽하니 朱鮪出降하다. 十月에 車
제 견 제 장 위 낙 양 주 유 출 항 시 월 거
駕入,洛陽하여 幸,南宮하고 遂,定都焉하다.
가 입 낙 양 행 남 궁 수 정 도 언

○劉盆子,數,暴虐吏民하여 百姓,不知所歸하고 聞,
유 분 자 삭 포 학 리 민 백 성 부 지 소 귀 문
鄧禹,乘勝獨克하고 而師行有紀하니 皆望,風相携
등 우 승 승 독 극 이 사 행 유 기 개 망 풍 상 휴
負以迎軍하고 降者日以千數하니 衆號百萬이러라.
부 이 영 군 항 자 일 이 천 수 중 호 백 만
禹所止하여 輒,停車駐節,以勞來之하고 父老인 童
우 소 지 첩 정 거 주 절 이 노 래 지 부 로 동
穉와 垂髮이 戴,白滿其車下하니 莫不感悅이라 於
치 수 발 대 백 만 기 거 하 막 불 감 열 어
是에 名震關西하다. 諸將豪桀이 皆勸,禹徑攻,長
시 명 진 관 서 제 장 호 걸 개 권 우 경 공 장
安하니 禹曰, 「不然이라. 今吾衆雖多는 能戰者少
안 우 왈 불 연 금 오 중 수 다 능 전 자 소
이니 前無可仰之積이요 後無轉饋之資니라. 赤眉,
전 무 가 앙 지 적 후 무 전 궤 지 자 적 미
新拔長安에 財穀充實하고 鋒銳未可當也니라. 夫,
신 발 장 안 재 곡 충 실 봉 예 미 가 당 야 부
盜賊羣居,無終日之計하고 財穀雖多나 變故萬端
도 적 군 거 무 종 일 지 계 재 곡 수 다 변 고 만 단
하여 寧能堅守者也리요! 上郡은 北地이니 安定三
녕 능 견 수 자 야 상 군 북 지 안 정 삼
郡은 土廣人稀하여 饒穀多畜이라 吾且休兵北道
군 토 광 인 희 요 곡 다 축 오 차 휴 병 북 도

하니 就糧養士하고 以觀其敝하니 乃可圖也니라.」
취 량 양 사 이 관 기 폐 내 가 도 야

於是에 引軍,北至栒邑하여 所到하니 諸營堡,郡邑
어 시 인 군 북 지 순 읍 소 도 제 영 보 군 읍

皆,開門歸附하다.
개 개 문 귀 부

○初에 成紀,隗囂,起兵應漢하여 更始徵囂하여 囂
초 성 기 외 효 기 병 응 한 경 시 징 효 효

至長安하니 後逃歸天水하여 復招聚其衆하니 興
지 장 안 후 도 귀 천 수 부 초 취 기 중 흥

修故業이라 自稱,西州上將軍이라 하다. 三輔士大
수 고 업 자 칭 서 주 상 장 군 삼 보 사 대

夫,避亂者多歸囂하니 囂,傾身引接하여 爲,布衣交
부 피 란 자 다 귀 효 효 경 신 인 접 위 포 의 교

하여 以,馬援으로 班彪之屬,爲賓客하니 由此로 名
이 마 원 반 표 지 속 위 빈 객 유 차 명

震西州하고 聞於山東하다.
진 서 주 문 어 산 동

○馬援이 少時에 以,家用不足하여 辭其兄況하니
마 원 소 시 이 가 용 부 족 사 기 형 황

欲就,邊郡田牧하다. 況曰,「汝大才가 當晚成이라,
욕 취 변 군 전 목 황 왈 여 대 재 당 만 성

良工은 不示人以朴하니 且從所好니라.」하고 遂之,
양 공 불 시 인 이 박 차 종 소 호 수 지

北地田牧하다. 常謂賓客曰,「丈夫爲志에 窮當益
북 지 전 목 상 위 빈 객 왈 장 부 위 지 궁 당 익

堅하여 老當益壯이라.」하다. 後有畜,數千頭하고 穀
견 노당익장 후유축수천두 곡
數萬斛하니 旣而嘆曰,「凡,殖財産은 貴其能賑施
수만곡 기이탄왈 범식재산 귀기능진시
也라 否則,守錢虜耳니라!」하고 乃,盡散於親舊하
야 부즉수전로이 내진산어친구
다. 聞,隗囂好士하고 往從之하다. 囂甚敬重하여 與
문외효호사 왕종지 효심경중 여
決籌策이러라.
결주책

○丙戌二年(서기 26년)이라. 悉封諸功臣하여 爲,列
병술이년 실봉제공신 위열
侯에 陰鄕侯陰識하여 貴人之兄也에 以,軍功當增
후 음향후음식 귀인지형야 이군공당증
封하여 識,叩頭讓曰,「臣托屬掖廷에 仍加爵邑하
봉 식고두양왈 신탁속액정 잉가작읍
니 不可,以示天下라 하다.」하니 帝,從之하다.
불가이시천하 제종지

○故事에 尙書郎,以令史久次補之러니 帝,始用孝
고사 상서랑이령사구차보지 제시용효
廉으로 爲,尙書郎하다.
렴 위상서랑

○起,高廟於洛陽하니 四時,合祭高祖하다. 太宗,
기고묘어낙양 사시합제고조 태종

世宗,建,社稷于宗廟之右하니 立,郊兆於城南하다.
세종 건 사직우종묘지우 입교조어성남

○長安,城中糧盡하니 赤眉,縱火殺掠이라 遂入安定,北地하다.
장안 성중양진 적미 종화살략 수입안정 북지

○鄧禹,引兵南至,長安하니 軍昆明池하여 謁高廟하여 收,十一帝,神主하여 送詣洛陽이라 因巡行,園陵하여 爲,置吏士,奉守焉하다.
등우 인병남지장안 군곤명지 알고묘 수십일제신주 송예낙양 인순행원릉 위치리사봉수언

어려운 낱말 / 고사성어

[輒] : 문득(첩). [童穉(동치)] : 어린아이. [栒邑(순읍)] : 읍의 이름. [栒] : 가름대 나무(순). [囂] : 드러나다(효). [名震西州(명진서주)] : 이름은 서주에 떨치다. [老當益壯(노당익장)] : 노익장. [斛(곡)] : 곡식을 되는 단위. 휘. [殖財產(식재산)] : 재산을 늘리다. [叩頭讓(고두양)] : 자기 머리를 두드리며 사양함.

○以,宋弘으로 爲,大司空하다. 湖陽公主,新寡는 帝
이 송 홍 위 대 사 공 호 양 공 주 신 과 제
與共論朝臣으로 微觀其意라. 主曰, 「宋公은 威容
여 공 론 조 신 미 관 기 의 주 왈 송 공 위 용
德器하여 羣臣莫及이라.」 帝曰, 「方且圖之하리라.」
덕 기 군 신 막 급 제 왈 방 차 도 지
後에 弘을 被引見하니 帝,令主坐,屛風後하여 因謂,
후 홍 피 인 견 제 영 주 좌 병 풍 후 인 위
弘曰, 「諺言에 『貴易交하고 富易妻라.』 하니 人情
홍 왈 언 언 귀 역 교 부 역 처 인 정
乎아?」 弘曰, 「臣은 聞하니 貧賤之交는 不可忘이요,
호 홍 왈 신 문 빈 천 지 교 불 가 망
糟糠之妻는 不下堂이니다.」 하니 帝,顧謂主曰, 「事
조 강 지 처 불 하 당 제 고 위 주 왈 사
不諧矣라!」 하다.
불 해 의

○帝之討,王郞也에 彭이 寵發,突騎以助軍하여 轉
제 지 토 왕 랑 야 팽 총 발 돌 기 이 조 군 전
糧食하니 前後不絶이라. 自負其功을 帝,接之不能
량 식 전 후 부 절 자 부 기 공 제 접 지 불 능
滿하고 以此懷不平하니 遂發兵反하여 攻,朱浮於
만 이 차 회 불 평 수 발 병 반 공 주 부 어
薊하다.
계

○更始,諸大將이 時在南方하여 未降者尙多하다.
경 시 제 대 장 시 재 남 방 미 항 자 상 다

遣賈復擊郾하여 破之하니 尹尊이 降하고 吳漢擊
견가부격언 파지 윤존 항 오한격
宛하니 宛王賜降하다.
완 완왕사항

○秋에 賈復,南擊召陵할새 新息이 平之하다. 復部
추 가복남격소릉 신식 평지 부부
長이 殺人於潁川하니 潁川太守,寇恂,捕得하여 繫
장 살인어영천 영천태수구순포득 계
獄하다. 時에 尚草創하여 軍營犯法을 率多相容하
옥 시 상초창 군영범법 솔다상용
고 恂戮之於市하다. 復以爲恥하여 還이 過,潁川하
순륙지어시 부이위치 환 과영천
니 謂,左右曰, 「吾與寇恂으로 並列將帥하고 而爲
위좌우왈 오여구순 병렬장수 이위
其所陷하니 今見,恂하니 必手劒之로다!」 恂知其謀
기소함 금견순 필수검지 순지기모
하고 不與相見하다. 姊子,谷崇曰, 「崇은 將也라 得,
불여상견 자자곡숭왈 숭 장야 득
帶劒侍側하니 卒有變하고 足以相當이리라.」 恂이
대검시측 졸유변 족이상당 순
曰, 「不然하다 昔,藺相如는 不畏秦王하고 而屈於
왈 불연 석인상여 불외진왕 이굴어
廉頗者하니 爲國也라.」 하다. 乃敕,屬縣盛供具하고
염파자 위국야 내칙속현성공구
儲酒醪에 執金吾軍入界라 一人皆兼,兩人之饌이
저주료 집금오군입계 일인개겸양인지찬
라 하다. 恂이 出迎於道하여 稱疾而還하다. 復,勒兵
순 출영어도 칭질이환 부늑병

欲追之하니 而吏士皆醉하여 遂過去하다. 恂이 遣,
욕 추 지 이 리 사 개 취 수 과 거 순 견
谷崇하여 以狀聞하여 帝乃徵,恂하다. 恂至하니 引
곡 숭 이 상 문 제 내 징 순 순 지 인
見時,賈復先在坐하여 欲起相避하다. 帝曰, 「天下
견 시 가 부 선 재 좌 욕 기 상 피 제 왈 천 하
未定에 兩虎安得私鬪리요! 今日에 朕分之하리라.」
미 정 양 호 안 득 사 투 금 일 짐 분 지
於是에 並坐極歡하고 遂,共車同出하여 結友而去
어 시 병 좌 극 환 수 공 거 동 출 결 우 이 거
하다.

○鄧禹,自馮愔叛後에 威名稍損하고 又乏糧食하
등 우 자 풍 음 반 후 위 명 초 손 우 핍 양 식
여 戰數不利하니 歸附者,日益離散하다. 赤眉,暴亂
전 삭 불 리 귀 부 자 일 익 이 산 적 미 포 란
三輔하니 郡縣이 大姓,各擁,兵衆하고 禹不能定하
삼 보 군 현 대 성 각 옹 병 중 우 불 능 정
다. 帝,乃遣偏將軍,馮異代禹討之하니 車駕送至
제 내 견 편 장 군 풍 이 대 우 토 지 거 가 송 지
河南하고 勅異曰, 「三輔遭,王莽하니 更始之亂하
하 남 칙 이 왈 삼 보 조 왕 망 경 시 지 란
여 重以赤眉하니 延岑之酷이 元元塗炭하고 無所
중 이 적 미 연 잠 지 혹 원 원 도 탄 무 소
依訴하다. 將軍은 今奉,辭討諸不軌하고 營堡降者
의 소 장 군 금 봉 사 토 제 불 궤 영 보 항 자
가 遣其渠帥詣,京師하니 散其小民이 令就農桑하
견 기 거 수 예 경 사 산 기 소 민 영 취 농 상

고 壞其營壁이 無使復聚하다. 征伐非必略地면 屠
괴 기 영 벽 무 사 부 취 정 벌 비 필 약 지 도

城은 要在平定安集之耳니라. 諸將은 非不.健鬪하
성 요 재 평 정 안 집 지 이 제 장 비 불 건 투

고 然好虜掠하다. 卿은 本能御吏士로 念自脩敕하
연 호 노 략 경 본 능 어 리 사 념 자 수 칙

고 無爲郡縣所苦로다!」하다. 異.頓首受命하여 引
무 위 군 현 소 고 이 돈 수 수 명 인

而西하고 所至布威信하여 羣盜多降하다.
이 서 소 지 포 위 신 군 도 다 항

어려운 낱말 / 고사성어

[貧賤之交,不可忘(빈천지교,불가망) 糟糠之妻不下堂(조강지처불하당)] : 우리 사회에 많이 쓰이는 술어. 가난할 때의 사귐은 잊지 못하고, 조강지처는 내칠 수 없다. [薊] : 삽주(계). [郾] : 고을 이름(언). [恂戮(순육)] : 죽이다. [虜掠(노략)] : 노략질하다. [羣盜(군도)] : 많은 도둑들.

○又詔徵.鄧禹還曰, 「愼毋與.窮寇爭鋒하라! 赤
우 조 징 등 우 환 왈 신 무 여 궁 구 쟁 봉 적
眉無穀이면 自當來하리니 吾.以飽待飢로 以逸待
미 무 곡 자 당 래 오 이 포 대 기 이 일 대
勞하고 折.箠笞之하면 非.諸將憂也리라. 無得復妄
로 절 추 태 지 비 제 장 우 야 무 득 부 망
進兵하라!」하다.
진 병

○丁亥三年(서기 27년)이라. 立.四親廟於雒(洛)陽
정 해 삼 년 입 사 친 묘 어 낙 낙 양
하다.

○馮異與.赤眉로 約期會戰하고 使.壯士變服으로
풍 이 여 적 미 약 기 회 전 사 장 사 변 복
與.赤眉同하고 伏於道側하다. 旦日에 赤眉使.萬人
여 적 미 동 복 어 도 측 단 일 적 미 사 만 인
攻異前部로 異少出兵以救之하니 賊見勢弱하고
공 이 전 부 이 소 출 병 이 구 지 적 견 세 약
遂悉衆攻異하여 異乃縱兵大戰하다. 日昃에 賊氣
수 실 중 공 이 이 내 종 병 대 전 일 측 적 기
旣衰하여 伏兵卒起하여 衣服相亂하니 赤眉不復
기 쇠 복 병 졸 기 의 복 상 란 적 미 불 부
識別하여 衆遂驚潰라 追擊하여 大破之於殽底하고
식 별 중 수 경 궤 추 격 대 파 지 어 효 저
降男女八萬人하다. 帝.降塞書勞異曰, 「始雖垂翅
항 남 녀 팔 만 인 제 강 새 서 로 이 왈 시 수 수 시
回谿나 終能奮翼澠池하니 可謂失之東隅이니 收
회 계 종 능 분 익 민 지 가 위 실 지 동 우 수

之桑榆하다. 方,論功賞하고 以答大勳하다.」 赤眉,
지 상 유 방 논 공 상 이 답 대 훈 적 미

餘衆東向,宜陽하다. 帝,親勒六軍하고 嚴陳以待之
여 중 동 향 의 양 제 친 륵 육 군 엄 진 이 대 지

하다. 赤眉,忽遇大軍하니 驚震不知所謂라. 乃遣,
적 미 홀 우 대 군 경 진 부 지 소 위 내 견

劉恭乞降曰,「盆子將,百萬衆이 降,陛下하니 將何
유 공 걸 항 왈 분 자 장 백 만 중 항 폐 하 장 하

以待之리요?」 하니 帝曰,「待汝以不死耳니라!」 盆
이 대 지 제 왈 대 여 이 불 사 이 분

子及丞相,徐宣이 以下三十餘人으로 肉袒,降하니
자 급 승 상 서 선 이 하 삼 십 여 인 육 단 항

上所得,傳國璽綬하다. 積兵,甲宜,陽城西하고 與,
상 소 득 전 국 새 수 적 병 갑 의 양 성 서 여

熊耳山齊하다. 赤眉,衆尚,十餘萬人으로 帝令縣
웅 이 산 제 적 미 중 상 십 여 만 인 제 령 현

廚,皆賜食하다.
주 개 사 식

○初에 梁王,劉永,據國起兵하여 以,董憲과 張步로
초 양 왕 유 영 거 국 기 병 이 동 헌 장 보

爲,將軍하여 專據東方하고 稱帝,睢梁하니 復立,張
위 장 군 전 거 동 방 칭 제 휴 양 부 립 장

步하여 爲,齊王하다. 帝,方北憂漁陽하여 南事梁과
보 위 제 왕 제 방 북 우 어 양 남 사 량

楚의 故張步,得專集齊地하여 據郡十二焉하다.
초 고 장 보 득 전 집 제 지 거 군 십 이 언

○涿郡太守,張豐이 反하니 與,彭寵連兵하다. 時에
탁 군 태 수 장 풍 반 여 팽 총 연 병 시
關中衆寇猶盛이라 馮異가 且戰且行하여 屯軍上
관 중 중 구 유 성 풍 이 차 전 차 행 둔 군 상
林苑中하다. 以擊豪傑不從令者는 威行關中하다.
림 원 중 이 격 호 걸 부 종 령 자 위 행 관 중

○蓋延圍,睢陽이 斬,劉永하니 蘇茂奔垂惠하여 共
개 연 위 휴 양 참 유 영 소 무 분 수 혜 공
立永子紆로 爲,梁王하다.
립 영 자 우 위 양 왕

○耿弇,從容言於帝하니 自請北收上谷兵으로 定,
경 엄 종 용 언 어 제 자 청 북 수 상 곡 병 정
彭寵於漁陽하니 取,張豐於涿郡과 還收富平과 獲
팽 총 어 어 양 취 장 풍 어 탁 군 환 수 부 평 획
索이 東攻張步하고 以,平齊地라 하니 帝,壯其意하
색 동 공 장 보 이 평 제 지 제 장 기 의
여 許之하다.
허 지

○戊子四年(서기 28년)이라. 吳漢王이 梁擊破五校
무 자 사 년 오 한 왕 양 격 파 오 교
於臨平하다.
어 임 평

○耿弇과 祭遵等이 討,張豐於涿郡하여 禽之하다.
경엄 제준등 토장풍어탁군 금지

○王莽末에 天下亂하여 臨淮大尹侯霸가 獨能保
왕망말 천하란 임회대윤후패 독능보
全其郡하다. 帝徵,霸會壽春하여 拜,尚書令하다.
전기군 제징패회수춘 배상서령
時,朝廷에 無故典하여 又少舊臣으로 霸明習故事
시조정 무고전 우소구신 패명습고사
하니 收錄遺文하고 條奏前世,善政法度하여 施行之
수록유문 조주전세선정법도 시행지
하다.

어려운 낱말 / 고사성어

[箠笞(추태)] : 태장(笞杖)과 추장(箠杖)의 형벌. [雒] : 수리부엉이(낙).
[殽底(효저)] : 지명임. [澠] : 고을 이름(민). [桑榆(상유)] : 뽕나무와
느릅나무.

○更始之末에 公孫述이 卽,皇帝位於成都하니 隗
경 시 지 말 공 손 술 즉 황 제 위 어 성 도 외

囂使,馬援으로 往,觀述하다. 援이 素與述로 同里閈
효 사 마 원 왕 관 술 원 소 여 술 동 리 한

이라 相善하여 以爲旣至하니 當,握手歡如平生이라
상 선 이 위 기 지 당 악 수 환 여 평 생

而述,盛陳陛衛,以延援入하여 交拜禮畢하고 使出
이 술 성 진 폐 위 이 연 원 입 교 배 례 필 사 출

就館하다. 更爲,援制都布單衣하여 交讓冠하고 會,
취 관 경 위 원 제 도 포 단 의 교 양 관 회

百僚於宗廟中하여 立,舊交之位하니 述이 鸞旗,
백 료 어 종 묘 중 입 구 교 지 위 술 난 기

旄騎로 警,蹕就車하고 磬折而入하여 禮饗官屬甚
모 기 경 필 취 거 경 절 이 입 예 향 관 속 심

盛하니 欲,授援以封侯大將軍位하다. 賓客이 皆樂
성 욕 수 원 이 봉 후 대 장 군 위 빈 객 개 락

留하여 援曉之曰, 「天下雌雄未定에 公孫이 不,吐
류 원 효 지 왈 천 하 자 웅 미 정 공 손 불 토

哺走迎,國士하니 與圖成敗하고 反修飾邊幅하여
포 주 영 국 사 여 도 성 패 반 수 식 변 폭

如偶人形으로 此子,何足久稽,天下士乎리요!」하고
여 우 인 형 차 자 하 족 구 계 천 하 사 호

因辭歸하니 謂囂曰, 「子陽은 井底蛙耳라 而妄自
인 사 귀 위 효 왈 자 양 정 저 와 이 이 망 자

尊大리요! 不如專意東方이라.」하니 囂乃使,援奉
존 대 불 여 전 의 동 방 효 내 사 원 봉

書,雒陽하다. 援初到에 帝,在宣德殿,南廡下하니
서 낙 양 원 초 도 제 재 선 덕 전 남 무 하

但幘이 坐하여 迎笑하니 謂援曰, 「卿,遨遊二帝間
단 책 좌 영 소 위 원 왈 경 오 유 이 제 간

하여 今,見卿하니 使人大慙이라.」 援,頓首辭謝하고
금 견 경 사 인 대 참 원 돈 수 사 사

因曰,「當今之世에 非但,君擇臣하고 臣亦,擇君耳
인 왈 당 금 지 세 비 단 군 택 신 신 역 택 군 이

로다! 臣與,公孫述로 同縣이라 少相善에 臣前至蜀
신 여 공 손 술 동 현 소 상 선 신 전 지 촉

이면 述이 陛戟而後進臣이라. 臣今,遠來하여 陛下
술 폐 극 이 후 진 신 신 금 원 래 폐 하

何知非,刺客姦人하여 而簡易若是이니다!」하니 帝
하 지 비 자 객 간 인 이 간 이 약 시 제

復笑曰,「卿非刺客이라 顧說客耳로다.」援曰,「天
부 소 왈 경 비 자 객 고 설 객 이 원 왈 천

下反腹에 盗名字者,不可勝數니 今見陛下,灰廓
하 반 복 도 명 자 자 불 가 승 수 금 견 폐 하 회 곽

大度하여 同符高祖하고 乃知帝王,自有眞也이니
대 도 동 부 고 조 내 지 제 왕 자 유 진 야

다.」하다.

○己丑五年(서기 29년)이라. 帝,使來歙持節,送,馬援
기 축 오 년 제 사 래 흡 지 절 송 마 원

歸,隴右하다. 隗囂與援共臥起하여 問以東方事
귀 농 우 외 효 여 원 공 와 기 문 이 동 방 사

曰,「前到朝廷에 上引見數十이라, 每接燕語에 自
왈 전 도 조 정 상 인 견 수 십 매 접 연 어 자

夕至旦으로 才明勇略하니 非人敵也니라. 且,開心
석 지 단 재 명 용 략 비 인 적 야 차 개 심

見誠하니 無所隱伏이라 闊達多大節하고 略與高
견 성 무 소 은 복 활 달 다 대 절 략 여 고

帝同이라 經學博覽에 政事文辨이 前世無比니다.」
제 동　경학박람　정사문변　전세무비

囂曰, 「卿謂.何如高帝요?」 援曰, 「不如也니다. 高
효 왈　경 위 하 여 고 제　원 왈　불 여 야　고

帝.無可無不可하니 今上.好吏事하여 動如節度하
제 무 가 무 불 가　금 상 호 리 사　동 여 절 도

고 又不喜.飮酒니다.」 囂意不懌曰, 「如卿言은 反
우 불 희 음 주　효 의 불 역 왈　여 경 언　반

復勝耶아!」 하다.
복 승 야

어려운 낱말 / 고사성어

[同里閈(동이한)] : 같은 마을 같은 동네. [蹕] : 길 치울(필). [磬折(경절)] : 공경하는 태도로, 경쇠 모양으로 허리를 굽혀 절을 함. [井底蛙耳(정저와이)] : 우물 밑의 개구리일 뿐. [歙] : 줄일(흡), 움츠리다(흡). [懌] : 기뻐할(역).

○馬武와 王霸가 擊,蘇茂,周建,破之하니 建於道
마무 왕패 격소무주건파지 건어도

死라 茂犇下邳하니 與,董憲合으로 劉紆,犇佼彊하
사 무분하비 여동헌합 유우분교강

다.

○彭寵과 蒼頭와 子密等, 三人이 殺寵以降하고
팽총 창두 자밀등 삼인 살총이항

帝,封子密하여 爲,不義侯하다.
제봉자밀 위불의후

○吳漢이 率,耿弇等으로 擊,富平, 獲索於平原하
오한 솔경엄등 격부평 획색어평원

여 大破之하니 上,因詔弇進討,張步하다.
대파지 상인조엄진토장보

○帝以,郭伋으로 爲,漁陽太守하다. 伋은 承離亂之
제이곽급 위어양태수 급 승리란지

後에 養民訓兵하여 開示威信하고 盜賊銷散하여
후 양민훈병 개시위신 도적소산

匈奴遠迹이 在職五年이라 戶口增倍하다.
흉노원적 재직오년 호구증배

○平,敵將軍,龐萌하고 爲人遜順하여 帝,信愛之하
평적장군방맹 위인손순 제신애지

니 常稱曰, 「可以托六尺之孤로 寄,百里之命者하
상 칭 왈 가 이 탁 육 척 지 고 기 백 리 지 명 자

니 龐萌是也니라.」 使與,蓋延共擊,董憲이라 時,詔
방 맹 시 야 사 여 개 연 공 격 동 헌 시 조

書,獨下,延而不及萌하니 萌以爲延譖己하고 自疑
서 독 하 연 이 불 급 맹 맹 이 위 연 참 기 자 의

하여 遂反襲延軍하여 破之라. 與,董憲連和하여 自
수 반 습 연 군 파 지 여 동 헌 연 화 자

號,東平王이라 하다. 帝,聞之하고 大怒하여 自將討
호 동 평 왕 제 문 지 대 로 자 장 토

萌하고 與,諸將書曰, 「吾常以,龐萌으로 爲,社稷之
맹 여 제 장 서 왈 오 상 이 방 맹 위 사 직 지

臣이러니 將軍得無笑其言乎아! 老賊當族하고 其
신 장 군 득 무 소 기 언 호 노 적 당 족 기

各厲兵馬하니 會睢陽이로다!」
각 려 병 마 회 휴 양

○隗囂問於,班彪曰, 「往者周亡에 戰國並爭하여
외 효 문 어 반 표 왈 왕 자 주 망 전 국 병 쟁

數世然後定하다. 意者從橫之事,復起於今乎아?
수 세 연 후 정 의 자 종 횡 지 사 부 기 어 금 호

將承運迭興하니 在於一人也오?」 彪曰, 「周之廢
장 승 운 질 흥 재 어 일 인 야 표 왈 주 지 폐

興에 與漢殊異로다. 昔에 周爵五等이 諸侯終政이
흥 여 한 수 이 석 주 작 오 등 제 후 종 정

러니 本根既微하고 枝葉彊大라. 故로 其末流有,終
본 근 기 미 지 엽 강 대 고 기 말 류 유 종

橫之事하여 勢數然也니라. 漢承秦制하여 改立郡
횡 지 사 세 수 연 야 한 승 진 제 개 립 군

縣하니 主有專己之威가 臣無百年之柄하다. 至於
현 주유전기지위 신무백년지병 지어

成帝하여 假借外家하고 哀,平短祚하고 國嗣三絶
성제 가차외가 애평단조 국사삼절

이라. 故로 王氏擅朝에 能竊號位하고 危自上起하
고 왕씨천조 능절호위 위자상기

니 傷不及下하여 是以로 卽眞之後이니 天下引領
상불급하 시이 즉진지후 천하인령

而歎이로다. 十餘年間에 中外騷擾하고 遠近俱發
이탄 십여년간 중외소요 원근구발

에 假號雲合하니 咸稱劉氏가 不謀同辭하다. 方今,
가호운합 함칭유씨 불모동사 방금

雄桀帶州域者에 皆無六國,世業之資하니 而百姓
웅걸대주역자 개무륙국세업지자 이백성

謳吟思仰하고 漢必復興이라 已可知矣로다.」 囂
구음사앙 한필부흥 이가지의 효

曰, 「生言周漢,之勢可也에 至於但見,愚人習識,
왈 생언주한지세가야 지어단견우인습식

劉氏姓號之라. 故로 而謂,漢復興하고 踈矣로다! 昔
유씨성호지 고 이위한부흥 소의 석

에 秦失其鹿에 劉季逐而掎之하니 時에 民復知漢
진실기록 유계축이기지 시 민부지한

乎아?」 彪이 乃爲之著,王命論以風切之曰, 「昔에
호 표 내위지저왕명론이풍절지왈 석

堯之禪舜曰, 『天之曆數在爾躬이라.』하니 舜亦以
요지선순왈 천지력수재이궁 순역이

命禹하다. 洎于稷契,咸佐,唐虞至湯하여 武而有天
명우 계우직설함좌당우지탕 무이유천

下니라. 劉氏承堯之祚하여 堯據火德으로 而漢紹
하 유씨승요지조 요거화덕 이한소

之하니 有,赤帝子之符니라. 俗見,高祖興於布衣하
지 유 적 제 자 지 부 속 견 고 조 흥 어 포 의

사 不達其故하니 至比天下於逐鹿에 幸捷而得之
부 달 기 고 지 비 천 하 어 축 록 행 첩 이 득 지

하다. 不知神器有命으로 不可以智力求也니라. 悲
부 지 신 기 유 명 불 가 이 지 력 구 야 비

夫,此世所以多,亂臣賊子者也로다! 夫,饑饉流隷
부 차 세 소 이 다 난 신 적 자 자 야 부 기 근 유 례

하고 飢寒道路에 所願不過一金이라 然이나 終轉
기 한 도 로 소 원 불 과 일 금 연 종 전

死溝壑하니 何則이리요? 貧窮亦有命也니 況乎天
사 구 학 하 칙 빈 궁 역 유 명 야 황 호 천

子之貴가 四海之富와 神明之祚가 可得而妄處哉
자 지 귀 사 해 지 부 신 명 지 조 가 득 이 망 처 재

리요! 故로 雖遭離阨會하고 竊其權柄하여 勇如信
고 수 조 리 액 회 절 기 권 병 용 여 신

布는 强如梁籍으로 成如王莽하니 然,卒潤鑊伏質
포 강 여 양 적 성 여 왕 망 연 졸 윤 확 복 질

이 烹醢分裂이라. 又況,幺麽,不及數子가 而欲闇
팽 해 분 렬 우 황 요 마 불 급 수 자 이 욕 암

奸,天位者乎아! 昔에 陳嬰之母,以嬰,家世貧賤하
간 천 위 자 호 석 진 영 지 모 이 영 가 세 빈 천

고 卒,富貴不祥이라. 止嬰勿王, 王陵之母知,漢王
졸 부 귀 불 상 지 영 물 왕 왕 릉 지 모 지 한 왕

必得,天下하여 伏劍而死하니 以固勉陵하다. 夫以
필 득 천 하 복 검 이 사 이 고 면 릉 부 이

匹婦之明으로 猶能推,事理之致하고 探禍福之機
필 부 지 명 유 능 추 사 리 지 치 탐 화 복 지 기

하며 而全,宗祀於無窮하고 垂策書於春秋하니 而
이 전 종 사 어 무 궁 수 책 서 어 춘 추 이

況,大丈夫之事乎아! 是故로 窮達有命과 吉凶由
황 대 장 부 지 사 호 시 고 궁 달 유 명 길 흉 유

人은 嬰母知廢하고 陵母知興이라. 審此二者는 帝
인 영 모 지 폐 능 모 지 흥 심 차 이 자 제

王之分,決矣니라. 加之高祖,寬明而仁恕하여 知,
왕 지 분 결 의 가 지 고 조 관 명 이 인 서 지

人善任使하여 當食吐哺하니 納,子房之策이라. 拔
인 선 임 사 당 식 토 포 납 자 방 지 책 발

足揮洗하고 揖,酈生之說하여 擧,韓信於行陳하고
족 휘 세 읍 역 생 지 설 거 한 신 어 행 진

數,陳平於亡命으로 英雄陳力이 羣策畢擧하니 此,
수 진 평 어 망 명 영 웅 진 력 군 책 필 거 차

高祖之大略,所以成帝業也라. 若乃,靈瑞符應하
고 조 지 대 략 소 이 성 제 업 야 약 내 영 서 부 응

고 其事甚衆하면 故로 淮飮,留侯는 謂之天授요 非
기 사 심 중 고 회 음 유 후 위 지 천 수 비

人力也니라. 雄誠은 知覺寤하고 超然遠覽이니 淵
인 력 야 웅 성 지 각 오 초 연 원 람 연

然深識하여 收陵嬰之明分하니 絶信,布之覬覦는
연 심 식 수 릉 영 지 명 분 절 신 포 지 기 유

則,福祚流於子孫하니 天祿其,永終矣로다!」 囂가
즉 복 조 류 어 자 손 천 록 기 영 종 의 효

不聽하다. 彪遂避地河西하여 竇融,以爲從事하고
불 청 표 수 피 지 하 서 두 융 이 위 종 사

甚禮重之하니 彪遂,爲融,畫策이 使之專意事,漢
심 례 중 지 표 수 위 융 획 책 사 지 전 의 사 한

萌이니라.
맹

어려운 낱말 / 고사성어

[萌(맹)] : 싹, 움. [騷擾(소요)] : 시끄럽다. 소요사태. [掎] : 끌어당길(기). [溝壑(구학)] : 구덩이. 회초구덩이. [幺麽(요마)] : ① 작은 것, ② 변변하지 못함. [覬覦(기유)] : 분에 넘치도록 바라다. [竇融(두융)] : 두훈의 아들. 두목(竇穆) 아버지는 두훈(竇勳).

○初에 竇融이 自守,河西聞,帝威德하고 心欲東向
초 두융 자수하서문제위덕 심욕동향

이어늘 以,河西隔遠하여 未能自通이라. 乃從,隗囂
이하서격원 미능자통 내종외효

受,建武正朔에 囂皆,假其將軍,印綬하다. 囂,外順
수건무정삭 효개가기장군인수 효외순

人望에 內懷異心이러니 使,辯士,張玄說融等曰,
인망 내회이심 사변사장현세융등왈

「更始,事已成에 尋復亡滅이어늘 此,一姓不再興之
경시사이성 심부망멸 차일성부재흥지

效로다! 當,各據土宇하여 與隴과 蜀,合從이 高可
효 당각거토우 여농 촉합종 고가

爲,六國하여 下不失,尉佗니라.」 融等이 召,豪桀議
위육국 하불실위타 융등 소호걸의

之하여 其中識者皆曰, 「今,皇帝姓名,見於圖書하
지 기중식자개왈 금황제성명현어도서

니 漢有,再受命之符하다.」 融이 遂決策,東向에 遣,
한유재수명지부 융 수결책동향 견

長史,劉鈞等하여 奉書詣,雒(洛)陽하다. 帝見,鈞懽
장사유균등 봉서예낙낙양 제견균환

甚하고 禮饗畢에 乃遣還하다. 賜融,璽書曰, 「今,益
심 예향필 내견환 사융새서왈 금익

州有,公孫子陽은 天水有隗將軍이라. 方蜀,漢相
주유공손자양 천수유외장군 방촉한상

攻하여 權在將軍하니 擧足左右하고 便有輕重이라.
공 권재장군 거족좌우 편유경중

以此言之컨대 欲相厚,豈有量哉아! 欲遂立桓하면
이차언지 욕상후기유량재 욕수립환

文이 輔微國하여 當勉卒功業하여 欲,三分鼎足하
문 보미국 당면졸공업 욕삼분정족

고 連衡(横)合終하여 亦宜以時定하다. 天下未幷
연 횡 횡 합 종 역 의 이 시 정 천 하 미 병
에 吾與爾絶域으로 非相呑之國하다. 今之議者에
오 여 이 절 역 비 상 탄 지 국 금 지 의 자
必有,任囂敎尉佗制七郡之計하리니 王者有,分土
필 유 임 효 교 위 타 제 칠 군 지 계 왕 자 유 분 토
면 無分民하여 自適己事而已리라.」 因授,融爲凉
무 분 민 자 적 기 사 이 이 인 수 융 위 양
州牧하다. 璽書至,河西에 河西皆驚하여 以爲天子
주 목 새 서 지 하 서 하 서 개 경 이 위 천 자
는 明見,萬里之外하리다.
명 견 만 리 지 외

○張步,聞,耿弇至하고 使其將軍歷下하여 又分,兵
장 보 문 경 엄 지 사 기 장 군 역 하 우 분 병
屯祝阿하니 別於泰山이요, 鍾城列營,數十以待之
둔 축 아 별 어 태 산 종 성 렬 영 수 십 이 대 지
하다. 弇이 渡河하여 先擊祝阿,拔之하고 入據其城
엄 도 하 선 격 축 아 발 지 입 거 기 성
하여 以激怒步로 步兵二十萬이 至,臨淄大城東에
이 격 노 보 보 병 이 십 만 지 림 치 대 성 동
將攻弇하여 弇大破之하다. 是時에 帝在魯하고 聞,
장 공 엄 엄 대 파 지 시 시 제 재 로 문
弇爲步所攻하여 自往救之하다. 未至에 陳俊謂,弇
엄 위 보 소 공 자 왕 구 지 미 지 진 준 위 엄
曰,「劇虜兵盛하니 可且閉,營休士니 以須上來하
왈 극 로 병 성 가 차 폐 영 휴 사 이 수 상 래
라.」 弇曰,「乘輿且到에 臣子當擊牛하고 釃酒以
엄 왈 승 여 차 도 신 자 당 격 우 시 주 이

待百官하여 反欲以,賊虜遺君父耶아!」하고 乃,出
대백관 반욕이적로유군부야 내출

兵大戰하다. 自,旦至昏으로 復大破之하여 殺傷無
병대전 자단지혼 부대파지 살상무

數하고 溝塹皆滿하다. 弇知步困將退하여 豫置左
수 구참개만 엄지보곤장퇴 예치좌

右翼이 爲伏以待之라. 人定時에 步果引去하고 復
우익 위복이대지 인정시 보과인거 복

兵起縱擊하니 追至鉅昧水上하여 八九十里에 僵
병기종격 추지거매수상 팔구십리 강

尸相屬하고 收得,輜重二千餘兩하다. 步還劇後數
시상속 수득치중이천여량 보환극후수

日에 車駕至,臨淄하니 自勞軍이 羣臣大會하다. 帝
일 거가지임치 자로군 군신대회 제

謂,弇曰,「昔에 韓信이 破歷下以開基하여 今,將軍
위엄왈 석 한신 파력하이개기 금장군

攻祝,阿以發迹하니 此皆齊之西界로 功足相方하
공축아이발적 차개제지서계 공족상방

다. 而韓信이 襲擊已降이라 將軍,獨拔勍敵하여 其
이한신 습격이항 장군독발경적 기

功又難於信也리요. 又,田橫烹,酈生으로 及,田橫
공우난어신야 우전횡팽역생 급전횡

降하니 高帝詔,衛尉不聽爲仇하고 張步,前殺伏隆
항 고제조위위불청위구 장보전살복륭

이라. 若步,來歸命이면 吾當詔,大司徒,釋其怨이리
약보래귀명 오당조대사도석기원

니 又,事尤相類也니라. 將軍이 前在南陽에 建此大
우사우상류야 장군 전재남양 건차대

策하고 常以爲,落落難合하니 有志者,事竟成也리
책 상이위락락난합 유지자사경성야

라!」하니 帝,進幸劇하다. 耿弇,復追,張步하여 步犇
제 진행극 경엄 부추 장보 보분

平壽하고 蘇茂將,萬餘人來救之하다. 帝遣使告,步
평수 소무장 만여인래구지 제견사고 보

茂하여 能相斬降者하여 封爲列侯하다. 步遂斬茂하
무 능상참항자 봉위열후 보수참무

고 詣弇軍門降하여 弇入,據其城하니 衆尙十餘萬이
예엄군문항 엄입 거기성 중상십여만

요, 輜重七千餘兩이라 皆罷,遣歸鄕里하다. 封步爲,
치중칠천여량 개파 견귀향리 봉보위

安丘侯하다. 弇이 復引兵至,城陽하여 降,五校餘黨
안구후 엄 부인병지 성양 항 오교여당

으로 齊地悉平하고 振旅還,京師하다. 弇이 爲將하여
제지실평 진려환 경사 엄 위장

凡,所平郡四十六하고 屠城三百하니 未嘗挫折焉이
범 소평군사십육 도성삼백 미상좌절언

러라.

어려운 낱말 / 고사성어

[懽] : 기쁠(환). [弇(엄)] : 뒤따르다, 뒤따라 밟다. 여기서는 인명. [人定(인정)] : 밤 10시. 우리나라에서는 '인경'이라고 했다. [僵尸(강시)] : 시체.

○初에 起,太學하다. 車駕還宮하여 幸太學하여 稽
초 기태학 거가환궁 행태학 계

式古典하고 修明禮樂하니 煥然文物可觀矣로다!
식고전 수명예악 환연문물가관의

○馮異,治關中하니 出入三歲하여 上林成都하다.
풍이 치관중 출입삼세 상림성도

人有上章言하되「異,威權至重하고 百姓歸心하니 號
인유상장언 이위권지중 백성귀심 호

爲,咸陽王이라.」帝,以章示異하여 異,惶懼하며 上書
위함양왕 제이장시이 이황구 상서

陳謝하다. 詔報曰,「將軍之於國家는 義爲君臣이
진사 조보왈 장군지어국가 의위군신

恩猶父子하고 何嫌何疑리요 而,有懼意로다!」하다.
은유부자 하혐하의 이유구의

○隗囂,矜己飾智에 每自比,西伯하다. 其將,王元
외효긍기식지 매자비서백 기장왕원

이 說囂曰,「天水完富하고 士馬最强하니 元請以,
세효왈 천수완부 사마최강 원청이

一丸泥爲,大王東封,函谷關이나 圖王不成하니 其
일환니위대왕동봉함곡관 도왕불성 기

敝,猶足以霸리요. 要之,魚不可脫於淵하고 神龍失
폐유족이패 요지어불가탈어연 신룡실

勢하여 與,蚯蚓同이로다!」 囂心然元計하여 雖,遣子
세 여구인동 효심연원계 수견자

入侍나 然이나 負其險阨하고 欲專制方面하다.
입시 연 부기험액 욕전제방면

○是歲에 詔徵處士,太原周黨이 會稽,嚴光等으로
시 세 조 징 처 사 태 원 주 당 회 계 엄 광 등
至京師하다. 黨入見하여 伏而不謁하니 自陳願守
지 경 사 당 입 견 복 이 불 알 자 진 원 수
所志하다. 博士,范升이 奏曰,「伏見太原,周黨과
소 지 박 사 범 승 주 왈 복 견 태 원 주 당
東海,王良과 山陽,王成等이 蒙受厚恩하여 使者三
동 해 왕 량 산 양 왕 성 등 몽 수 후 은 사 자 삼
聘하니 乃肯就車하여 及,陛見帝廷하되 黨不以禮
빙 내 긍 취 거 급 폐 견 제 정 당 불 이 례
屈하고 伏而不謁하니 偃蹇,驕悍이 同時俱逝하다.
굴 복 이 불 알 언 건 교 한 동 시 구 서
黨等은 文不能演義하여 武,不能死君하다. 釣采華
당 등 문 불 능 연 의 무 불 능 사 군 조 채 화
名에 庶幾三公之位라. 臣願,與坐,雲臺之下하여
명 서 기 삼 공 지 위 신 원 여 좌 운 대 지 하
考試圖國之道하다. 不如臣言이요 伏虛妄之罪라
고 시 도 국 지 도 불 여 신 언 복 허 망 지 죄
而敢私竊虛名으로 誇上求高하니 皆大不敬이로
이 감 사 절 허 명 과 상 구 고 개 대 불 경
다!」 書奏하여 詔曰,「自古明王이 聖主는 必有不,
서 주 조 왈 자 고 명 왕 성 주 필 유 불
賓之士요, 伯夷叔齊는 不食周粟하고 太原周黨은
빈 지 사 백 이 숙 제 불 식 주 속 태 원 주 당
不受朕祿하니 亦,各有志焉하다. 其賜帛,四十匹하
불 수 짐 록 역 각 유 지 언 기 사 백 사 십 필
고 罷之하다.」 帝少에 與,嚴光으로 同遊學하고 及,卽
파 지 제 소 여 엄 광 동 유 학 급 즉
位하니 以物色訪之라, 得於齊國하고 累徵乃至라,
위 이 물 색 방 지 득 어 제 국 루 징 내 지

拜,諫議大夫라도 不肯受하고 去하여 耕釣於富春
배 간의대부 불긍수 거 경조어부춘

山中하고 以壽終於家하다. 王良後,歷沛郡,太守와
산중 이수종어가 왕량후역패군태수

大司徒,司直이 在位恭儉하니 布被瓦器하고 妻子
대사도사직 재위공검 포피와기 처자

不入,官舍하다. 後以病歸에 一歲復徵이라 至,滎陽
불입관사 후이병귀 일세부징 지형양

하여 疾篤하니 不任進道하고 過其友人하다. 友人이
질독 불임진도 과기우인 우인

不肯見曰,「不有忠言,奇謀而取大位하니 何其往
불긍견왈 불유충언기모이취대위 하기왕

來,屑屑不憚煩也리요!」하고 遂拒之하다. 良慙,自
래설설불탄번야 수거지 양참자

後,連徵不應하고 卒於家하다.
후연징불응 졸어가

○本傳에 曰, 光字子陵이 少與光武로 同遊學이러
본전 왈 광자자릉 소여광무 동유학

니 及,光武卽位에 光乃變名姓하고 隱身不見하다.
급광무즉위 광내변명성 은신불현

帝思其賢하고 乃令以物色訪之하니 後,齊國上言
제사기현 내령이물색방지 후제국상언

하되「有一男子로 被,羊裘裘釣澤中이라.」하니 帝
유일남자 피양구구조택중 제

疑其光하여 乃備安車玄纁으로 遣使聘之하니 三
의기광 내비안거현훈 견사빙지 삼

反而後至하다. 車駕卽日幸其館에 光臥不起하고
반이후지 거가즉일행기관 광와불기

帝卽其臥所하여 撫光腹曰,「咄咄子陵이 不可相
제 즉 기 와 소 무 광 복 왈 돌 돌 자 릉 불 가 상

助,爲理耶아?」 光이 乃,張目熟視曰,「昔에 唐堯著
조 위 리 야 광 내 장 목 숙 시 왈 석 당 요 저

德과 巢父洗耳로다. 士,故有志하니 何至相迫乎
덕 소 부 세 이 사 고 유 지 하 지 상 박 호

아!」하니 帝曰,「子陵이 我竟,不能下汝耶아?」於
제 왈 자 릉 아 경 불 능 하 여 야 어

是에 升輿歎息而去하다. 復引光入하니 論道舊故
시 승 여 탄 식 이 거 부 인 광 입 논 도 구 고

하여 相對累日이라. 因共偃臥하여 光이 以足으로
상 대 루 일 인 공 언 와 광 이 족

加帝服上하다. 明日에 太史奏,客星犯御座甚急하
가 제 복 상 명 일 태 사 주 객 성 범 어 좌 심 급

니 帝笑曰,「朕이 故人인 嚴子陵으로 共臥爾로다.」
제 소 왈 짐 고 인 엄 자 릉 공 와 이

하고 除爲,諫議大夫하나 不屈,乃耕於富春山하니
제 위 간 의 대 부 불 굴 내 경 어 부 춘 산

後人이 名其釣處를 爲,「嚴陵瀨」焉이라 하다.
후 인 명 기 조 처 위 엄 릉 뢰 언

어려운 낱말 / 고사성어

[蚯蚓(구인)] : 지렁이. [險阨(험액)] : 매우 험악하다. [偃蹇驕悍(언건교한)] : 오만(傲慢)하다. 교만하고 사나운 것. [滎陽(형양)] : 지명. 중국 허난성의 성도인 정저우시의 전신이다. [咄咄(돌돌)] : 매우 놀라서 지르는 감탄사. 괴이한 일이라고 생각하여 놀라는 것. [瀨] : 여울(뢰).

통감절요 제17권

通鑑節要

東漢紀: 世祖,光武皇帝下
동한기 세조 광무황제하

○庚寅六年(서기 30년)이라. 吳漢等,拔朐하여 斬,董
경인육년 오한등발구 참동

憲.龐萌하고 江淮,山東悉平하다.
헌방맹 강회산동실평

○帝積,苦兵間하여 以隗囂,遣子內侍하고 公孫述,
제적고병간 이외효견자내시 공손술

遠據邊陲하여 乃謂,諸將曰, 「且,當置此,兩子於
원거변수 내위제장왈 차당치차량자어

度外耳라.」 因休諸將於雒陽하고 分,軍士於河內
도외이 인휴제장어낙양 분군사어하내

하여 數騰書隴하여 蜀,告示禍福하다.
삭등서롱 촉고시화복

○馮異自,長安入朝하여 帝謂,公卿曰, 「是我起兵
풍이자장안입조 제위공경왈 시아기병

時,主簿也에 爲,吾披荊棘하고 定,關中하리라.」 旣
시주부야 위오피형극 정관중 기

罷에 賜,珍寶,錢帛,詔曰,「倉卒,蕪蔞亭,豆粥하고
파 사 진 보 전 백 조 왈 창 졸 무 루 정 두 죽

滹沱河,麥飯하여 厚意久,不報하리라.」 異,稽首謝
호 타 하 맥 반 후 의 구 불 보 이 계 수 사

曰,「臣은 聞,管仲謂,桓公曰,『願君,無忘射鉤하고
왈 신 문 관 중 위 환 공 왈 원 군 무 망 사 구

臣,無忘檻車라.』 齊國賴之하다. 臣은 亦願,國家無
신 무 망 함 거 제 국 뢰 지 신 역 원 국 가 무

忘,河北之難하고 小臣은 不敢忘,巾車之恩하리다.」
망 하 북 지 난 소 신 불 감 망 건 거 지 은

하다. 留,十餘日에 令與妻子로 還西하다.
유 십 여 일 영 여 처 자 환 서

○隗囂,發兵反하다.
외 효 발 병 반

○六月에 詔曰,「夫,張官置吏는 所以爲民也라.
유 월 조 왈 부 장 관 치 리 소 이 위 민 야

今,百姓遭難은 戶口耗少하고 而縣官吏職이니 所
금 백 성 조 난 호 구 모 소 이 현 관 리 직 소

置尙繁이라. 其令司隷와 州牧各實所部는 省減吏
치 상 번 기 령 사 례 주 목 각 실 소 부 성 감 리

員하여 縣國不足置,長吏者幷之하라.」 於是에 幷
원 현 국 부 족 치 장 리 자 병 지 어 시 병

省,四百餘縣하여 吏職減損하고 十置其一하다.
성 사 백 여 현 이 직 감 손 십 치 기 일

○執金吾,朱浮,上疏曰,「昔堯는 舜之盛에 猶加
집 금 오 주 부 상 소 왈 석 요 순 지 성 유 가

三考라. 大漢之興은 亦累功效니 吏皆積久하여 至
삼고 대한지흥 역루공효 이개적구 지

長子孫하다. 間者,守宰數換易에 迎新相代하고 疲
장자손 간자수재수환역 영신상대 피

勞道路하다. 尋其,視事日淺하여 未足昭見其職하
로도로 심기시사일천 미족소견기직

고 旣加嚴切로 人不自保하다. 願,陛下는 遊意於經
기가엄절 인불자보 원폐하 유의어경

年之外하여 望治於,一世之後에 天下幸甚하소서!」
년지외 망치어일세지후 천하행심

하다. 帝,采其言하고 自是로 牧守,代易頗簡하다.
제채기언 자시 목수대이파간

○十二月에 詔曰,「頃者,師旅未解하고 用度不足하
십이월 조왈 경자사려미해 용도부족

니 故로 行十一之稅하다. 今,糧儲稍積으로 其令,郡
고 행십일지세 금량저초적 기령군

國收見田租하고 三十稅一하여 如,舊制하라.」하다.
국수견전조 삼십세일 여구제

○先是에 馬援이 聞,隗囂,欲貳於漢하고 數以書責
선시 마원 문외효욕이어한 수이서책

譬之하니 囂得書增怒하다. 及囂,發兵反하여 援乃
비지 효득서증노 급효발병반 원내

上書하니「願聽,詣行在所하여 極陳滅,囂之術하
상서 원청예행재소 극진멸효지술

라.」帝乃召之하여 具言謀畫하다.
제내소지 구언모획

○辛卯七年(서기 31년)이라. 三月晦에 日有食之하
신묘칠년 삼월회 일유식지

다. 詔,百僚,各上封事하니 其上書者,不得言,聖이라.
조 백 료 각 상 봉 사 기 상 서 자 부 득 언 성

○太中大夫,鄭興이 上疏曰, 「頃年日食에 每多在
태 중 대 부 정 흥 상 소 왈 경 년 일 식 매 다 재

晦하니 先時而合이 皆,月行疾也니다. 日,君象이요
회 선 시 이 합 개 월 행 질 야 일 군 상

而月臣象이니 君亢急則,臣促迫하니 故로 月行疾
이 월 신 상 군 항 급 즉 신 촉 박 고 월 행 질

하다. 今,陛下는 高明而羣臣惶促하고 宜留思柔克
금 폐 하 고 명 이 군 신 황 촉 의 류 사 유 극

之政하니 垂意洪範之法하소서.」 하다. 帝,躬勤政事
지 정 수 의 홍 범 지 법 제 궁 근 정 사

는 頗傷嚴急하니 故로 興,奏及之하다.
파 상 엄 급 고 흥 주 급 지

어려운 낱말 / 고사성어

[朐] : 멍에(구). [邊陲(변수)] : 변방. [陲] : 위태로울(수). [滹沱河(호타하)] : 하수의 이름. [巾車之恩(건거지은)] : 고사성어의 하나. 은혜를 잊지 않는다는 것.

○大司農,江馮이 上言하되「宜令,司隷校尉,督察
대 사 농 강 풍 상 언 의 령 사 례 교 위 독 찰
三公하소서.」하다. 司空掾陳元,上疏曰,「臣은 聞,
삼 공 사 공 연 진 원 상 소 왈 신 문
師臣者帝요 賓臣者는 霸니다. 故로 武王,以太公爲
사 신 자 제 빈 신 자 패 고 무 왕 이 태 공 위
師하고 齊桓,以夷吾爲仲父니 近則,高帝優,相國
사 제 환 이 이 오 위 중 부 근 즉 고 제 우 상 국
之禮하고 太宗,假宰輔之權이니다. 陛下는 宜脩文
지 례 태 종 가 재 보 지 권 폐 하 의 수 문
武之聖典으로 襲,祖宗之遺德하여 勞心下士하고
무 지 성 전 습 조 종 지 유 덕 노 심 하 사
屈節待賢하여 誠不可使有,司察公,輔之罪하소서.」
굴 절 대 현 성 불 가 사 유 사 찰 공 보 지 죄
하니 帝終之하다.
제 종 지

○帝好,圖讖하여 與,鄭興,議郊祀事하니 帝曰,「吾
제 호 도 참 여 정 흥 의 교 사 사 제 왈 오
欲以讖斷之는 何如오?」對曰,「臣不爲讖이니다!」
욕 이 참 단 지 하 여 대 왈 신 불 위 참
하니 帝,怒曰,「卿不爲讖하니 非之耶아?」興,皇恐
제 노 왈 경 불 위 참 비 지 야 흥 황 공
曰,「臣於書有所未學이요 而無所非也이니다.」하
왈 신 어 서 유 소 미 학 이 무 소 비 야
니 帝意乃解하다.
제 의 내 해

○南陽太守,杜詩가 政治清平하여 百姓便之하니
남 양 태 수 두 시 정 치 청 평 백 성 편 지

又脩治陂池하여 廣拓土田하고 郡內,比室殷足은
우 수 치 피 지 광 척 토 전 군 내 비 실 은 족
時人이 以,方召信臣이라. 南陽爲之語曰,「前有召
시 인 이 방 소 신 신 남 양 위 지 어 왈 전 유 소
父하고 後有杜母라.」하다.
부 후 유 두 모

○壬辰八年(서기 32년)이라. 夏에 帝,自將征,隗囂하
임 진 팔 년 하 제 자 장 정 외 효
니 光祿勳,郭憲,諫曰,「東方初定하여 車駕未可遠
광 록 훈 곽 헌 간 왈 동 방 초 정 거 가 미 가 원
征이니다.」하니 乃當車拔,佩刀以,斷車靷하다. 帝不
정 내 당 거 발 패 도 이 단 거 인 제 부
從하고 西至漆하다. 諸將이 多以王師之重하여 不
종 서 지 칠 제 장 다 이 왕 사 지 중 불
宜遠入險阻하니 猶豫未決이라 帝,召馬援問之하
의 원 입 험 조 유 예 미 결 제 소 마 원 문 지
다. 援因說,隗囂將帥,有土崩之勢로 兵進有必破
원 인 설 외 효 장 수 유 토 붕 지 세 병 진 유 필 파
之狀하고 又於帝前,聚米爲山谷이라. 指畫形勢하
지 상 우 어 제 전 취 미 위 산 곡 지 화 형 세
고 開示衆軍,所從道徑하니 往來分析하고 昭然可
개 시 중 군 소 종 도 경 왕 래 분 석 소 연 가
曉하다. 帝曰,「虜在吾目中矣로다!」明旦에 遂進
효 제 왈 노 재 오 목 중 의 명 단 수 진
軍하다. 數道上隴하여 使王遵으로 以書招牛邯하여
군 수 도 상 롱 사 왕 준 이 서 초 우 감
下之하니 拜,邯太中大夫하다. 於是에 囂大將十三
하 지 배 감 태 중 대 부 어 시 효 대 장 십 삼

人과 屬縣十六과 衆,十餘萬皆降하다. 囂將妻子,
인 속현십육 중 십여만개항 효장처자

犇西城하니 詔告隗囂曰,「若束手自詣면 父子相
분서성 조고외효왈 약속수자예 부자상

見하고 保無他也니라.」囂終不降하고 潁川,盜賊羣
견 보무타야 효종불항 영천 도적군

起하니 寇沒屬縣은 河東守兵,亦叛하여 京師騷動
기 구몰속현 하동수병 역반 경사소동

하다. 帝聞之曰,「吾悔不用,郭子横之言이로다.」
제문지왈 오회불용 곽자횡지언

秋,八月에 帝自上邽,晨夜東馳하여 賜,岑彭等,書
추 팔월 제자상규 신야동치 사 잠팽등 서

曰,「兩城若下면 便可將兵,南擊蜀虜하리니 人若
왈 양성약하 변가장병 남격촉로 인약

不知足이요 旣,平隴,復望,蜀이라. 每一發兵은 頭
부지족 기 평롱 부망 촉 매일발병 두

須爲白이로다!」九月에 車駕還宮하다. 帝謂,執金
수위백 구월 거가환궁 제위 집금

吾寇恂曰,「潁川,迫近京師하니 當以時定하여 惟
오구순왈 영천 박근경사 당이시정 유

念獨卿,能平之耳라. 從九卿,復出以憂國可也로
념독경 능평지이 종구경 부출이우국가야

다!」對曰,「潁川은 聞,陛下有事隴蜀이라. 故로 狂
대왈 영천 문 폐하유사롱촉 고 광

狡乘間으로 相,詿誤耳니라. 如聞乘輿南向하여 賊
교승간 상 괘오이 여문승여남향 적

必,惶怖歸死하니 臣願,執銳前驅이니다.」하니 帝從
필 황포귀사 신원 집예전구 제종

之하다. 庚申에 車駕南征하여 潁川,盜賊悉降하다.
지 경신 거가남정 영천 도적실항

寇恂竟,不拜郡, 百姓遮道曰, 「願從陛下는 復借寇
구순경 불배군 백성차도왈 원종폐하 부차구

君一年이니다.」 乃,留恂長社하여 鎭撫吏民하여 受
군일년 내유순장사 진무리민 수

納餘降하다. 東郡과 濟飮盜賊이 亦起라 帝遣,李通
납여항 동군 제음도적 역기 제견이통

하여 王常擊之하다. 以,耿純,嘗爲,東郡太守하고 威
왕상격지 이경순상위동군태수 위

信著於衛地하니 遣使拜,太中大夫하고 使與大兵,會
신저어위지 견사배태중대부 사여대병회

東郡하다. 東郡이 聞純入界하고 盜賊九千餘人이 皆
동군 동군 문순입계 도적구천여인 개

詣純降하고 大兵不戰而還이라 璽書復以純으로 爲,
예순항 대병부전이환 새서부이순 위

東郡太守하다.
동군태수

어려운 낱말 / 고사성어

[讖] : 참서(참). [車靷(거인)] : 수레가 움직이다. 발인과 같음. [詿誤(괘오)] : 그릇되다. 잘못되게 하다.

○癸巳九年(서기 33년)이라. 祭遵이 薨하다. 遵의 爲
계 사 구 년 제 준 훙 준 위

人이 廉約小心하여 克己奉公하고 賞賜盡與士卒
인 염 약 소 심 극 기 봉 공 상 사 진 여 사 졸

이라 約束嚴整하고 所在吏民,不知有軍하다. 取士
약 속 엄 정 소 재 리 민 부 지 유 군 취 사

皆用,儒術하고 對酒設樂하면 必,雅歌投壺하다. 臨
개 용 유 술 대 주 설 락 필 아 가 투 호 임

終에 遺戒薄葬하여 問以家事하고 終無所言하다.
종 유 계 박 장 문 이 가 사 종 무 소 언

其後朝會에 帝,每歎曰, 「安得,憂國奉公,如祭征
기 후 조 회 제 매 탄 왈 안 득 우 국 봉 공 여 제 정

虜者乎아!」하다.
로 자 호

○隗囂가 病且餓하여 恚憤而卒하다. 少子,純立하
외 효 병 차 아 에 분 이 졸 소 자 순 립

여 爲王하다. 秋에 來歙率馮異等,五將軍으로 討隗
위 왕 추 래 흡 솔 풍 이 등 오 장 군 토 외

純於天水하다.
순 어 천 수

○甲午十年(서기 34년)이라. 隗純,降하니 隴右遂安
갑 오 십 년 외 순 항 농 우 수 안

하다.

○乙未十一年(서기 35년)이라. 岑彭이 數攻田戎等
을 미 십 일 년 잠 팽 수 공 전 융 등
하여 不克하다. 帝遣吳漢하여 發,荊州兵하여 與彭
불 극 제 견 오 한 발 형 주 병 여 팽
會荊門하다. 彭裝戰船千艘하여 直衝浮橋하니 順
회 형 문 팽 장 전 선 천 소 직 충 부 교 순
風並進하여 所向無前이라 蜀兵大亂하여 溺死者,
풍 병 진 소 향 무 전 촉 병 대 란 익 사 자
數千人이러라. 長驅,入江關하니 令軍中,無得虜掠
수 천 인 장 구 입 강 관 영 군 중 무 득 노 략
하니 百姓大喜하여 爭,開門降하다.
백 성 대 희 쟁 개 문 항

○六月에 來歙與,蓋延等으로 進攻元과 安으로 大
유 월 내 흡 여 개 연 등 진 공 원 안 대
破之하다. 蜀人大懼하여 使,刺客刺歙으로 中傷而
파 지 촉 인 대 구 사 자 객 자 흡 중 상 이
絶하다. 趙王良從,帝送歙喪還하여 入夏城門하니
절 조 왕 량 종 제 송 흡 상 환 입 하 성 문
與,中郎將,張邯爭道하여 叱邯旋車라. 又,詰責門
여 중 랑 장 장 감 쟁 도 질 감 선 거 우 힐 책 문
候하여 使,前走數十步하다. 司隷校尉,鮑永劾奏하
후 사 전 주 수 십 보 사 례 교 위 포 영 핵 주
되「良無藩臣禮하고 大不敬이라.」良,貴戚尊重이
양 무 번 신 례 대 불 경 양 귀 척 존 중
而永劾之하니 朝廷肅然하다. 永辟扶風鮑恢爲,都
이 영 핵 지 조 정 숙 연 영 벽 부 풍 포 회 위 도
官從事하니 恢亦抗直하여 不避彊禦하다. 帝常曰,
관 종 사 회 역 항 직 불 피 강 어 제 상 왈

「貴戚且斂手以避二鮑니라.」하다.
귀 척 차 렴 수 이 피 이 포

○公孫述이 使其將,延岑으로 拒廣漢하니 侯丹拒
공손술 사 기 장 연 잠 거 광 한 후 단 거
黃石하다. 岑彭이 襲擊侯丹하여 大破之하니 因晨
황 석 잠 팽 습 격 후 단 대 파 지 인 신
夜,倍道兼行,二千餘里하여 徑拔武陽하다. 使,精
야 배 도 겸 행 이 천 여 리 경 발 무 양 사 정
騎馳擊廣都하니 去成都數十里라 勢若風雨하고
기 치 격 광 도 거 성 도 수 십 리 세 약 풍 우
所至皆,犇散이라. 初에 述聞,漢兵在平曲이라. 故로
소 지 개 분 산 초 술 문 한 병 재 평 곡 고
遣大兵逆之하다. 及彭至,武陽하여 繞出延岑軍後
견 대 병 역 지 급 팽 지 무 양 요 출 연 잠 군 후
하니 蜀地震駭하다. 述이 大驚하여 以杖擊地曰,
촉 지 진 해 술 대 경 이 장 격 지 왈
「是何神也오!」 乃使刺客으로 詐爲亡奴하니 降,岑
시 하 신 야 내 사 자 객 사 위 망 노 항 잠
彭하여 夜에 刺殺,彭하다.
팽 야 자 살 팽

○馬成等,破河池에 遂,平武都하다.
마 성 등 파 하 지 수 평 무 도

○郭伋爲幷州牧하여 過,京師하니 帝問以得失이
곽 급 위 병 주 목 과 경 사 제 문 이 득 실

어늘 伋曰, 「選補衆職이 當簡,天下賢俊하니 不宜
급 왈 선 보 중 직 당 간 천 하 현 준 불 의
專用南陽人이니다.」 是時에 在位多,鄕曲故舊하니
전 용 남 양 인 시 시 재 위 다 향 곡 고 구
故로 伋言及之하다.
고 급 언 급 지

○丙申十二年(서기 36년)이라. 吳漢將步,騎二萬하
병 신 십 이 년 오 한 장 보 기 이 만
여 進逼成都하니 與,公孫述이 戰於廣都와 成都之
진 핍 성 도 여 공 손 술 전 어 광 도 성 도 지
間하여 八戰八克하다.
간 팔 전 팔 극

○十一月에 臧宮軍,咸陽門하고 述自將,數萬人으
십 일 월 장 궁 군 함 양 문 술 자 장 수 만 인
로 攻,吳漢하니 使延岑拒宮하다. 大戰에 岑,三合三
공 오 한 사 연 잠 거 궁 대 전 잠 삼 합 삼
勝하여 自旦及日中에 軍士不得食하고 並疲하다.
승 자 단 급 일 중 군 사 부 득 식 병 피
漢因使護軍高午와 唐邯將,銳卒數萬擊之로 述
한 인 사 호 군 고 오 당 감 장 예 졸 수 만 격 지 술
兵大亂이라 高午犇陳刺述하고 洞胸墮馬하여 左
병 대 란 고 오 분 진 자 술 동 흉 타 마 좌
右輿入城하다. 述,以兵屬延岑에 其夜에 死하니 明
우 여 입 성 술 이 병 속 연 잠 기 야 사 명
旦에 延岑,以城降하다.
단 연 잠 이 성 항

○初에 述徵,廣漢,李業으로 爲,博士하니 業固,稱
초 술징광한이업 위박사 업고칭
疾不起하다. 述羞,不能致하고 賜以毒酒로 業乃
질불기 술수불능치 사이독주 업내
嘆曰,「古人이 危邦不入하니 亂邦不居는 爲此故
탄왈 고인 위방불입 난방불거 위차고
也니라.」하고 遂,飮毒而死하다. 述,又聘巴郡,譙
야 수음독이사 술우빙파군초
玄하니 玄,不詣어늘 亦遣使者로 以,毒藥劫之하
현 현불예 역견사자 이독약겁지
다. 述徵,蜀郡王皓와 王嘉는 恐其不至하여 先擊,
술징촉군왕호 왕가 공기부지 선격
其妻子하고 皓와 嘉,皆,自殺하다. 犍爲,費貽不肯,
기처자 호 가개자살 건위비이불긍
仕述이 漆身爲癩하고 陽狂以避之하다. 同郡任
사술 칠신위라 양광이피지 동군임
永과 馮信皆托,靑盲以辭徵命하다. 帝旣平蜀에
영 풍신개탁청맹이사징명 제기평촉
譙玄已卒하고 祠以中牢하여 敕所在還其家錢하
초현이졸 사이중뢰 칙소재환기가전
니 而表李業之閭하다. 徵費貽와 任永과 馮信,會
이표이업지려 징비이 임영 풍신회
永과 信病이 卒하고 獨貽仕至,合浦太守하다.
영 신병 졸 독이사지합포태수

어려운 낱말 / 고사성어

[薄葬(박장)] : 장례의 일종. [隗囂(외효)] : 인명. 한의 제후의 한 사람. [恚憤(에분)] : 분하여 성을 내다. '외효'가 분통이 터져 죽었다. [岑彭(잠팽)] : 인명. [癩] : 문둥병(라). [陽狂(양광)] : 거짓으로 미친척하다. 양광(佯狂)과 같음. 음광(陰狂)과 대치됨. [中牢(중뢰)] : 제사 때 돼지 고기를 담는 그릇. [小牢(소뢰)] : 중뢰와 같이 씀.

○帝,以睢陽令,任延으로 爲,武威太守하고 親見하
제 이 휴 양 령 임 연 위 무 위 태 수 친 견
여 戒之曰, 「善事上官은 無失名譽라.」 하니 延이
계 지 왈 선 사 상 관 무 실 명 예 연
對曰, 「臣은 聞,忠臣不私하고 私臣不忠이라. 履正
대 왈 신 문 충 신 불 사 사 신 불 충 이 정
奉公은 臣子之節이라 上下雷同에 非,陛下之福이
봉 공 신 자 지 절 상 하 뢰 동 비 폐 하 지 복
니라. 善事上官은 臣不敢奉詔니다.」 하니 帝,歎息
선 사 상 관 신 불 감 봉 조 제 탄 식
曰, 「卿言是也로다!」 하다.
왈 경 언 시 야

○丁酉十三年(서기 37년)이라. 時에 異國에서 有獻
정 유 십 삼 년 시 이 국 유 헌
名馬者하니 日行千里라 又獻,寶劍하니 價直百金
명 마 자 일 행 천 리 우 헌 보 검 가 치 백 금
하다. 詔,以劍賜騎士하고 馬駕鼓車하다. 上,雅不喜,
조 이 검 사 기 사 마 가 고 거 상 아 불 희
聽音樂하고 手不持,珠玉하다. 嘗出獵에 車駕夜還
청 음 악 수 부 지 주 옥 상 출 렵 거 가 야 환
하니 上,東門候,郅惲,拒關不開하다. 上,令終者하여
상 동 문 후 질 운 거 관 불 개 상 령 종 자
見面於門間하니 惲曰, 「火明遼遠이라.」 하고 遂,不
견 면 어 문 간 운 왈 화 명 요 원 수 불
受詔하다. 上이 乃回하여 從,中東門入하니 明日에
수 조 상 내 회 종 중 동 문 입 명 일
惲,上書諫曰, 「昔에 文王은 不敢盤于游田하고 以,
운 상 서 간 왈 석 문 왕 불 감 반 우 유 전 이

萬民,惟正之供하니 而陛下는 遠獵山林하여 夜以
만 민 유 정 지 공 이 폐 하 원 렵 산 림 야 이

繼晝하시니 如,社稷宗廟何리오!」 書奏하니 賜,惲布
계 주 여 사 직 종 묘 하 서 주 사 운 포

百匹하고 貶中東門侯하여 爲,參封尉하다. 大饗將
백 필 폄 중 동 문 후 위 참 봉 위 대 향 장

士와 功臣이 定封,鄧禹爲,高密侯하여 食四縣하니
사 공 신 정 봉 등 우 위 고 밀 후 식 사 현

李通爲,固始侯하고 賈復爲膠東侯하여 食六縣이니
이 통 위 고 시 후 가 부 위 교 동 후 식 육 현

餘皆有差하다. 帝在兵間久하고 厭武事하니 且知
여 개 유 차 제 재 병 간 구 염 무 사 차 지

天下疲耗하여 思樂息肩하니 自隴과 蜀平後는 非,
천 하 피 모 사 락 식 견 자 농 촉 평 후 비

警急하고 未嘗,復言軍旅하다. 皇太子嘗問,攻戰之
경 급 미 상 부 언 군 려 황 태 자 상 문 공 전 지

事하니 帝曰,「昔에 衛靈公이 問陳하되 孔子不對
사 제 왈 석 위 령 공 문 진 공 자 부 대

하고 此非爾所及이니라.」 하다. 鄧禹와 賈復知,帝偃
차 비 이 소 급 등 우 가 부 지 제 언

干戈하니 修文德하고 不欲功臣,擁,衆京師어늘 乃
간 과 수 문 덕 불 욕 공 신 옹 중 경 사 내

去甲兵으로 敦儒學하다. 帝亦思念하여 欲完功臣
거 갑 병 돈 유 학 제 역 사 념 욕 완 공 신

爵土하니 不令以,吏職爲過하고 遂,罷左와 右將軍
작 토 불 령 이 이 직 위 과 수 파 좌 우 장 군

官하다. 耿弇等이 亦上,大將軍印綬하고 皆以列侯
관 경 엄 등 역 상 대 장 군 인 수 개 이 렬 후

就第라 加位特進하여 奉朝請하다. 鄧禹,內行淳備
취 제 가 위 특 진 봉 조 청 등 우 내 행 순 비

하여 有子十三人하니 各使守,一藝하여 修整閨門
유자십삼인 각사수일예 수정규문
하고 教養子孫하여 皆可以爲,後世法하고 資用國
교양자손 개가이위후세법 자용국
邑하여 不修産利하다. 賈復,爲人剛毅方直하여 多
읍 불수산리 가복위인강의방직 다
大節로 旣還私第하여 闔門養威重하다. 朱祜,等이
대절 기환사제 합문양위중 주호등
薦,復宜爲,宰相하니 帝方,以吏事責,三公이라. 故로
천복의위재상 제방이리사책삼공 고
功臣並不用하다. 是時에 列侯唯,高密과 固始와 膠
공신병불용 시시 열후유고밀 고시 교
東,三侯로 與,公卿參議,國家大事하여 恩遇甚厚하
동삼후 여공경참의국가대사 은우심후
다. 帝雖制御功臣이나 而每能回容하고 宥其少失
제수제어공신 이매능회용 유기소실
하다. 遠方貢珍甘하고 必先,徧賜諸侯하니 而太官
원방공진감 필선편사제후 이태관
無餘라. 故로 皆保其福祿하고 無誅譴者하다.
무여 고 개보기복록 무주견자

○時에 兵革旣息이어늘 天下少事가 文書調役이라
시 병혁기식 천하소사 문서조역
務從簡寡하고 至乃十存一焉하다.
무종간과 지내십존일언

○戊戌十四年(서기 38년)이라. 梁統이 上疏曰, 「臣
무술십사년 양통 상소왈 신

竊見,元帝初元五年하니 輕殊死刑,三十四事하고
절 견 원 제 초 원 오 년 경 수 사 형 삼 십 사 사

哀帝建平元年에 輕殊死刑,八十一事라. 其,
애 제 건 평 원 년 경 수 사 형 팔 십 일 사 기

四十二事,手殺人者는 減死一等하다. 自是之後로
사 십 이 사 수 살 인 자 감 사 일 등 자 시 지 후

著爲常準하니 故人輕犯法이 吏易殺人하다. 經曰,
저 위 상 준 고 인 경 범 법 이 역 살 인 경 왈

『爰制百姓이 于刑之衷이라.』하니 衷之爲言은 不
원 제 백 성 우 형 지 충 충 지 위 언 불

輕不重之謂也니라. 自,高祖로 至于,孝宣히 海內
경 부 중 지 위 야 자 고 조 지 우 효 선 해 내

稱治가 至初元과 建平而盜賊浸多하니 皆,刑罰不
칭 치 지 초 원 건 평 이 도 적 침 다 개 형 벌 불

衷이니 愚人易犯之所致也니라. 由此觀之컨대 則,
충 우 인 이 범 지 소 치 야 유 차 관 지 즉

刑輕之作은 反生大患하고 惠加奸軌하니 而害及
형 경 지 작 반 생 대 환 혜 가 간 궤 이 해 급

良善也인저!」 事寢不報하다.
량 선 야 사 침 불 보

어려운 낱말 / 고사성어

[印綬(인수)] : 관인(官印), 즉 관직의 품계를 나타내는 도장(印)을 허리에 차는 끈. [淳備(순비)] : 완전히 갖추어져 있음. [剛毅(강의)] : 강직하고 굳세며 순박하다. [譴] : 꾸짖다(견). '견책(譴責)'과 같음. [奸軌(간궤)] : 옳지 못한 것을 법으로 만들다.

○己亥十五年(서기 39년)이라. 春에 大司徒,韓歆,免
기 해 십 오 년 춘 대 사 도 한 흠 면

하다. 歆好直言하여 無,隱諱하니 帝每不能容하다.
흠 호 직 언 무 은 휘 제 매 불 능 용

歆於上前,證歲饑凶을 指天畫地하고 言甚剛切
흠 어 상 전 증 세 기 흉 지 천 획 지 언 심 강 절

이라. 故로 坐免歸田里하다. 帝猶不釋하고 復遣,
고 좌 면 귀 전 리 제 유 불 석 부 견

使宣詔責之라 歆及,子嬰이 皆,自殺하다. 歆素,有
사 선 조 책 지 흠 급 자 영 개 자 살 흠 소 유

重名하여 死非其罪하고 衆多不厭이라 帝乃,追賜
중 명 사 비 기 죄 중 다 불 염 제 내 추 사

錢穀하여 以成禮葬之하다.
전 곡 이 성 례 장 지

○帝以天下로 墾田多,不以實自占하고 又戶口와
제 이 천 하 간 전 다 불 이 실 자 점 우 호 구

年紀互有,增減하니 乃詔下州郡,檢覈하다. 於是에
년 기 호 유 증 감 내 조 하 주 군 검 핵 어 시

刺史와 太守,多爲詐巧하고 苟以度田爲名하니 聚
자 사 태 수 다 위 사 교 구 이 도 전 위 명 취

民田中이 幷度廬屋이라 里落民,遮道啼呼아? 或,
민 전 중 병 도 려 옥 이 락 민 차 도 제 호 혹

優饒豪右하니 侵刻羸弱하다. 時諸郡各,遣使奏事
우 요 호 우 침 각 리 약 시 제 군 각 견 사 주 사

하니 帝見,陳留吏牘,上有書하고 視之云하되 「潁川
제 견 진 류 리 독 상 유 서 시 지 운 영 천

과 弘農可問하되 河南과 南陽은 不可問하다.」 帝詰
홍 농 가 문 하 남 남 양 불 가 문 제 힐

吏由로 吏,不肯服하여 抵言하되「於長壽街上得之로이다.」하니 帝怒하다. 時에 皇子東海公,陽年十二에 在幄後言曰,「吏受郡敕하여 當欲以墾田相方耳라.」하니 帝曰,「卽,如此니 何故言,河南과 南陽은 不可問고?」對曰,「河南帝城은 多近臣하고 南陽帝鄕은 多近親이라. 田宅踰制가 不可爲準이니다.」하다. 帝令,虎賁將,詰,問吏하여 吏乃首服하고 如,東海公對하다. 上이 由是로 益奇愛陽하다. 遣謁者하여 考實二千石,長吏阿枉不平者하다.

○張堪으로 拜,漁陽太守하다. 堪視事八年에 匈奴不敢犯塞하고 勸民耕稼하여 以致殷富하다. 百姓歌曰,「桑無附枝하고 麥秀兩岐하니 張君爲政이 樂不可支로다!」하다.

○庚子十六年(서기 40년)이라. 郡國羣盜處處並起
경자십육년 군국군도처처병기

하여 郡縣追討하니 到則解散하고 去復屯結하여 青
군현추토 도즉해산 거부둔결 청

과 徐와 幽와 冀,四州尤甚하다. 冬十月에 遣,使者下
서 유 기사주우심 동시월 견사자하

郡國하여 聽,羣盜自相糾擿하고 五人共斬,一人者
군국 청군도자상규적 오인공참일인자

하여 除其罪하다. 於是에 更相追捕하고 賊並解散하
제기죄 어시 경상추포 적병해산

니 徙其魁帥於他郡이라. 賦田受稟하여 使安生業
사기괴수어타군 부전수품 사안생업

하니 自是로 牛馬放牧不收하고 邑門不閉하다.
자시 우마방목불수 읍문불폐

○辛丑十七年(서기 41년)이라. 郭后,寵衰하여 數懷
신축십칠년 곽후총쇠 삭회

怨懟하니 上이 怒之하다. 廢,皇后郭氏하고 立,貴人
원대 상 노지 폐황후곽씨 입귀인

陰氏하여 爲,皇后하다.
음씨 위황후

○帝幸,章陵하여 修園,廟祠舊宅하고 觀田廬에 置
제행장릉 수원묘사구댁 관전려 치

酒作樂하고 賞賜하다. 時에 宗室諸母,因,酣悅相與
주작악 상사 시 종실제모인감열상여

語曰, 「文叔少時謹信하고 與人不款曲하니 唯直
어왈 문숙소시근신 여인불관곡 유직

柔耳라 今乃能如此리오!」 하다. 帝,聞之하고 大笑
유 이 금내능여차 제문지 대소

曰,「吾治天下에 亦欲以,柔道行之라.」 하다.
왈 오치천하 역욕이유도행지

○交趾,女子反하니 拜,馬援하여 爲,伏波將軍하고
교지여자반 배마원 위복파장군

以擊交趾하여 大破之하다.
이격교지 대파지

○癸卯十九年(서기 43년)이라. 郭后旣廢에 太子,彊
계묘십구년 곽후기폐 태자강

이 意不自安하다. 郅惲,說太子曰,「久處疑位하여
의불자안 질운세태자왈 구처의위

上違孝道하고 下近危殆하니 不如辭位以,封養母
상위효도 하근위태 불여사위이봉양모

氏라.」 하다. 太子從之하니 數因左右及,諸王,陳其
씨 태자종지 수인좌우급제왕진기

懇誠하여 願備藩國하다. 上이 不忍하니 遲回者數
간성 원비번국 상 불인 지회자수

歲로다. 六月에 詔曰,「春秋之義는 立子以貴요, 東
세 유월 조왈 춘추지의 입자이귀 동

海王陽은 皇后之子니 宜承大統이라. 皇太子,彊은
해왕양 황후지자 의승대통 황태자강

崇執謙退하고 願備藩國하니 父子之情이 重久違
숭집겸퇴 원비번국 부자지정 중구위

之라. 其以彊으로 爲,東海王하고 立陽으로 爲,皇太
지 기이강 위동해왕 입양 위황태

子하여 改名,莊이라.」 하니라.
자　　개명 장

○上이 以,桓榮으로 爲,議郞하고 使授太子經하다.
상　　이 환영　　　위 의랑　　　사수태자경

車駕幸,太學하여 會,諸博士,論難於前하여 榮辨明
거가행 태학　　　회 제박사 논난어전　　　영변명

經義하고 儒者莫之及이나 特加賞賜하다.
경의　　　유자막지급　　　특가상사

○陳留董宣으로 爲,雒陽,令하다. 湖陽公主,蒼頭
진류동선　　　　위 낙양 령　　　호양공주 창두

白日殺人하고 因匿主家하니 吏不能得이러라. 及,
백일살인　　　인닉주가　　　이불능득　　　　급

主出行에 出奴,驂乘하여 宣於夏門亭候之하니 駐
주출행　　출노 참승　　　선어하문정후지　　　주

車叩馬하여 以刀畫地하고 大言數主之失이라 叱
거고마　　　이도획지　　　대언수주지실　　　질

奴下車하고 因格殺之하다. 主卽,還宮訴帝하니 帝,
노하거　　　인격살지　　　주즉 환궁소제　　　제

大怒하고 召宣하여 欲箠殺之하다. 宣,叩頭曰, 「願
대노　　　소선　　　욕추살지　　　선 고두왈　　원

乞一言而死하노이다.」 하니 帝曰, 「欲何言고?」 하니
걸일언이사　　　　　　　　제왈　　욕하언

宣曰, 「陛下聖德中興하사 而縱奴殺人하니 將何
선왈　　폐하성덕중흥　　　이종노살인　　　장하

以治天下乎잇까? 臣不須箠하여 請得自殺이니다!」
이치천하호　　　　신불수추　　　청득자살

하고 卽以頭擊楹하여 流血被面하다. 帝令,小黃門
즉 이 두 격 영 유 혈 피 면 제 령 소 황 문
持之하다. 使宣으로 叩頭謝主하니 宣不從이라. 彊
지 지 사 선 고 두 사 주 선 부 종 강
使頓之하여 宣,兩手據地하고 終不肯俯하다. 主曰,
사 돈 지 선 량 수 거 지 종 불 긍 부 주 왈
「文叔이 爲,白衣時에 藏亡匿死하고 吏不敢至門이
문 숙 위 백 의 시 장 망 닉 사 이 불 감 지 문
라. 今爲天子하여 威不能,行一令乎리요?」 帝,笑曰,
금 위 천 자 위 불 능 행 일 령 호 제 소 왈
「天子不與白衣同이라!」 하고 因敕「彊項令出이
천 자 불 여 백 의 동 인 칙 강 항 령 출
라!」 하고 賜錢三十萬하여 宣悉以班,諸吏하다. 由
사 전 삼 십 만 선 실 이 반 제 리 유
是로 能搏擊,豪彊하고 京師莫不,震慓러라.
시 능 박 격 호 강 경 사 막 부 진 표

○甲辰二十年(서기 44년)이라. 廣平忠侯,吳漢病篤
갑 진 이 십 년 광 평 충 후 오 한 병 독
하여 車駕親臨할새 問所欲言하니 對曰,「臣愚는 無
거 가 친 림 문 소 욕 언 대 왈 신 우 무
所知識하여 唯願陛下,愼無赦而已니다.」하다.
소 지 식 유 원 폐 하 신 무 사 이 이

○以,郭況으로 爲,大鴻臚하고 帝,數幸其第하여 賞
이 곽 황 위 대 홍 려 제 수 행 기 제 상
賜金帛하니 豐盛莫比라 京師,號況家爲하니「金
사 금 백 풍 성 막 비 경 사 호 황 가 위 금

穴」이라 하다.
혈

○秋,九月에 馬援,自交趾還하여 盟冀迎勞之하다.
추 구 월 마 원 자 교 지 환 맹 기 영 로

援曰,「方今匈奴와 烏桓이 尚擾北邊하여 欲自請
원 왈 방 금 흉 노 오 환 상 요 북 변 욕 자 청

擊之하니 男兒要,當死於邊野언정 以,馬革,裹尸還
격 지 남 아 요 당 사 어 변 야 이 마 혁 과 시 환

葬耳리요 何能臥床上하여 在,兒女子手中耶야!」
장 이 하 능 와 상 상 재 아 녀 자 수 중 야

冀曰,「諒이로다! 爲,烈士當,如是矣로다!」하다.
기 왈 량 위 열 사 당 여 시 의

○乙巳二十一年(서기 45년)이라. 莎車王賢이 欲,兼
을 사 이 십 일 년 사 거 왕 현 욕 겸

幷西域하여 諸國愁懼하다. 車師等,十八國,俱遣
병 서 역 제 국 수 구 차 사 등 십 팔 국 구 견

子入侍하여 願得都護하다. 帝以,中國初定에 北
자 입 시 원 득 도 호 제 이 중 국 초 정 북

邊未服하고 皆還其侍子하여 厚賞賜之하다.
변 미 복 개 환 기 시 자 후 상 사 지

○丙午二十二年(서기 46년)이라. 初에 劉昆으로 爲,
병 오 이 십 이 년 초 유 곤 위

江陵令하니 縣有火災하여 昆,向火叩頭하여 火尋
강 릉 령 현 유 화 재 곤 향 화 고 두 화 심

滅이라 後爲,弘農太守하여 虎皆負子渡河하다. 帝
멸 후위홍농태수 호개부자도하 제

聞而異之하여 徵昆爲,光祿勳하다. 帝問昆曰,「前
문이이지 징곤위광록훈 제문곤왈 전

在江陵은 反風滅火터니 後守弘農은 虎北渡河이
재강릉 반풍멸화 후수홍농 호북도하

니 行,何德政而致是事아?」하니 對曰,「偶然耳이니
행하덕정이치시사 대왈 우연이

다.」하니 左右皆笑러라. 帝,嘆曰,「此,長者之言也
좌우개소 제탄왈 차장자지언야

오!」顧,命書諸策하다.
고명서제책

○西域諸國이 侍子久留,敦煌하니 皆,愁思亡歸하
서역제국 시자구류돈황 개수사망귀

다. 莎車王賢知,都護不至하니 擊破鄯善하여 攻殺,
사거왕현지도호부지 격파선선 공살

龜茲王하다. 鄯善王,安上書하되「願復遣子入侍하
구자왕 선선왕안상서 원부견자입시

여 更請都護하니 都護不出이면 誠迫於匈奴리다.」
경청도호 도호불출 성박어흉노

하니 帝,報曰,「今,使者大兵,未能得出하니 如,諸
제보왈 금사자대병미능득출 여제

國,力不從心이면 東西南北自在也리라.」於是에
국력부종심 동서남북자재야 어시

鄯善과 車師,復附匈奴하다.
선선 차사부부흉노

어려운 낱말 / 고사성어

[隱諱(은휘)] : 비밀스럽고 꺼려 하는 말. [羸弱(이약)] : 여리고 약하다. [幄(악)] : 휘장. 천막. [箠] : 채찍(추). [大鴻臚(대홍려)] : 중국 고대 왕조의 관명으로, 제후들과 이민족들의 사무를 관장했다. [敦煌(돈황)] : 중국 서부 감숙성(甘肅省)에 돈황(敦煌)시가 있음.

○戊申二十四年(서기 48년)이라. 匈奴八部大人共
무신이십사년 흉노팔부대인공
議하니 立日逐王比爲,呼韓邪單于하여 款五原塞
의 입일축왕비위 호한야선우 관오원새
가 願永爲,藩蔽하니 扞禦北虜하다. 事下公卿과 議
원영위 번폐 한어북로 사하공경 의
者皆以爲하되「天下初定에 中國空虛하니 夷狄情
자개이위 천하초정 중국공허 이적정
僞難知하니 不可許라.」五官中郎將取國하여 獨以
위난지 불가허 오관중랑장취국 독이
爲하니「宜如孝宣故事를 受之라 令東扞鮮卑하고
위 의여효선고사 수지 영동한선비
北拒匈奴하니 率厲四夷가 完復邊郡하다.」하니 帝
북거흉노 솔려사이 완복변군 제
從之하다.
종지

○秋七月에 武陵蠻寇臨沅이 馬成討之하여 不克
추칠월 무릉만구림원 마성토지 불극
하다. 馬援請行하니 帝愍其老하여 未許하되 援曰,
마원청행 제민기로 미허 원왈
「臣尚能被甲上馬라.」하니 帝令試之하다. 援據鞍
신상능피갑상마 제령시지 원거안
顧眄하고 以示可用하니 帝笑曰,「矍鑠哉是翁이
고면 이시가용 제소왈 확삭재시옹
여!」遂遣援하니 將,四萬餘人,征五溪하다. 援謂友
수견원 장사만여인정오계 원위우
人,杜愔曰,「吾受國厚恩하니 年迫日索이라, 常恐,
인두음왈 오수국후은 년박일색 상공

不得死國事하니 今獲所願이 甘心瞑目이라.」하다.
부 득 사 국 사　　　금 획 소 원　　감 심 명 목

○冬十月에 匈奴日逐王比하니 自立爲,南單于하
동 시 월　　흉 노 일 축 왕 비　　　자 립 위 남 선 우
고 遣使詣闕奉藩稱臣하다. 上,以問,朗陵候,臧宮
견 사 예 궐 봉 번 칭 신　　　상 이 문 랑 릉 후 장 궁
하니 宮曰,「匈奴飢疫分爭하여 臣願得,五千騎以
궁 왈　　흉 노 기 역 분 쟁　　　신 원 득 오 천 기 이
立功하리다.」帝笑曰,「常勝之家는 難與慮敵이니
입 공　　　　제 소 왈　　상 승 지 가　　난 여 여 적
吾方自思之하리라.」하다.
오 방 자 사 지

○己酉二十五年(서기 49년)이라. 馬援,軍至臨鄉하
기 유 이 십 오 년　　　　　　　　　마 원 군 지 임 향
니 擊破蠻兵하여 斬獲,二千餘人하다. 援兄,子嚴이
격 파 만 병　　　참 획 이 천 여 인　　　원 형 자 엄
敦並喜譏議하니 通輕俠하고 援,前在交趾라. 還書
돈 병 희 기 의　　통 경 협　　　원 전 재 교 지　　환 서
誡之曰,「吾欲汝曹,聞人過失하니 如聞父母之名
계 지 왈　　오 욕 여 조 문 인 과 실　　여 문 부 모 지 명
하여 耳可得聞이언정 口不可得言也라 하다. 好,議
이 가 득 문　　　　구 불 가 득 언 야　　　　호 의
人長短하고 妄,是非政法하여 此,吾所大惡也라. 寧
인 장 단　　　망 시 비 정 법　　　차 오 소 대 악 야　　녕
死언정 不願聞,子孫有,此行也이라 하다. 龍伯,高敦,
사　　　불 원 문 자 손 유 차 행 야　　　　　용 백 고 돈

厚周,愼이 口無擇言하고 謙約絶儉하여 廉公有威
후 주 신 구 무 택 언 겸 약 절 검 렴 공 유 위

하니 吾愛之重之라 願,汝曹效之어다. 杜季良,豪俠
오 애 지 중 지 원 여 조 효 지 두 계 량 호 협

好義하여 憂,人之憂를 樂,人之樂하고 父喪致客에
호 의 우 인 지 우 낙 인 지 락 부 상 치 객

數郡畢至하니 吾,愛之重之라 不願,汝曹效也러라.
수 군 필 지 오 애 지 중 지 불 원 여 조 효 야

效,伯高不得하고 猶爲謹敕之士하여 所謂,『刻鵠
효 백 고 부 득 유 위 근 칙 지 사 소 위 각 곡

不成하고 尙類鶩』者也라. 效,季良不得하고 陷爲,
불 성 상 류 목 자 야 효 계 량 부 득 함 위

天下輕薄子를 所謂『畫虎不成하여 反類狗』者也
천 하 경 박 자 소 위 화 호 불 성 반 류 구 자 야

니라.」하다. 初에 援,在交趾하여 常餌,薏苡하고 實能
초 원 재 교 지 상 이 의 이 실 능

輕身하며 勝瘴氣하고 軍還,載之一車하다. 及卒後
경 신 승 장 기 군 환 재 지 일 거 급 졸 후

有,一書하니 譖之者라. 以爲前所는 載還皆,明珠
유 일 서 참 지 자 이 위 전 소 재 환 개 명 주

文犀라 帝怒하다. 援妻孥惶懼하여 不敢以喪還舊
문 서 제 노 원 처 노 황 구 불 감 이 상 환 구

塋하고 稾葬域西하다.
영 고 장 역 서

○辛亥二十七年(서기 51년)이라. 北匈奴,遣使詣武,
신 해 이 십 칠 년 북 흉 노 견 사 예 무

威求和親하니 帝召公卿廷議하여 不決이라. 皇太
위 구 화 친 제 소 공 경 정 의 불 결 황 태

子言曰,「南單于新附하고 而反交通北虜하니 臣
자 언 왈 남 선 우 신 부 이 반 교 통 북 로 신

恐,南單于,將有二心이라.」하니 帝,然之하고 詔武
공 남 선 우 장 유 이 심 제 연 지 조 무

威太守,勿受其使하다. 臧宮과 馬武가 上書曰,「匈
위 태 수 물 수 기 사 장 궁 마 무 상 서 왈 흉

奴貪利는 無有禮信이라 窮則稽首하고 安則侵盜
노 탐 리 무 유 례 신 궁 즉 계 수 안 즉 침 도

라. 今,人畜疫死에 旱蝗赤地하니 疲困乏力이 不當
금 인 축 역 사 한 황 적 지 피 곤 핍 력 부 당

中國一郡하니 今,命將臨塞하여 厚縣購賞이 北虜
중 국 일 군 금 명 장 림 새 후 현 구 상 북 로

之滅이 不過數年이니다.」詔報曰,「黃石公記曰,
지 멸 불 과 수 년 조 보 왈 황 석 공 기 왈

『柔能制剛이요 弱能制彊이라. 舍近謀遠者는 勞而
유 능 제 강 약 능 제 강 사 근 모 원 자 로 이

無功이요 舍遠謀近者는 逸而有終이라 하니 故로
무 공 사 원 모 근 자 일 이 유 종 고

曰, 務廣地者荒하고 務廣德者彊이라.』今國無善
왈 무 광 지 자 황 무 광 덕 자 강 금 국 무 선

政은 灾變不息이요 而,復欲遠事邊外乎리요! 誠,能
정 재 변 불 식 이 복 욕 원 사 변 외 호 성 능

擧天下之半,以滅大寇이니 豈非至願이로다! 苟非
거 천 하 지 반 이 멸 대 구 기 비 지 원 구 비

其時하여 不如息民이로다.」自是로 諸將莫敢,復言
기 시 불 여 식 민 자 시 제 장 막 감 부 언

兵事者하다.
병 사 자

○壬子二十八年(서기 52년)이라. 以,博士桓榮으로
임자이십팔년 이박사환영

爲,太子少傅하고 賜以輜車와 乘馬하다. 榮大會諸
위태자소부 사이치거 승마 영대회제

生하여 陳其車馬와 印綬하여 曰,「今日所蒙은 稽
생 진기거마 인수 왈 금일소몽 계

古之力也라.」하다.
고지력야

○甲寅三十年(서기 54년)이라. 車駕東巡하다. 羣臣
갑인삼십년 거가동순 군신

上言하되「卽位三十年에 宜封禪泰山하소서.」하다.
상언 즉위삼십년 의봉선태산

詔曰,「卽位三十年에 百姓怨氣滿腹하니『吾誰欺
조왈 즉위삼십년 백성원기만복 오수기

하며 欺天乎인저!』『曾謂泰山이 不如林放乎아!』
기천호 증위태산 불여림방호

何事汙,七十二代之編錄이로다!」於是에 羣臣不
하사오칠십이대지편록 어시 군신불

敢復言하다.
감부언

○乙卯三十一年(서기 55년)이라. 京兆掾第五倫,領
을묘삼십일년 경조연제오륜령

長安市하니 公平廉介가 市無奸枉하다. 每讀詔書
장안시 공평렴개 시무간왕 매독조서

에 常嘆息曰,「此,聖主也는 一見決矣라.」하다.
상탄식왈 차성주야 일견결의

○丙辰,中元,元年(서기 56년)이라. 上讀河圖會昌符
병 진 중 원 원 년 상 독 하 도 회 창 부
曰,「赤劉之九는 會命岱崇이라.」하다. 上이 感此
적 류 지 구 회 명 대 숭 상 감 차
文하고 乃詔梁松等按,索河와 雒讖文하고 言,九世
문 내 조 량 송 등 안 색 하 낙 참 문 언 구 세
當封禪者,凡三十六事러라. 於是에 張純等,復奏請
당 봉 선 자 범 삼 십 륙 사 어 시 장 순 등 부 주 청
封禪하여 上乃許焉하다. 登山以璽親封하고 玉牒
봉 선 상 내 허 언 등 산 이 새 친 봉 옥 첩
檢하다.
검

○京師,醴泉涌出하고 又有,赤草生於水涯하니 郡
경 사 예 천 용 출 우 유 적 초 생 어 수 애 군
國,頻上甘露하다. 羣臣奏言하되,「靈物仍降에 宜
국 빈 상 감 로 군 신 주 언 영 물 잉 강 의
令太史撰集하고 以傳來世니다.」하니 帝,不納하다.
령 태 사 찬 집 이 전 래 세 제 불 납
常,自謙無德하고 郡國所上이 輒抑而不當하니 故
상 자 겸 무 덕 군 국 소 상 첩 억 이 부 당 고
로 史官罕得記焉하다.
사 관 한 득 기 언

○是歲에 起,靈臺와 明堂과 辟雍에 宣布圖讖於天
시 세 기 령 대 명 당 벽 옹 선 포 도 식 어 천
下하다. 帝以,赤伏符卽帝位하니 由是로 信用讖文
하 제 이 적 복 부 즉 제 위 유 시 신 용 참 문

하고 多以決定嫌疑하다. 桓譚,上疏하니 極言,讖之
다 이 결 정 혐 의 환 담 상 소 극 언 참 지

非經이라. 帝,大怒曰, 「桓譚,非聖無法이니 將下를
비 경 제 대 로 왈 환 담 비 성 무 법 장 하

斬之로다!」 譚,叩頭流血이라 良久에 乃得解하고 出
참 지 담 고 두 유 혈 양 구 내 득 해 출

爲,六安安丞하다.
위 육 안 안 승

○丁巳二年(서기 57년)이라. 二月에 帝崩하니 年이
정 사 이 년 이 월 제 붕 년

六十二러라. 帝,每旦視朝에 月仄乃罷하고 數引公
육 십 이 제 매 단 시 조 월 측 내 파 수 인 공

卿과 郎將으로 講論經理하여 野分乃寐하다. 皇太
경 낭 장 강 론 경 리 야 분 내 매 황 태

子,見帝勤勞不怠하고 乘間諫曰, 「陛下,有禹와 湯
자 견 제 근 로 불 태 승 간 간 왈 폐 하 유 우 탕

之明하고 而失黃과 老養性之福을 願,頤愛精神하
지 명 이 실 황 노 양 성 지 복 원 이 애 정 신

니 優游自寧이니다.」 하니 帝曰, 「我自樂此는 不爲
우 유 자 녕 제 왈 아 자 락 차 불 위

疲也로다!」 雖以征伐濟大業이나 及,天下旣定에
피 야 수 이 정 벌 제 대 업 급 천 하 기 정

乃退,功臣而進文吏하고 明愼政體하여 總攬權綱
내 퇴 공 신 이 진 문 리 명 신 정 체 총 람 권 강

하니 量時度力으로 擧無過事니라. 故로 能,恢復前
양 시 도 력 거 무 과 사 고 능 회 복 전

烈하고 身致太平이라 하다.
렬 신 치 태 평

○太子가 卽,皇帝位하다.

○漢書,循吏傳敍에 曰,「光武長於民罕에 頗達情僞하고 見,稼穡艱難하니 百姓病害하고 至,天下已定에 務用安靜하고 解,王莽之繁密로 還,漢世之輕法하다. 身衣大練하고 色無重綵하고 耳不聽,鄭衛之音하고 手不持,珠玉之玩하고 宮房無,私愛하니 左右無,偏恩하다. 其以手迹,賜方國者하니 皆一札十行이라 細書成文하다. 勤約之風은 行於上下하고 故能,內外匪懈하니 百姓寬息하다. 然,建武와 永平之間에 吏事刻深하고 亟以謠言單辭하니 轉易守長하다. 故로 朱浮,數上書諫에 而鍾離意亦,規諷殷勤하고 以長者爲言하니 而不能得也로다. 所以中興之美하여 蓋未盡焉이라.」하다.

어려운 낱말 / 고사성어

[藩蔽(번폐)] : 울타리. 덮다. [矍] : 두리번거릴(확). [鑠] : 녹일(삭). [鶩] : 집오리(목). [薏苡(의이)] : 율무. 차전자(車前子). 약용으로 쓰임. [瘴] : 풍토병(장). [槀葬(고장)] : 장례의 일종. [輜車(치거)] : 관을 싣는 수레. [閒] : ① 사이(간)자. 間자로 대용했음. ② 한가할(한)으로 사용하는 글자(閑).

통감절요 제18권

通鑑節要

後漢紀：顯宗孝明皇帝(明帝), 在位十八年, 壽四十八
후한기 현종효명황제 명제 재위십팔년 수사십팔

○戊午,永平,元年(서기 58년)이라. 東平王,蒼以爲中
무오 영평 원년 동평왕 창이위중
興,三十餘年하여 四方無虞하고 宜修禮樂하여 乃
흥 삼십여년 사방무우 의수예악 내
與公卿으로 共議定南北郊冠冕과 車服制度及光
여공경 공의정남북교관면 거복제도급광
武廟登歌와 八佾舞數하여 上之하다.
무묘등가 팔일무수 상지

○己未二年(서기 59년)이라. 春正月에 宗祀光武於,
기미이년 춘정월 종사광무어
明堂하고 禮畢에 登,靈臺하여 望,雲物하다.
명당 예필 등령대 망운물

○三月에 臨,辟雍하여 初行,大射禮하다.
삼월 임벽옹 초행대사례

○冬十月에 上幸辟雍할새 初行養老禮하고 以,李
동시월 상행벽옹 초행양로례 이이

躬爲,三老로 桓榮爲,五更하다. 禮畢에 引,桓榮及,
궁 위 삼 로 환 영 위 오 경 예 필 인 환 영 급
弟子升堂하니 上自爲辨說로 諸儒執經問難於前
제 자 승 당 상 자 위 변 설 제 유 집 경 문 난 어 전
하니 冠帶縉紳之人이 圜橋門而觀聽者하니 蓋億
관 대 진 신 지 인 환 교 문 이 관 청 자 개 억
萬計러라. 上에 自爲太子로 受,尙書於桓榮하고 及,
만 계 상 자 위 태 자 수 상 서 어 환 영 급
卽帝位하니 猶尊榮以師禮하다.
즉 제 위 유 존 영 이 사 례

○庚申三年(서기 60년)이라. 立,貴人馬氏하여 爲,皇
경 신 삼 년 입 귀 인 마 씨 위 황
后하다. 后는 援之女也니라. 德冠後宮하고 旣,正位
후 후 원 지 녀 야 덕 관 후 궁 기 정 위
宮闈하여 愈自謙肅하고 好讀書하다. 常衣大練에
궁 위 유 자 겸 숙 호 독 서 상 의 대 련
裙不加緣이라. 朔望에 諸姬主朝謁하여 望見后,袍
군 불 가 연 삭 망 제 희 주 조 알 망 견 후 포
衣疎麤하니 以爲綺縠으로 就視乃笑하다. 后曰,
의 소 추 이 위 기 곡 취 시 내 소 후 왈
「此繒特宜染色이라 故로 用之耳라.」하다.
차 증 특 의 염 색 고 용 지 이

○帝思中興功臣하여 乃,圖畫二十八將於南宮雲
제 사 중 흥 공 신 내 도 화 이 십 팔 장 어 남 궁 운
臺하고 以,鄧禹爲首하여 次,馬成과 吳漢과 王梁과
대 이 등 우 위 수 차 마 성 오 한 왕 량

賈復와 陳俊과 耿弇과 杜茂와 寇恂과 傅俊과 岑彭
가부 진준 경엄 두무 구순 부준 잠팽

과 堅鐔과 馮異와 王霸와 朱祜와 任光과 祭遵과 李
견심 풍이 왕패 주호 임광 제준 이

忠과 景丹과 萬脩와 蓋延과 邳肜과 銚期와 劉植과
충 경단 만수 개연 비융 요기 유식

耿純과 臧宮과 馬武와 劉隆과 又益以王常과 李通
경순 장궁 마무 유융 우익이왕상 이통

과 竇融과 卓茂와 合,三十二人이라. 馬援이 以,椒
두융 탁무 합삼십이인 마원 이초

房之親하여 獨不與焉하다.
방지친 독불여언

○鍾離意薦全椒長劉平이 詔徵拜議郎하다. 平在
종리의천전초장유평 조징배의랑 평재

全椒하여 政有恩惠하고 民或增貲就賦하니 或減
전초 정유은혜 민혹증자취부 혹감

年從役하다. 太守行部가 獄無繫囚하고 人自以得
년종역 태수행부 옥무계수 인자이득

所로 不知所問하니 唯班詔書而去하다.
소 부지소문 유반조서이거

○帝性褊察하여 好以耳目,隱發爲明하고 公卿大
제성편찰 호이이목은발위명 공경대

臣,數被詆毀하니 近臣尚書以下로 至見提曳하다.
신수피저훼 근신상서이하 지견제예

嘗以事怒郎藥崧하여 以杖撞之라 崧走入床下하
상이사노랑약숭 이장당지 숭주입상하

니 帝怒甚하여 疾言曰, 「郞出하라!」 하니 崧乃曰,
제노심 질언왈 랑출 숭내왈

「天子穆穆하고 諸侯皇皇하여 未聞人君하니 自起撞
천자목목 제후황황 미문인군 자기당

郞이라.」 하고 帝乃赦之하다. 是時에 朝廷莫不悚慄
랑 제내사지 시시 조정막불송률

하여 爭爲嚴切以避誅責하고 唯,鍾離意獨,敢諫爭
쟁위엄절이피주책 유종리의독감간쟁

하니 數封還詔書하고 臣下過失하니 輒救解之하다.
수봉환조서 신하과실 첩구해지

○荊州刺史,郭賀가 官有殊政에 上賜以三公之
형주자사곽하 관유수정 상사이삼공지

服하니 黼黻과 冕旒가 敕行部去襜帷하니 使百
복 보불 면류 칙행부거첨유 사백

姓,見其容服이라 以章有德하다.
성 견기용복 이장유덕

○甲子七年(서기 64년)이라. 以,東海相,宗均으로 爲
갑자칠년 이동해상종균 위

尙書令하다. 初에 均이 爲,九江太守하여 五日一聽
상서령 초 균 위구강태수 오일일청

事하니 悉,省掾과 史가 閉督郵府內하고 屬縣無事
사 실성연 사 폐독우부내 속현무사

하니 百姓安業하다. 九江,舊多虎暴하고 常,募設檻
백성안업 구강구다호포 상모설함

穽하여 而猶多傷害하다. 均,下記屬縣曰, 「夫江과
정 이유다상해 균하기속현왈 부강

淮之有猛獸하여 猶,北土之有鷄豚也니 今爲民害
회 지 유 맹 수 유 북 토 지 유 계 돈 야 금 위 민 해
와 咎在殘吏하여 而勞勤張捕하니 非,憂恤之本也
구 재 잔 리 이 로 근 장 포 비 우 휼 지 본 야
니라. 其務退姦貪하고 思進忠善하여 可,一去檻穽
기 무 퇴 간 탐 사 진 충 선 가 일 거 함 정
하니 除削課制하라.」하니 其後로 無復虎患하다. 帝
제 삭 과 제 기 후 무 부 호 환 제
聞均名하고 故任以樞機하다.
문 균 명 고 임 이 추 기

○乙丑八年(서기 65년)이라. 匈奴遣使求合市하니
을 축 팔 년 흉 노 견 사 구 합 시
上冀其交通하고 不復爲寇라 하니 許之하다. 遣,越
상 기 기 교 통 불 부 위 구 허 지 견 월
騎司馬,鄭衆使北匈奴하니 單于欲令衆拜하니 衆
기 사 마 정 중 사 북 흉 노 선 우 욕 령 중 배 중
不爲屈하다. 單于恐而止하여 乃發還京師하다. 南,
불 위 굴 선 우 공 이 지 내 발 환 경 사 남
匈奴,知漢與,北虜交使하니 內懷嫌怨하여 欲畔하
흉 노 지 한 여 북 로 교 사 내 회 혐 원 욕 반
니 密使人詣北虜하여 令遣兵迎之하다. 鄭衆,出塞
밀 사 인 예 북 로 영 견 병 영 지 정 중 출 새
하여 得其使人하다. 乃上言하되, 「宜更置大將하여
득 기 사 인 내 상 언 의 경 치 대 장
以防二虜交通이라.」由是로 始置度遼營하다.
이 방 이 로 교 통 유 시 시 치 도 요 영

○初에 帝聞西域有神하니 其名曰,佛이라 因,遣使
초 제 문 서 역 유 신 기 명 왈 불 인 견 사

之天竺求其道하고 得其書及沙門以來하다. 其書
지 천 축 구 기 도 득 기 서 급 사 문 이 래 기 서

는 大抵以虛無爲宗하고 貴慈悲不殺이라 以爲人
대 저 이 허 무 위 종 귀 자 비 불 살 이 위 인

死에 精神不滅하여 隨復受形이라 하니 生時所行
사 정 신 불 멸 수 부 수 형 생 시 소 행

善惡이 皆有報應이라. 故로 所貴修練精神하여 以
선 악 개 유 보 응 고 소 귀 수 련 정 신 이

至爲佛하다. 善爲宏闊,勝大之言하여 以勸誘愚俗
지 위 불 선 위 굉 활 승 대 지 언 이 권 유 우 속

하다. 精於其道者는 號曰, 沙門이라 하다. 於是에 中
정 어 기 도 자 호 왈 사 문 어 시 중

國始傳其術하여 圖其形像하고 而王公貴人이 獨,
국 시 전 기 술 도 기 형 상 이 왕 공 귀 인 독

楚王英,最先好之하다.
초 왕 영 최 선 호 지

어려운 낱말 / 고사성어

[八佾舞(팔일무)] : 팔일무란 춤추는 열이 8열이 되므로, 총 64인이 줄지어 서서 추는 춤을 말한다. [辟雍(벽옹)] : 국자감에서 황제가 학자들과 강론을 하던 곳. [踈麤(소추)] : 성글고 거칠다. [椒房之親(초방지친)] : 왕비의 친정 쪽 친족(親族)을 이르던 말. [天子穆穆(천자목목)] : 황제의 아름다운 모양을 의미함. [諸侯皇皇(제후황황)] : 제후들의 아름답고 화려한 모습. [黼黻(보불)] : 임금이 예복으로 입던 하의(下衣)인 곤상(袞裳)에 '아(亞)'자 모양으로 꾸며 놓은 수를 이르던 말. [沙門(사문)] : 절, 또는 스님.

○丙寅九年(서기 66년)이라. 帝,崇尙儒學하여 自,
병 인 구 년 제 숭 상 유 학 자
皇太子로 諸王侯及大臣子弟와 功臣子孫이 莫不
황 태 자 제 왕 후 급 대 신 자 제 공 신 자 손 막 불
受經하다. 又爲外戚樊氏와 郭氏와 陰氏와 馬氏,
수 경 우 위 외 척 번 씨 곽 씨 음 씨 마 씨
諸子,入學於南宮하니 號를「四姓小侯라.」하다.
제 자 입 학 어 남 궁 호 사 성 소 후
置,五經師하고 搜選高能以,授其業하다. 自期門과
치 오 경 사 수 선 고 능 이 수 기 업 자 기 문
羽林之士가 悉令通,孝經章句하고 匈奴亦,遣子入
우 림 지 사 실 령 통 효 경 장 구 흉 노 역 견 자 입
學하다.
학

○戊辰十一年(서기 68년)이라. 東平王蒼,來朝하고
무 진 십 일 년 동 평 왕 창 내 조
月餘에 還國하다. 帝遣使手詔賜,東平國中傅曰,
월 여 환 국 제 견 사 수 조 사 동 평 국 중 부 왈
「日者에 問,東平王하니『處家何等最樂고?』王言
일 자 문 동 평 왕 처 가 하 등 최 락 왕 언
하되『爲善最樂이라.』하니 其言甚大하여 今送,列侯
위 선 최 락 기 언 심 대 금 송 렬 후
印十九枚하며 諸王子年이 五歲已上이면 能趨拜
인 십 구 매 제 왕 자 년 오 세 이 상 능 추 배
者니 皆令帶之하라.」하다.
자 개 령 대 지

○己巳十二年(서기 69년)이라. 是時에 天下安平하
기 사 십 이 년 시 시 천 하 안 평
여 人無徭役하고 歲比登稔하여 百姓殷富하고 粟
인 무 요 역 세 비 등 임 백 성 은 부 속
斛三十하여 牛羊被野하다.
곡 삼 십 우 양 피 야

○庚午十三年(서기 70년)이라. 楚王,英與方士가 造
경 오 십 삼 초 왕 영 여 방 사 조
作圖書하여 有逆謀하다. 廢徙丹陽하여 英,自殺하
작 도 서 유 역 모 폐 사 단 양 영 자 살
다. 是時에 窮治楚獄하여 至累年하다. 其辭語相連
시 시 궁 치 초 옥 지 누 년 기 사 어 상 련
하여 自,京師親戚과 諸侯와 州郡豪桀及,考按吏하
자 경 사 친 척 제 후 주 군 호 걸 급 고 안 리
여 阿附坐死가 徙者以千數이라 而繫獄者,尚數千
아 부 좌 사 사 자 이 천 수 이 계 옥 자 상 수 천
人하다. 是時에 上이 怒甚하여 吏皆惶恐하고 諸所
인 시 시 상 노 심 이 개 황 공 제 소
連及하여 率,一切陷入하니 無敢以情恕者하다. 侍
연 급 솔 일 절 함 입 무 감 이 정 서 자 시
御史,寒朗心傷其冤하고 上疏力言,其無辜라 帝意
어 사 한 랑 심 상 기 원 상 소 역 언 기 무 고 제 의
解하여 詔遣朗出하다. 後二日에 車駕自幸洛陽,獄
해 조 견 랑 출 후 이 일 거 가 자 행 낙 양 옥
錄囚徒가 理出千餘人이러라. 時에 天旱하더니 卽
록 수 도 이 출 천 여 인 시 천 한 즉
大雨하다. 馬后,亦以楚獄多濫하고 乘間爲帝言之
대 우 마 후 역 이 초 옥 다 람 승 간 위 제 언 지

하여 帝,惻然感悟하고 夜起彷徨하다가 由是에 多所
제 측 연 감 오 야 기 방 황 유 시 다 소

降宥하다.
강 유

○辛未十四年(서기 71년)이라. 初에 作壽陵制러니
신 미 십 사 년 초 작 수 릉 제

「令,流水而已러라.」
영 유 수 이 이

○癸酉十六年(서기 73년)이라. 耿秉,數請擊匈奴러
계 유 십 육 년 경 병 수 청 격 흉 노

니 帝,從之하다. 遣,秉與竇固,等하여 分道並出하여
제 종 지 견 병 여 두 고 등 분 도 병 출

伐北匈奴하니 固獨有功하다. 固,使假司馬,班超,
벌 북 흉 노 고 독 유 공 고 사 가 사 마 반 초

與從事,郭恂,俱使西域하다. 超行到鄯善하니 鄯善
여 종 사 곽 순 구 사 서 역 초 행 도 선 선 선 선

王,廣奉,詔禮敬甚備하더니 後忽更,疎懈하다. 超謂
왕 광 봉 조 례 경 심 비 후 홀 경 소 해 초 위

其,官屬曰,「此는 必有,北虜使來라. 明者睹未萌
기 관 속 왈 차 필 유 북 로 사 래 명 자 도 미 맹

이 況已著耶아!」하다. 乃會其吏士,三十六人曰,
황 이 저 야 내 회 기 리 사 삼 십 육 인 왈

「不入虎穴이면 不得虎子라.」하니 因夜以火攻虜
불 입 호 혈 부 득 호 자 인 야 이 화 공 로

營하여 斬其使及從士三十餘級하고 餘衆百許人
영 참 기 사 급 종 사 삼 십 여 급 여 중 백 허 인

悉燒死하다. 明日乃還에 召鄯善王廣하여 以虜使
실 소 사 명 일 내 환 소 선 선 왕 광 이 로 사

首示之하니 一國震怖하다. 廣叩頭,「願屬漢이 無
수 시 지 일 국 진 포 광 고 두 원 속 한 무

二心이라.」하고 遂納子爲質하다. 還白竇固러니 固
이 심 수 납 자 위 질 환 백 두 고 고

大喜하여 具上超功效하다. 復使超使又竇이 其王
대 희 구 상 초 공 효 부 사 초 사 우 두 기 왕

廣德降하니 於是에 諸國이 皆遣子入侍하여 西域
광 덕 항 어 시 제 국 개 견 자 입 시 서 역

與漢絶이 六十五載라 至是에 乃復通焉하다.
여 한 절 육 십 오 재 지 시 내 부 통 언

○北匈奴大入雲中하니 太守廉范拒之라 吏以衆
북 흉 노 대 입 운 중 태 수 염 범 거 지 이 이 중

少로 欲移書傍郡求救하니 范不許하다. 會日暮에
소 욕 이 서 방 군 구 구 범 불 허 회 일 모

范令軍士各交縛兩炬하여 三頭爇火하니 營中星
범 령 군 사 각 교 박 량 거 삼 두 설 화 영 중 성

列하다. 虜謂漢兵救至하니 大驚하여 待旦將退하
렬 로 위 한 병 구 지 대 경 대 단 장 퇴

다. 范令軍中蓐食에 晨往赴之하니 斬首數百級하
범 령 군 중 욕 식 신 왕 부 지 참 수 수 백

고 虜自相轔藉하니 死者千餘人이라 由此로 不敢
노 자 상 린 자 사 자 천 여 인 유 차 불 감

復向雲中하다.
부 향 운 중

○甲戌十七年(서기 74년)이라. 益州刺史,朱輔가 宣
갑술십칠년 익주자사주보 선
示漢德하여 威懷遠夷하여 自,汶山以西로 前世所
시한덕 위회원이 자문산이서 전세소
不至하니 正朔所未加하여 白狼과 槃木等,百餘國
부지 정삭소미가 백랑 반목등백여국
으로 皆,擧種稱臣奉貢하다. 白狼王,唐菆作詩三章
개거종칭신봉공 백랑왕당추작시삼장
하니 歌頌漢德이라 輔使犍譯而獻之하다.
가송한덕 보사건역이헌지

○竇固가 取秉擊西域하여 平車師하니 復奏置,西
두고 취병격서역 평거사 부주치서
域都護,及戊와 己校尉하다.
역도호급무 기교위

○乙亥十八年(서기 75년)이라. 北單于遣,左鹿蠡
을해십팔년 북선우견좌록려
王으로 率,二萬騎하여 擊車師하다. 耿恭以,疏勒
왕 솔이만기 격거사 경공이소륵
城傍有,澗水可固하여 引兵據之하다. 匈奴,擁絶
성방유간수가고 인병거지 흉노옹절
澗水에 恭於城中,穿井十五丈하여도 不得水하니
간수 공어성중천정십오장 부득수
吏士渴乏하여 至窄,馬糞汁而飮之하다. 恭身自
이사갈핍 지착마분즙이음지 공신자
率士輓籠이 有頃하여 水泉犇出하니 乃令吏士,揚
솔사만롱 유경 수천분출 내령리사양

水以示虜하니 虜出不意하여 以爲神明으로 遂引
수이시로 노출불의 이위신명 수인

去하다.
거

○八月에 帝崩하니 年이 四十八이러라. 帝,遵奉建
팔월 제붕 년 사십팔 제준봉건

武制度하여 無所變更하니 后妃之家,不得封侯與
무제도 무소변경 후비지가부득봉후여

政하다. 館陶公主爲,子求郎하나 不許하고 而,賜錢
정 관도공주위자구랑 불허 이사전

千萬으로 謂羣臣曰,「郎官이 上應列宿하고 出宰
천만 위군신왈 낭관 상응렬숙 출재

百里하니 苟非其人이면 則,民受其殃이라 是以로
백리 구비기인 즉민수기앙 시이

難之니라.」하다. 公車以,反支日에 不受章奏하니
난지 공거이반지일 불수장주

帝,聞而怪之曰,「民廢農桑하고 遠來詣闕하니 而
제문이괴지왈 민폐농상 원래예궐 이

復拘以禁忌라 豈爲政之意乎아!」於是에 遂蠲其
부구이금기 기위정지의호 어시 수견기

制하다. 是以로 吏得其人하여 民樂其業하고 遠近
제 시이 이득기인 민락기업 원근

畏服하여 戶口滋殖焉하다.
외복 호구자식언

○太子卽位하니 年이 十八이러라.
태자즉위 년 십팔

어려운 낱말 / 고사성어

[虎子(호자)] : 호랑이를 말함. 子는 접미사. 『不入虎穴(불입호혈), 不得虎子(부득호자).』 [馬糞汁(마분즙)] : 말똥 오줌.

{肅宗孝章皇帝(章帝), 在位十三年, 壽三十一}
숙종효장황제 장제 재위십삼년 수삼십일

○丙子,建初,元年(서기 76년)이라. 楊終이 上疏曰,
병자 건초 원년 양종 상소왈

「間者北征匈奴가 西開三十六國하여 百姓頻年服
간자북정흉노 서개삼십육국 백성빈년복

役하니 轉輸煩費라. 愁困之民이 足以感動天地하
역 전수번비 수곤지민 족이감동천지

니 陛下는 宜,留念省察하소서!」하다. 帝下其章하고
폐하 의류념성찰 제하기장

第五倫,亦同終議하다. 牟融과 鮑昱,皆以爲하되
제오륜 역동종의 모융 포욱 개이위

「孝子無改父之道하고 征伐匈奴하여 屯戍書域하
효자무개부지도 정벌흉노 둔술서역

니 先帝所建이 不宜回異니이다.」하고, 終復上疏
선제소건 불의회이 종부상소

曰,「秦築長城에 功役繁興하니 胡亥不革하고 卒
왈 진축장성 공역번흥 호해불혁 졸

亡四海하다. 故로 孝元棄珠厓之郡하고 光武絶,西
망사해 고 효원기주애지군 광무절 서

域之國하니 不以介鱗易我衣裳이니다.」하니 帝從
역지국 불이개린역아의상 제종

之하다.
지

○丁丑二年(서기 77년)이라. 太后兄,衛尉馬廖,慮,美
정축이년 태후형 위위마료 려 미

業難終에 上疏,勸成德政曰, 「夫改政移風은 必
업 난 종 상 소 권 성 덕 정 왈 부 개 정 이 풍 필

有其本이니다. 傳에 曰, 『吳王好劍客하여 百姓多
유 기 본 전 왈 오 왕 호 검 객 백 성 다

創瘢하고 楚王好細腰하여 宮中多餓死이니다.』 長
창 반 초 왕 호 세 요 궁 중 다 아 사 장

安語曰, 『城中好高結하니 四方高一尺이요, 城中
안 어 왈 성 중 호 고 결 사 방 고 일 척 성 중

好廣眉하니 四方且半額이라 城中好大袖하니 四
호 광 미 사 방 차 반 액 성 중 호 대 수 사

方全匹帛이라.』 斯言如戲하나 有切事實이니다.」
방 전 필 백 사 언 여 희 유 절 사 실

太后深納之하다.
태 후 심 납 지

○第五倫上疏曰, 「光武承,王莽之餘하여 頗以,嚴
제 오 륜 상 소 왈 광 무 승 왕 망 지 여 파 이 엄

猛爲政하니 後代因之하여 遂成風化하니 郡國所
맹 위 정 후 대 인 지 수 성 풍 화 군 국 소

擧가 類多辦職俗吏라 殊未有,寬博之選,以應上
거 유 다 판 직 속 리 수 미 유 관 박 지 선 이 응 상

求者也니라. 秦以酷急亡國하니 王莽亦以,苛法自
구 자 야 진 이 혹 급 망 국 왕 망 역 이 가 법 자

滅이라 故로 勤勤懇懇하여 寔在於此니이다.」 하니
멸 고 근 근 간 간 식 재 어 차

上이 善之하다. 倫雖天性峭直이나 然이나 常疾俗
상 선 지 윤 수 천 성 초 직 연 상 질 속

吏苛刻하니 論議每依寬厚云이라 하다.
리 가 각 논 의 매 의 관 후 운

○丙寅三年(서기 78년)에 詔하여「二千石,勉勸農桑
병 인 삼 년 조 이 천 석 면 권 농 상
하고 罪非殊死하니 須秋案驗하다. 有司,明愼選擧
죄 비 수 사 수 추 안 험 유 사 명 신 선 거
하여 進柔良하고 退貪猾하여 順時令하니 理冤獄하
진 유 량 퇴 탐 활 순 시 령 이 원 옥
다.」是時에 承,永平故事하여 吏,政尙嚴切하고 尙
시 시 승 영 평 고 사 이 정 상 엄 절 상
書決事하여 率近於重하다. 尙書陳寵이 以,帝新卽
서 결 사 솔 근 어 중 상 서 진 총 이 제 신 즉
位에 宜改前世苛俗하여 乃,上疏曰,「臣은 聞先王
위 의 개 전 세 가 속 내 상 소 왈 신 문 선 왕
之政하니 賞不僭하고 刑不濫하여 與其不得已라
지 정 상 불 참 형 불 람 여 기 부 득 이
寧僭無濫이니다. 往者斷獄嚴明하고 所以,威懲姦
녕 참 무 람 왕 자 단 옥 엄 명 소 이 위 징 간
慝이라 姦慝旣平이 必宜濟之以寬이니다. 夫,爲政
특 간 특 기 평 필 의 제 지 이 관 부 위 정
猶,張琴瑟은 大絃急者小弦絶이니 陛下,宜隆先王
유 장 금 슬 대 현 급 자 소 현 절 폐 하 의 륭 선 왕
之道하여 蕩滌煩苛之法하여 輕薄垂楚以濟羣生
지 도 탕 척 번 가 지 법 경 박 수 초 이 제 군 생
하여 全廣至德,以奉天心하소서!」하니 帝深納寵言
전 광 지 덕 이 봉 천 심 제 심 납 총 언
하여 每事務於寬厚하다.
매 사 무 어 관 후

○己卯四年(서기 79년)이라. 校書郞,楊終建,言하되
기 묘 사 년 교 서 랑 양 종 건 언

「宣帝博徵羣儒하고 論定,五經於,石渠閣하다. 方
선제박징군유 논정오경어석거각 방

今天下少事에 學者得成其業하고 而,章句之徒는
금천하소사 학자득성기업 이장구지도

破壞大體라. 宜如,石渠故事하여 永爲後世則하소
파괴대체 의여석거고사 영위후세칙

서」 帝從之하다. 詔太常하되「博士와 郞官及諸儒
제종지 조태상 박사 랑관급제유

會,白虎觀하니 議五經同異니다.」 帝,親稱制臨決
회백호관 의오경동이 제친칭제림결

하고 作,白虎議奏하여 名儒丁鴻과 樓望과 成封과
작백호의주 명유정홍 루망 성봉

桓郁과 班固와 賈逵及廣平王,羨皆與焉하다.
환욱 반고 가규급광평왕선개여언

○辛巳六年(서기 81년)이라. 廉范으로 遷蜀郡太守
신사육년 염범 천촉군태수

하다. 成都,民物豐盛하고 邑宇逼側,舊制하여 禁民
성도민물풍성 읍우핍측구제 금민

夜作以防火災하다. 范乃毁削先令하여 但嚴使儲
야작이방화재 범내훼삭선령 단엄사저

水而已하여 百姓以爲便하니 歌之曰,「廉叔度하니
수이이 백성이위편 가지왈 염숙도

來何暮여! 不禁火하니 民安作이로다. 昔無襦하니
내하모 불금화 민안작 석무유

今五袴로다.」
금오고

○周紆爲,雒陽令하여 下車하니 先問,大姓主名이
주 우 위 낙 양 령 하 거 선 문 대 성 주 명
라 吏數閭里豪强以對하다. 紆厲聲怒曰,「本問貴
이 수 려 리 호 강 이 대 우 려 성 노 왈 본 문 귀
戚若馬와 竇等,輩는 豈能知此,賣菜傭乎아!」於是
척 약 마 두 등 배 기 능 지 차 매 채 용 호 어 시
에 部吏望風旨하니 爭以激切爲事하여 貴戚跼蹐
부 리 망 풍 지 쟁 이 격 절 위 사 귀 척 국 척
하고 京師肅清하다.
경 사 숙 청

○癸未八年(서기 83년)이라. 中郞將,竇憲이 恃,宮掖
계 미 팔 년 중 랑 장 두 헌 시 궁 액
之勢하고 以賤直請奪,沁水公主園田하여 發覺하
지 세 이 천 직 청 탈 심 수 공 주 원 전 발 각
니 帝,大怒하여 召憲切責曰,「深思前過奪,主田園
제 대 노 소 헌 절 책 왈 심 사 전 과 탈 주 전 원
時에 何用愈,趙高指鹿爲馬乎아! 久念使人驚怖
시 하 용 유 조 고 지 록 위 마 호 구 념 사 인 경 포
하다. 國家棄憲에 如孤雛와 腐鼠耳로다!」憲이 大
국 가 기 헌 여 고 추 부 서 이 헌 대
懼하여 皇后爲毁,服深謝하여 良久에 乃得解하다.
구 황 후 위 훼 복 심 사 양 구 내 득 해

어려운 낱말 / 고사성어

[終復(종부)] : 마침내. [姦慝(간특)] : 간사하고 사특하다. [蕩滌煩苛之法(탕척번가지법)] : 번거롭고 가혹한 법. [宜如石渠故事(의여석거고사)] : 마땅히 석거각(石渠閣)에 있었던 고사처럼. [永爲後世則(영위후세칙)] : 영원한 후세의 법칙. [襦袴(유고)] : 저고리와 바지. [貴戚跼蹐(귀척국척)] : 귀한 친척들이 방종하지 못하게 하다. [指鹿爲馬(지록위마)] : 사슴을 가리켜 말이라 하다. 윗사람을 농락하고 함부로 권세를 부린다는 말.

○甲申,元和,元年(서기 84년)이라. 陳事者多言하되
갑 신 원 화 원 년 진 사 자 다 언
「郡國貢擧하여 率非功次하니 故로 守職益懈하여
군 국 공 거 솔 비 공 차 고 수 직 익 해
而吏事寖疏하고 咎在州郡이라.」하다. 有,詔下公
이 리 사 침 소 구 재 주 군 유 조 하 공
卿,朝臣議하다. 大鴻臚,韋彪,上議曰, 「夫,國以簡
경 조 신 의 대 홍 려 위 표 상 의 왈 부 국 이 간
賢爲務는 賢以孝行爲首하니 是는 以求忠臣은 必
현 위 무 현 이 효 행 위 수 시 이 구 충 신 필
於孝子之門하나니 夫,人才行,少能相兼하니 是以
어 효 자 지 문 부 인 재 행 소 능 상 겸 시 이
로 孟公綽優於趙와 魏老는 不可以爲滕으로 薛大
맹 공 작 우 어 조 위 로 불 가 이 위 등 설 대
夫하다. 忠孝之人은 持心近厚라 鍛鍊之吏는 持心
부 충 효 지 인 지 심 근 후 단 련 지 리 지 심
近薄이니라. 士,宜以才行爲先이니 不可純以閥閱
근 박 사 의 이 재 행 위 선 불 가 순 이 벌 열
하다. 然이나 其要歸는 在於選,二千石이요, 二千石
연 기 요 귀 재 어 선 이 천 석 이 천 석
賢이 則,貢擧皆其人矣니다.」하다.
현 즉 공 거 개 기 인 의

○九月에 幸宛하다. 召前,臨淮太守,朱暉를 拜,尚
구 월 행 완 소 전 임 회 태 수 주 휘 배 상
書僕射하다. 暉在臨淮에 有,善政하니 民,歌之曰,
서 복 야 휘 재 임 회 유 선 정 민 가 지 왈
「彊直自遂로 南陽朱季는 吏畏其威하고 民懷,其
강 직 자 수 남 양 주 계 이 외 기 위 민 회 기

惠로다.」時坐法免하여 家居라. 故로 上召而用之하
혜 시 좌 법 면 가 거 고 상 소 이 용 지
다. 尙書,張林이 上言하되「縣官經用不足은 宜自煮
상 서 장 림 상 언 현 관 경 용 부 족 의 자 자
鹽으로 及復修武帝均輸之法이니다.」朱暉,固執以
염 급 부 수 무 제 균 수 지 법 주 휘 고 집 이
爲不可曰,「均輸之法은 與,賈販無異이니 鹽利歸
위 불 가 왈 균 수 지 법 여 가 판 무 이 염 리 귀
官은 則,下民窮怨이니 誠非明主,所宜行이라.」하다.
관 즉 하 민 궁 원 성 비 명 주 소 의 행

○廬江毛義는 東平,鄭均으로 皆以行義稱於鄕里
여 강 모 의 동 평 정 균 개 이 행 의 칭 어 향 리
하다. 南陽,張奉慕義名하여 往候之하니 坐定而府
남 양 장 봉 모 의 명 왕 후 지 좌 정 이 부
檄適至요, 以義守安陽令은 義捧檄而入하니 喜動
격 적 지 이 의 수 안 양 령 의 봉 격 이 입 희 동
顔色이 奉心賤之라 하고 辭去하다. 後義母死하나
안 색 봉 심 천 지 사 거 후 의 모 사
徵辟皆不至라. 奉乃歎曰,「賢者固不可測이라 往
징 벽 개 부 지 봉 내 탄 왈 현 자 고 불 가 측 왕
日之喜는 乃爲親屈也니라.」帝,下詔하여 褒寵義와
일 지 희 내 위 친 굴 야 제 하 조 포 총 의
均하다.
균

○乙酉二年(서기 85년)이라. 詔曰,「夫,俗吏矯飾外
을 유 이 년 조 왈 부 속 리 교 식 외

貌는 似是而非라 朕이 甚厭之하니 甚苦之로다! 安
모 사 시 이 비 짐 심 염 지 심 고 지 안
靜之吏는 悃愊無華니 日計不足하고 月計有餘하
정 지 리 곤 핍 무 화 일 계 부 족 월 계 유 여
다. 如,襄城令,劉方이 吏民同聲,謂之不煩하니 雖,
여 양 성 령 유 방 이 민 동 성 위 지 불 번 수
未有他異나 斯亦殆近之矣로다! 夫以苛爲察하고
미 유 타 이 사 역 태 근 지 의 부 이 가 위 찰
以刻爲明이요, 以輕爲德은 以重爲威니 四者或興
이 각 위 명 이 경 위 덕 이 중 위 위 사 자 혹 흥
하여 則,下有怨心이로다. 吾,詔書數下하여 冠蓋接
즉 하 유 원 심 오 조 서 수 하 관 개 접
道하고 而吏不加治면 民或失職이리니 其咎安在
도 이 리 불 가 치 민 혹 실 직 기 구 안 재
오? 勉思舊令하여 稱朕意焉이로다!」
면 사 구 령 칭 짐 의 언

○丁亥,章和,元年(서기 87년)이라. 春正月에 帝召褒
정 해 장 화 원 년 춘 정 월 제 소 포
하여 授以叔孫通으로 漢儀十二篇하니 曰,「此制
수 이 숙 손 통 한 의 십 이 편 왈 차 제
散略이 多不合經하니 今宜依禮條正에 使可施行
산 략 다 불 합 경 금 의 의 례 조 정 사 가 시 행
하라.」하다.

○戊子二年(서기 88년)이라. 正月에 帝崩하니 年이
무 자 이 년 정 월 제 붕 년

三十一이라 太子卽位하니 年十歲하다. 竇太后,臨
삼 십 일 태 자 즉 위 년 십 세 두 태 후 임

朝에 竇憲兄弟,皆在親要之地하다.
조 두 헌 형 제 개 재 친 요 지 지

○北匈奴飢亂에 以,竇憲으로 爲,車騎將軍하여 伐,
북 흉 노 기 란 이 두 헌 위 거 기 장 군 벌

北匈奴하다.
북 흉 노

○博士魯國,曹褒上疏하여 以爲하되, 「宜定文制
박 사 로 국 조 포 상 소 이 위 의 정 문 제

하고 著成漢禮하소서.」 太常巢堪以爲하되 「一世大
저 성 한 례 태 상 소 감 이 위 일 세 대

典이 非褒所定하니 不可許라.」 하다. 帝知諸儒,拘
전 비 포 소 정 불 가 허 제 지 제 유 구

攣하고 難與圖始로 朝廷禮憲이 宜以時立하니 乃
련 난 여 도 시 조 정 례 헌 의 이 시 립 내

拜,褒侍中하다. 玄武司馬,班固以爲하되, 「宜,廣集
배 포 시 중 현 무 사 마 반 고 이 위 의 광 집

諸儒하여 共議得失하라.」 帝曰, 「諺言에 『作舍道
제 유 공 의 득 실 제 왈 언 언 작 사 도

傍에 三年不成이라.』 會禮之家에 名爲聚訟하니 互
방 삼 년 불 성 회 례 지 가 명 위 취 송 호

生疑異가 筆不得下라. 昔에 堯作大章이 一夔足
생 의 이 필 불 득 하 석 요 작 대 장 일 기 족

矣어다.」라 하다.
의

어려운 낱말 / 고사성어

[煮鹽(자염)] : 바닷물을 끓여 소금을 만듦. [均輸(균수)] : 균수는 균수평준법(均輸平準法)의 준말로서, 한무제(漢武帝)가 재정난을 타개하기 위하여 시행한 정책. [作舍道傍,三年不成(작사도방,삼년불성)] : 길가에 집을 지으면 3년 되어도 미완성. [一夔足(일기족)] : 한 번의 조심으로 족하다.

통감절요 제19권

通鑑節要

孝和皇帝:(和帝), 在位十七年,
효화황제 화제 재위십칠년
壽二十七
수이십칠

○己丑,永元,元年(서기 89년)이라. 帝耕於定陶하다.
기축 영원 원년 제경어정도
進幸,魯하여 祠,孔子於闕里하다. 六月에 竇憲과 耿
진행로 사공자어궐리 유월 두헌 경
秉,將이 精騎萬餘하여 與,北單于戰於,稽落山하여
병장 정기만여 여북선우전어계락산
大破之하니 降者,前後八十一部,二十餘萬人하다.
대파지 항자전후팔십일부이십여만인
憲과 秉이 出塞三千餘里하여 登,燕然山하여 命,中
헌 병 출새삼천여리 등연연산 명중
護軍,班固刻石,勒功하고 紀漢,威德而還하다.
호군반고각석늑공 기한위덕이환

○辛卯三年(서기 91년)이라. 正月에 竇憲이 以,北匈
신묘삼년 정월 두헌 이북흉
奴微弱하여 欲遂滅之하여 遣,耿夔와 任尙하여 圍
노미약 욕수멸지 견경기 임상 위
於金微山하여 大破之하니 出塞五千餘里而還하고
어금미산 대파지 출새오천여리이환

自,漢出師所未嘗至也러라.
자 한 출 사 소 미 상 지 야

○竇憲旣立大功하니 威名益盛이라 刺史와 守와
두 헌 기 립 대 공 위 명 익 성 자 사 수

令과 多出其門이라 競斂吏民이 共爲賂遺하다.
령 다 출 기 문 경 렴 이 민 공 위 뢰 유

○壬辰四年(서기 92년)이라. 竇氏父子兄弟,充滿朝
임 진 사 년 두 씨 부 자 형 제 충 만 조

廷하니 是時에 憲兄弟專權하다. 帝以朝臣上下,莫
정 시 시 헌 형 제 전 권 제 이 조 신 상 하 막

不附憲하고 獨中常侍政衆하니 謹敏有心幾요, 遂
불 부 헌 독 중 상 시 정 중 근 민 유 심 기 수

與衆定議誅憲하니 帝以太后故로 不欲名誅憲하
여 중 정 의 주 헌 제 이 태 후 고 불 욕 명 주 헌

여 迫令自殺하다.
박 령 자 살

○班固以竇氏賓客이 收捕,死獄中하다. 固嘗著,
반 고 이 두 씨 빈 객 수 포 사 옥 중 고 상 저

漢書하여 尚未就하니 詔固女弟,曹壽妻,昭踵而成
한 서 상 미 취 조 고 녀 제 조 수 처 소 종 이 성

之하다.
지

○帝策勳班賞하니 鄭衆,每辭多受少라. 帝,由是
제 책 훈 반 상 정 중 매 사 다 수 소 제 유 시

賢之하여 常與之議論政事하여 宦官用權이 自此
현 지 상 여 지 의 론 정 사 환 관 용 권 자 차

始矣러라.
시 의

○丁酉九年(서기 97년)이라. 皇太后,竇氏崩하다. 追
정 유 구 년 황 태 후 두 씨 붕 추

尊母,梁貴人하여 爲,太后하고 封,梁竦,三子爲侯하
존 모 양 귀 인 위 태 후 봉 양 송 삼 자 위 후

고 梁氏는 自此盛矣러라.
양 씨 자 차 성 의

○壬寅十四年(서기 102년)이라. 班超久在絶域하여
임 인 십 사 년 반 초 구 재 절 역

年老思土하니 上書乞歸曰, 「臣不敢,望到酒泉郡
년 로 사 토 상 서 걸 귀 왈 신 불 감 망 도 주 천 군

하니 但,願生入,玉門關이라.」 乃徵超還하여 以,戊
단 원 생 입 옥 문 관 내 징 초 환 이 무

己校尉,任尙代爲都護하다.
기 교 위 임 상 대 위 도 호

孝殤皇帝, 在位一年, 壽二歲
효상황제 재위일년 수이세

○丙午,延平,元年(서기 106년)이라. 八月에 帝崩하다.
병오 연평 원년 팔월 제붕
太后迎,淸河王,慶子祜하여 爲,孝和皇帝嗣하여
태후영 청하왕 경자호 위 효화황제사
卽,皇帝位하니 太后猶,臨朝하다.
즉황제위 태후유 림조

○尙書郞,樊準이 以,儒風寖衰하여 上疏曰,「人君
상서랑번준 이 유풍침쇠 상소왈 인군
은 不可以不學이니 光武皇帝,受命中興하여 東西
불가이불학 광무황제 수명중흥 동서
誅戰하고 不遑啓處하니 然猶投戈講藝하여 息馬
주전 불황계처 연유투과강예 식마
論道라. 孝明皇帝,庶政萬機하여 無不簡心하니 而,
론도 효명황제 서정만기 무불간심 이
垂情古典하고 遊意經藝하니 每,饗射禮畢이라. 正
수정고전 유의경예 매 향사례필 정
坐自講에 諸儒並聽하니 四方欣欣하다. 又多徵名
좌자강 제유병청 사방흔흔 우다징명
儒하여 布在廊廟하니 每讌會則,論難衎衎이라. 共
유 포재랑묘 매연회즉 논난간간 공
求政化하고 期門과 羽林介冑之士가 悉通孝經하
구정화 기문 우림개주지사 실통효경
니 化自聖躬이라. 流及蠻荒하니 是以로 議者每稱
화자성궁 유급만황 시이 의자매칭

盛時하니 咸言永平이라. 今學者益少하고 遠方尤
성시 함언영평 금학자익소 원방우
甚하니 博士倚席不講이라. 儒者競論浮麗하고 忘
심 박사의석불강 유자경론부려 망
蹇蹇之忠하니 習,諓諓之辭하다. 臣愚以謂,宜下明
건건지충 습 전전지사 신우이위 의하명
詔하니 博求幽隱이 寵進儒雅라. 以俟聖上으로 講
조 박구유은 총진유아 이사성상 강
習之期하리다.」하니 太后深納其言하다.
습지기 태후심납기언

{孝安皇帝, 在位十九年, 壽三十二}
효안황제 재위십구년 수삼십이

○丁未,永初,元年(서기 107년)이라. 秋九月,庚午에
정미 영초 원년 추구월 경오
太尉徐防以灾異하니 寇賊策免하다. 三公以灾異
태위서방이재이 구적책면 삼공이재이
免하여 自防始하다. 仲長統昌,言曰,「光武皇帝,慍
면 자방시 중장통창 언왈 광무황제 온
數世之失權하고 忿彊臣之竊命하니 矯枉過直이
삭세지실권 분강신지절명 교왕과직
政不任下하니 雖置三公이나 事歸臺閣하다. 自此
정불임하 수치삼공 사귀대각 자차
以來로 三公之職을 備員而已나 然이나 政有不治
이래 삼공지직 비원이이 연 정유불치

하고 猶加譴責하다. 而權移外戚之家하여 寵被近
유 가 견 책 이 권 이 외 척 지 가 총 피 근

習之豎하니 水旱爲災하다. 此皆戚宦之臣이 所致
습 지 수 수 한 위 재 차 개 척 환 지 신 소 치

然也에 反以策讓三公하니 至於死免이라. 如此로
연 야 반 이 책 양 삼 공 지 어 사 면 여 차

而欲望三公하여 勳立於國家에 績加於生民하니
이 욕 망 삼 공 훈 립 어 국 가 적 가 어 생 민

不亦遠乎아! 今人이 主誠專委三公하여 分任責成
불 역 원 호 금 인 주 성 전 위 삼 공 분 임 책 성

이면 而在位病民이니 擧用失賢이면 百姓不安하고
이 재 위 병 민 거 용 실 현 백 성 불 안

爭訟不息하리니 天地多變하고 人物多妖하리니 然
쟁 송 불 식 천 지 다 변 인 물 다 요 연

後에야 可以分此罪也하리라!」하다.
후 가 이 분 차 죄 야

○庚戌四年(서기 110년)이라. 鄧騭在位에 頗能推進
경 술 사 년 등 즐 재 위 파 능 추 진

賢士하고 弘農楊震이 孤貧好學하여 通達博覽하니
현 사 홍 농 양 진 고 빈 호 학 통 달 박 람

諸儒爲之語曰, 「關西孔子楊伯起라.」 하다. 騭聞
제 유 위 지 어 왈 관 서 공 자 양 백 기 즐 문

而辟之하고 累遷荊州刺史와 東萊太守하다. 當之
이 벽 지 누 천 형 주 자 사 동 래 태 수 당 지

郡에 道經昌邑이라. 故로 所擧荊州에 茂才王密이
군 도 경 창 읍 고 소 거 형 주 무 재 왕 밀

爲昌邑令하여 夜에 懷金十斤以遺震하다. 震曰,
위 창 읍 령 야 회 금 십 근 이 유 진 진 왈

「故人知君하고 君不知故人하니 何也오?」하니 密
고 인 지 군 군 부 지 고 인 하 야 밀
曰, 「暮夜無知者니라.」하니 震曰, 「天知, 地知,
왈 모 야 무 지 자 진 왈 천 지 지 지
我知, 子知, 何謂無知者리요!」하니 密이 愧而出
아 지 자 지 하 위 무 지 자 밀 괴 이 출
하다. 性公廉이 子孫常素食으로 步行하니 故舊가
성 공 렴 자 손 상 소 식 보 행 고 구
或欲令으로 爲開産業하니 震이 不肯曰, 「使後世
혹 욕 령 위 개 산 업 진 불 긍 왈 사 후 세
稱爲淸白吏子孫이리니 以此遺之면 不亦厚乎
칭 위 청 백 리 자 손 이 차 유 지 불 역 후 호
아!」라 하다.

○朝歌賊甯季等數千人이 攻殺長吏하여 屯聚連
조 가 적 영 계 등 수 천 인 공 살 장 리 둔 취 연
年하니 州郡不能禁이라 鄧騭惡虞詡하여 以詡爲
년 주 군 불 능 금 등 즐 오 우 후 이 후 위
朝歌長하다. 故舊皆弔之하니 詡笑曰, 「事不避難
조 가 장 고 구 개 적 지 후 소 왈 사 불 피 난
은 臣之職也라. 不遇盤根錯節하니 無以別利器니
신 지 직 야 불 우 반 근 착 절 무 이 별 리 기
此乃吾立功之秋也라!」及到官하니 設三科以募
차 내 오 입 공 지 추 야 급 도 관 설 삼 과 이 모
求壯士하여 自掾史以下各擧所知하니 其攻劫者
구 장 사 자 연 사 이 하 각 거 소 지 기 공 겁 자
爲上하고 傷人偸盜者次之요 不事家業者爲下이
위 상 상 인 투 도 자 차 지 불 사 가 업 자 위 하

니 收得百餘人하다. 詡,爲饗會에 悉貰其罪는 使入
수득백여인 후위향회 실세기죄 사입

賊中誘令劫掠이니 乃,伏兵以待之면 遂殺賊數百
적중유령겁략 내복병이대지 수살적수백

人하다. 又,潛遣貧人,能縫者,傭作賊衣니 以,采線
인 우잠견빈인능봉자용작적의 이채선

縫其裙하여 有,出市里者는 吏輒禽之하다. 賊由是
봉기군 유출시리자 이첩금지 적유시

로 駭散하고 咸稱神明하여 縣境皆平하다.
해산 함칭신명 현경개평

어려운 낱말 / 고사성어

[欣欣(흔흔)] : 매우 기쁘고 만족스럽다. [衎衎(간간)] : 마음이 기쁘고 즐거움. [譴責(견책)] : 꾸짖다. [孤貧(고빈)] : 외롭고 가난함. [詡(후)] : 자랑하다.

○乙卯,元初,二年(서기 115년)이라. 太后聞,虞詡有,
을 묘 원 초 이 년 태 후 문 우 후 유
將帥之量하고 以爲,武都太守하다. 羌衆數千이 遮
장 수 지 량 이 위 무 도 태 수 강 중 수 천 차
詡於陳倉.崤谷하니 詡卽,停軍不進이라 而宣言하
후 어 진 창 효 곡 후 즉 정 군 부 진 이 선 언
되「上書請兵하니 須到當發이라.」羌聞之하고 乃
상 서 청 병 수 도 당 발 강 문 지 내
分,鈔傍縣하다. 詡,因其兵散하고 日夜進道하니 兼
분 초 방 현 후 인 기 병 산 일 야 진 도 겸
行,百餘里라, 令吏士各作兩竈하니 日增倍之라,
행 백 여 리 영 리 사 각 작 양 조 일 증 배 지
羌不敢逼하다. 或問曰,「孫臏減竈而君增之하니
강 불 감 핍 혹 문 왈 손 빈 감 조 이 군 증 지
兵法에 日行不過三十里라 하니 以戒不虞하여 而
병 법 일 행 불 과 삼 십 리 이 계 불 우 이
今日且,二百里는 何也오?」하니 詡曰,「虜衆多하고
금 일 차 이 백 리 하 야 후 왈 노 중 다
吾兵少이니 徐行則,易爲所及하고 速進則,彼所不
오 병 소 서 행 즉 이 위 소 급 속 진 즉 피 소 불
測하다. 虜見吾竈日增하니 必謂郡兵來迎이라 衆
측 노 견 오 조 일 증 필 위 군 병 래 영 중
多行速하니 必憚追我로다. 孫臏,見弱하니 吾今示
다 행 속 필 탄 추 아 손 빈 견 약 오 금 시
彊이 勢有不同故也니다.」하다.
강 세 유 부 동 고 야

○壬戌,延光,元年(서기 122년)이라. 皇太后,鄧氏,崩
임 술 연 광 원 년 황 태 후 등 씨 붕

하니 帝始親政事하다. 帝少號聰明하여 故로 鄧太后,立之하다. 及長에 多不德하고 稍不可,太后意하다. 及,太后崩에 鄧氏와 五侯皆廢爲,庶人하다. 以,閻皇后,兄弟와 並爲卿과 校는 典禁兵하다. 於是에 內寵始盛하다. 中常侍,江京等,扇動內外하여 競爲侈虐하다.

○汝南太守,王龔이 好,才愛士하여 以,袁閬,爲,功曹하니 引,進郡入,陳蕃과 黃憲等이 憲不屈하고 蕃遂就吏하다. 憲世貧賤하여 父爲牛醫하다. 潁川,荀淑,遇憲於逆旅하니 時年十四라, 淑竦然,異之하니 揖與語,移日不能去라. 謂憲曰, 「子는 吾之師表也라.」 旣而前至,袁閬所하니 問曰, 「子國에 有顏子어늘 寧識之乎아?」 閬曰, 「見,吾叔度耶아?」 是時에 同郡戴良하여 才高倨傲하니 而見憲,未嘗不,

正容하고 及歸에 罔然若有失也하다. 其母問曰,
정용 급귀 망연약유실야 기모문왈

「汝復從.牛醫兒來耶아?」 對曰, 「良不見叔度하고
여부종우의아래야 대왈 양불견숙도

自以爲無不及이라 旣覩其人을 則瞻之在前하니
자이위무불급 기도기인 즉첨지재전

忽然在後라 固.難得而測矣리오.」 陳蕃及周擧常
홀연재후 고난득이측의 진번급주거상

이 相謂曰, 「時月之間이 不見黃生하니 則.鄙吝之
상위왈 시월지간 불견황생 즉비린지

萌.復存乎心矣라?」 太原郭泰가 少遊汝南이러니
맹부존호심의 태원곽태 소유여남

先過袁閬이 不宿而退進하니 往從憲.累日方還하
선과원랑 불숙이퇴진 왕종헌누일방환

다. 或以問泰하니 泰曰, 「奉高之器는 譬諸氿濫이
혹이문태 태왈 봉고지기 비제궤람

라 雖清而易挹이나 叔度汪汪.若千頃波하니 澄之
수청이역읍 숙도왕왕약천경파 징지

不清하고 淆之不濁하니 不可量也라.」 하다.
불청 효지불탁 불가량야

○乙丑四年(서기 125년)이라. 三月에 帝崩하니 年이
을축사년 삼월 제붕 년

三十二러라. 太后臨朝하여 欲久專國政하니 貪立
삼십이 태후림조 욕구전국정 탐립

幼年하여 與.閻顯等으로 定策禁中하니 迎.濟北惠
유년 여염현등 정책금중 영제북혜

王子로 北鄉侯하여 懿爲嗣하다.
왕자 북향후 의위사

○丙寅年(서기 126년)에 北鄕侯로 卽,皇帝位하다.
병 인 년 북 향 후 즉 황 제 위

○冬十月에 北鄕侯가 薨하다.
동 시 월 북 향 후 훙

○十一月에 中常侍,孫程과 王康等,十九人이 聚
십 일 월 중 상 시 손 정 왕 강 등 십 구 인 취

謀於德陽殿하여 迎,濟陰王하고 卽,皇帝位하니 時
모 어 덕 양 전 영 제 음 왕 즉 황 제 위 시

年,十二니라. 收,閻顯,下獄하여 誅하다. 遷,太后於離
년 십 이 수 염 현 하 옥 주 천 태 후 어 이

宮하고 封,孫程等,皆爲列侯하니 是爲十九侯니라.
궁 봉 손 정 등 개 위 렬 후 시 위 십 구 후

어려운 낱말 / 고사성어

[遮] : 막다(차). [竈] : 부엌(조). [倨傲(거오)] : 오만불손하다. [離宮(이궁)] : 예전에 '태자궁'이나 '세자궁'을 달리 이르던 말. 여기서는 본궁이 아닌 다른 궁궐.

{孝順皇帝(順帝), 在位十九年, 壽三十}
효 순 황 제 순 제 재 위 십 구 년 수 삼 십

○丁卯.永建.二年(서기 127년)이라. 初에 南陽.樊英이
정 묘 영 건 이 년 초 남 양 번 영

少有學行하여 名著海内하더니 隱於壺山之陽이라.
소 유 학 행 명 저 해 내 은 어 호 산 지 양

州郡前後禮請이나 不應하니 公卿擧賢良과 方正과
주 군 전 후 예 청 불 응 공 경 거 현 량 방 정

有道.皆不行이라 安帝.賜策書徵之하여도 不赴하다.
유 도 개 불 행 안 제 사 책 서 징 지 불 부

是歲에 帝復以策書와 玄纁으로 備禮徵英하고 待以
시 세 제 부 이 책 서 현 훈 비 례 징 영 대 이

師傅之禮하다. 英初被詔命에 衆皆以爲必降志하
사 부 지 례 영 초 피 조 명 중 개 이 위 필 강 지

다. 南郡王.逸素與英善하여 因與其書하여 多.引古
남 군 왕 일 소 여 영 선 인 여 기 서 다 인 고

譬諭하니 勸使就聘하다. 及.後應對.無奇謀深策하
비 유 권 사 취 빙 급 후 응 대 무 기 모 심 책

여 談者以爲失望하다. 河南.張楷與.英俱.徵하여
담 자 이 위 실 망 하 남 장 해 여 영 구 징

謂英曰, 「天下有二道하니 出與處也오? 吾前以子
위 영 왈 천 하 유 이 도 출 여 처 야 오 전 이 자

之出하니 能輔是君也에 濟斯民也니라. 而子始以
지 출 능 보 시 군 야 제 사 민 야 이 자 시 이

不訾之身하니 怒.萬乘之主라도 及其享受爵祿은
부 자 지 신 노 만 승 지 주 급 기 향 수 작 록

又不聞.匡救之術이니 進退無所據矣로다.」하다.
우 불 문 광 구 지 술 진 퇴 무 소 거 의

○辛未六年(서기 131년)이라. 初에 安帝,薄於藝文하
신 미 육 년 초 안 제 박 어 예 문
고 博士,不復講習하니 朋徒相視怠散하고 學舍,穨
박 사 불 부 강 습 붕 도 상 시 태 산 학 사 퇴
敝하여 鞠爲園蔬이라. 或牧兒와 蕘竪薪刈其下하
폐 국 위 원 소 혹 목 아 요 수 신 예 기 하
다. 將作大匠,翟酺上疏,請更修繕하니 誘進後學
장 작 대 장 적 포 상 소 청 경 수 선 유 진 후 학
이 帝從之하다.
제 종 지

○壬申,陽嘉,元年(서기 132년)이라. 立,貴人量氏하여
임 신 양 가 원 년 입 귀 인 량 씨
爲,皇后하다.
위 황 후

○尚書令,左雄이 上疏曰,「昔에 宣帝는 以爲吏數
상 서 령 좌 웅 상 소 왈 석 선 제 이 위 리 수
邊易하여 則,下不安業이라. 久於其事면 則,民服教
변 역 즉 하 불 안 업 구 어 기 사 즉 민 복 교
化하여 其有政治者는 輒以璽書勉勵하여 增秩賜
화 기 유 정 치 자 첩 이 새 서 면 려 증 질 사
金이니 公卿缺則,以次用之하다. 是以로 吏稱其職
금 공 경 결 즉 이 차 용 지 시 이 이 칭 기 직
하고 民安其業하니 漢世良吏가 於茲爲盛하다. 今,
민 안 기 업 한 세 양 리 어 자 위 성 금
典城百里에 轉動無常하고 各懷一切하니 莫慮長
전 성 백 리 전 동 무 상 각 회 일 절 막 려 장

久하다. 臣愚以爲守相하여 長吏惠和,有顯效者하
구 신 우 이 위 수 상 장 리 혜 화 유 현 효 자

니 可就增秩이니 勿移徙하리라.」帝,感其言하고 復
가 취 증 질 물 이 사 제 감 기 언 부

申無故去官之禁하며 而宦官不便을 終不能行하
신 무 고 거 관 지 금 이 환 관 불 편 종 불 능 행

다. 雄이 又上言하되,「孔子曰『四十不惑』이라 하고
웅 우 상 언 공 자 왈 사 십 불 혹

禮稱彊仕하니 請,自今에 孝廉年이 不滿四十이라
예 칭 강 사 청 자 금 효 렴 년 불 만 사 십

不得察擧라 하다. 若有茂才異行하고 如,顔淵과 子
부 득 찰 거 약 유 무 재 이 행 여 안 연 자

奇는 自可不拘年齒이니다.」하니, 帝從之하다. 久
기 자 가 불 구 년 치 제 종 지 구

之에 廣陵所擧,孝廉.徐淑은 年未四十에 臺郎詰
지 광 릉 소 거 효 렴 서 숙 년 미 사 십 대 랑 힐

之하니 對曰,「詔書에 曰,『有如,顔回와 子奇는 不
지 대 왈 조 서 왈 유 여 안 회 자 기 불

拘年齒라.』是故로 本郡以臣充選이라.」하니 郎不
구 년 치 시 고 본 군 이 신 충 선 낭 불

能屈하고 左雄이 詰之曰,「昔에 顔回는 聞,一知면
능 굴 좌 웅 힐 지 왈 석 안 회 문 일 지

十이라 하니 孝廉은 聞一이면 知幾耶오?」하니 淑無
십 효 렴 문 일 지 기 야 숙 무

以對라 乃罷却之하고 郡守坐免하다. 然雄公은 直
이 대 내 파 각 지 군 수 좌 면 연 웅 공 직

精明하니 能,審覈眞僞리요 決志行之하다. 頃之에
정 명 능 심 핵 진 위 결 지 행 지 경 지

胡廣出爲,濟陰太守하니 與諸,郡守十餘人이 皆坐
호 광 출 위 제 음 태 수 여 제 군 수 십 여 인 개 좌

謬擧免黜이라. 唯汝南陳蕃과 永川李膺과 下邳陳
류 거 면 출 유 여 남 진 번 영 천 이 응 하 비 진
球等, 三十餘人이 得拜郞中하다. 自是로 牧과 守
구 등 삼 십 여 인 득 배 랑 중 자 시 목 수
畏慄이 莫敢輕擧하다. 迄于永嘉에 察選淸平하니
외 률 막 감 경 거 흘 우 영 가 찰 선 청 평
多得其人하다.
다 득 기 인

○洛陽에 宣德亭,地坼하니 長,八十五丈이라. 帝引,
낙 양 선 덕 정 지 탁 장 팔 십 오 장 제 인
公卿所擧,敦樸之士하여 使之對策하다. 李固對
공 경 소 거 돈 박 지 사 사 지 대 책 이 고 대
曰,「陛下之有,尙書는 猶天之有北斗也니다. 斗
왈 폐 하 지 유 상 서 유 천 지 유 북 두 야 두
爲,天喉舌이요 尙書亦爲,陛下喉舌이라. 斗,斟酌
위 천 후 설 상 서 역 위 폐 하 후 설 두 짐 작
元氣는 運平四時이니 尙書,出納王命하고 敷政四
원 기 운 평 사 시 상 서 출 납 왕 명 부 정 사
海하여 權尊埶重하며 責之所歸니 宜,審擇其人이
해 권 존 예 중 책 지 소 귀 의 심 택 기 인
면 以毗聖政이니다.」하다.
이 비 성 정

○乙亥四年(서기 135년)이라. 以,梁商으로 爲,大將軍
을 해 사 년 이 양 상 위 대 장 군
하다.

○辛巳,永和,六年(서기 141년)이라. 梁商이 薨하다.
신 사 영 화 육 년 양 상 홍

以,梁冀로 爲,大將軍하다.
이 양 기 위 대 장 군

○壬午,漢安,元年(서기 142년)이라. 八月에 遣,杜喬
임 오 한 안 원 년 팔 월 견 두 교

와 周擧와 周栩와 馮羨과 欒巴와 張綱과 郭遵과 劉
주 거 주 허 풍 선 난 파 장 강 곽 준 유

班으로 分行州郡하고, 表,賢良하여 顯,忠勤하니 其,
반 분 행 주 군 표 현 량 현 충 근 기

貪汙有罪者와 刺史가 二千石驛馬上之하니 墨綬
탐 오 유 죄 자 자 사 이 천 석 역 마 상 지 묵 수

以下便輒收擧하다. 喬等受命之部와 張綱獨埋,
이 하 편 첩 수 거 교 등 수 명 지 부 장 강 독 매

其,車輪於,雒(洛)陽都亭曰,「豺狼當路에安問狐
기 거 륜 어 낙 낙 양 도 정 왈 시 랑 당 로 안 문 호

狸로다!」遂劾奏에「大將軍冀와 河南尹이 不疑하
리 수 핵 주 대 장 군 기 하 남 윤 불 의

니 以外戚蒙恩을 居阿衡之任하니 而專肆貪叨하
이 외 척 몽 은 거 아 형 지 임 이 전 사 탐 도

고 縱恣無極이라 以害忠良하고 謹條其,無君之心,
종 자 무 극 이 해 충 량 근 조 기 무 군 지 심

十五事라 斯皆臣子는 所切齒者也니다.」書御하되
십 오 사 사 개 신 자 소 절 치 자 야 서 어

京師震竦하다. 時에 皇后寵,方盛이라 諸,梁姻族,
경 사 진 송 시 황 후 총 방 성 제 량 인 족

滿朝하니 帝,雖知綱言直이나 不能用也라. 杜喬,至
만 조 제 수 지 강 언 직 불 능 용 야 두 교 지

兗州하여 表奏泰山太守,李固하여 政爲天下第一
연주 표주태산태수 이고 정위천하제일

이라 하니 上이 徵固爲,將作大匠하다. 梁冀恨張綱
상 징고위 장작대장 양기한장강

하니 思有以中傷之하다. 時에 廣陵賊,張嬰,寇亂揚
사유이중상지 시 광릉적 장영 구란양

과 徐間積,十餘年이니 二千石不能制하고 冀乃以
서간적 십여년 이천석불능제 기내이

綱爲,廣陵太守하다. 前,太守,率多求兵馬하고 綱
강위 광릉태수 전 태수 솔다구병마 강

獨請,單車之職하다. 旣到에 徑詣嬰壘門하니 嬰,大
독청 단거지직 기도 경예영루문 영 대

驚하여 遽走閉壘하다. 綱於門外罷遣吏民이 獨留
경 거주폐루 강어문외파견리민 독류

所親者十餘人이요, 以書諭嬰이 請與相見하다. 嬰
소친자십여인 이서유영 청여상견 영

見綱至盛하고 乃出拜謁하다. 延置上坐에 譬之曰,
견강지성 내출배알 연치상좌 비지왈

「前後二千石,多肆貪暴이라. 故로 致公等은 懷憤
전후이천석 다사탐폭 고 치공등 회분

相聚하여 二千石,信有罪矣라. 然,爲之者,又非義
상취 이천석 신유죄의 연 위지자 우비의

也라. 今,主上은 仁聖하여 欲以文德服叛으로 故遣
야 금 주상 인성 욕이문덕복반 고견

太守來하니 思以爵祿으로 相榮하고 不願以刑罰
태수래 사이작록 상영 불원이형벌

相加니 今,誠轉,禍爲福之時也니라.」 嬰聞하고 泣
상가 금 성전 화위복지시야 영문 읍

下曰, 「荒裔愚民은 不能自通朝廷하고 不堪侵枉
하왈 황예우민 불능자통조정 불감침왕

하니 遂復相聚偸生이나 若魚游釜中하니 知其不
수부상취투생 약어유부중 지기불

可久라 且以,喘息須臾間爾로다! 今聞,明府之言
가구 차이천식수유간이 금문명부지언

하니 乃嬰等이 更生之辰也로다!」 乃辭還營하다. 明
내영등 갱생지신야 내사환영 명

日에 將所部,萬餘人歸降하다. 是時에 二千石,長
일 장소부만여인귀항 시시 이천석장

吏有能政者가 有,雒陽令,任竣과 冀州刺史,蘇章
리유능정자 유낙양령임준 기주자사소장

과 膠東相,吳祐하다. 章爲,冀州刺史하여 有,故人
교동상오우 장위기주자사 유고인

爲,清河太守하니 章行部에 欲按其姦贓하고 乃請
위청하태수 장행부 욕안기간장 내청

太守하고 爲設酒肴하여 陳平生之好甚歡하다. 太
태수 위설주효 진평생지호심환 태

守喜曰,「人皆有一天하니 我獨有二天이로다!」 章
수희왈 인개유일천 아독유이천 장

曰,「今夕에 蘇孺文과 與故人으로 飮者하니 私恩
왈 금석 소유문 여고인 음자 사은

也라. 明日,冀州刺史,按事者하여 公法也니라.」 하고
야 명일기주자사안사자 공법야

遂擧,正其罪하니 州境,肅然이러라.
수거정기죄 주경숙연

○甲申,建康,元年(서기 144년)이라. 八月에 帝崩하고
갑신건강원년 팔월 제붕

太子卽,皇帝位하니 年,二歲러라. 梁太后,臨朝하다.
태자즉황제위 년이세 양태후임조

{孝冲皇帝, 在位一年, 壽三歲}
효충황제 재위일년 수삼세

○乙酉,永喜,元年(서기 145년)이라. 正月에 帝崩하고
을유 영희 원년 정월 제붕
梁太后,徵渤海,孝王鴻之子,纘하여 卽,皇帝位하니
양태후 징발해 효왕홍지자 찬 즉 황제위
年,八歲러라.
년 팔세

○太后委政,宰輔하여 李固所言하니 太后多從之
태후위정 재보 이고소언 태후다종지
하다. 黃門宦官爲惡者,一皆斥遣하여 天下咸望治
황문환관위오자 일개척견 천하함망치
平이라 而梁冀,深忌疾之하여 策,免固하다.
평 이양기 심기질지 책 면고

{孝質皇帝(質帝), 在位一年, 壽九歲}
효질황제 질제 재위일년 수구세

○丙戌,本初,元年(서기 146년)이라. 四月에 令郡하여
병술 본초 원년 사월 영군
國擧明經詣,太學하고 自是로 儒學增盛하니 至,三
국거명경예 태학 자시 유학증성 지 삼
萬餘生이러라.
만여생

○帝少而,聰慧하여 嘗因朝會에 目梁冀曰,「此,跋
제 소 이 총 혜 상 인 조 회 목 양 기 왈 차 발

扈將軍也오!」冀聞하고 深惡之하다. 夏六月에 冀
호 장 군 야 기 문 심 오 지 하 유 월 기

使左右,置毒於煮餅하여 以進之하니 帝苦,煩甚而
사 좌 우 치 독 어 자 병 이 진 지 제 고 번 심 이

崩하다. 冀,迎蠡,吾侯志가 卽,皇帝位하니 時年이
붕 기 영 려 오 후 지 즉 황 제 위 시 년

十五라 太后猶,臨朝聽政하다.
십 오 태 후 유 임 조 청 정

어려운 낱말 / 고사성어

[壺山之陽(호산지양)] : 호산의 남쪽. [頹敝(퇴폐)] : 무너져 못쓰게 되다. [雒] : 수리부엉이(낙). 낙양(洛陽)의 '洛자'를 '雒'으로도 씀. [臨朝(임조)] : 황제를 대신해서 조정에 나옴. 즉 수렴청정. [質帝(질제)] : 후한의 10대 황제. 재위 2년(A.D. 145~146)만에 외척인 권신 양기(발호장군)에게 독살되고 환제(桓帝)가 즉위함. [蠡] : 좀 먹을(려). [臨朝聽政(임조청정)] : 조정에 나가서 정사를 듣다. 수렴청정(垂簾聽政).

少微通鑑節要소미통감절요
懸吐현토 通鑑통감

초판 발행 2022년 11월 8일
초판 발행 2022년 11월 15일

현토·독음 | 정민호
발 행 자 | 김동구
편 집 | 이명숙·양철민
발 행 처 | 명문당(1923. 10. 1 창립)
주 소 | 서울시 종로구 윤보선길 61(안국동)
우체국 010579-01-000682
전 화 | 02)733-3039, 734-4798, 733-4748(영)
팩 스 | 02)734-9209
Homepage | www.myungmundang.net
E-mail | mmdbook1@hanmail.net
등 록 | 1977. 11. 19. 제1~148호

ISBN 979-11-91757-71-2 (03910)

25,000원